Der Tankstellenvertrag im Kartellrecht

Europäische Hochschulschriften
Publications Universitaires Européennes
European University Studies

Reihe II
Rechtswissenschaft

Série II Series II
Droit
Law

Bd./Vol. 3488

PETER LANG
Frankfurt am Main · Berlin · Bern · Bruxelles · New York · Oxford · Wien

Norbert Pannagl

Der Tankstellenvertrag im Kartellrecht

Eine rechtswissenschaftliche Analyse über die Zulässigkeit von vertikalen Vertriebsbindungen in der Mineralölwirtschaft

PETER LANG
Europäischer Verlag der Wissenschaften

Die Deutsche Bibliothek - CIP-Einheitsaufnahme

Pannagl, Norbert:

Der Tankstellenvertrag im Kartellrecht : eine rechtswissenschaftliche Analyse über die Zulässigkeit von vertikalen Vertriebsbindungen in der Mineralölwirtschaft / Norbert Pannagl. - Frankfurt am Main ; Berlin ; Bern ; Bruxelles ; New York ; Oxford ; Wien : Lang, 2002
(Europäische Hochschulschriften : Reihe 2, Rechtswissenschaft ; Bd. 3488)
Zugl.: Wien, Univ., Diss., 2002
ISBN 3-631-39741-0

ISSN 0531-7312
ISBN 3-631-39741-0

www.peterlang.de

Vorwort

Diese Arbeit wurde im Wintersemester 2001/02 von der Rechtswissenschaftlichen Fakultät der Universität Wien als Dissertation angenommen. Gesetzgebung, Literatur und Rechtsprechung wurde bis April 2002 berücksichtigt.

Zahlreiche Personen haben dazu beigetragen, dass diese Dissertation entstanden ist. Ihnen allen gilt mein Dank. Zuerst ist natürlich mein Dissertationsbetreuer *Herr o. Univ. Prof. Dr. Josef Aicher* zu nennen. Weiters danke ich *Herrn o. Univ. Prof. Dr. Heinz Krejci* für die Zweitbegutachtung. Beiden Professoren bin ich für die rasche und effiziente Zusammenarbeit äußerst dankbar.

Mein besonderer Dank gilt *Herrn Senatspräsident Dr. Eckhard Hermann,* Vorsitzender des OLG Wien als Kartellgericht. Zur Erstellung dieser Arbeit hat er mich stets ermutigt und durch zahlreiche Gespräche Hilfestellungen geleistet. Ihm verdanke ich viele Einsichten in das Kartellrecht.

Bei meinen Eltern möchte ich mich für die finanzielle Unterstützung und ermunternde Gespräche während meines Studiums bedanken. Weiters danke ich der Kulturabteilung der Stadt Wien, Wissenschafts- und Forschungsförderung, für die Förderung meiner wissenschaftlichen Tätigkeit.

Für Hinweise, Anregungen und Kritik bin ich stets offen und dankbar.
Kontakt: norbertpannagl@hotmail.com

Wien, im Mai 2002 — Norbert Pannagl

Inhaltsverzeichnis

Abkürzungsverzeichnis

AA	Anderer Ansicht
ABGB	Allgemeines bürgerliches Gesetzbuch
ABl	Amtsblatt (der EG)
Abs	Absatz
aF	alte Fassung
AnwBl	Anwaltsblatt
Arb	Arbeitsrechtliche Entscheidungen Nr
ARD	ARD-Betriebsdienst
ASGG	Arbeits- und Sozialgerichtsgesetz
ASoK	Arbeits- und Sozialrechtskartei
ASVG	Allgemeines Sozialversicherungsgesetz
AWP	Adria-Wien Pipeline
BB	Der Betriebs-Berater
BGB	deutsches bürgerliches Gesetzbuch
BGH	deutscher Bundesgerichtshof
BGHZ	Entscheidungen des Bundesgerichtshofes in Zivilrechtssachen
BKartA	Bundeskartellamt
bzw	beziehungsweise
ca	circa
CELEX	Communitatis Europeae LEX (offizielle Rechtsdatenbank der EG)
DB	Der Betrieb
DG	Directorate General
dh	das heißt
dHGB	deutsches Handelsgesetzbuch
Diss	Dissertation
DM	Deutsche Mark
ECLR	European Competition Law Review
EG	Europäische Gemeinschaft(en)
EGV	Vertrag zur Gründung der EG
endg	endgültig
EuG	Gericht erster Instanz der EG
EuGH	Gerichtshof der EG
EuZW	Europäische Zeitschrift für Wirtschaftsrecht
EvBl	Evidenzblatt der Rechtsmittelentscheidungen, in Österreichische Juristen Zeitung
EWS	Europäisches Wirtschafts- und Steuerrecht
f(f)	und der (die) folgende(n)
Fn	Fußnote
FS	Festschrift

GewO	Gewerbeordnung
GmbH	Gesellschaft mit beschränkter Haftung
GVO	Europäische Gruppenfreistellungsverordnung
GWB	(deutsches) Gesetz gegen Wettbewerbsbeschränkungen
HGB	Handelsgesetzbuch
HS	Handelsrechtliche Entscheidungen
HvertrG	Handelsvertretergesetz
HVG	(altes) Handelsvertretergesetz
idF	in der Fassung
idS	in diesem Sinne
inkl	inklusiv
iVm	in Verbindung mit
JBl	Juristische Blätter
JN	Jurisdiktionsnorm
KartG	Kartellgesetz 1988, zuletzt geändert durch die Kartellgesetznovelle 2002, BGBl I 62/2002
KG	Kammergericht
KOG	Kartellobergericht
Leitlinien	Mitteilung der Kommission, Leitlinien für vertikale Beschränkungen, ABl C 291 vom 13.10.2000, 1
LG	Landesgericht
LGZ	Landesgericht für Zivilrechtssachen
LHStv	Landeshauptmannstellvertreter
MR	Medien und Recht
mwN	mit weiteren Nachweisen
nF	neue Fassung
NJW	Neue juristische Wochenschrift
Nr	Nummer
ÖBl	Österreichische Blätter für gewerblichen Rechtsschutz
OGH	Oberster Gerichtshof
ÖJZ	Österreichische Juristen Zeitung
OLG	Oberlandesgericht
OPEC	Organisation of the Petroleum Exporting Countries
oV	ohne Verfasser
ÖZW	Österreichische Zeitung für Wirtschaftsrecht
RdA	Recht der Arbeit
RIS	Rechtsinformationssystem des Bundes
RIW	Recht der internationalen Wirtschaft
Rs	Rechtssache
RZ	Richter Zeitung
S	Schilling

SchöDi	*Schönherr/Dittrich,* Ergänzungsband zum Kartell- und Preisrecht (1981)
SJZ	Schweizer Juristen Zeitung
Slg	Sammlung der Rechtsprechung des Gerichtshofs der Europäischen Gemeinschaften
SWK	Steuer- und Wirtschaftskartei
SZ	Entscheidungen des österreichischen obersten Gerichtshofs in Zivilrechtssachen
Univ	Universität
URL	Uniform Resource Locator (= „Internet Adresse")
UWG	Gesetz gegen den unlauteren Wettbewerb
usw	und so weiter
VfGH	Verfassungsgerichtshof
vgl	vergleiche
vGVO	Verordnung Nr 2790/1999 der Kommission vom 22.12.1999 über die Anwendung von Artikel 81 Absatz 3 EGV auf Gruppen von vertikalen Vereinbarungen und aufeinander abgestimmten Verhaltensweisen, ABl L 336 vom 29.12.1999, 21
VO	Verordnung
VwGH	Verwaltungsgerichtshof
WBl	Wirtschaftsrechtliche Blätter
WRP	Wettbewerb in Recht und Praxis
WuW	Wirtschaft und Wettbewerb
Z	Ziffer
ZAS	Zeitschrift für Arbeits- und Sozialrecht
zB	zum Beispiel
ZHR	Zeitschrift für das gesamte Handels- und Wirtschaftsrecht

Literaturverzeichnis

Ackermann, Die neuen EG-Wettbewerbsregeln für vertikale Beschränkungen, EuZW 1999, 741.

Aicher, Das „gemeinsame Interesse“ als Merkmal des Kartellbegriffs, ÖBl 1973, 73.

Aiglstorfer/Pohl, Richtige Personalentscheidungen, Tankstelle 8/2001, URL: http://www.tankstelle-magazin.de [13.8.2001].

Aigner, Kollektive Marktbeherrschung im EG-Vertrag (2001).

- Oligopolistischer Preisparallelismus unter dem Regime des Art 82 EG, ÖBl 2002, 52.

Amstutz, Kollektive Marktbeherrschung im europäischen Wettbewerbsrecht (1999).

Autorita garante della Concorrenza e del Mercato (Italian Competition Authority), Annual Report (2000), URL: http://www.agcm.it/eng/tema031.htm [9.11.2001].

Barfuß/Wollmann/Tahedl, Österreichisches Kartellrecht (1996).

Baudenbacher, Neueste Entwicklungen im europäischen und internationalen Kartellrecht (2000).

Bechtold, EWG-rechtliche Beurteilung vertikaler Vertriebssysteme, RIW 1987, 809.

- Vorrang und einheitliche Anwendung des Gemeinschaftskartellrechts, FS Lieberknecht (1997).
- EG-Gruppenfreistellungsverordnungen, EWS 2001, 49.

Biedenkopf, Vertragliche Wettbewerbsbeschränkung und Wirtschaftsverfassung (1958).

Buchleitner LHStv, Presseaussendung vom 25.2.1999, URL: http://spoe.salzburg.or.at/skiss/S...BuchleitnerBenzinpreisKonzerne.htm [29.6.2001].

Bundesminister für wirtschaftliche Angelegenheiten, Pressemeldung vom 28.9. 2000, URL: http://www.bmwa.gv.at/news/2000/09/28c2.htm [23.7.2001].

Bundesrat, Bundesrat gibt Bahn frei für amtliche Preisregelung, URL: http://www.parlinkom.gv.at/pd/pk/1999/PK0153.html [23.7.2001].

Bunte/Sauter, EG-Gruppenfreistellungsverordnungen (1988).

Burkert, Die Zulässigkeit von Koppelungsgeschäften aus wettbewerbsrechtlicher Sicht (1992).

Bydlinski, Juristische Methodenlehre und Rechtsbegriff² (1991).

Canaris, Handelsrecht²³ (2000).

Craig/de Burca, EC Law: Texts, Cases and Materials (1995).

Creutzig, Der Investitionsschutz des Vertragshändlers bei ordentlicher Kündigung des Herstellers (2001).

Dauses, Handbuch des EU-Wirtschaftsrechts II (Stand 2000).

Der Standard, Benzinpreisbeschwerde, 23/24.6.2001, 16.

- BP/Aral wird neuer Marktführer in Österreich, 17.7.2001, 15.

Die Presse, OMV kündigt Verträge mit Shell & BP Austria, Benzinpreisverteuerung droht, 5.12.2001, 23.

Dressler/Mader, Alles über Franchise, New Business 3/2000.

Duden, Kündigung von Tankstellenverträgen nach § 624 BGB, NJW 1962, 1326.

Ebenroth, Absatzmittlungsverträge im Spannungsverhältnis von Kartell- und Zivilrecht (1980).

Eilmannsberger, Die Bedeutung der Art 85 und 86 EG-V für das österreichische Zivilrecht, in *Koppensteiner,* Österreichisches und europäisches Wirtschaftsprivatrecht, Teil 6/1: Wettbewerbsrecht – Kartellrecht (1998).

- Reform des Vollzugs von Art 81 EG-V und Rule of Reason, FS Koppensteiner (2001), 317.

Emmerich, Kartellrecht[7] (1994).

- Kartellrecht[8] (1999).
- Fälle zum Wettbewerbsrecht[4] (2000).
- Langfristige Liefer- und Bezugsverträge im europäischen Kartellrecht, FS Koppensteiner (2001), 351.

Europäische Kommission, XVIII. Bericht über die Wettbewerbspolitik 1988 (1989).

- XXIII. Bericht über die Wettbewerbspolitik 1993, KOM (1994) 161.
- Commission terminates proceedings against service-station agreements in Spain, Pressemeldung vom 30.6.1994, IP/94/596.
- XXIV. Bericht über die Wettbewerbspolitik 1994, KOM (1995) 142.
- Bericht über die Anwendung von Art 17 der Richtlinie des Rates zur Koordinierung der Rechtsvorschriften der Mitgliedstaaten betreffend die selbständigen Handelsvertreter (86/653/EWG) vom 23.7.1996, KOM (1996) 364.
- Grünbuch zur EG-Wettbewerbspolitik gegenüber vertikalen Wettbewerbsbeschränkungen, KOM (1996) 721.
- XXVIII. Bericht über die Wettbewerbspolitik 1998 (1999).
- Kommission genehmigt Zusammenschluss zwischen Exxon und Mobil (beide USA) mit Auflagen, Pressemitteilung vom 29.9.1999, IP/99/708.
- Übernahme von Arco (USA) durch BP Amoco (UK) von EU-Kommission mit Auflagen genehmigt, Pressemitteilung vom 29.9.1999, IP/99/712.
- XXIX. Bericht über die Wettbewerbspolitik 1999 (2000).
- Vorschlag für eine Verordnung des Rates zur Durchführung der in den Art 81 und 82 EG-Vertrag niedergelegten Wettbewerbsregeln, KOM (2000) 582.
- Commission and Member States discuss competition policy in the motor fuel sector, Pressemeldung vom 29.9.2000, IP/00/1090.
- Commissioner Monti and Directors-Gerneral of national competition authorities discuss competition policy in the motor fuel sector, Pressemitteilung vom 30.11.2000, IP/00/1391.
- XXX. Bericht über die Wettbewerbspolitik 2000 (2001).

- Commission imposes a 30.96 million fine on Volkswagen AG for retail price maintenance measures on the German market, Pressemitteilung vom 30.5.2001, IP/01/760.
- Kommission verhängt Geldbuße von fast 72 Millionen gegen DaimlerChrysler wegen Verstoß gegen EG-Wettbewerbsvorschriften im Kfz-Vertrieb, Pressemitteilung vom 10.10.2001, IP/01/1394.
- Report on the competitive conditions of non-integrated independent companies in the motor fuel sector (2001).
- XXXI. Report on competition policy 2001 (2002).

Fachverband der Erdölindustrie, Fehlerbericht des Fachverbandes der Erdölindustrie Österreichs zur WIFO – Studie „Der Kraftstoffmarkt in Österreich" (1999).
- Das österreichische Tankstellennetz, URL: www.wkw.at/docextern/tankstellen/TN%202000.htm [23.4.2001].

Faull/Nikpay, The EC Law of Competition (1999).

Feil, ABC des Gesellschaftsrechts I (2001).

Filzmoser, Gewerbe- und haftungsrechtliche Aspekte neuer Arbeitsformen, RdW 1999, 213.

Floretta/Spielbücher/Strasser, Arbeitsrecht I[4] (1998).

Freund, Handelsvertreterverträge und EG-Kartellrecht, EuZW 1992, 408.

Garosci, Parlamentarische Anfrage an die Kommission E-3619/97 und Antwort von Kommissar van Miert am 11.12.1997, ABl C 174 E vom 8.6.1998, 88.

Gitter, Gebrauchsüberlassungsverträge (1988).

Glassen/ua, Frankfurter Kommentar zum Kartellrecht I[3] (Stand 2000).

Gleiss/Hirsch, Kommentar zum EG-Kartellrecht I[4] (1993).

Görg/Brandstätter, Kartellrecht 2002 – Kartellgesetznovelle und Wettbewerbsgesetz, RdW 2001, 450.

Graf von Westphalen, Handbuch des Handelsvertreterrechts in EU-Staaten und der Schweiz (1995).

von der Groeben/Thiesing/Ehlermann, Kommentar zum EU-/EG-Vertrag II[5] (1999).

Gröning, Die dezentrale Anwendung des EG-Kartellrechts gemäß dem Vorschlag der Kommission zur Ersetzung der VO 17/62, WRP 2001, 83.

Gruber, Freier Dienstvertrag und Arbeitsrecht-Teil I, ASoK 2000, 306.
- Freier Dienstvertrag und Arbeitsrecht-Teil II, ASoK 2000, 344.

Gugerbauer, Kommentar zum Kartellgesetz[2] (1994).

Hanreich, Vorschlag für eine Neuregelung der Vorschriften über vertikale Vertriebsbindungen, RdW 1991, 72.

Harrer, Neue Vertragstypen im Handelsrecht (2001).
- Wettbewerbsverbote im Recht der Vertragshändler, FS Krejci (2001), 149.

Hawel/Eypeltauer Rechtsanwälte, Beschwerde wegen Verstoßes gegen Artikel 81 EGV, Antrag auf Verfahrenseinleitung an die Europäische Kommission vom 23.7.2001.

Heinzl, Parlamentarische Anfrage an die den Bundesminister für Wirtschaft und Arbeit betreffend überhöhte Treibstoffpreise 2861/J und Antwort von Bundesminister Barteinstein am 23.11.2001, URL: http://www.parlinkom.gv.at/pd/pm/XXI/J/texte/028/J02861.html und http://www.parlinkom.gv.at/pd/pm/XXI/AB/texte/028/AB02820.html [1.3.2002].
Heyer, Zur vorzeitigen Kündbarkeit von Tankstellenverträgen, NJW 1965, 1573.
Höpfner, Kündigungsschutz und Ausgleichsansprüche des Franchisenehmers bei der Beendigung von Franchiseverträgen (1997).
Huber, Der Ausgleichsanspruch des Vertragshändlers, RdW 1989, 294.
Immenga/Mestmäcker, Gesetz gegen Wettbewerbsbeschränkungen² (1992).
- Kommentar zum EG-Wettbewerbsrecht I (1997).
- Gesetz gegen Wettbewerbsbeschränkungen³ (2001).
Jabornegg, Die Rechtsstellung des selbständigen Versicherungsvertreters im österreichischen Recht, RdA 1985, 85.
- Handelsvertreter und Maklerrecht (1987).
- Zur analogen Anwendung des § 25 HVG auf einen Vertragshändler, WBl 1991, 67.
Kapp, EG-kartellrechtliche Fehlentwicklung bei Handelsvertreterverträgen?, WuW 1990, 814.
- Umstellung des Vertriebs von Eigenhändler- auf Agentursystem: Ein Fall für § 26 Absatz 2 GWB?, DB 1990, 1121.
- Der Mehrfirmen-Handelsvertreter in der neuen Handelsvertreterbekanntmachung der EG-Kommission, RIW 1992, 235.
Karl/Marhold, Die Sozialversicherungspflicht von Stipendiaten, ASoK 1999, 210.
Kecht, Kartellrecht Österreich und EU – Eine Einführung (1995).
Kinscher/Sedlak, Gewerbeordnung⁶ (1996).
Kirchhoff, Die Beurteilung von Bezugsverträgen nach europäischem Kartellrecht, WuW 1995, 361.
von Kistowski, Der Tankstellenvertrag, Diss Univ Köln (1962).
Klang/Gschnitzer, Kommentar zum Allgemeinen bürgerlichen Gesetzbuch IV/1² (1968).
Klein, Die Aufnahme freier Dienstverträge und dienstnehmerähnlich beschäftigter Personen in das ASVG, RdW 1996, 230.
Knyrim, Ausgewählte Fragen des Vertragshändlerrechts in Österreich und der EU, Diss Univ Wien (1998).
Koch/Marenco, L'article 85 au Traite CEE et les contrats d'agence, Cahiers de Droit Européen 1987, 603.
Koeble, Die kartellrechtliche Beurteilung von Preis- und Ausschließlichkeitsbindungen in Handelsvertreter- und Vertragshändlerverträgen am Beispiel der Tankstellenverträge (1973).
Konkurrensverket (Swedish Competition Authority), A Swedish petrol cartel, URL: http://www.kkv.se/eng_indexns.htm [9.11.2001].
Koppensteiner, Schwerpunkte der Kartellgesetznovelle 1993, WBl 1993, 341.

- Österreichisches und europäisches Kartellrecht[3] (1997).
Kordik in *Profil*, Benzin-Schock, 1.6.2001, 52.
Koziol/Welser, Grundriss des bürgerlichen Rechts I[11] (2000).
- Grundriss des bürgerlichen Rechts II[11] (2000).
Kreis, Ausschließlichkeitsbindungen in Tankstellenverträgen, BB 1967, 942.
- Tankstellenrabatte in kartellrechtlicher Sicht, BB 1969, 73.
Krejci, Handelsrecht[2] (2001).
Küstner/Thume, Handbuch des gesamten Außendienstrechts III[2] (1998).
- Handbuch des gesamten Außendienstrechts I[3] (2000).
Küstner/von Manteuffel/Evers, Handbuch des gesamten Außendienstrechts II[6] (1995).
Lange, Handelsvertretervertrieb und EG-Kartellrecht, EWS 1997, 325.
- Handelsvertretervertrieb nach den neuen Leitlinien der Kommission, EWS 2001, 18.
Langen/Bunte, Kommentar zum deutschen und europäischen Kartellrecht I[9] (2001).
Lattenmayer, Das Konzept der kollektiven Marktbeherrschung, RdW 2000, 718.
Liebmann, Vertriebsverträge in der EU (1998).
Liebscher, Die analoge Anwendung von § 25 HVG auf Franchiseverträge, WBl 1992, 105.
Liebscher/Heinrich/Petsche, Vertriebsverträge[2] (2001).
Liebscher/Petsche, EG-Kartellrecht: Die neue Gruppenfreistellungsverordnung ist beschlossen, ecolex 2000, 293.
- Umfassende Reform des Vertriebsrechts in der EU, SWK 2000, 33.
Lohse, Kartellverbot und Schirm-GVO (2001).
Lugard, Vertical Restraints under EC Competition Law: A Horizontal Approach?, ECLR 1996, 166.
Maleczky, Missbrauch von Selbstbedienungseinrichtungen in strafrechtlicher Sicht, ÖJZ 1994, 416.
Martinek, Franchising (1987).
- Aktuelle Fragen des Vertriebsrechts[2] (1989).
Martinek/Semler, Handbuch des Vertriebsrechts (1996).
Martínez/Fuster, Parlamentarische Anfrage an die Kommission E-2149/00 und Antwort von Kommissar Monti am 2.8.2000, ABl C 103 E vom 3.4.2001, 74.
Mayer/ua, Der Tankstourismus und seine Wirkungen auf den österreichischen Treibstoffmarkt (1997).
Mayer-Maly, Glosse zu OGH 13.6.1978, 4 Ob 36/78, RdA 1979/11.
Mayr/Blum/Minichmayr, Die Zusammenarbeit zwischen der Kommission und den nationalen Zivilgerichten, ÖJZ 1998, 481.
Meierhofer, Arbeitnehmerähnlichkeit, Diss Univ Wien (1994).
Möschel, Absatzmittler und vertikale Preisbindung, BB 1985, 1477.
- Systemwechsel im Europäischen Wettbewerbsrecht, JZ 2000, 61.

- Systemwechsel im Europäischen Wettbewerbsrecht, FS Koppensteiner (2001), 473.

Mutz, Vertikale Vertriebssysteme: Ein neuer Anlauf, RdW 2000, 232.

Nepf, Vertikale Vertriebsbindungen iSd §§ 30a ff KartG, Diss Univ Wien (1999).

Nocker, Der Handelsvertretervertrag (2000).

Nowak, EuGH: Verhältnis von Art 85 EGV zu englischem Wettbewerbsrecht, EuZW 2001, 715.

O'Brien/Sellhorst, Britische Entscheidung zum Handelsvertreterrecht richtungsweisend für Art 81 EG-Vertrag und die neue GVO, WuW 2000, 1089.

Office of Fair Trading, Competition in the supply of petrol in the UK (1998), URL: http://www.oft.gov.uk/html/rsearch/reports/oft229.htm [13.8.2001].

oV, EC Competition policy and the motor fuel sector, URL: http://skybusiness.com/eprass/ecandmotorfuelsectorenglish.html [13.8.2001].

- Oil supplies: the Commission defines a strategy for the European Union, URL: http://www.id-strategies.com/e-brieffe-brief08.htm [13.8.2001].
- The European Union's Oil Supplies and Movements in Oil Prices, URL: http://www.mic.org.mt/PR's/pr2000/20000912oil.htm [13.8.2001].

Pallandt, Bürgerliches Gesetzbuch^{56} (1997).

Paritätischer Ausschuss für Kartellangelegenheiten, Gutachten über die Wettbewerbslage in der Mineralölwirtschaft, ABl der österreichischen Justizverwaltung 1990, 9.

Polley, Die neue Gruppenfreistellung für Vertikalverträge Nr 2790/1999, WRP 2000, 1203.

Pukall, Neue EU-Gruppenfreistellungsverordnung für Vertriebsbindungen, NJW 2000, 1375.

Puwein/Würger, Der Kraftstoffmarkt in Österreich (1999).

Ratay, Franchisesysteme und Preisbindungsverbot nach deutschem und EG-Kartellrecht (1993).

Rebmann/Säcker, Münchner Kommentar zum Bürgerlichen Gesetzbuch II^{2} (1985).

Rehbinder, Arbeitnehmer oder Unternehmer?, ÖJZ 1983, 373.

Reich-Rohrwig/Zehetner, Kartellrecht I (2000).

Reinert, Industrial Supply Contracts under EC Competition Law, ECLR 1996, 6.

Riesenkampff, Die Ausschließlichkeitsbindung des Tankstellenhalters für Treib- und Schmierstoffe, BB 1968, 732.

Rittner, Die Ausschließlichkeitsbindung nach dem Gesetz gegen Wettbewerbsbeschränkungen, DB 1957, 1091.

- Handelsvertreterverhältnis und Preisbindungsverbot, DB 1985, 2543.
- Das Wettbewerbsverbot des Handelsvertreters und § 18 GWB, DB 1989, 2587.
- Das Handelsvertreterverhältnis im (GWB- und EG-) Kartellrecht und die Figur der unternehmensbedingten Abhängigkeit, WuW 1993, 592.

- Der Ausgleichsanspruch des Handelsvertreters und die jüngste BGH-Rechtsprechung, DB 1998, 457.
- Die EG-Kommission und das Handelsvertreterrecht – Zum geplanten EG-Recht über Vertikalverträge, DB 1999, 2097.
- Die Handelsvertreterpraxis nach dem neuen EG-Kartellrecht für Vertikalvereinbarungen, DB 2000, 1211.

Roninger, Das neue Vertriebskartellrecht (2000).

Roninger/Punz, Das österreichische Kartellrecht (1996).

Rummel, Kommentar zum Allgemeinen bürgerlichen Gesetzbuch II[2] (1992).
- Kommentar zum Allgemeinen bürgerlichen Gesetzbuch I[3] (2000).

Runggaldier, Der Tankstelleninhaber, unveröffentlichtes Gutachten (1986).

Salzburger Landtag, LT-Beantwortung: - Benzinpreise in Salzburg, URL: http://www.land-sbg.gv.at/lpi/12/LT2DBeantwortung/2/13604.html [3.5.2001].

Salzburger Nachrichten, Kein Ergebnis nach Benzinpreis-Gipfel bleiben Fronten hart, 18.5.2001, URL: http://www.salzburg.com/cgi-bin/sn/druckansicht.pl [23.7.2001].

Schima, Gibt es einen „freien" Handelsvertreter?, RdW 1987, 16.
- Bunt gemischtes aus dem neuen HVertrG, ecolex 1993, 227.
- Ergänzende Anmerkungen zum HVertrG 1993, ecolex 1993, 374.
- Haftung des Handelsvertreters, ecolex 1993, 448.
- Betriebsübergang durch „Vertragsnachfolge", RdW 1996, 319.

Schmidt, Von der Kartellformenlehre zum Kartellverbot, WBl 1990, 121.
- Ausschließlichkeitsbindung, Kartellverbot und Immanenztheorie – Zum Verhältnis zwischen § 16 GWB und § 1 GWB, FS Sandrock (2000), 833.

Schmidt/Thiele, Die Ausschließlichkeitsbindung des Tankstellenhalters für Treib- und Schmierstoffe, BB 1968, 886.

Schönherr, Glosse zu OGH 16.11.1965, 4 Ob 118/65, ÖBl 1966, 96.

Schönherr/Dittrich, Das Kartellgesetz[2] (1958).
- Ergänzungsband zum Kartell- und Preisrecht (1981).

Schuhmacher, Zulässigkeit und Durchsetzung selektiver Vertriebssysteme (2001).

Schultz/Wagemann, Kartellrechtspraxis und Kartellrechtsprechung 2000/01 (2001).

Schwarz/Löschnigg, Arbeitsrecht[7] (1999).

Schwimann, Praxiskommentar zum ABGB II[2] (1997).

Schwintowski, Vertikale Beschränkungen im europäischen Wettbewerbsrecht – eine juristisch-ökonomische Kritik des neuen Konzepts der Kommission, FS Sandrock (2000), 901.

Sellhorst, Die Umsetzung der Handelsvertreterrichtlinie, EWS 2001, 481.

Semmler, Die Rechtsstellung des Tankstellenhalters zwischen Handelsvertreter und Vertragshändler (1995).

Soergel, Kommentar zum Bürgerlichen Gesetzbuch III[11] (1980).

Staudinger, Kommentar zum Bürgerlichen Gesetzbuch[13] (1995).

Steininger, Strafrechtliche Probleme des Selbstbedienungstankens, RZ 1988, 233.

Stillfried/Stockenhuber, Der Entwurf einer neuen Verfahrensordnung zum EG-Kartellrecht, WBl 2001, 145.
Stockenhuber, Europäisches Kartellrecht (1999).
Stötter, Das Recht der Handelsvertreter, Versicherungsvertreter, Bausparkassenvertreter, Tankstellenvertreter[3] (1985).
- Das Recht der Handelsvertreter[5] (2000).
Straberger, Kartellrechtliche Grenzen des Franchising, AnwBl 1988, 435.
- Die Anzeige von vertikalen Vertriebsbindungen, MR 1993, 166.
Straube, Kommentar zum Handelsgesetzbuch I[2] (1995).
Streissler/Streissler, Grundriss der Volkswirtschaftslehre für Juristen[3] (1994).
Stumpf/Jaletzke/Schultze, Der Vertragshändlervertrag[3] (1997).
Tahedl, Der Missbrauch marktbeherrschender Stellung im österreichischen Kartellrecht (1993).
Tomandl/Schrammel, Arbeitrecht 1[4] (1999).
Torggler, Zur Bedeutung der „wirtschaftlichen Betrachtungsweise" im Zivilrecht, ÖZW 1986, 100.
Tschuk, Der Ausgleichsanspruch bei Beendigung des Handelsvertreterverhältnisses (1994).
Ulmer, Der Vertragshändler (1969).
- Rule of Reason im Rahmen von Artikel 85 EWGV, RIW 1985, 517.
Ulmer/Habersack, Handelsvertreterverträge und Art 85 Abs 1 EGV, ZHR 1995, 109.
Völcker, Handelsvertretervertrieb und EG-Kartellrecht (1994).
Wachter, Wesensmerkmale der arbeitnehmerähnlichen Person (1980).
- Der sogenannte freie Dienstvertrag, RdA 1984, 405.
Wahle, Ist der Tankstelleninhaber eine arbeitnehmerähnliche Person?, FS Schmitz I (1967), 329.
Welser, Das neue Produkthaftungsgesetz, WBl 1988, 165.
Wessely, Das Recht der Fusionskontrolle und Medienfusionskontrolle (1995).
Wiedemann, Kommentar zu den Gruppenfreistellungsverordnungen des EWG-Kartellrechts II (1990).
Wilhelm, Die Rechtsstellung der Kartelle und die Behandlung ähnlicher Wettbewerbsbeschränkungen in der modernen österreichischen Rechtsentwicklung (1966).
Wissel/Scherer, Handelsvertreterverträge: Neue Bekanntmachung der EG-Kommission in Vorbereitung, DB 1991, 1659.
Wollmann, Ausgleichsanspruch und Mindestkündigungsfrist des Kfz-Eigenhändlers, ecolex 1998, 489.

Chronologisches Entscheidungsverzeichnis

OGH

22.8.1951, 1 Ob 376/51, EvBl Nr 199-201, 298.
9.1.1963, 1 Ob 264/62, ÖBl 1966, 96.
16.10.1963, 7 Ob 204/63, ÖBl 1964, 34.
28.6.1965, 4 Ob 77/65, Arb 8102.
16.11.1965, 4 Ob 118/65, ÖBl 1966, 95.
25.6.1968, 4 Ob 33/68, HS 6683.
10.4.1973, 4 Ob 305/73 – Mobil-Tankstelle – ÖBl 1974, 12.
13.9.1973, 2 Ob 106/73, EvBl 1974, Nr 51.
24.10.1973, 5 Ob 157/73, SZ 46/109.
13.6.1978, 4 Ob 36/78, RdA 1979/11.
5.12.1978, 8 Ob 569/78, Arb 9747.
9.7.1980, 10 b 591/80, Arb 9887.
7.4.1981, 4 Ob 518/01, Arb 10.025.
24.9.1981, 7 Ob 692/81, Arb 10.019.
10.1.1984, 4 Ob 191/82, Arb 10.310.
28.1.1986, 4 Ob 141/84, RIS-Justiz/E07491.
28.5.1986, 1 Ob 537/86, JBl 1986, 721.
8.7.1986, 2 Ob 653/84, HS 16.662 = RdW 1987, 11 = ÖJZ 1987, 55.
7.4.1987, 14 Ob A 10/87, RdA 1990, 213.
21.10.1987, 1 Ob 641/87, RdW 1988, 88.
22.12.1988, 8 Ob 667/88, RIS-Justiz/E16409.
29.11.1989, 1 Ob 692/89, SZ 62/184.
10.4.1991, 9 Ob A 8-9/91, RdW 1991, 323 = WBl 1991, 332.
21.9.1993, 4 Ob 98/93, RIS-Justiz/E34934.
26.4.1995, 9 Ob A 48, 1008/95, RdW 1996, 180.
8.2.1996, 8 Ob S 1, 10/96, RdW 1997, 30.
27.6.1996, 8 Ob 2036/96, HS 27.331.
25.10.1996, 1 Ob 2362/96 – Autoschmiermittel – ÖBl 1997, 180 = SZ 69/238.
26.3.1997, 9 Ob A 54/97, Arb 11.586.
26.3.1997, 3 Ob 71/97, ecolex 1997, 663.
27.8.1997, 9 Ob A 207/97, JBl 1998, 60.
28.10.1997, 4 Ob 316/97, ÖBl 1998, 186.
17.12.1997, 9 Ob 2065/96, ecolex 1998, 489 = RdW 1998, 269.
5.5.1998, 4 Ob 44/98 – Versicherungsmakler – ÖBl 1999, 16.
20.10.1998, 4 Ob 269/98 – Kfz-Vertragshändler – ÖBl 1999, 132.
15.12.1998, 1 Ob 289/98 – Kieslieferungsvertrag – ecolex 1999, 164 = RIS-Justiz/E52426.
5.5.1999, 9 Ob A 10/99, RdW 1999, 673.
10.6.1999, 6 Ob 6/99, RIS-Justiz/E54261.
25.8.1999, 3 Ob 10/98, RdW 1999, 786.

9.9.1999, 8 Ob S 183/99, RdA 2000, 41.
28.9.1999, 4 Ob 223/99, ecolex 2000, 129.
20.1.2000, 6 Ob 290/99, WBl 2000, 333.
25.1.2000, 1 Ob 359/99, WBl 2001, 88.
25.5.2000, 8 Ob 295/99, RdW 2000, 652.
26.7.2000, 7 Ob 161/00, RdW 2001, 119.
23.10.2000, 8 Ob 74/00, RdW 2001, 151.
25.10.2000, 3 Ob 296/99, WBl 2001, 286.
14.12.2000, 6 Ob 260/00, RdW 2001, 279.
22.2.2001, 6 Ob 322/00 – Tankstellenbelieferungs- und Vertriebsübereinkommen – WBl 2001, 445, RdW 2001, 399 = RIS-Justiz/E60949.
7.12.2001, 7 Ob 265/01 – Tankstellenvertrag – RIS-Justiz/E64050.

Unterinstanzen
LGZ Wien 6.10.1975, 44 Cg 157/75, HS 9510.
OLG Graz 30.3.1987, 8 Ra 1014/87, Arb 10.617.
OLG Wien 30.9.1996, 10 Ra 14/96, 10 Ra 262/96, ARD 4859/21/97.

Kartelloberkommission
1.9.1952, Okt 9/52, *Schönherr/Dittrich,* Das Kartellgesetz² (1958), 199.
25.6.1957, Okt 5/56, *Schönherr/Dittrich,* Das Kartellgesetz² (1958), 263.

KOG
30.11.1973, Okt 22/73 – Tankstellenverpachtung – ÖBl 1974, 20.
29.3.1974, Okt 11/74 – Tankstellenkauf – ÖBL 1974, 69 = SchöDi, 175.
27.5.1974, Okt 21/74 – Tankstellenbetrieb – ÖBl 1974, 91 = SchöDi, 186.
30.9.1974, Okt 37/74 – Tankstellenverpachtung II – SchöDi, 212.
6.6.1975, Okt 47/74 – Tankstellen-Belieferungsvertrag – SchöDi, 246.
2.6.1976, Okt 1/76 – Rationalisierungsvertrag – ÖBl 1976, 168.
22.11.1976, Okt 8/76 – OMV – ÖBl 1977, 17 = SchöDi, 294.
23.1.1978, Okt 4/77 – Coca-Cola – ÖBl 1978, 78.
23.1.1978, Okt 5/77 – Vertriebsbindung – ÖBl 1978, 82.
29.3.1993, Okt 2/93 – M-Vertriebsbindung – ÖBl 1993, 118.
5.9.1994, Okt 7/94 – Toyota – ÖBl 1994, 173.
14.3.1995, Okt 1/95 – Übersetzungsauftrag – ÖBl 1995, 232.
14.3.1995, Okt 10/94 – Mediendienstleistungs-GmbH – WBl 1995, 294.
9.12.1996, 16 Ok 5/96 – Entsorgungssystem für Kühlgeräte – RIS-Justiz/E44588.
15.12.1998, 16 Ok 7/98 – Verpackungs-Verwertungssystem – ÖBl 1999, 138.
15.12.1998, 16 Ok 15/98, RIS-Justiz/E52353.
20.12.1999, 16 Ok 6/99 – USt-Rückvergütung – ÖBl 2000, 182 = RIS-Justiz/ E56320.
9.10.2000, 16 Ok 6/00 – Abonnementpreise – WBl 2001, 137 = ÖBl 2001, 133.
5.9.2001, 16 Ok 4/01 – Sand und Schotterwerke – RIS-Justiz/E62756.

5.9.2001, 16 Ok 5/01 – Parfümerie – WBl 2001, 542 = RIS-Justiz/E62757.

Kartellgericht
12.3.1996, 26 Kt 12/96, RIS-Justiz/RW0000084.

VfGH
14.3.1997, G 392, 398, 399/96, ZAS 1997, 140.
28.11.2000, B 256/98, ARD 5198/36/2001.

VwGH
7.10.1985, 85/15/0136, AnwBl 1986, 352.
28.2.1995, 93/04/0047, WBl 1996, 255.

BGH
15.12.1967, KZR 6/66 – Shell-Tankstelle – WuW 1968, 295 = DB 1968, 211 = BB, 60.
9.6.1969, VII ZR 49/67, NJW 1969, 1662.
26.2.1970, KZR 17/68, WuW 1970, 540.
23.9.1975, KZR 14/74 – EDV-Zubehör – BB 1976, 6.
20.2.1981, I ZR 59/79, DB 1981, 1819.
31.3.1982, I ZR 56/80, BB 1982, 1017.
29.11.1984, I ZR 149/82, NJW 1985, 862.
15.4.1986, KVR 3/85 – EH-Partner-Vertrag – BGHZ 97, 317.
25.9.1990, KVR 2/89 – Pauschalreisen-Vermittlung – BGHZ 112, 218.
13.3.1997, I ZR 215/94, NJW 1998, 157.
6.8.1997, VIII ZR 150/96, WRP 1998, 57 = BB 1997, 2607.
22.2.1999, KZR 11/97 – Sixt – DB 1999, 842.
3.11.1999, VIII ZR 269/98, NJW 2000, 1110 = DB 2000, 814.

Unterinstanzen
OLG Stuttgart 16.6.1964, 5 U 209/63, NJW 1964, 2255.
LG Frankfurt am Main 25.4.1969, 3/2 O 25/29, BB 1969, 1326.
OLG Düsseldorf 5.3.1991, U 31/90, WuW 1991, 755.
LG Hamburg 13.11.1998, 416 O 79/98 – Tankstellenverwalter – unveröffentlichtes Urteil, Verweis in *Europäische Kommission,* XXIX. Bericht über die Wettbewerbspolitik 1999 (2000), 396.
OLG Hamburg 13.4.2000, 3 U 285/98 – Tankstellenverwalter – WuW 2000, 886.
OLG Düsseldorf 13.11.2000, Kart 16/00 – Freie Tankstellen – WuW 2001, 169.
OLG Düsseldorf 13.2.2002, Kart 16/00 – Freie Tankstellen – WuW 2002, 375.

KG
12.3.1982, Kart 4/82, WuW 1982, 589.
3.5.1982, Kart 11-14/82, WuW 1982, 592.

22.12.1982, Kart 29/82 – BAT Am Biggenkopf Süd – WuW 1983, 793.
8.11.1990, Kart 19/90 – Hamburger Benzinpreise – WuW 1990, 235.
10.12.1990, Kart 19/90 – Hamburger Benzinpreise – WuW 1990, 402.

BKartA

22.5.1968, RT 46/67 – Kraftfahrzeugpflegemittel – BB 1968, 723 = WuW 1968, 697.
2.5.1974, B8 17/74, WuW 1974, 572.
11.11.1981, A 87/80 – EH-Partner-Vertrag – WuW 1982, 311.
24.9.1983, P-56/83 – EH-Partner-Vertrag II – WuW 1984, 831.
9.8.2000, B8 77/00 – Freie Tankstellen – WuW 2000, 1009.
19.12.2001, B8 130/01 – BP/E.ON – URL: http://www.bkarta.de/B8-130-01.pdf [21.2.2002].

Supreme Court of Judicature in the Court of Appeal

23.7.1999 – Gary Parks/Esso Petroleum Company Limited – *O'Brien/Sellhorst,* Britische Entscheidung zum Handelsvertreterrecht richtungsweisend für Art 81 EG-Vertrag und die neue GVO, WuW 2000, 1089; *Sellhorst,* Die Umsetzung der Handelsvertreterrichtlinie, EWS 2001, 481.

EuGH

30.6.1966, Rs 56/65 – LTM/Maschinenbau Ulm – Slg 1966, 281.
13.7.1966, Rs 56, 58/64 – Grundig und Consten – Slg 1966, 322.
13.7.1966, Rs 32/65 – Kommission/Italien – Slg 1966, 457.
11.12.1967, Rs 23/67 – Brasserie De Haecht/Wilkin ua – Slg 1967, 543.
13.2.1969, Rs 14/68 – Walt Wilhelm – Slg 1969, 1 = CELEX/61968J0014.
9.7.1969, Rs 5/69 – Völk/Vervaeke – Slg 1969, 295.
25.11.1971, Rs 22/71 – Béguelin – Slg 1971, 949.
17.10.1972, Rs 8/72 – Vereeniging van Cementhardelaren – Slg 1972, 977.
26.11.1975, Rs 73/74 – Belgische Tapetenhersteller – Slg 1975, 1491.
16.12.1975, Rs 40-48, 50, 54-56, 111, 113, 114/73 – Suiker Unie ua – Slg 1975, 1663.
1.2.1977, Rs 47/76 – De Norre/Brouwerij Concordia – Slg 1977, 65.
1.2.1978, Rs 19/77 – Miller International Schallplatten GmbH – Slg 1978, 131.
19.6.1978, Rs 77/77 – Benzine en Petroleum Handelsmaatschappij BV – Slg 1978, 1513.
13.2.1979, Rs 85/76 – Hoffmann-La Roche – Slg 1979, 461.
12.7.1979, Rs 32, 36-82/78 – BMW Belgium SA – Slg 1979, 2435.
6.11.1979, Rs 16-20/79 – Danis – Slg 1979, 3327.
29.10.1980, Rs 209-215, 218/78 – Heintz von Landewyck Sàrl ua – Slg 1980, 3125.
11.12.1980, Rs 31/80 – L'Oréal/De Nieuwe AMCK – Slg 1980, 3775.
7.6.1983, Rs 100-103/80 – Musique Diffusion Francaise – Slg 1983, 1825.

29.1.1985, Rs 231/83 – Cullet – Slg 1985, 315.
3.7.1985, Rs 234/83 – Binon – Slg 1985, 2015.
25.9.1985, Rs 215/84 – Hericotte – Slg 1985, 2993.
28.1.1986, Rs 161/84 – Pronuptia – Slg 1986, 353 = CELEX/61984J0161.
1.10.1987, Rs 311/85 – Vlaamse Reisebureaus/Sociale Dienst – Slg 1987, 3801.
28.2.1991, Rs C-234/89 – Delemitis/Henninger Bräu – Slg 1991, I-935 = CELEX/61989J0234.
23.4.1991, Rs C-41/90 – Höfner und Elser/Macrotron – Slg 1991, I-1979.
17.2.1993, Rs C-259, 160/91 – Poucet/AGF ua – Slg 1993, I-637.
10.11.1993, Rs C-39/92 – Petroleos de Portugal – Slg 1993, I-5659 = CELEX/61992J0039.
19.1.1994, Rs C-364/92 – SAT Fluggesellschaft/Eurocontrol – Slg 1994, I-43.
2.6.1994, Rs C-401/92, C-402/92 – Tankstation't Heurske Vof und J.B.E. Boermans – Slg 1994, I-2199.
27.4.1994, Rs C-393/92 – Gemeente Almelo ua/NV Energiebedrijf Ijsselmij – Slg 1994, I-1477.
15.12.1994, Rs C-250/92 – Götrup-Klim ua/DLG – Slg 1994, I-5641.
24.10.1995, Rs C-266/93 – VW-Herstellerleasing – Slg 1995, I-3477.
25.3.1996, Rs C-137/95 – SPO – Slg 1996, I-1611.
28.4.1998, Rs C-306/96 – Jacivo International und Javico AG/Yves Saint Laurant Parfums SA – Slg 1998, I-1983.
18.6.1998, Rs C-35/96 – Kommission/Italien – Slg 1998, I-3851.
12.9.2000, Rs C-180, 184/98 – Pavlov ua/Stichting Pensioenfonds Medische Specialisten – Slg 2000, Slg 2000, I-6451.
7.12.2000, Rs C-214/99 – Neste Markkinointi Oy/Yötuuli Ky ua – CELEX/61999J0214 = WuW 2001, 79.
14.12.2000, Rs C-344/98 – Masterfoods/HB Ice Cream Ltd – CELEX/619998J0344.
20.10.2001, Rs C-453/99 – Courage Ltd ua/Crehan – Slg 2001, I-6297.
25.10.2001, Rs C-475/99 – Ambulanz Glöckner/Landkreis Südwestpfalz ua –Slg 2001, I-8089.

EuG

21.2.1995, Rs T-29/92 – SPO – Slg 1995, II-289.
8.6.1995, Rs T-7/93 – Langnese – Slg 1995, II-1533 = CELEX/61993A007.
8.6.1995, Rs T-9/93 – Schöller – Slg 1995, II-1611 = CELEX/61993A009.
8.10.1996, Rs T-24-26, 28/93 – Compagnie Maritime Belge – Slg 1996, II-1201.
25.3.1999, Rs T-102/96 – Gencor Ltd – Slg 1999, II-753.
5.7.2001, Rs T-25/99 – Greene King – Slg 2001, II-1881.
18.9.2001, Rs T-112/99 – Métropole Télévision-M6 ua – URL: http://curia.eu.int/jurisp/cgi-bin/form.pl?lang=en&Submit=Submit&docrequire=judgements&numaff=T%25&datefs=&datefe=&nomusuel=&domaine=CONC&mots=&resmax=1000 [7.11.2001].

Die aktuelle Rechtsprechung der Europäischen Gerichte ist unter URL: http://europa.eu.int/comm/competition/court abrufbar.

Europäische Kommission

23.11.1972, 72/403/EWG – Pittsburgh Corning Europe – ABl L 272 vom 5.12.1972, 35 = CELEX/31972D0403.

19.4.1977, 77/327/EWG – A.B.G. gegen in den Niederlanden tätige Mineralölgesellschaften – ABl L 117 vom 9.5.1977, 1.

5.9.1979, 79/934/EWG – BP Kemi-DDSF – ABl L 286 vom 14.11.1979, 32.

24.2.1999, 1999/230/EG – Whitebread – ABl L 88 vom 31.3.1999, 26.

16.6.1999, 1999/474/EG – Scottish and Newcastle – ABl L 186 vom 19.7.1999, 28.

29.6.2001, 2001/711/EG – Volkswagen – ABl L 262 vom 2.10.2001, 14.

10.10.2001, COMP/F-2/36.264 – DaimlerChrysler – bisher unveröffentlicht, siehe Pressemitteilung vom 10.10.2001, IP/01/1394.

20.12.2001, COMP/M.2533 – BP/E.ON – URL: http://europa.eu.int/comm/competition/mergers/cases/decisions/m2533_en.pdf [21.2.2002].

I. TEIL: EINLEITUNG

Im Jahre 1960 wurde die Organisation erdölexportierender Staaten gegründet, um deren Interessen gegen die Mineralölkonzerne durchzusetzen.[1] Die in Wien ansässige OPEC ist das Musterbeispiel eines Kartells. Durch zahlreiche abgesprochene Maßnahmen versucht sie den Weltmarktpreis für Rohöl zu beeinflussen. Dennoch unterliegt die OPEC nicht den Bestimmungen des Kartellrechts. Das Europäische und Österreichische Kartellrecht richtet sich ausschließlich an Unternehmen oder Unternehmensvereinigungen.[2] Die OPEC ist jedoch eine Vereinigung von Nationalstaaten und als solche vom Kartellrecht nicht erfasst. Dies ist die richtige Ansicht der Europäischen Kommission, als auch der „antitrust authorities" der Vereinigten Staaten von Amerika.[3]

Die Treibstoffpreise sind nahezu täglich in den Medien vertreten.[4] Sie gehören zum täglichen Ärgernis der Autofahrer und sind ein ständiges Thema der politischen Diskussion. Spätestens seit den zwei Erdölkrisen im Jahre 1973 und 1979 ist der Treibstoffpreis permanenter Gegenstand von Betrachtungen und Vergleichen. Der Abgabepreis für Kraftstoffe ist ein bedeutender Wirtschaftsfaktor und kann die nationale Wirtschaftspolitik maßgebend beeinflussen.[5] Die österreichischen Nettopreise für Treibstoffe[6] liegen deutlich über dem EU-Durchschnitt.[7] Der oligopolistisch beherrschte Markt zeigt wie auch ohne Absprachen, durch die bloße Anpassung an das Verhalten der Konkurrenten,

---

[1] *Puwein/Würger*, Der Kraftstoffmarkt in Österreich (1999), 4.

[2] *Barfuß/Wollmann/Tahedl*, Österreichisches Kartellrecht (1996), 16 ff; *Stockenhuber*, Europäisches Kartellrecht (1999), 6 ff; *Koppensteiner*, Österreichisches und Europäisches Wettbewerbsrecht[3] (1997), 92 Rn 18 ff sowie 297 Rn 4 ff.

[3] *Europäische Kommission*, Commission and Member States discuss competition policy in the motor fuel sector, Pressemitteilung vom 29.9.2000, IP/00/1090.

[4] Ein Beispiel unter vielen, „Zeit im Bild 1" vom 17.5.2001.

[5] *Mayer/ua*, Der Tankstourismus und seine Wirkungen auf den österreichischen Treibstoffmarkt (1997), 13 ff. Eine Zusammenfassung der Studie der Energieverwertungsagentur im Auftrag des Bundesministeriums für Wissenschaft und Verkehr in Zusammenarbeit mit dem Fachverband der Erdölindustrie ist unter URL: http://www.eva.wsr.ac.at/projekte/tank.htm [20.8.2001] abrufbar.

[6] In dieser Arbeit werden unter Treibstoffen alle Antriebsmittel für motorgetriebene Land, Wasser- oder Luftfahrzeuge verstanden, sofern sie aus Mineralöl hergestellt werden, zB Benzin, Dieselöl, Flüssiggas, Kerosin. Alternative Kraftstoffe, die zB aus Pflanzen oder Wasserstoff gewonnen werden, sind nicht erfasst, da sie in der Regel nicht Gegenstand des Tankstellenvertrages sind. Die hier benützte Definition geht auf die GVO Nr 1984/83 vom 22.6.1983 über die Anwendung von Art 85 Abs 3 des Vertrages auf Gruppen von Alleinbezugsvereinbarungen, ABl L 173 vom 30.6.1983, 5 zurück; *Gleiss/Hirsch*, Kommentar zum EG-Kartellrecht I[4] (1993), 574 Rn 1460.

[7] Siehe 1.3.

erhebliche Nachteile für Industriezweige und Konsumenten entstehen können. Nicht nur Österreich hat in Europa Wettbewerbsprobleme auf dem Erdölmarkt, die im Zusammenhang mit den Vertriebswegen gesehen werden müssen. In Spanien haben die drei größten Anbieter einen Marktanteil von ca 85% inne.[8] In Dänemark findet ähnlich wie in Österreich kein ausreichender Preiswettbewerb statt.[9] Obwohl ein Großteil der nationalen Treibstoffmärkte oligopolistisch beherrscht werden,[10] weisen die einzelnen europäischen Märkte keineswegs einheitliche Strukturen auf. In England ist es durch den Eintritt von Supermarktketten in den Verkauf von Kraftstoffen zu einer deutlichen Belebung des Marktes gekommen. Dadurch wurde der britische Nettoabgabepreis für Treibstoffe zwischen 1990 und 1997 um ein Drittel gesenkt.[11] Ebenso profitiert der französische Markt vom Verkauf durch Supermarktketten[12] und auch in Deutschland ist im Vergleich zu Österreich ein höherer Grad an Wettbewerb auf dem Tankstellensektor vorhanden.[13]

Im Zeitraum zwischen Dezember 1998 und September 2000 ist der Weltmarktpreis für Rohöl um 180% gestiegen.[14] Daher hat die Europäische Kommission in letzter Zeit vermehrt Interesse an den Zusammenhängen gezeigt.[15] Auch die einzelnen Nationalstaaten haben Maßnahmen ergriffen, um den Wettbewerb auf dem Treibstoffsektor zu fördern. Die Handlungen reichen von der Erleichterung des Marktzugangs für potentielle Vertriebsunternehmen bis zu

---

[8] Dies führt auf dem Treibstoffmarkt in Spanien zu ähnlichen Problemen wie in Österreich; vgl *Europäische Kommission,* XXIX. Bericht über die Wettbewerbspolitik 1999 (2000), 405.

[9] Daher wurden in Dänemark Untersuchungen eingeleitet, die aber keine Unvereinbarkeiten mit den Wettbewerbsregeln feststellten. *Europäische Kommission,* XXX. Bericht über die Wettbewerbspolitik 2000 (2001), 364.

[10] *Europäische Kommission,* Report on the competitive conditions of non-integrated independent companies in the motor fuel sector (2001), 4 Rn 4.

[11] *Office of Fair Trading,* Competition in the supply of petrol in the UK (1998), URL: http://www.oft.gov.uk/html/rsearch/reports/oft229.htm [13.8.2001]. Das britische Beispiel zeigt deutlich, dass der Abgabepreis für Treibstoffe nicht nur vom Rohölpreis und der Steuerlast bestimmt ist, wie dies oft fälschlicherweise behauptet wird, und zu welchen Preissenkungen eine Belebung des Wettbewerbs führen kann.

[12] In Frankreich hatten Supermarkt-Tankstellen im Jahr 1996 einen Marktanteil von 48%. *Brüggemann* in *Martinek/Semler,* Handbuch des Vertriebsrechts (1996), 1090 Rn 4. Heute haben sie mehr als 50% des Marktes inne. *Europäische Kommission,* Report on the competitive conditions of non-integrated independent companies in the motor fuel sector (2001), 18 Rn 58.

[13] *Puwein/Würger,* Der Kraftstoffmarkt in Österreich (1999), 59 und 63.

[14] *oV,* Oil supplies: the Commission defines a strategy for the European Union, URL: http://www.id-strategies.com/e-brieffe-brief08.htm [13.8.2001].

[15] Siehe zB Antwort von Kommissar Monti am 2.8.2000 auf eine parlamentarische Anfrage von Mariá Sornosa Martínez und Luis Berenguer Fuster an die Kommission E-2149/00, ABl C 103 E vom 3.4.2001, 74. Die Kommission hat im September 2001 einen Bericht erstellt, der die Probleme von Diskontanbietern untersucht. *Europäische Kommission,* Report on the competitive conditions of non-integrated independent companies in the motor fuel sector (2001).

verstärkten kartellrechtlichen Ermittlungen. Ein Beispiel für ein erfolgreiches Einschreiten der Behörden lieferten kürzlich Italien und Schweden, die nationale Treibstoffkartelle feststellten.

> *„Diese Kartelle hatten Einzel- oder Großhandelspreise direkt oder indirekt festgesetzt. Mit unterschiedlichen Methoden verfolgten die beteiligten Unternehmen in beiden Fällen das gleiche Ziel, nämlich Einfluss auf die Händlerspannen zu nehmen. Es sei ausdrücklich darauf hingewiesen, dass Einzelhändler nach dem Wettbewerbsrecht die Möglichkeit haben müssen, die Preise selbst festzusetzen. Ist dies nicht der Fall (wie in Italien), wird der Preiswettbewerb zwischen den vertikal integrierten Unternehmen beeinträchtigt.“*[16]

Die vorliegende Arbeit hat zum Ziel diese Fragestellung aufzugreifen und für den österreichischen Markt zu behandeln. Unter welchen Voraussetzungen darf eine Mineralölgesellschaft ihrem Vertriebspartner, dem Tankstellenhalter,[17] Abgabepreise vorschreiben, ohne in Konflikt mit dem Kartellrecht zu kommen. Die neue europäische GVO für vertikale Vereinbarungen[18] regelt diese Problematik detailliert und kann die Entscheidungspraxis der Wettbewerbsbehörden ändern.[19] Bevor die Frage der Preisbestimmung behandelt wird, müssen jedoch einige Probleme des Tankstellenvertrages beantwortet werden. Dieser wurde in Österreich trotz seiner großen wirtschaftlichen Bedeutung noch nicht wissenschaftlich aufgearbeitet, sodass nach einer kurzen Einführung in die Lage des österreichischen Mineralölmarktes zuerst die Einordnung des Tankstellenabkommens ins Vertragsrecht erfolgt, bevor das Europäische und Österreichische Kartellrecht behandelt werden.

---

[16] *Europäische Kommission,* Commission and Member States discuss competition policy in the motor fuel sector, Pressemitteilung vom 29.9.2000, IP/00/1090.

[17] Für den Betreiber einer Tankstelle werden mehrere Ausdrücke verwendet. Es werden zB die Begriffe „-pächter“, „-verwalter“, „Stationär“ oder „-inhaber“ benützt. Im deutschen Rechtsbereich hat sich die Bezeichnung als Tankstellenhalter durchgesetzt. Diese ist wegen ihrer Neutralität hinsichtlich der Eigentumsverhältnisse und der Vertriebsform zu bevorzugen. So auch *Semmler,* Die Rechtsstellung des Tankstellenhalters zwischen Handelsvertreter und Vertragshändler (1995), 21.

[18] Verordnung Nr 2790/1999 der Kommission vom 22.12.1999 über die Anwendung von Artikel 81 Absatz 3 EGV auf Gruppen von vertikalen Vereinbarungen und aufeinander abgestimmten Verhaltensweisen, ABl L 336 vom 29.12.1999, 21.

[19] Die Geltung des Europäischen Kartellrechts hat in Österreich bisher keine Änderungen gebracht; *Puwein/Würger,* Der Kraftstoffmarkt in Österreich (1999), 54. Dies hängt aber primär mit der Tätigkeit der Behörden zusammen. Das Europäische und auch das Österreichische Wettbewerbsrecht verfügen sehr wohl über Instrumente, mit denen Missbräuche abgestellt werden können.

Das gewählte Thema ist von großer politischer Relevanz.[20] Die Europäische Kommission setzt verstärkt Hoffnungen auf einen starken Wettbewerb im Vertriebsbereich des Mineralölsektors, wie dies in den letzten Jahren in England oder Frankreich erfolgt ist. Der Europäische Kommissar für Wettbewerb, *Mario Monti,* hat zuletzt betont, dass *„die Kommission, sollte sie innerhalb ihres Zuständigkeitsbereichs ein wettbewerbswidriges Verhalten feststellen, unverzüglich Maßnahmen einleiten und angemessene Sanktionen verhängen wird."*[21] Ein Grund hierfür ist unter anderem, dass auch bei Feststellung einer alleinigen oder kollektiven marktbeherrschenden Stellung,[22] die auf vielen nationalen Treibstoffmärkten möglich scheint, ein Missbrauch nur schwer nachzuweisen ist. Ein hoher Kraftstoffpreis impliziert noch keine miss-bräuchliche Preispolitik der Mineralölgesellschaften.[23] Hierzu müsste beim Ausbeutungsmissbrauch der schwer zu führende Nachweis des „excessive pricing" der Mineralölfirmen erbracht werden, oder ein Behinderungsmissbrauch vorliegen. Ein Missbrauch könnte unter Umständen in einer unfairen Preispolitik der großen Mineralölgesellschaften gegen die Konkurrenz der kleinen Anbieter bestehen.[24] Wie schwierig der zu erbringende Nachweis ist zeigt, dass bisher alle Verfahren des deutschen Bundeskartellamts gegen eine missbräuchliche Preisbildung der Mineralölwirtschaft gescheitert sind.[25] Die Kommission hat die Probleme richtig erkannt. Wie der Kommissar *Mario Monti* ausführt, *„können die Wettbewerbsbehörden zwar nicht direkt die Kraftstoffpreise festsetzen, sind aber dafür verantwortlich, dass die Kartellvorschriften so wirksam wie möglich durchgesetzt*

---

[20] In Österreich werden die Benzinpreise seit Jahren sehr kontrovers diskutiert. Vgl nur *Heinzl,* Parlamentarische Anfrage an die den Bundesminister für Wirtschaft und Arbeit betreffend überhöhte Treibstoffpreise 2861/J und Antwort von Bundesminister Barteinstein am 23.11.2001, URL: http://www.parlinkom.gv.at/pd/pm/XXI/J/texte/028/J02861_.html und http://www.parlinkom.gv.at/pd/pm/XXI/AB/texte/028/AB02820_.html [1.3.2002].

[21] *Europäische Kommission,* Commission and Member States discuss competition policy in the motor fuel sector, Pressemitteilung vom 29.9.2000, IP/00/1090.

[22] Die Lehre der kollektiven Marktbeherrschung wurde in den letzten Jahren wesentlich weiterentwickelt und wird immer häufiger verwendet. Siehe *Europäische Kommission,* XXVIII. Bericht über die Wettbewerbspolitik 1998 (1999), 70 ff; *Europäische Kommission,* XXX. Bericht über die Wettbewerbspolitik 2000 (2001), 90 Rn 259 f.

[23] Die Feststellung eines missbräuchlichen Preises gehört in der Praxis noch immer zu den schwierigsten Aufgaben der Wettbewerbsbehörden. So auch *Tahedl,* Der Missbrauch marktbeherrschender Stellung im österreichischen Kartellrecht (1993), 161.

[24] Dies wird auch als „Trichterpreisbildung" bezeichnet siehe *Paritätischer Ausschuss für Kartellangelegenheiten,* Gutachten über die Wettbewerbslage in der Mineralölwirtschaft, ABl der österreichischen Justizverwaltung 1990, 46. Diese wird insofern scharf kritisiert, als durch sie kleine und mittlere Anbieter vom Markt verdrängt werden können. Vgl nur *Hawel/Eypeltauer Rechtsanwälte,* Beschwerde wegen Verstoßes gegen Artikel 81 EGV, Antrag auf Verfahrenseinleitung an die Europäische Kommission vom 23.7.2001; siehe *Der Standard,* Benzinpreisbeschwerde, 23/24.6.2001, 16.

[25] *Möschel* in *Immenga/Mestmäcker,* Gesetz gegen Wettbewerbsbeschränkungen[3] (2001), § 19 Rn 152 und 169.

werden, um in der Branche mehr Wettbewerb zu schaffen. Hierzu müssen die Kommission und die Behörden der Mitgliedstaaten auch weiterhin als Netz zusammenarbeiten."[26]

Falls die Mineralölgesellschaften den Tankstellenhaltern Preise vorschreiben ohne dazu rechtlich in der Lage zu sein, würde ein Preiskartell bestehen. Ein solches wäre gemäß Art 81 EGV und §§ 10 iVm 13 KartG verboten. Der entscheidenden Frage, ob das Preisfestsetzungsrecht die Mineralölgesellschaft oder der Tankstellenhalter hat, wird hier wissenschaftlich nachgegangen, wobei die rechtlich bereits aufgearbeiteten Problematiken des Oligopols[27] bzw eines Missbrauchs einer marktbeherrschenden Stellung sowie mögliche Diskriminierungen[28] nicht behandelt werden.

---

[26] *Europäische Kommission,* Commissioner Monti and Directors-Gerneral of national competition authorities discuss competition policy in the motor fuel sector, Pressemitteilung vom 30.11.2000, IP/00/1391.

[27] Zum Missbrauch einer kollektiven marktbeherrschenden Stellung siehe *Aigner,* Kollektive Marktbeherrschung im EG-Vertrag (2001), 246 ff; zum Preismissbrauch *Aigner,* Oligopolistischer Preisparallelismus unter dem Regime des Art 82 EG, ÖBl 2002, 52.

[28] Zur unbilligen Behinderung von kleinen und mittleren Tankstellen durch die großen Mineralölkonzerne siehe BKartA 9.8.2000, B8-77/00 – Freie Tankstellen – WuW 2000, 1009; Dabei stellte das BKartA fest, dass der Verkauf von Treibstoffen der konzernverbundenen Raffinerien an kleine und mittlere Tankstellen zu den gleichen Preisen erfolgen muss, wie an markeneigene oder von Handelsvertretern unter ihrer Marke betriebene Tankstellen. Aufgrund von Ermittlungsfehlern bei der Feststellung dieser „Preisscheren" wurde die aufschiebende Wirkung der laufenden Beschwerden der sechs Mineralölgesellschaften wiederhergestellt. Nun ist das Verfahren, da in den letzten 6 Monaten die missbräuchlichen Preisscheren nicht mehr aufgetreten sind, von den Parteien übereinstimmend für erledigt erklärt worden. OLG Düsseldorf 13.11.2000, Kart 16/00 – Freie Tankstellen – WuW 2001, 169; OLG Düsseldorf 13.2.2002, Kart 16/00 – Freie Tankstellen – WuW 2002, 375.

II. TEIL: GRUNDLAGEN

1. Mineralölmarkt in Österreich

Die österreichische Mineralölwirtschaft ist im wesentlichen von einigen wenigen Firmen geprägt. Der OMV kommt als Eigentümer der einzigen in Österreich befindlichen Raffinerie zentrale Bedeutung am österreichischen Mineralölmarkt zu.[29] Neben der Verarbeitungsstätte in Schwechat besitzt die OMV einen weiteren Standort in Burghausen, Bayern.[30] War sie bis jetzt unumstrittener Marktleader in Österreich, so ist durch die Fusion von BP und E.ON (Aral) ein neuer Branchenriese entstehen, der sogar über mehr Tankstellen als die OMV verfügt.[31]

Die Inbetriebnahme der AWP im Jahre 1970 hat einen kräftigen Anstieg der heimischen Treibstofferzeugung ermöglicht. Rohöl wird in Österreich ausschließlich von der OMV und den übrigen an der AWP beteiligten Mineralölgesellschaften importiert. Dies sind die Tochtergesellschaften von den multinationalen Konzernen BP/E.ON (Aral), ExxonMobil,[32] Shell und Eni (Agip). Der AWP Gesellschaftsvertrag, der die Adria-Wien Pipeline GmbH errichtete, sowie die zusammenhängenden Lohnverarbeitungs- und Produktkaufverträge zwischen der OMV und den anderen am AWP-Vertrag beteiligten

---

[29] Bereits im Jahre 1976 beschäftigte sich das KOG mit der marktbeherrschenden Stellung der OMV und deren Missbrauch. Dabei ging es um die Frage, ob die OMV verpflichtet sei, kleine Abnehmer direkt zu beliefern oder ein Verweis auf bei ihr beziehende Großabnehmer, hauptsächlich die Tochtergesellschaften der internationalen Mineralölgesellschaften, genüge; KOG 22.11.1976, Okt 8/76 - OMV - ÖBl 1977, 17 = SchöDi, 294. Das KOG verneinte die Notwendigkeit einer Direktbelieferung aufgrund von fragwürdigen Argumenten, insbesondere aufgrund der Bezugsmenge. Zur berechtigten Kritik an dieser Entscheidung siehe *Koppensteiner*, Österreichisches und Europäisches Wettbewerbsrecht[3] (1997), 235 Rn 40; *Tahedl*, Der Missbrauch marktbeherrschender Stellung im österreichischen Kartellrecht (1993), 190 Fn 213.

[30] *Puwein/Würger*, Der Kraftstoffmarkt in Österreich (1999), 39 ff.

[31] *Der Standard*, BP/Aral wird neuer Marktführer in Österreich, 17.7.2001, 15. Die kartellrechtliche Genehmigung erfolgte unter Auflagen, da der Oligopoltatbestand des § 19 Abs 3 Z 1 GWB erfüllt wurde. BP/E.ON sowie die zugleich fusionierenden Shell/DEA müssen insgesamt Tankstellen im Umfang von 4% des Kraftstoffabsatzes in Deutschland (ca 1.500) sowie Anteile an Raffineriegesellschaften verkaufen und den Diskontern Beschaffungsmöglichkeiten eröffnen. Siehe BKartA 19.12.2001, B8 130/01 – BP/E.ON – URL: http://www.bkarta.de/B8-130-01.pdf [21.2.2002], 26 f; Europäische Kommission 20.12.2001, COMP/M.2533 – BP/E.ON – URL: http://europa.eu.int/comm/competition/ mergers/cases/ decisions/m2533_en.pdf [21.2.2002].

[32] ExxonMobil betreibt in Österreich Tankstellen unter den Marken Esso und Mobil. Siehe URL: http://www.esso.de/ueber_uns/historie/historie2.html [23.1.2002].

Mineralölgesellschaften werden wettbewerbsrechtlich als äußerst problematisch angesehen.[33] Auch kleine unabhängige Tankstellen werden von den großen Mineralölgesellschaften beliefert oder beziehen ihre Waren im Ausland. Ebenso versorgen sich die großen Konzerne untereinander um Transportkosten zu sparen.

Die Europäische Kommission sieht den Kraftstoffmarkt als einen verbraucherempfindlichen Sektor, der nicht zuletzt deshalb einer eingehenden Untersuchung bedarf.[34] Nachfrager nach Treibstoffen sind naturgemäß Kfz-Besitzer.[35] In Österreich sind dies die Millionen inländischer Autofahrer sowie alle ausländischen und sonstigen Verbraucher.[36] Als klassisches Transit- und Fremdenverkehrsland kommt dem Durchzugsverkehr besondere Bedeutung zu. Da aber nur kurze Distanzen zu überwinden sind, ist es für den Transitverkehr in der Regel nicht erforderlich in Österreich zu tanken. Österreich ist ein Land mit einer überdurchschnittlich großen Außengrenze im Verhältnis zu seiner Fläche und verfügt als kleine, offene Volkswirtschaft über eine sehr hohe Exponiertheit im Vergleich mit anderen EU-Staaten.[37] Daher sind die Auswirkungen des sogenannten Tanktourismus gravierend. Rund 30% der österreichischen Tankstellen liegen in Gebieten bei denen ein Einfluss nachgewiesen werden kann.[38] Zu hohe Treibstoffabgabepreise wirken sich daher negativ auf die gesamte Volkswirtschaft und insbesondere die heimische Mineralölwirtschaft aus, die Marktanteile an ausländische Unternehmen abgibt. Insgesamt ist die Mengenverlagerung im Grenzgebiet zu Deutschland am größten, hier wirken bereits minimale Unterschiede drastisch. Die österreichischen Tankstellen stehen daher auch mit Anbietern aus Nachbarländern im Wettbewerb.[39]

---

[33] *Paritätischer Ausschuss für Kartellangelegenheiten,* Gutachten über die Wettbewerbslage in der Mineralölwirtschaft, ABl der österreichischen Justizverwaltung 1990, 42 f. Hier wurde der AWP-Vertrag sogar als Wirkungskartell qualifiziert. Ebenso *Puwein/Würger,* Der Kraftstoffmarkt in Österreich (1999), 38.

[34] *Europäische Kommission,* XXX. Bericht über die Wettbewerbspolitik 2000 (2001), 89 Rn 257.

[35] Ca zwei Drittel des Verbrauchs von Erdölprodukten werden vom Verkehrsaufkommen konsumiert, 10% entfallen auf die Industrie, der Rest wird für Heizzwecke der privaten Haushalte oder des Gewerbes aufgewendet; *Puwein/Würger,* Der Kraftstoffmarkt in Österreich (1999), 41.

[36] *Puwein/Würger,* Der Kraftstoffmarkt in Österreich (1999), 36.

[37] Siehe Abbildung 0-1: Exponiertheit für europäische Länder in *Mayer/ua,* Der Tankstourismus und seine Wirkungen auf den österreichischen Treibstoffmarkt (1997), 3.

[38] *Mayer/ua,* Der Tankstourismus und seine Wirkungen auf den österreichischen Treibstoffmarkt (1997), 6.

[39] *Puwein/Würger,* Der Kraftstoffmarkt in Österreich (1999), 42 f.

1.1. Marktanbieter

Kraftstoffe werden in Österreich über Marken- oder freie Tankstellen verkauft, hinzu kommen noch sogenannte „weiße" Tankstellen.[40] Markentankstellen verkaufen in erster Linie die von ihrer Gesellschaft importierten und verarbeiteten Erdölprodukte, während freie Tankstellen Rohöl nicht eigens importieren, sondern bereits raffinerierte Kraftstoffe aus dem In- und Ausland beziehen. „Weiße" Tankstellen werden von branchenfremden Billiganbietern betrieben, wie zB Supermarktketten. In anderen Ländern spielen diese Billiganbieter eine große Rolle und haben zu einer kräftigen Belebung des Wettbewerbs geführt.[41] Dies zeigt, dass die nationalen europäischen Treibstoffmärkte keineswegs einheitliche Strukturen haben. In Österreich ist die Vertriebsform über Supermärkte praktisch nicht existent und der Markt wird von einigen großen Konzernen beherrscht.[42] Seit 1995 ist in Österreich nur ein einziger neuer Anbieter in den Markt eingetreten, Jet-Conoco.[43]

1.1.1. Majors

Die die österreichische Mineralölwirtschaft prägenden Firmen werden „Majors" genannt. Zu diesen gehören OMV, BP/E.ON (Aral), Shell, ExxonMobil und Eni (Agip), die gemeinsam einen Anteil von ca 68% am österreichischen Tankstellennetz halten.[44] Die Europäische Kommission führt aus, dass die Marktbedingungen primär von OMV, BP/E.ON (Aral), Shell, und ExxonMobil

---

[40] *Puwein/Würger,* Der Kraftstoffmarkt in Österreich (1999), 36 f; *Europäische Kommission,* Report on the competitive conditions of non-integrated independent companies in the motor fuel sector (2001), 19 Rn 64.

[41] Siehe *Brüggemann* in *Martinek/Semler,* Handbuch des Vertriebsrechts (1996), 1090 Rn 4; *oV,* The European Union's Oil Supplies and Movements in Oil Prices, URL: http://www.mic.org.mt/PR's/pr2000/20000912oil.htm [13.8.2001].

[42] Es bestehen in Österreich nur 35 „weiße" Tankstellen, die Billiganbieter der großen Konzerne sind. Daten aus *Fachverband der Erdölölindustrie,* Das österreichische Tankstellennetz, URL: www.wkw.at/docextern/tankstellen/TN%202000.htm [23.4.2001]. Supermarktketten, die Treibstoffe verkaufen, gibt es in Österreich nicht. Vgl *Europäische Kommission,* Report on the competitive conditions of non-integrated independent companies in the motor fuel sector (2001), 18 Rn 58.

[43] Diese Gesellschaft hat ihr Tankstellennetz von 30 auf über 50 Tankstellen ausgebaut. *Europäische Kommission,* Report on the competitive conditions of non-integrated independent companies in the motor fuel sector (2001), 19 Rn 64.

[44] Der Anteil wurde mittels Zahlen einer Aufstellung des Jahres 2000 berechnet; *Fachverband der Erdölölindustrie,* Das österreichische Tankstellennetz, URL: www.wkw.at/docextern/tankstellen/TN%202000.htm [23.4.2001]. Der *Fachverband der Erdölindustrie,* Fehlerbericht des Fachverbandes der Erdölindustrie Österreichs zur WIFO – Studie „Der Kraftstoffmarkt in Österreich" (1999), 6, gibt an, dass im Jahre 1997 der Anteil der Majors am Tankstellennetz 64,2% betragen hat.

diktiert werden.[45] Die OMV hat einige Tochtergesellschaften, die eigene Tankstellen beliefern bzw hält Anteile an anderen Mineralölgesellschaften.[46] Shell gründete mit Avanti gemeinsam eine Tankstellenbetriebs-GmbH, an denen beide 50% halten.[47] *Puwein/Würger* führen aus, dass 74% der Tankstellen in Österreich im Eigentum der großen Mineralölgesellschaften stehen oder vertraglich an die Majors gebunden sind.[48] Durch den AWP-Vertrag, die Autobahn-Betriebsgesellschaft[49] und die Erdöl-Lagergesellschaft bestehen zahlreiche Berührungspunkte unter den großen Mineralölgesellschaften. Die großen Mineralölgesellschaften sind Importeure von Rohöl und Mineralölprodukten und erteilen der Raffinerie der OMV in Schwechat Verarbeitungsaufträge,[50] weiters sind sie auch Großhändler der eigenen Produkte und vertreiben Treibstoffe für den Letztverbraucher über ihre Tankstellennetze.[51] Es handelt sich daher um vertikal integrierte Unternehmen, die im Raffineriebereich, dem Groß- und Einzelhandel tätig sind.[52] Die Majors stehen im Schussfeld der Kritik, da ihnen der hohe österreichische Netto-Benzinpreis angelastet wird.[53]

Oftmals wird aber übersehen, dass nicht nur die „Multis" auf dem Mineralölmarkt agieren. Vorab kann gesagt werden, dass die Mineralölgesellschaften ihre Tankstellen nicht durch Arbeitnehmer bewirtschaften.[54] Vielmehr werden Tankstellen von natürlichen und juristischen Personen betrieben, die somit eigens wirtschaftlich tätig werden und auf diesem Markt agieren. Zur Verständlichkeit ist das bestehende Vertriebssystem für den Anfang am ehesten mit einem Franchisekonzept vergleichbar.[55] Auch Tankstellenhalter müssen daher als eigene Teilnehmer auf dem Markt Berücksichtigung finden, wenn Überlegungen über die

---

[45] *Europäische Kommission,* Report on the competitive conditions of non-integrated independent companies in the motor fuel sector (2001), 19 Rn 65.

[46] So sind die „Stroh" und „API" Tankstellen im Eigentum der OMV, was bei Berechnung des Marktanteils berücksichtigt wurde. Weiters hält die OMV 29% an der Firma Genol, dieser Anteil wurde nicht miteinberechnet.

[47] Zu den zahlreichen Beteiligungen siehe die Übersicht 3.14: Direkte und indirekte Beteiligungen der OMV AG mit einem Anteil von mindestens 20% und Übersicht 3.15: Mineralolunternehmen und ihre Beteiligungen, 1997 in *Puwein/Würger,* Der Kraftstoffmarkt in Österreich (1999), 38 ff.

[48] *Puwein/Würger,* Der Kraftstoffmarkt in Österreich (1999), 38.

[49] Durch diese betreiben die Majors die Tankstellen an Autobahn Raststationen.

[50] Die OMV hat aber kürzlich ihre Verträge mit Shell und BP gekündigt. Diese Gesellschaften können ab Ende 2002 voraussichtlich nicht mehr die Raffinerie in Schwechat zur Verarbeitung nützen. *Die Presse,* OMV kündigt Verträge mit Shell & BP Austria, Benzinpreisverteuerung droht, 5.12.2001, 23.

[51] *Paritätischer Ausschuss für Kartellangelegenheiten,* Gutachten über die Wettbewerbslage in der Mineralölwirtschaft, ABl der österreichischen Justizverwaltung 1990, 59.

[52] *Europäische Kommission,* Report on the competitive conditions of non-integrated independent companies in the motor fuel sector (2001), 9 Rn 22.

[53] Siehe 1.3.

[54] Zum späteren Nachweis siehe 2.2.

[55] Zur Frage ob tatsächlich ein Franchisesystem vorliegt, siehe 2.3.2.1.

Mineralölwirtschaft angestellt werden. Die zwischen den Tankstellenhaltern und den Mineralölgesellschaften abgeschlossenen Verträge zählen zu den wirtschaftlich bedeutendsten Fällen von vertikalen Vertriebsformen.[56]

1.1.2. Diskont-Tankstellen

Diskont-Anbieter sind keine vertikal integrierten Gesellschaften, sie sind nur auf der Handelsebene tätig.[57] Bei Diskont-Tankstellen ist je nach deren Ausgestaltung klarer erkennbar, welche Rolle der Tankstellenhalter hat. Unter den Begriff fallen sowohl kleinere Mineralölgesellschaften, die den Einkauf und Vertrieb einiger Tankstellen zentral gestalten,[58] als auch „freie" Tankstellen, die als „Einzelkämpfer" auftreten. Die „freien" Tankstellen agieren nicht unter der Schirmherrschaft einer einheitlichen Marke, sondern handeln im Geschäftsverkehr ausschließlich als einzelne Firma. Ihnen obliegt daher die Bearbeitung aller Agenden, die zum Verkauf von Treibstoffen und sonstiger Produkte notwendig sind, in eigener Verantwortung. Dies umfasst vom Ankauf eines Grundstücks zur Errichtung einer Tankstelle über die Erlangung der Genehmigungen bis zum Ein- und Verkauf alle verbundenen Aufgaben. Diese betriebswirtschaftlichen Angelegenheiten werden im Tankstellenvertrag zwischen der Mineralölgesellschaft und dem Tankstellenhalter aufgeteilt, sodass eine funktionelle Arbeitsteilung erfolgt. Diskontgesellschaften oder freie Tankstellen können somit als kleine und mittlere Wettbewerber charakterisiert werden, die auf regionaler Ebene und nicht im internationalen Mineralölgeschäft tätig werden.[59]

Die billigeren Diskont-Tankstellen stehen im Wettbewerb mit den Majors. Das Wettbewerbspotential ist aber beschränkt, da die Diskonter ihren Treibstoffbedarf zum Großteil von Unternehmen der Majors decken, die somit die Preise und Konditionen bestimmen können.[60] Die großen Mineralölgesellschaften begegnen der Konkurrenz durch eine „Trichterpreisbildung". Im Einzugsgebiet eines Diskonters senken die großen Mineralölgesellschaften ihre Preise auf deren Niveau herab, damit diese nicht die für die Fixkostendegression notwendigen

---

[56] So bereits zur Frage des Handelsvertreters *Ebenroth*, Absatzmittlungsverträge im Spannungsverhältnis von Kartell- und Zivilrecht (1980), 26; *Völcker*, Handelsvertretervertrieb und EG-Kartellrecht (1994), 25.

[57] *Europäische Kommission*, Report on the competitive conditions of non-integrated independent companies in the motor fuel sector (2001), 9 Rn 23.

[58] Diese werden auch „Outsiders" genannt werden, wie zB Avia, Jet-Conoco, Turmöl, etc; siehe *Fachverband der Erdölindustrie*, Das österreichische Tankstellennetz, URL: www.wkw.at/docextern/tankstellen/TN%202000.htm [23.4.2001].

[59] So BKartA 9.8.2000, B8 77/00 – Freie Tankstellen – WuW 2000, 1010.

[60] Vgl BKartA 19.12.2001, B8 130/01 – BP/E.ON – URL: http://www.bkarta.de/B8-130-01.pdf [21.2.2002], 23.

Umsatzzuwächse erzielen können.[61] Dieser Verdrängungswettbewerb beruht darauf, dass die Majors in anderen Regionen durch „überhöhte" Preise Gewinne lukrieren, die hier eingesetzt werden können.[62] Eine weitere Strategie ist der Aufkauf von Diskontern durch Majors, wodurch der Konkurrent zu einem eigenen Unternehmen gemacht wird.

1.2. Marktstruktur

Die Wirtschaftswissenschaften unterscheiden zwischen dem Polyopol, bei dem aufgrund einer Vielzahl von Marktanbietern normalerweise Wettbewerb herrscht, dem Monopol, bei dem ein einziges Unternehmen am Markt auftritt, und dem Oligopol, bei dem einige wenige Konkurrenten am Markt agieren.[63] Beim Oligopol sind Konstellationen möglich, die den Wettbewerb beschränken, und zu Nachteilen für Konsumenten und andere Wirtschaftsteilnehmer führen können. An dieser Stelle sei nur kurz analysiert, welche Marktform der österreichische Mineralölmarkt aufweist und wie es zu wirtschaftlichen Ineffizienzen kommen kann.

1.2.1. Oligopol

Der österreichische Treibstoffmarkt ist keinem Wettbewerbstyp eindeutig zuordenbar. Er wird am ehesten einem Mischtyp zwischen einer dominanten Firma und einem Oligopol entsprechen, weshalb auch von einem „dominanten Oligopol" gesprochen wird.[64] Dieses Oligopol bilden die aufgezählten Majors. Die Frage, ob ein Oligopol besteht, hängt nicht nur von der Zahl der Marktanbieter ab.

Beim Verkauf von Treibstoffen bestehen einige Besonderheiten, die eine Oligopolbildung begünstigen.[65] Für Benzin oder Dieselkraftstoffe bestehen de fakto keine Substitutionsprodukte.[66] Zusätzlich sind die Marktpreise vollkommen transparent, sodass sich jeder binnen kürzester Zeit darüber informieren kann. Die

---

[61] *Puwein/Würger,* Der Kraftstoffmarkt in Österreich (1999), 46 f.

[62] Es kann angenommen werden, dass die Majors über keine günstigere Kostenstruktur als die Diskonter verfügen, sondern Erträge aus anderen Bereichen zur Verdrängung der Diskonter verwenden. Zu den Kostenvorteilen der Diskonter siehe *Fachverband der Erdölindustrie,* Fehlerbericht des Fachverbandes der Erdölindustrie Österreichs zur WIFO – Studie „Der Kraftstoffmarkt in Österreich" (1999), 2.

[63] *Streissler/Streissler,* Grundriss der Volkswirtschaftslehre für Juristen[3] (1994), 163 Rn 103.

[64] *Puwein/Würger,* Der Kraftstoffmarkt in Österreich (1999), 45.

[65] Zu den wirtschaftswissenschaftlichen Theorien eines Oligopols siehe *Amstutz,* Kollektive Marktbeherrschung im europäischen Wettbewerbsrecht (1999), 27 ff.

[66] Die meisten Motoren oder Geräte können nur durch „normale" Treibstoffe und nicht durch alternative Ölprodukte betrieben werden.

hohe Homogenität[67] in der Produktgruppe erklärt das Interesse der Mineralölgesellschaften an einer Anpassung ihres Verhaltens an das ihrer Konkurrenten.[68] Viele marktschwache Nachfrager sind auf Erdölprodukte angewiesen und stehen einigen wenigen starken Anbietern gegenüber. Der Markt weist eine geringe Preiselastizität der Gesamtnachfrage auf. Zahlreiche Konsumenten sind gezwungen die Erzeugnisse auch bei einem steigenden Preis zu kaufen bzw wollen nicht auf die persönlichen Vorteile des Individualverkehrs verzichten.[69] Weiters ist der Aufbau eines Vertriebnetzes für Kraftstoffe ein sehr kapitalintensives und langwieriges Unterfangen.[70] Zusätzlich ist nur eine sehr geringe technologische Innovationskraft in der Branche vorhanden.[71] In Verbindung mit der fortlaufenden Stagnation des Marktes[72] und dem daraus resultierenden Verdrängungswettbewerb ist es in Österreich in absehbarer Zeit nicht zu erwarten, dass neue Anbieter in den Markt eintreten.[73] Unbestrittenerweise kontrolliert somit eine Hand voll Firmen den österreichischen Kraftstoffmarkt, sodass im Zusammenhang mit den aufgezählten Kriterien oligopolartige Strukturen den Markt bestimmen. Zusammengefasst kann gesagt werden, dass alle Faktoren des Mineralölmarktes eine Oligopolbildung äußerst begünstigen, sodass der Treibstoffmarkt als Musterbeispiel eines Oligopols gilt.[74] Daher wurden die großen Mineralölgesellschaften vom Paritätischen Ausschuss für Kartellangelegenheiten bereits im Jahre 1989 als marktbeherrschend bezeichnet.[75]

---

[67] Die Produkte der einzelnen Mineralölgesellschaften sind für den Konsumenten vollkommen homogen; *Runggaldier,* Der Tankstelleninhaber, unveröffentlichtes Gutachten (1986), 43.

[68] *Europäische Kommission,* Report on the competitive conditions of non-integrated independent companies in the motor fuel sector (2001), 14 Rn 38.

[69] Freilich ergeben sich in Österreich in manchen Gebieten große Absatzänderungen durch den „Tankstourismus"; *Mayer/ua,* Der Tankstourismus und seine Wirkungen auf den österreichischen Treibstoffmarkt (1997), 20 ff.

[70] Weiters sind die hohen Kosten, die mit dem Aufbau einer Tankstellenanlage verbunden sind, irreversibel, da für eine Tankstelle keine andere Nutzungsmöglichkeit besteht. Da somit das Risiko des Verlustes von Investitionen groß ist, bestehen hohe Markteintrittsbarrieren.

[71] *Europäische Kommission,* Report on the competitive conditions of non-integrated independent companies in the motor fuel sector (2001), 4 Rn 4.

[72] Siehe 1.3.

[73] Die Eröffnung von „weißen" Tankstellen durch Supermarktketten könnte den Wettbewerb beleben. Anscheinend plant aber kein Unternehmen in diesen Geschäftszweig einzutreten.

[74] *Europäische Kommission,* Report on the competitive conditions of non-integrated independent companies in the motor fuel sector (2001), 13 Rn 36 ff; ausführlich BKartA 19.12.2001, B8 130/01 – BP/E.ON – URL: http://www.bkarta.de/B8-130-01.pdf [21.2.2002], 18 ff.

[75] *Paritätischer Ausschuss für Kartellangelegenheiten,* Gutachten über die Wettbewerbslage in der Mineralölwirtschaft, ABl der österreichischen Justizverwaltung 1990, 60.

1.2.2. Kollusion

Da die Preise für Treibstoffe vollständig transparent sind,[76] ist es für die Mineralölunternehmen einfach sich an die Abgabepreise ihrer Konkurrenten anzupassen. Dies kann zur Kollusion führen. Darunter wird die Vermeidung von Wettbewerb unter den Oligopolisten verstanden. Ein derartiges Verhalten kann für die Anbieter von gemeinsamem Vorteil sein. Bedeutend ist insbesondere die Preiskollusion als offensichtlichste Form eines nicht abgesprochenen Zusammenwirkens.

Gerade der Mineralölmarkt ist von der Gefahr eines reduzierten Wettbewerbs bedroht, der durch ein einfaches Parallelverhalten ohne Absprachen unter den Oligopolisten entstehen kann. Das „Tankstellenbeispiel" wird als Musterfall der Kollusion oft verwendet. Dabei wird spieltheoretisch erklärt, warum es bei einer begrenzten Anzahl von Anbietern zu einem zu hohen Abgabepreis kommen kann.[77]

Zwei Tankstellenunternehmen A und B teilen sich als einzige Anbieter einen regionalen Markt zu genau 50% und verlangen den gleichen Abgabepreis, 1 Euro. Erhöht A den Preis auf 1,2 Euro um seinen Gewinn zu steigern, so hat B mehrere Handlungsalternativen. B kann der Preiserhöhung folgen oder durch seinen nunmehr niedrigeren Abgabepreis einen höheren Marktanteil erzielen. Das Verhalten von A scheint daher riskant zu sein, wenn er die Preiserhöhung nicht mit B abspricht. Dies ist aber nicht der Fall, da A das Verhalten von B abwarten und binnen kurzer Zeit reagieren und seinen Preis wieder herabsetzen kann, sollte B bei der Preiserhöhung nicht mitziehen.[78]

Die Fähigkeit von A, das Folgeverhalten des Konkurrenten rasch aufzudecken und zu beantworten, beeinträchtigt auch die Taktik von B. Er weiß, dass A seinen Abgabepreis wieder nach unten revidieren wird, wenn er seinen bei 1 Euro

---

[76] Ein jeder Konsument oder Unternehmer kann sich äußerst einfach über den Abgabepreis informieren, indem er eine Tankstelle aufsucht. Zusätzlich werden die Preise auch wöchentlich erhoben, sodass insgesamt ein reger Informationsfluss über die Höhe der Treibstoffpreise besteht.

[77] Das folgende Beispiel wurde *Aigner*, Kollektive Marktbeherrschung im EG-Vertrag (2001), 11 ff entnommen und wird hier zusammengefasst dargestellt.

[78] Durch die Preisschilder besteht eine absolute Transparenz des Marktes über die Abgabepreise. Zur Preistransparenz der Mineralölmarkte siehe auch *Europäische Kommission,* Commission and Member States discuss competition policy in the motor fuel sector, Pressemitteilung vom 29.9.2000, IP/00/1090: *„Die Festsetzung der Preise wird im Einzelhandel durch völlige Preistransparenz erleichtert. Ein Anbieter muss nur öffentlich eine Änderung seiner Einzelhandelspreise bekanntgeben, und schon sind alle anderen Marktteilnehmer unterrichtet und können nachziehen. Die Nutzung des Internets zur öffentlichen Bekanntgabe von Preisen scheint diese Transparenz noch weiter zu erhöhen. Erleichtert wird gleichgerichtetes Verhalten auch durch die oligopolistische Struktur der meisten Kraftstoffmärkte."*

belässt. Daher würde er nur kurzfristig einen höheren Marktanteil und Gewinn erzielen können, bevor sich der Markt wieder auf das alte Niveau einpendelt. Folgt B der Preiserhöhung von A so erzielen jedoch beide bei gleichen Marktanteilen langfristig höhere Gewinne. Daher besteht für B ein Anreiz bei der Preiserhöhung von A mitzumachen. Zugleich ist für A die Initiative zur Preiserhöhung mit einem minimalem Risiko verbunden, da er auch weiß, dass für B das Nachvollziehen der Preiserhöhung die beste Handlungsvariante ist.

Kommt es zu einem Nachfragerückgang könnte sich ein Tankstellenunternehmer überlegen den Preis auf 0,8 Euro zu senken. Eine alleinige Preissenkung von A kann zu einem höheren Marktanteil und somit einer Umsatzsteigerung führen, welche die Verluste durch die Preissenkung ausgleicht und sogar eine absolute Gewinnsteigerung zur Konsequenz haben. Jedoch besteht die Gefahr, dass auch B bei der Preissenkung mitzieht, um nicht seine Kundschaft zu verlieren. Infolge der Preistafeln wird er sehr schnell den Grund für einen möglichen Umsatzrückgang erkennen können und wäre vermutlich gezwungen seinen Abgabepreis zu senken. Daher würden beide Unternehmer langfristig den gleichen Marktanteil bei einem niedrigeren Preis erzielen, was für beide einen Verlust bedeutet.

Das Beispiel zeigt, wie in einem Oligopol ein höherer Preis als unter „normalen" Wettbewerbsbedingungen entstehen kann, ohne dass sich die handelnden Unternehmen in irgendeiner Form absprechen. Es kommt zu einer Preiserhöhung oder im zweiten Fall einer „künstlichen" Stabilität, was auch als Oligopolfriede bezeichnet wird. Oligopole weisen daher eine äußerst starre Preissituation auf,[79] bei denen oftmals der Marktführer den Preis festsetzt und die anderen Unternehmen dessen Vorgaben übernehmen.[80] Die beteiligten Unternehmen lernen wie sie sich bei einer beschränkten Anzahl von Anbietern optimal verhalten, sodass es zu einem gemeinsamen Einverständnis ohne jegliche Absprache kommt.[81] Auch ein Oligopol kann daher ähnlich einem Monopol bzw dominanten Unternehmen zu Ineffizienzen und vor allem zu Nachteilen für Konsumenten führen.

---

[79] *Streissler/Streissler*, Grundriss der Volkswirtschaftslehre für Juristen[3] (1994), 176 Rn 147 ff. Im Gegensatz zum Kartellrecht ist es volkswirtschaftlich gleichgültig ob eine Preiskollusion explizit, dh in Form von Absprachen, oder implizit, dh durch Anpassung an das Verhalten erfolgt.

[80] Dies wird auch als „Preisführerschaft" bezeichnet; *Koppensteiner*, Österreichisches und Europäisches Wettbewerbsrecht[3] (1997), 191 Rn 11.

[81] Da somit keinerlei Abstimmung des Verhaltens vorliegen muss, ist Art 81 EGV bzw §§ 10 ff KartG nur selten anwendbar. Das volkswirtschaftliche Phänomen der Kollusion ist als Verteidigungslinie der Firmen bestens geeignet, sodass in der Regel auch keine Absprache feststellbar ist, selbst wenn eine solche besteht. Die Europäische Kommission hat daher auch Ermittlungen über horizontale Vereinbarungen unter den Mineralölgesellschaften vorläufig eingestellt; siehe *Europäische Kommission*, Commission and Member States discuss competition policy in the motor fuel sector, Pressemitteilung vom 29.9.2000, IP/00/1090.

1.3. Preisbildung

Richtigerweise hat der EuGH bereits im Jahre 1985 ausgeführt, dass bei homogenen Waren wie Treibstoffen der Preis das wesentliche Wettbewerbselement darstellt.[82] Denn Möglichkeiten zur Differenzierung über den Wettbewerbsparameter Qualität entfallen.[83] Die Mineralölgesellschaften importieren Rohöl zu sehr unterschiedlichen Preisen und weisen auch differierende Kostenstrukturen auf, sodass durchaus Spielraum für einen Preiswettbewerb gegeben wäre.[84] Dennoch findet auf dem österreichischen Mineralölmarkt ein offener Preiswettbewerb nicht statt.[85] Es scheint als existiere ein Wettbewerb nur um die Markenpräsenz der Majors. Dies ist auch insofern erklärbar als der Tankstellenmarkt ein stagnierender Markt ist, auf dem ein höherer Umsatz nur durch einen größeren Marktanteil erzielt werden kann.[86] Der Wettbewerb der Oligopolisten beschränkt sich hauptsächlich auf Werbung, Servicequalität, Produktgestaltung und neue Produkte, obwohl nur eine geringe Innovationskraft vorhanden ist. Preissenkungen würden hingegen für die Majors schädlich wirken und nur kurzfristig neue Marktanteile sichern.[87] Denn würde ein Unternehmen innerhalb des Oligopols versuchen durch einen günstigeren Abgabepreis Kunden zu gewinnen, so wären die Konkurrenten ebenfalls gezwungen die Preise zu senken. Folglich würde zwar kein Anbieter einen höheren Marktanteil erreichen, alle würden aber geringere Gewinnspannen erzielen und somit einen Verlust erleiden.

Die eintretende Kollusion zeigt sich am deutlichsten bei den Autobahntankstellen. Diese werden in Österreich im Gegensatz zu Deutschland von den Majors mittels einer Autobahnbetriebs-Gesellschaft betrieben.[88] Preisvergleiche haben ergeben, dass an österreichischen Autobahntankstellen großteils exakt gleiche Abgabepreise verlangt werden.[89] Ein Preiswettbewerb exsistiert nur zwischen den

---

[82] EuGH 29.1.1985, Rs 231/83 – Cullet - Slg 1985, 315 Rn 28.

[83] BKartA 19.12.2001, B8 130/01 – BP/E.ON – URL: http://www.bkarta.de/B8-130-01.pdf [21.2.2002], 18.

[84] *Paritätischer Ausschuss für Kartellangelegenheiten*, Gutachten über die Wettbewerbslage in der Mineralölwirtschaft, ABl der österreichischen Justizverwaltung 1990, 35 und 59.

[85] *Europäische Kommission*, Report on the competitive conditions of non-integrated independent companies in the motor fuel sector (2001), 19 Rn 65.

[86] *Brüggemann* in *Martinek/Semler*, Handbuch des Vertriebsrechts (1996), 1089 Rn 1.

[87] *Puwein/Würger*, Der Kraftstoffmarkt in Österreich (1999), 46.

[88] Deutsche Autobahntankstellen werden von der Firma „Tank&Rast" gebaut und gewartet. Diese sind rechtlich anders organisiert als die normalen Straßentankstellen, weshalb sie in den meisten deutschen Publikationen zum Tankstellenhalter nicht mitbehandelt werden; vgl *Semmler*, Die Rechtsstellung des Tankstellenhalters zwischen Handelsvertreter und Vertragshändler (1995), 24.

[89] *Puwein/Würger*, Der Kraftstoffmarkt in Österreich (1999), 8.

Diskontern und den großen Mineralölgesellschaften.[90] Durch die „Trichterpreisbildung“[91] sind in Österreich regional sehr große Preisunterschiede entstanden. Wird die Preisdifferenz zwischen den Bundesländern auf den Nettopreis umgelegt, ergibt sich ein Unterschied von bis zu 25%.[92] Beim Kraftstoffpreis ist ein klares West-Ost Gefälle zu erkennen. Während der Abgabepreis in den westlichen Bundesländern österreichweit der höchste ist,[93] sind die Preise im Osten durchwegs geringer. Vor allem in Wien üben Diskont-Tankstellen einen erheblichen Druck auf die Majors aus. Die großen Mineralölkonzerne verfolgen daher österreichweit eine sehr differenzierte Preisstrategie, die an das regionale Angebot angepasst ist.

1.3.1. Tatsächliche Preisfestsetzung

Die Treibstoffpreise sind täglich in den Medien, in der politischen Diskussion fällt sehr oft der Begriff der „40 Groschen Vereinbarung.“ Dadurch kann der Eindruck entstehen, dass der Abgabepreis an den Tankstellen amtlich geregelt wird. Dies trifft aber nicht zu. Bereits am 1.5.1979 wurde die amtliche Preisregelung für Dieselkraftstoffe und am 16.9.1981 für Benzinkraftstoffe aufgehoben.[94] Die rechtliche Regulierung des Preises erfolgt daher wie bei jedem anderen Gut über den Markt, als Ort an dem sich Angebot und Nachfrage treffen.

Naturgemäß sind bei Mineralölprodukten die Kosten des Rohöls von entscheidender Bedeutung,[95] hinzu kommen zahlreiche andere Faktoren. Spezielle nationale Steuern für Treibstoffe werden auf den Rohölpreis aufgeschlagen und sollen neben budgetären Gründen auch als Anreiz für den Umstieg auf alternative Energiequellen dienen.[96] Die Steuerlast macht den größten Teil des Benzinpreises

---

[90] Die Majors agieren aber wie eine Einheit, da für sie wesentliche Anreize bestehen, sich keinen Wettbewerb zu liefern. Dieser Zusammenhang ist auch in Deutschland zu beobachten; siehe BKartA 19.12.2001, B8 130/01 – BP/E.ON – URL: http://www.bkarta.de/B8-130-01.pdf [21.2.2002], 21.

[91] Siehe 1.1.2.

[92] *Puwein/Würger*, Der Kraftstoffmarkt in Österreich (1999), 9 f.

[93] ZB hat Salzburg österreichweit einen der höchsten Benzinpreise; zur politischen Diskusion des Landtages siehe *Salzburger Landtag*, LT-Beantwortung: - Benzinpreise in Salzburg, URL: http://www.land-sbg.gv.at/lpi/12/LT2DBeantwortung/2/13604.html [3.5.2001].

[94] *Puwein/Würger*, Der Kraftstoffmarkt in Österreich (1999), 6 f.

[95] Die Rohölkosten machen ca 10% des Letztverbraucherpreises aus; URL: http://www.omv.com/mainframe.asp [20.8.2001].

[96] Diese liegen zwischen ca 50% in Luxemburg, Portugal und Griechenland und 75% in England; *Europäische Kommission*, Commission and Member States discuss competition policy in the motor fuel sector, Pressemitteilung vom 29.9.2000, IP/00/1090. In Österreich beträgt der gesamte Betrag der Steuern und Abgaben (inkl Umsatzsteuer) auf Treibstoffe ca 62% des Endpreises; URL: http://www.omv.com/mainframe.asp [20.8.2001]. Den „speziellen“ Steuersatz regelt § 3 des

aus und beeinflusst daher die Nachfrage immens.[97] Österreich hat aber auch vor Aufschlag der Steuern europaweit einen der höchsten Preise.[98] Es wird von den Mineralölgesellschaften behauptet, dass einige Besonderheiten die hohen Nettoabgabepreise in Österreich erklären:[99]

- Hohe Transportkosten
- eine große Tankstellendichte
- ungünstige topographische Voraussetzungen
- hohe Umweltstandards
- Einschränkungen beim Verkauf von Waren im Tankstellenshop[100]

Kritiker entgegnen diesen Behauptungen der Mineralölwirtschaft und führen die hohen Nettopreise auf mangelnden Wettbewerb zurück.[101] In anderen Staaten Europas, zB in Deutschland existiert im Vergleich zu Österreich ein höherer Grad an Wettbewerb in der Erdölwirtschaft.[102] Auch die Europäische Kommission kam zu dem Ergebnis, dass die großen Nettopreisunterschiede innerhalb Europas nur durch die Wettbewerbssituation der einzelnen Märkte erklärbar sind.[103] Klarerweise kann das Kartellrecht nur insofern einen Beitrag zur Regelung des

---

Mineralölsteuergesetzes 1995, BGBl 630/1994 idF BGBl I 106/1999. Der Steuersatz für Benzin liegt derzeit zwischen S 5,61 und S 6,60 pro Liter.

97 *Mayer/ua,* Der Tankstourismus und seine Wirkungen auf den österreichischen Treibstoffmarkt (1997), 1 ff.

98 Dieser hängt primär von den regionalen Standort- und Wettbewerbsfaktoren ab und hat nur einen wenig gesicherten positiven Zusammenhang mit der Steuerhöhe; *Puwein/Würger,* Der Kraftstoffmarkt in Österreich (1999), 53.

99 Vor ca 2 Jahren lagen die österreichischen Kraftstoffpreise noch um ca 80 Groschen über dem europäischem Durchschnitt; *Kordik* in *Profil,* Benzin-Schock, 1.6.2001, 52 ff.

100 Die Festlegung von „nicht-diskriminierenden" Verkaufsmodalitäten der Tankstellen, insbesondere von Ladenschlusszeiten, ist mit dem Europäischen Gemeinschaftsrecht vereinbar; siehe EuGH 2.6.1994, Rs C-401/92, C-402/92 – Tankstation't Heurske Vof und J.B.E. Boermans – Slg 1994, I-2199.

101 Zur Analyse der Standortfaktoren siehe *Puwein/Würger,* Der Kraftstoffmarkt in Österreich (1999), 26 ff.

102 Was dazu führt, dass Deutschland im Gegensatz zu Österreich einen der niedrigsten Benzinpreise vor Aufschlag der hohen Steuersätze hat; siehe *Brüggemann* in *Martinek/Semler,* Handbuch des Vertriebsrechts (1996), 1091 Rn 5.

103 *„When recently monitoring the implementation of the Community's anti-concentration regulation the Commission's departments analysed the competitive situation as applying to fuel distribution in a number of Member States. It was stressed that, even though certain cost factors could vary among Member States, only oligopolistic behaviour and a lack of competition in distribution could explain such price differences. For example, French and British car owners benefit from the competition arising from non-specialist distribution (hypermarkets)."* *oV,* The European Union's Oil Supplies and Movements in Oil Prices, URL: http://www.mic.org.mt/PR's/pr2000/20000912oil.htm [13.8.2001].

Benzinpreises bieten als die Marktstrukturen den Preis beeinflussen.[104] Diese betreffen in erster Linie den Raffinerie-[105] und Vertriebsbereich.[106]

Für diese Arbeit ist wesentlich, dass die Abgabepreise an den Tankstellen amtlich nicht vorgeschrieben werden. Durch ein „Branchenübereinkommen“ zwischen dem Bundesminister für wirtschaftliche Angelegenheiten und der Mineralölwirtschaft wurde der Preis zwischen dem 30.8.1990 und dem 22.4.1996 de fakto geregelt. Dieses wurde jedoch aufgehoben.[107] Spätestens durch eine vom Bundesministerium für wirtschaftliche Angelegenheiten in Auftrag gegebene Studie wurde die politische Diskussion wieder angeheizt. Im Jahre 1999 wurde die Studie des Wirtschaftsforschungsinstituts von *Puwein* und *Würger* veröffentlicht, die klar zum Ergebnis kommt, dass mangelnder Wettbewerb für die hohen Preise verantwortlich ist.[108] Nunmehr erfolgen regelmäßig Treffen zwischen den beiden Gruppen, wobei eine Höchstgrenze vereinbart wird.[109] Der Abgabepreis darf demnach in Österreich um einen bestimmten Anteil über dem Nettopreisdurchschnitt der EU liegen.[110] Derartige Vereinbarungen sind nichts anderes als „gentlemen's agreements.“[111] Es handelt sich um rechtlich unverbindliche nicht durchsetzbare Vereinbarungen. Die Festsetzung der Abgabepreise erfolgt daher noch immer über den freien Markt und nicht durch eine amtliche Regelung. Deshalb können die Treibstoffabgabepreise auch Gegenstand einer kartellrechtlichen Betrachtung sein.[112]

---

[104] Die Rohölpreise des Weltmarktes und die hohe Steuerlast können nicht geändert werden.

[105] Ein Schlüsselfaktor zur Belebung des Wettbewerbs ist der einfache und nicht diskriminierende Zugang zu raffinerierten Erdölprodukten. Eine offene Marktstruktur, die eine direkte Belieferung von kleinen Anbietern ermöglicht, ist daher notwendig, um einen höheren Grad an Wettbewerb am Vertriebssektor zu ermöglichen. Das komplette Gegenteil wurde durch das OMV Urteil im Jahre 1976 bewirkt; KOG 22.11.1976, Okt 8/76 – OMV – ÖBl 1977, 17 = SchöDi, 294. Dessen volkswirtschaftliche Folgen sind am österreichischen Mineralölmarkt heute spürbar.

[106] Diese Bereiche sind der geringste Kostenanteil des Letztverbraucherpreises. Daher kann das Kartellrecht auch nicht alle Probleme des Treibstoffmarktes lösen; siehe *Europäische Kommission*, Commission and Member States discuss competition policy in the motor fuel sector, Pressemitteilung vom 29.9.2000, IP/00/1090. Dass dennoch große Veränderungen möglich sind zeigt das „britsche Beispiel“; siehe Fn 11.

[107] Seit April 1996 erfolgt die Bestimmung der österreichischen Treibstoffpreise durch eine „freie Preisbildung“; *Puwein/Würger*, Der Kraftstoffmarkt in Österreich (1999), 18.

[108] *Puwein/Würger*, Der Kraftstoffmarkt in Österreich (1999), 55 und 64 ff.

[109] Im Zuge des „Benizinpreismonitoring“, durch Vereinbarungen, um welchen Betrag pro Liter der Nettopreis über dem EU-Durchschnitt liegen darf, derzeit 40 Groschen.

[110] Wobei die zugestandene Spanne von 40 Groschen von den Autofahrerklubs scharf kritisiert wird; siehe *Salzburger Nachrichten*, Kein Ergebnis nach Benzinpreis-Gipfel bleiben Fronten hart, 18.5.2001, URL: http://www.salzburg.com/cgi-bin/sn/druckansicht.pl [23.7.2001].

[111] Siehe *Bundesminister für wirtschaftliche Angelegenheiten*, Pressemitteilung vom 28.9.2000, URL: http://www.bmwa.gv.at/news/2000/09/28c2.htm [23.7.2001].

[112] Selbst wenn der Benzinpreis mit den Mitteln des österreichischen Preisgesetzes geregelt wird, bleibt das Kartellrecht voll anwendbar. Siehe 1.3.2.

De fakto werden die Abgabepreise von Markentankstellen von den Mineralölkonzernen bestimmt,[113] wobei mit dem Bundesminister über deren Höhe in regelmäßigen Abständen verhandelt wird. Die Mineralölgesellschaften geben in der Regel den an sie vertraglich gebundenen Tankstellenhaltern den Abgabepreis für Treibstoffe vor.[114] In ganz Europa kontrollieren die Mineralölgesellschaften den Abgabepreis an den Tankstellen.[115] Ob die Mineralölgesellschaften überhaupt rechtlich in der Lage sind, Tankstellenhaltern bestimmte Preise vorzuschreiben, ist problematisch.[116] Mit dieser Frage beschäftigt sich die vorliegende Arbeit.

1.3.2. Rechtlicher Rahmen

Zur Erzielung von Vereinbarungen mit der Mineralölwirtschaft droht, der Bundesminister für Wirtschaft und Arbeit mit der amtlichen Festlegung eines Höchstpreises. Im Zuge der permanenten politischen Diskussion wurde im Jahr 1999 eine spezielle Verfassungsbestimmung zur Kontrolle der Mineralölwirtschaft eingeführt.[117] Abs 1 und 2 des § 5a Preisgesetzes[118] lauten:

> *„(1) Besteht bei Erdöl und seinen Derivaten auf Grund bestimmter, belegbarer Tatsachen Grund zur Annahme, dass der von einem oder mehreren Unternehmen dafür geforderte Preis oder eine vorgenommene Preiserhöhung die internationale Preisentwicklung in einem ungewöhnlichen Maße übersteigt, hat der Bundesminister für Wirtschaft und Arbeit von Amts wegen zu untersuchen, ob der geforderte Preis oder die vorgenommene Preiserhöhung auf eine ungerechtfertigte Preispolitik eines oder mehrerer Unternehmen zurückzuführen ist.*
> *(2) Ergibt eine Untersuchung gemäß Abs 1, dass der Preis oder die Preiserhöhung auf eine ungerechtfertigte Preispolitik zurückzuführen ist und hat diese volkswirtschaftlich nachteilige Auswirkungen, hat der Bundesminister für Wirtschaft und Arbeit für die Dauer von sechs Monaten einen Höchstpreis zu bestimmen. Dieser hat sich an der Preisentwicklung in vergleichbaren europäischen Ländern unter Berücksichtigung allfälliger besonderer, im betreffenden Wirtschaftszweig bestehender volkswirtschaftlicher Verhältnisse zu orientieren und kann auch für einzelne Wirtschaftsstufen bestimmt werden; § 6 Abs 3 gilt. Wenn sich die für die Preisbestimmung maßgeblichen Verhältnisse wesentlich ändern, ist die Preisbestimmung entsprechend zu ändern oder aufzuheben. Eine neuerliche Preisbestimmung ist zulässig."*[119]

---

[113] *Puwein/Würger*, Der Kraftstoffmarkt in Österreich (1999), 37.

[114] *Puwein/Würger*, Der Kraftstoffmarkt in Österreich (1999), 54; siehe auch OGH 7.12.2001, 7 Ob 265/01 – Tankstellenvertrag – RIS-Justiz/E64050.

[115] *Europäische Kommission*, Report on the competitive conditions of non-integrated independent companies in the motor fuel sector (2001), 10 Rn 24.

[116] Tatsächlich setzen einige Mineralölgesellschaften Sanktionen, sollte sich ein Tankstellenhalter nicht an die vorgeschriebenen Preise halten; siehe *Buchleitner LHStv*, Presseaussendung vom 25.2. 1999, URL: http://spoe.salzburg.or.at/skiss/S...BuchleitnerBenzinpreisKonzerne.htm [29.6.2001].

[117] Zur politischen Diskussion siehe *Bundesrat*, Bundesrat gibt Bahn frei für amtliche Preisregelung, URL: http://www.parlinkom.gv.at/pd/pk/1999/PK0153.html [23.7.2001].

[118] BGBl 145/1992 idF BGBl I 121/2000.

[119] BGBl I 50/1999.

Unter bestimmten Voraussetzungen kann der Bundesminister daher einen Höchstpreis für die Dauer von sechs Monaten bestimmen.[120] Zuvor muss aber eine Untersuchung ergeben, dass aufgrund einer ungerechtfertigten Preispolitik von einem oder mehreren Unternehmen der geforderte Preis *„die internationale Preisentwicklung in einem ungewöhnlichen Maße übersteigt"* und dies volkswirtschaftlich nachteilige Auswirkungen hat. Eine amtliche Bestimmung eines Höchstpreises ist zwar bereits oft angedroht worden, aber noch nie erfolgt.[121] Ein aufgrund des Preisgesetzes festgelegter Höchstpreis wäre gemäß § 917a ABGB zum Schutze eines Vertragspartners gesetzlich bestimmt, sodass kein höheres Entgelt vereinbart werden darf. Eine Überschreitung des Höchstpreises wäre daher unwirksam.[122]

Die EU-Kommission erhebt wöchentlich die Durchschnittspreise für Treibstoffe in den Mitgliedstaaten und erstellt das sogenannte „Öl-Bulletin". Österreich übermittelt die Werte durch das Bundesministerium für Wirtschaftliche Angelegenheiten, welches wiederum vom Fachverband der Erdölindustrie informiert wird.[123] Zur Durchführung des „Benzinpreismonitoring" wurden eigene Regelungen beschlossen. Das Preistransparenzgesetz[124] und die Preistransparenzverordnung I „Preise für Erdöl und Mineralölerzeugnisse"[125] regeln das Verfahren und die Meldepflichten der Mineralölwirtschaft.

Bis jetzt ist noch keine Festlegung eines Höchstpreises für Treibstoffe erfolgt. Doch selbst falls ein Verfahren gemäß § 5a des Preisgesetzes durchgeführt würde, blieben die kartellrechtlichen Überlegungen der vorliegenden Dissertation relevant. Ein Höchstpreis ist ja ausschließlich eine Obergrenze der Preisgestaltung, aber keine gänzliche Ausschaltung der Privatautonomie und der

---

[120] Zur Vereinbarkeit einer nationalen Regelung der Treibstoffpreise mit dem Gemeinschaftsrecht siehe EuGH 29.1.1985, Rs 231/83 - Cullet - Slg 1985, 315 sowie EuGH 25.9.1985, Rs 215/84 - Hericotte - Slg 1985, 2993. Demnach war die amtliche Regelung von Mindestpreisen für den Einzelhandelsverkauf von Treibstoffen auf dem französischen Kraftstoffmarkt zwar mit den Bestimmungen des Kartellrechts, aber nicht mit dem Verbot mengenmäßiger Einfuhrbeschränkungen vereinbar.

[121] Derzeit werden in Portugal, Belgien und Luxemburg amtliche Höchstpreise für Treibstoffe festgelegt. Dem steht die Kommission aber kritisch gegenüber, da der Höchst- meistens wie ein Festpreis wirkt und dadurch den Wettbewerb maßgeblich beeinträchtigt. *Europäische Kommission,* Report on the competitive conditions of non-integrated independent companies in the motor fuel sector (2001), 52 Rn 243. Jeder Staat verfügt aber über Regelungsmöglichkeiten, die bei einer Verknappung des Treibstoffes wieder aktiviert werden könnten; *Puwein/Würger,* Der Kraftstoffmarkt in Österreich (1999), 56.

[122] *Reischauer* in *Rummel,* Kommentar zum Allgemeinen bürgerlichen Gesetzbuch I^3 (2000), § 917a Rn 6.

[123] *Puwein/Würger,* Der Kraftstoffmarkt in Österreich (1999), 7.

[124] BGBl 761/1992 idF BGBl 174/1995.

[125] BGBl 956/1993 idF BGBl 449/1996.

freien Marktwirtschaft. Ein amtlicher Höchstpreis drückt den Willen des Gesetzgebers aus, dass dieser auch unterschritten werden kann und soll. Es bleibt noch immer ein Handlungsspielraum, der durch Absprachen beeinträchtigt werden kann. Daher schließt nur die amtliche Bestimmung eines Festpreises die Anwendung des Kartellrechts aus.[126] Folglich kann selbst wenn nach § 5a Preisgesetz ein Höchstpreis bestimmt wird, die Vorschreibung eines Abgabepreises durch die Mineralölgesellschaften kartellrechtswidrig sein. Die Tankstellenhalter haben sich ohnehin an eine vom Bundesminister festgelegte Höchstgrenze zu halten. Ob sie hingegen weniger verlangen wollen und somit möglicherweise ihren eigenen Absatz und ihr Einkommen stärken, kann unter Umständen von jedem einzelnen Tankstellenhalter zu entscheiden sein.[127]

1.4. Wirtschaftliche Situation des Tankstellenhalters

Die wirtschaftliche Situation der Tankstellenhalter kann als äußerst trist beschrieben werden.[128] Ein sehr hoher Arbeits- und Kapitaleinsatz steht einem höchstens durchschnittlichen Jahreseinkommen gegenüber.[129] Im Verhältnis zu anderen Vertriebsformen und dem übernommenen Risiko liegt das Einkommen der Tankstellenhalter weit unter vergleichbaren Werten.[130] Davon wird noch der Großteil im Eigengeschäft der Tankstellenhalter erwirtschaftet, sodass viele Tankstellen ohne den Verkauf von Artikeln im Shop-Bereich oder sonstigen Aktivitäten der Betreiber nicht überlebensfähig wären.[131] Ein eigener Schutz des Berufszweiges existiert nicht und hat zu einer starken Schwächung der

---

[126] *Gleiss/Hirsch,* Kommentar zum EG-Kartellrecht I[4] (1993), 139 Rn 282 mit Nachweisen zur Entscheidungspraxis der Kommission und des EuGH; *Koppensteiner,* Österreichisches und Europäisches Wettbewerbsrecht[3] (1997), 162 Rn 74.

[127] In diesem Sinne erging auch eine ältere Entscheidung des EuGH 19.6.1978, Rs 77/77 - Benzine en Petroleum Handelsmaatschappij BV – Slg 1978, 1513. Hierbei wurde zwar eine Entscheidung der Kommission aufgehoben, da kein missbräuchliches Verhaltens in der Kürzung von Lieferungen an einen Abnehmer vorlag. Weiters ging es auch nicht um die Festlegung von Abgabepreisen. Die generelle Anwendung der EG-Wettbewerbsregeln wurde aber nicht problematisiert, obwohl in den Niederlanden zu dieser Zeit ein amtlicher Höchstpreis für Treibstoffe galt. Siehe Europäische Kommission 19.4.1977, 77/327/EWG – A.B.G. gegen in den Niederlanden tätige Mineralölgesellschaften – ABl L 117 vom 9.5.1977, 5 Rn F.

[128] *Semmler,* Die Rechtsstellung des Tankstellenhalters zwischen Handelsvertreter und Vertragshändler (1995), 40.

[129] Der Unternehmerlohn liegt im Durchschnitt zwischen brutto S 400.000,-- und S 800.000,-- pro Jahr. Betreibt ein Tankstellenhalter mehrere Tankstellen zugleich oder eine Tankstelle in sehr guter Lage können sich die Zahlen aber deutlich erhöhen.

[130] *Runggaldier,* Der Tankstelleninhaber, unveröffentlichtes Gutachten (1986), 45 ff.

[131] Siehe Übersicht 3.9: Ertragsstruktur der Tankstellen, 1997 in *Puwein/Würger,* Der Kraftstoffmarkt in Österreich (1999), 31 ff. So bereits *Paritätischer Ausschuss für Kartellangelegenheiten,* Gutachten über die Wettbewerbslage in der Mineralölwirtschaft, ABl der österreichischen Justizverwaltung 1990, 45.

vertraglichen Stellung der Tankstellenhalter gegenüber der Erdölindustrie geführt. Im Zuge der Verschlechterung der Lage der Tankstellenhalter seit den sechziger Jahren sind keine Schutzmaßnahmen ergriffen worden. In Österreich hat einzig die Gerichtsbarkeit versucht den Tankstellenhaltern zu helfen, indem sie diese in ständiger Rechtsprechung als arbeitnehmerähnliche Personen einstuft.[132] Wie noch gezeigt wird, steht diese Qualifizierung aber wissenschaftlich auf äußerst wackligen Beinen und kann keinen effektiven Schutz gewährleisten. Ebenso glaubt der Großteil der Bevölkerung, dass die Betreiber von Tankstellen eher Arbeitnehmer als Unternehmer sind.[133] Anscheinend sehen sich auch viele Tankstellenhalter selbst als „Befehlsempfänger" und nicht als eigenverantwortlich Tätige.[134]

Insgesamt ist das Vertragsverhältnis zwischen dem Tankstellenhalter und der Mineralölfirma durch ein starkes wirtschaftliches Ungleichgewicht geprägt. Der Betreiber hat de fakto nur geringe Möglichkeiten sein Einkommen zu verbessern, daher variiert sein Verdienst stark nach der Lage der Tankstelle. Deshalb gewähren die Majors wirtschaftlich bedürftigen Tankstellenhaltern eine Sondervergütung oder gewähren bei geringem Umsatz eine höhere Provision. Sonderunterstützungen sind jedoch nicht vertraglich vereinbart, sodass dem Tankstellenhalter kein Rechtsanspruch auf diese soziale Ausgleichsmaßnahme zukommt.[135] Da die freiwilligen Zahlungen widerrufen werden können, vergrößern sie die Abhängigkeit der Tankstellenhalter von den Mineralölgesellschaften. Im Jahre 1997 haben diese Zulagen ungefähr ein Zehntel der Bruttoeinnahmen der Tankstellenhalter aus dem Verkauf von Kraftstoffen ausgemacht.[136] Dies führt dazu, dass sich der einzelne Tankstellenhalter umso strikter an die Vorgaben seines Mineralölkonzerns hält, da er ja nicht dessen Zulage verlieren will.[137] Folglich ist er umso mehr bereit auch Vorgaben, die vertraglich nicht vereinbart sind, einzuhalten. Preisvorgaben werden daher selbst,

---

132 Siehe 2.2.3.2.

133 Dies zeigt bereits der in der Alltagssprache häufig gebrauchte Ausdruck des „Tankwarts". Die meisten Menschen glauben fälschlicherweise, dass das Personal einer Tankstelle von der Mineralölfirma angestellt sei.

134 *Ebenroth* ortet generell das Problem, dass mit fortschreitender Eingliederung der rechtlich selbständigen Händler eine „Arbeitnehmermentalität" entsteht. *Ebenroth,* Absatzmittlungsverträge im Spannungsverhältnis von Kartell- und Zivilrecht (1980), 16.

135 Vgl OGH 28.1.1986, 4 Ob 141/84, RIS-Justiz/E07491.

136 *Puwein/Würger,* Der Kraftstoffmarkt in Österreich (1999), 52.

137 Weiters erfolgt keine notwendige Reduzierung des Tankstellennetzes. Der Schließung von wirtschaftlich unrentablen Tankstellen könnte zur Senkung von Preisen und Erhöhung von Marktanteilen führen. Dies wird aber bei einer Preiskollusion vermieden. Dennoch argumentieren die Mineralölfirmen, dass der Abgabepreis auch aufgrund des dichten Tankstellennetzes so hoch ist. Daher wurde bereits im Jahre 1989 vorgeschlagen, die Subventionierung umsatzschwacher Tankstellen zu verringern. *Paritätischer Ausschuss für Kartellangelegenheiten,* Gutachten über die Wettbewerbslage in der Mineralölwirtschaft, ABl der österreichischen Justizverwaltung 1990, 61.

wenn sie in seltenen Fällen nicht abgemacht sind oder als „unverbindlich“ bezeichnet werden, übernommen. Ob die Tankstellenhalter die „empfohlenen Preise“ einhalten, wird wiederum durch Außendienstmitarbeiter der Mineralölgesellschaften überwacht. Die Tankstellenhalter einer schlecht gehenden Tankstelle sind auch insofern von der Mineralölgesellschaft abhängig, als die Beendigung des Vertragsverhältnisses vermutlich den Verlust ihrer Existenzgrundlage bedeutet.[138]

Ein gewisser Ausgleich der wirtschaftlichen Ungleichheit zwischen Tankstellenhalter und Mineralölgesellschaft kann jedoch durch das Kartellrecht erzielt werden.[139] Das Kartellrecht dient nämlich dem Schutz der unternehmerischen Entscheidungsautonomie und insbesondere der Marktgegenseite.[140] Dessen Einhaltung obliegt aber in erster Linie den einzelstaatlichen Behörden und nicht nur der Europäischen Kommission. Diese ist der Ansicht, dass die Sicherstellung eines fairen Wettbewerbs auf den nationalen Kraftstoffmärkten durch die Mitgliedstaaten erfolgen soll.[141]

---

138 *Semmler,* Die Rechtsstellung des Tankstellenhalters zwischen Handelsvertreter und Vertragshändler (1995), 41 f.

139 In diesem Sinne, Antwort von Kommissar van Miert am 11.12.1997 auf eine parlamentarische Anfrage von Riccardo Garosci an die Kommission E-3619/97, ABl C 174 E vom 8.6.1998, 88. Das Kartellrecht kann durchaus zur Korrektur von Abhängigkeitsverhältnissen dienen. So zum Handelsvertreter ausdrücklich *Zimmer* in *Immenga/Mestmäcker,* Gesetz gegen Wettbewerbsbeschränkungen[3] (2001), § 1 Rn 56.

140 Siehe *Bunte* in *Langen/Bunte,* Kommentar zum deutschen und europäischen Kartellrecht I[9] (2001), 1724 Rn 39; *Schmidt,* Von der Kartellformenlehre zum Kartellverbot, WBl 1990, 123. Im Verhältnis der vertikalen Vertriebsbindung sind dies sowohl die Tankstellenhalter, als auch nachgelagert die Letztverbraucher; vgl Mitteilung der Kommission, Leitlinien für vertikale Beschränkungen, ABl C 291 vom 13.10.2000, 19.

141 Die Europäische Kommission betont zwar ihren Willen zu handeln, sollten Missbräuche festgestellt werden; siehe bereits Fn 21. Zugleich ist es ihr aber bereits aus Gründen des Arbeitsaufwandes nur begrenzt möglich eine genaue Analyse jedes nationalen Marktes durchzuführen. Da sich Kartelle im Treibstoffsektor primär auf der nationalen Ebene bilden, sind die Kommission und die Mitgliedsstaaten übereingekommen, dass Verstöße in erster Linie von den nationalen Wettbewerbsbehörden verfolgt werden sollten; *Europäische Kommission,* Commission and Member States discuss competition policy in the motor fuel sector, Pressemitteilung vom 29.9.2000, IP/00/1090; *Europäische Kommission,* Commissioner Monti and Directors-Gerneral of national competition authorities discuss competition policy in the motor fuel sector, Pressemitteilung vom 30.11.2000, IP/00/1391; *Europäische Kommission,* XXX. Bericht über die Wettbewerbspolitik 2000 (2001), 51 Rn 120.

1.5. Volkswirtschaftliche Beurteilung von vertikalen Vertriebsbindungen

Unabhängig von dem rechtlich eindeutigen Verbot von vertikalen Vertriebsbindungen, die bestimmte wettbewerbsbeschränkende Inhalte aufweisen,[142] wird teilweise behauptet, dass vertikale Bindungen keine Auswirkungen auf den Wettbewerb haben. So behauptet zB *Völcker*, dass die in Handelsvertreterverträgen enthaltenen formellen Wettbewerbsbeschränkungen keinen Effekt auf die Verbraucher haben. Vielmehr dienen derartige Verträge zur Steigerung der produktiven Effizienz, wodurch sich auch für Konsumenten Vorteile ergeben.[143]

Über die Beurteilung von vertikalen Bindungen besteht auch in der Volkswirtschaftslehre Uneinigkeit.[144] Während in der Vergangenheit teilweise die völlige Unschädlichkeit von vertikalen Vertriebsbindungen vertreten wurde (Chicagoer Schule), wird nunmehr richtigerweise die Bedeutung der Marktstruktur für den Wettbewerb betont.[145] Daher muss die Fragestellung differenziert betrachtet werden. Vertikale Beschränkungen können sowohl wettbewerbsfördernd wirken, indem sie die Marktintegration vertiefen und die Leistungsfähigkeit des Vertriebs fördern, als auch wettbewerbswidrig wirken, indem sie Konkurrenz blockieren. So führen vertikale Vertriebsbindungen in der Regel zum kompletten Ausschluss des intra-brand[146] Wettbewerbs.[147] Dies führt zu einer Verlagerung des Problems zum inter-brand Wettbewerb. Ist dieser in irgendeiner Form geschwächt, können vertikale Vertriebsbindungen negative

---

[142] Insbesondere Preisbindungen; siehe zB *Roninger*, Das neue Vertriebskartellrecht (2000), 76 Rn 5 ff. Die Europäische Kommission sieht vertikale Preisbindungen als ernste Bedrohung des Wettbewerbs an und hat zuletzt eine Strafe von 30,96 Millionen Euro über Volkswagen AG verhängt, da diese den Wiederverkaufspreis der Einzelhändler festgelegt hat; *Europäische Kommission*, Commission imposes a 30.96 million fine on Volkswagen AG for retail price maintenance measures on the German market, Pressemitteilung vom 30.5.2001, IP/01/760.

[143] *Völcker*, Handelsvertretervertrieb und EG-Kartellrecht (1994), 80.

[144] Zum Nachweis der unterschiedlichen Theorien siehe *Völcker*, Handelsvertretervertrieb und EG-Kartellrecht (1994), 58 ff. Eine gute Zusammenfassung der wirtschaftlichen Diskussion findet sich bei *Craig/de Burca*, EC Law: Texts, Cases and Materials (1995), 919 ff.

[145] Zur Analyse der Auswirkungen von vertikalen Beschränkungen im Binnenmarkt siehe *Europäische Kommission*, Grünbuch zur EG-Wettbewerbspolitik gegenüber vertikalen Wettbewerbsbeschränkungen (1997), 17 ff.

[146] Dies ist der „markeninterne" Wettbewerb zwischen verschiedenen Absatzmittlern beim Vertrieb eines identischen Produkts. Während der inter-brand Wettbewerb, als Wettbewerb unter den verschiedenen Marken, die Konkurrenz zwischen gleichartigen Erzeugnissen verschiedener Hersteller auf Produzenten- und jeder nachfolgenden Wirtschaftsstufe betrifft. Vom Kartellrecht werden beide Formen dieser wirtschaftlichen Rivalität geschützt; *Koppensteiner*, Österreichisches und europäisches Kartellrecht[3] (1997), 336 Rn 21.

[147] *Völcker*, Handelsvertretervertrieb und EG-Kartellrecht (1994), 56 ff.

Effekte auf die Volkswirtschaft haben. Wenn in einer bestimmten Region alle Wiederverkäufer eines Marken-Videorecorders den gleichen Preis verlangen, führt dies noch nicht automatisch zu einer Beeinträchtigung des Wettbewerbs. Denn normalerweise besteht ein scharfes Konkurrenzverhältnis zu Händlern die Videorecorder von anderen Marken vertreiben. Der Preis wird daher maßgeblich durch den inter-brand Wettbewerb bestimmt, wodurch die de fakto Ausschaltung des intra-brand Wettbewerbs weitgehend bedeutungslos ist. Wird hingegen auch der inter-brand Wettbewerb zB durch Absprachen der Hersteller beeinträchtigt, wirkt sich die vertikale Preisbindung nachteilig aus.[148] Daher behauptet *Emmerich* zurecht, dass die vertikale Preisbindung auf der Stufe der Händler wie ein Preiskartell wirken kann bzw als Ersatz für ein solches dient. Weiters begünstigt diese kollusive Praktiken der Hersteller im Oligopol.[149] Auch *Ebenroth* führt aus, dass die Preisbindung den gleichen Zweck hat wie eine Kartellvereinbarung, denn sie will den Handel in die Wettbewerbsbeschränkungen der Produzentenoligopole miteinbeziehen.[150] Durch eine Preisbindung oder das Wettbewerbsverbot eines vertikalen Vertrages kann dieser somit zugleich auch horizontal wettbewerbsbeschränkende Wirkungen entfalten.[151]

Überdies können Vereinbarungen zwischen Herstellern und Vertriebspartnern dazu benutzt werden, eine bestimmte Marktaufteilung festzuschreiben und somit Neuzugänger, die für eine Belebung des Wettbewerbs notwendig sind, fernzuhalten. Alleinvertriebsbindungen dienen daher starken Unternehmen zur

---

[148] Selbst unter Kritikern der vGVO ist anerkannt, dass vertikale Preisbindungen per se verboten werden sollen; *Schwintowski*, Vertikale Beschränkungen im europäischen Wettbewerbsrecht – eine juristisch-ökonomische Kritik des neuen Konzepts der Kommission, FS Sandrock (2000), 909.

[149] *Emmerich*, Kartellrecht^8 (1999), 107. Zum einfachen Verständnis der horizontalen Wirkungen einer vertikalen Vereinbarung siehe die Graphik bei *Knyrim*, Ausgewählte Fragen des Vertragshändlerrechts in Österreich und der EU, Diss Univ Wien (1998), 28.

[150] *Ebenroth*, Absatzmittlungsverträge im Spannungsverhältnis von Kartell- und Zivilrecht (1980), 18.

[151] So ausdrücklich OLG Düsseldorf 13.11.2000, Kart 16/00 – Freie Tankstellen - WuW 2001, 172: *„Hierbei wirkt sich die Preisgestaltung der Beteiligten zu 1 bis 6 (oder ihrer konzernverbundenen Unternehmen) in den vertikalen Belieferungsverhältnissen zwangsläufig auch auf den Wettbewerb aus, der im Horizontalverhältnis zwischen ihnen und mittelständischen Tankstellenbetreibern herrscht, da hierdurch wirtschaftlich betrachtet Abgabepreise im Verbrauchergeschäft beeinflusst werden."* Derartige Vereinbarungen können daher einer Doppelkontrolle zugänglich sein, da sie bei richtiger Betrachtungsweise beide Tatbestände verwirklichen können, falls in einem Rechtssystem zwischen horizontalen und vertikalen Beschränkungen unterschieden wird. Das Problem zeigt sich anschaulich in der umfangreichen Diskussion zum GWB. Richtigerweise sind die §§ 1 und 16 GWB parallel anwendbar. So *Schmidt*, Ausschließlichkeitsbindung, Kartellverbot und Immanenztheorie – Zum Verhältnis zwischen § 16 GWB und § 1 GWB, FS Sandrock (2000), 845 f. AA *Lohse*, Kartellverbot und vGVO (2001), 144 ff; sowie ein Großteil der älteren Lehre. Zu deren Nachweis siehe *Nepf*, Vertikale Vertriebsbindungen iSd §§ 30a ff KartG, Diss Univ Wien (1999), 24 ff.

Abschottung eines Marktes.[152] Verschärft stellt sich das Problem dar, wenn die Errichtung von neuen Vertriebsstellen schwierig oder kostenintensiv ist. Dies trifft ohne Zweifel auf den Tankstellenmarkt zu.[153] Zusätzlich ist die Anzahl der Tankstellen in ganz Europa seit den siebziger Jahren rückläufig und es wird vor allem in Österreich zu weiteren Schließungen kommen müssen.[154] Dies macht die Errichtung von neuen Tankstellen zu einem betriebswirtschaftlichen Himmelfahrtskommando,[155] sodass Ausschließlichkeitsbindungen die Tankstellenhalter langfristig binden, den Markteintritt von neuen Lieferanten noch mehr behindern, als dies bereits in anderen Wirtschaftszweigen der Fall ist. Weiters darf nicht vergessen werden, dass bei Genehmigung eines absoluten Gebietsschutzes innerhalb eines Mitgliedstaates der EU, selbst wenn ausreichender inter-brand Wettbewerb vorhanden ist, dies einer Abschaffung des Rechts des Konsumenten gleichkommt, in jedem beliebigen Land seiner Wahl ein Produkt zu kaufen.[156]

Zusammenfassend können daher vertikale Preisbindungen zur Durchsetzung oder Bildung von Vertriebs- und Herstellungskartellen oder als Instrument zur Marktabschottung benützt werden und als Mittel zur Abschwächung des Wettbewerbs zwischen den Herstellern dienen, weshalb oligopolistisch beherrschte Märkte besonders gefährdet sind.[157] Derartige Wirkungen kann klarerweise nicht ein einzelner Vertriebsvertrag erzielen, die nachteiligen Folgen treten erst durch eine Kumulierung von gleichartigen vertikalen Vertriebsvereinbarungen auf. Weiters können sich die nachteiligen Auswirkungen mit Vorteilen, die durch die Effizienzverbesserung der langfristigen Aufgabenverteilung zwischen Hersteller und Vertriebspartner entstehen, ausgleichen, sodass kein abschließendes Urteil über die volkswirtschaftlichen Effekte von vertikalen Bindungen gefällt werden kann.

In der Regel treten durch vertikale Bindungen wettbewerbswidrige Resultate auf Märkten nicht ein, auf denen Wettbewerb herrscht. Bereits dadurch zeigt sich, dass der österreichische Mineralölmarkt, bei dem ein Wettbewerb unter den

---

[152] *Schwintowski*, Vertikale Beschränkungen im europäischen Wettbewerbsrecht – eine juristisch-ökonomische Kritik des neuen Konzepts der Kommission, FS Sandrock (2000), 912.

[153] So auch *Biedenkopf*, Vertragliche Wettbewerbsbeschränkung und Wirtschaftsverfassung (1958), 82.

[154] *Puwein/Würger*, Der Kraftstoffmarkt in Österreich (1999), 52.

[155] Ausgenommen in sehr guten Lagen.

[156] Insofern würde dies die Integration des gemeinsamen Marktes beeinträchtigen, weshalb entgegen der Stimmen mancher Volkswirte bereits aufgrund der grundlegenden Prinzipien der EU vertikale Vertriebsbindungen eingehend untersucht werden müssen; *Woods/Filipponi* in *Faull/Nikpay*, The EC Law of Competition (1999), 466.

[157] *Europäische Kommission*, Grünbuch zur EG-Wettbewerbspolitik gegenüber vertikalen Wettbewerbsbeschränkungen, KOM (1996) 721, 20 f.

Marken nur beschränkt erfolgt,[158] besonders anfällig für negative Folgen ist. Dem volkswirtschaftlich richtigen Ansatz einer differenzierten Betrachtungsweise ist auch die Europäische Kommission bei der Erstellung der neuen vGVO gefolgt. Diese wurde als Resultat einer umfangreichen Diskussion im Jahre 1999 beschlossen, konzentriert sich stärker als bisher auf die wirtschaftlichen Auswirkungen von vertikalen Vereinbarungen und versucht den kritisierten „Zwangsjackeneffekt“, der durch eine zu detaillierte Regelung der einzelnen Vertragsklauseln entstanden ist, zu vermeiden.[159]

2. Rechtsnatur des Tankstellenvertrages

Der Tankstellenvertrag ist im Gesetz nicht geregelt und erfordert als Folge der bestehenden Vertragsfreiheit eine diffizile Betrachtungsweise. Verträge zwischen Tankstellenhaltern und Mineralölgesellschaften enthalten sehr unterschiedliche Elemente. Die Palette der Möglichkeiten reicht von dienstähnlichen, miet- und pachtrechtlichen Elementen bis zu Franchisebestimmungen. Daher ist die Vereinbarung nach § 914 ABGB[160] auszulegen.[161] Die Vertragsgestaltung eines Tankstellenvertrages ist äußerst komplex. Es kann sowohl ein einzelner umfassender Vertrag errichtet werden, als auch zahlreiche Teilabkommen, die unterschiedliche Bereiche regeln.[162] Wie immer im Privatrecht ist dabei nicht die Bezeichnung des Vertrages, sondern die Ausgestaltung im Einzelfall von Relevanz.[163] Die unterschiedlichen Gestaltungsformen des Tankstellenvertrages erschweren seine kartellrechtliche Erfassung und erfordern eine systematische Einordnung der unterschiedlichen Typen.[164]

Oftmals werden Tankstellen oder Teile ihrer Anlagen über Darlehen der Mineralölgesellschaften finanziert.[165] Dann handelt es sich um ein Koppelungsgeschäft mit Kreditfunktion. Der Tankstellenhalter erhält von der

---

[158] Siehe 1.3.

[159] *Europäische Kommission,* XXIX. Bericht über die Wettbewerbspolitik 1999 (2000), 25 ff; *Bechtold,* EG-Gruppenfreistellungsverordnungen, EWS 2001, 50 f.

[160] Zu Fragen der Auslegung von Verträgen siehe *Rummel* in *Rummel,* Kommentar zum Allgemeinen bürgerlichen Gesetzbuch I[3] (2000), § 914 Rn 1 ff.

[161] Sowie nach § 346 HGB, falls der Tankstellenhalter Kaufmann ist; siehe 2.3.

[162] So kann zB ein eigenes Farbabkommen, über die optische und räumliche Gestaltung der Tankstelle neben einem Rahmenvertrag bestehen oder ein Grundstückskaufvertrag neben einem Lieferabkommen über Kraftstoffe.

[163] *Koziol/Welser,* Grundriss des bürgerlichen Rechts I[11] (2000), 95.

[164] Vgl *Europäische Kommission,* Report on the competitive conditions of non-integrated independent companies in the motor fuel sector (2001), 10 Rn 24.

[165] So auch *Europäische Kommission,* Grünbuch zur EG-Wettbewerbspolitik gegenüber vertikalen Wettbewerbsbeschränkungen, KOM (1996) 721, 15.

Mineralölgesellschaft eine Investitionshilfe (koppelndes Gut), die er über den Preis der gekoppelten Güter (Mineralölprodukte) zurückführen soll.[166] So spricht die „alte" GVO,[167] die die kartellrechtliche Freistellung des Tankstellenvertrags normierte, in Art 10 von der *„Gewährung besonderer wirtschaftlicher und finanzieller Vorteile"*. Dass die Mineralölgesellschaft dem Tankstellenhalter eine Investitionshilfe einräumt, ist aber keine Voraussetzung der Qualifizierung einer Vereinbarung als Tankstellenvertrag. In vielen Fällen erfolgt keine finanzielle Hilfe oder der Vertrieb geschieht nicht durch einen *„Wiederverkäufer"*,[168] den die „alte" GVO regelte, sondern durch einen Handelsvertreter.[169]

2.1. Vertragsbeziehungen zwischen Tankstellenhalter und Mineralölgesellschaft

Die Vereinbarungen zwischen Tankstellenhalter und Mineralölgesellschaft werden normalerweise nicht individuell ausgehandelt, sondern durch Formularverträge der Mineralölgesellschaften geregelt. Beim Lesen dieser Verträge[170] fällt auf, dass die Vereinbarungen einander sehr ähnlich sind. Meistens werden trotz unterschiedlicher Ausgestaltung der Vertriebsnetze[171] wortgleiche Vertragsklauseln verwendet. Der Tankstellenhalter kann nur in beschränktem Umfang eine Änderung des Vertragsformulars aushandeln. Er hat meistens nur die Wahl zwischen dem Abschluss des vorgefertigten Vertrages oder dem Verzicht auf die Vereinbarung mit der Mineralölfirma.[172]

Ein Vergleich von älteren Verträgen[173] mit neueren zeigt, dass sich wesentliche Bestimmungen der Abkommen nicht geändert haben. Die häufigste Struktur des Verkaufs von Treibstoffen als Handelsvertreter und aller anderen Produkte als

---

[166] *Gleiss/Hirsch,* Kommentar zum EG-Kartellrecht I^4 (1993), 563 Rn 1425.

[167] GVO Nr 1984/83 vom 22.6.1983 über die Anwendung von Art 85 Abs 3 des Vertrages auf Gruppen von Alleinbezugsvereinbarungen, ABl L 173 vom 30.6.1983, 5.

[168] Dieser Ausdruck wurde von der Lehre restriktiv interpretiert, sodass nur Eigenhändlerverträge erfasst wurden. Meines Erachtens ist diese Definition nicht zutreffend. Siehe 4.2.2.

[169] Die kartellrechtliche Genehmigung eines Tankstellenvertrages wird auf europäischer Ebene nun durch die „neue" vGVO bestimmt, die sowohl den Bezugsvertrag mit und ohne Investitionshilfe, als auch den Handelsvertretervertrag regelt.

[170] Der Verfasser der Arbeit konnte in alle Vertragsformulare der „Majors" am österreichischen Mineralölmarkt Einblick nehmen. Nach § 30b KartG angezeigte vertikale Vertriebsbindungen liegen gemäß §§ 75 Abs 4 iVm 78 Abs 1 KartG in der Urkundensammlung des Kartellregisters beim Oberlandesgericht Wien als Kartellgericht für jedermann zur Einsicht auf.

[171] Durch einen Vertrieb mittels Agentur- oder Eigenhändlervereinbarungen.

[172] *Koeble,* Die kartellrechtliche Beurteilung von Preis- und Ausschließlichkeitsbindungen in Handelsvertreter- und Vertragshändlerverträgen am Beispiel der Tankstellenverträge (1973), 6 und 9; zur Situation des Tankstellenhalters beim Vertragsabschluss vgl *von Kistowski,* Der Tankstellenvertrag, Diss Univ Köln (1962), 23 f.

[173] Die anscheinend noch zahlreich in Geltung sind.

Eigenhändler ist noch immer die gleiche wie vor 30 Jahren. Auch im Zuge des Beitritts zur Europäischen Union und damit einhergehend der „neuen" Geltung von Europäischem Kartellrecht in Österreich sind nur geringfügige Vertragsanpassungen erfolgt.[174] Veränderungen zeigen sich aber durch die aufstrebende wirtschaftliche Bedeutung des Folgemarktbereichs. Während sich die Anzahl der Tankstellen ständig reduziert, vergrößert sich die durchschnittliche Tankstellengröße. Die Tankstelle entwickelt sich immer mehr zu einem „Convenience-Shop", der ein Güterangebot aufweist, das weit über den Kfz-Bedarf hinausgeht.[175] Zugleich nimmt der Verkauf von Schmierölprodukten aufgrund der Expansion des Kfz-Fachzubehör-Einzelhandels ab. So ist die „moderne" Tankstelle heute ein Betrieb, der zum Teil „supermarktähnlichen" Charakter hat und zahlreiche Dienstleistungen anbietet.[176] Es wird zwischen folgenden Bereichen unterschieden:[177]

- Tankstellenbereich, der den „klassischen" Treibstoffsbedarf, Schmiermittel und sonstige Mineralölprodukte betrifft
- Folgemarktbereich, dieser umfasst alle anderen angebotenen Waren und Dienstleistungen, zB den Gastronomiebereich, den Zeitschriften- und Tabakwarenverkauf, eine Kfz-Werkstätte oder den Betrieb einer Waschstrasse.[178]

2.1.1. Vertragsarten

Wichtiger Anknüpfungspunkt zur Unterscheidung zwischen den verschiedenen Vertragsformen ist das Eigentum bzw die Verfügungsgewalt am Grundstück der Tankstelle und weiters ob bereits eine Tankstelle besteht oder erst errichtet werden soll. Somit kann grundsätzlich zwischen Tankstellen der Mineralölgesellschaften und der Partner[179] differenziert werden.[180]

---

[174] 1995 galt die VO Nr 1984/83 der Kommission vom 22.6.1983 über die Anwendung von Art 85 Abs 3 EGV (nunmehr Art 81) auf Gruppen von Alleinbezugsvereinbarungen, ABl L 173 vom 30.6.1983, 5. Die meisten Mineralölunternehmen haben die Vertragsdauer angepasst und automatische Vertragsverlängerungsklauseln sowie Ausschließlichkeitsbindungen im Folgemarktbereich gestrichen.

[175] *Europäische Kommission,* Grünbuch zur EG-Wettbewerbspolitik gegenüber vertikalen Wettbewerbsbeschränkungen, KOM (1996) 721, 15.

[176] *Dressler/Mader,* Alles über Franchise, New Business 3/2000, 25.

[177] Siehe *Runggaldier,* Der Tankstelleninhaber, unveröffentlichtes Gutachten (1986), 38.

[178] Vgl *Paritätischer Ausschuss für Kartellangelegenheiten,* Gutachten über die Wettbewerbslage in der Mineralölwirtschaft, ABl der österreichischen Justizverwaltung 1990, 45.

[179] Tankstellenhalter werden in allen Vertragsformularen als Partner bezeichnet.

[180] Es kann geschätzt werden, dass ca ein Drittel aller konzerngebundenen Tankstellen im Eigentum der Partner stehen; so auch *Semmler,* Die Rechtsstellung des Tankstellenhalters zwischen Handelsvertreter und Vertragshändler (1995), 30. Die Europäische Kommission gibt an, dass europaweit ca 40% aller Tankstellen partnereigen sind; *Europäische Kommission,* Report on

2.1.1.1. Tankstellen der Partner

Besteht bereits eine betriebsbereite Tankstelle mit den wesentlichen Anlageteilen auf einem Grundstück in der Verfügungsgewalt des Partner,[181] so schließen Mineralölfirma und Tankstellenhalter ein Belieferungsabkommen ab, das beim Absatz über eine Markentankstelle zusätzliche Elemente eines typischen Vertriebsvertrages enthält. Dieser Fall wird teilweise auch als „eingerichtete" Tankstelle bezeichnet.[182] Dabei handelt es sich in der Regel um eine Alleinbezugsverpflichtung des Partners für Mineralölprodukte, sprich Treibstoffe und Schmieröle.[183] Eine Tankstelle besteht im wesentlichen aus drei Teilen: den Baulichkeiten (Verkaufsgebäude, Dach über den Zapfanlagen, Zu- und Abfahrten, etc), dem Lagerbehälter (Meistens ein unterirdisch installierter Tank, der nur mit großem Aufwand entfernt werden kann,[184] und der dazugehörigen Pumpanlage) sowie den Zapfsäulen (Entnahmestellen mit den Mess-Stellen und technischen Geräten).[185] Häufig werden Anlageteile der Mineralölgesellschaften an den Partner vermietet oder eine Finanzierungshilfe für weitere Investitionen gewährt.[186]

In der Regel wird die Liefervereinbarung mit einem Farbabkommen verbunden, sodass nach außen hin nicht erkennbar ist, ob es sich um eine Tankstelle im Eigentum des Partners oder der Gesellschaft handelt. Durch ein Farbabkommen ist der Tankstellenhalter berechtigt und verpflichtet, die Waren- und Markenzeichen der Mineralölfirmen im geschäftlichen Verkehr zu verwenden. Die gesamte Tankstelle wird nach den Konzernrichtlinien der Mineralölgesellschaft gestaltet. Sowohl das Gebäude und dessen Dach, als auch der komplette Verkaufsbereich und die Regale werden farblich und räumlich nach Vorgaben gestaltet. Durch die einheitliche Aufmachung ist die Tankstelle eines Partners, der wirtschaftlich als Vertragshändler agiert, voll in das Netz eines

---

the competitive conditions of non-integrated independent companies in the motor fuel sector (2001), 49 Rn 224.

[181] ZB kann der Partner Eigentümer des Grundstücks und der Anlage sein, diese aber auch nur von einer anderen Person als der Mineralölfirma gepachtet haben, ohne dass eine Bezugsverpflichtung besteht.

[182] OGH 8.7.1986, 2 Ob 653/84, HS 16.662= RdW 1987, 11 = ÖJZ 1987, 55.

[183] Zur Frage deren Zulässigkeit siehe 5.2.2.1.

[184] Die Europäische Kommission hat dieses Problem erkannt und sieht in der Verpflichtung des Tankstellenhalters bei Vertragsende den Kraftstoffbehälter an die Mineralölgesellschaft zurückzugeben, falls dieser in deren Eigentum steht, einen Verstoß gegen den Grundsatz der freien Lieferantenwahl. Daraus folgt, dass bei fest installierte Kraftstofftanks eine Ablösemöglichkeit der Tankstellenhalter bestehen muss; *Gleiss/Hirsch*, Kommentar zum EG-Kartellrecht I[4] (1993), 592 Rn 1517.

[185] Lagerbehälter und Zapfsäulen werden gemeinsam als technische Anlagen bezeichnet; *von Kistowski*, Der Tankstellenvertrag, Diss Univ Köln (1962), 30.

[186] Die Finanzierungshilfe als normale Gestaltungsform hat auch die Kommission in der alten GVO berücksichtigt; siehe Fn 167.

Mineralölkonzerns eingegliedert. Die Mineralölfirma kann ihr Marketingkonzept mit geringen oder gar keinen Investitionen weiter ausdehnen und der Partner kann durch die Werbung des Konzerns Vorteile erzielen.[187] Bei einer noch zu errichtenden Tankstelle baut die Mineralölfirma die tanktechnischen Anlageteile ein, während der Eigentümer des Grundstücks die Aufbauten erstellt. Hierzu wird dem Tankstellenhalter ein Investitionskostenzuschuss oder Darlehen der Mineralölfirma gewährt. Auch andere Gestaltungsformen sind üblich, sodass manchmal die Mineralölfirma die gesamte Tankstelle errichtet. In der Literatur ist bei dem sogenannten „Stationärsvertrag“ in erster Linie die Abgrenzung zwischen Miete und Pacht aufgearbeitet.[188]

In älteren Verträgen wurde vereinbart, dass der Eigentümer des Grundstücks dieses an die Mineralölfirma vermietet, auf dem dann diese eine Tankstelle errichtet, die wiederum vom Partner betrieben wird. Diese Regelung hat in erster Linie den Zweck, dem Mineralölkonzern den mietrechtlichen Kündigungsschutz zu sichern. Auch eine Unterverpachtung des Stationärs an einen anderen Tankstellenhalter ist möglich. Wie kompliziert die Vertragsgestaltung über Jahre sein kann, zeigt ein Urteil des OGH.[189] In diesem Urteil wurde ausgesprochen, dass es sich bei dem Tankstellenvertrag um einen *„Vertrag eigener Art mit zumindest nicht überwiegend mietrechtlichen Elementen“* handelt.[190] Daher ist der mietrechtliche Kündigungsschutz auf Tankstellenverträge nicht anwendbar, weshalb nur noch wenige Formulare eine mietweise Überlassung des Grundstücks an die Mineralölfirma vorsehen.[191] In der Regel bleibt der Tankstellenhalter

---

[187] Die einheitliche Ausgestaltung hat den Zweck, vor allem im Folgemarktgeschäft den einzelhandelstypischen und verkaufspsychologisch bedeutsamen Ketteneffekt zu erzielen; *Semmler,* Die Rechtsstellung des Tankstellenhalters zwischen Handelsvertreter und Vertragshändler (1995), 140.

[188] *Emmerich* in *Staudinger,* Kommentar zum Bürgerlichen Gesetzbuch[13] (1995), Vorbemerkungen zu §§ 535, 536 Rn 145; *Würth* in *Rummel,* Kommentar zum Allgemeinen bürgerlichen Gesetzbuch II[2] (1992), § 1 MRG Rn 2a.

[189] OGH 22.12.1988, 8 Ob 667/88, RIS-Justiz/E16409.

[190] Siehe die Abgrenzung zur Pacht; OGH 8.7.1986, 2 Ob 653/84, HS 16.662 = RdW 1987, 11 = ÖJZ 1987, 55.

[191] Dies zeigte die Durchsicht der Formulare, ein Vertragsmuster räumte der Mineralölgesellschaft ein Wahlrecht ein: *„Sofern die zum Betrieb der Mineralölvertriebsanlagen (Tankstellen, Servicestationen, Reparaturwerkstätten usw.) erforderlichen Grundstücke Eigentum des Tankstellenunternehmers sind, räumt der Tankstellenunternehmer der <Mineralölgesellschaft> über deren Wunsch auf die Dauer dieses Vertrages ein Bestandrecht zu einem Anerkennungszins sowie ein Vorkaufsrecht/Vorpachtrecht an den genannten Grundstücken ein, wobei das Vorkaufsrecht von <Mineralölgesellschaft> bei sonstigem Ausschluss innerhalb von 30 Tagen nach Einlagen einer ordnungsgemäßen und entsprechend belegten schriftlichen Aufforderung auszuüben ist“*; vgl auch *Semmler,* Die Rechtsstellung des Tankstellenhalters zwischen Handelsvertreter und Vertragshändler (1995), 57.

Eigentümer des Grundstücks.[192] Den Partner treffen nicht nur die laufenden Betriebskosten, sondern auch die Instandhaltungskosten und zumindest teilweise die Versicherungslast für mit dem Grundbesitz verbundene Risiken. Investitionen oder Kredite lassen sich die Mineralölkonzerne durch möglichst lange Vertragslaufzeiten abgelten, damit eine Amortisierung der Kosten sichergestellt ist.[193] Mitunter lassen sich die Mineralölunternehmen ihre Investitionen dinglich absichern.[194] Vorzeitige Kündigungen der Tankstellenhalter sind nur aus wichtigen Gründen möglich. In den meisten Verträgen ist es den Tankstellenhaltern verboten, die Tankstelle zu verpachten.

In der Praxis wird auch, selbst wenn bereits eine Tankstelle in ihren wesentlichen Anlageteilen[195] besteht, ein Vertragsformular, das sich auf ein leeres Grundstück, auf dem noch eine Tankstelle errichtet werden soll, bezieht, verwendet. Auch dann handelt es sich nach richtiger Auffassung im Kern nur um eine Alleinbezugsvereinbarung.[196]

2.1.1.2. Tankstellen der Mineralölgesellschaften

Steht die Verfügungsgewalt über Grund und Boden der Tankstelle der Mineralölgesellschaft zu, so wird diese als „gesellschaftseigene" bezeichnet. Kennzeichnend für diese Form ist, dass die Mineralölgesellschaft die Investitionen in den Aufbau der Anlagen und Gebäude trägt und Eigentümer des Grundstücks und der gesamten Tankstellenanlage ist. Die oben getroffene Unterscheidung, ob eine Tankstelle bereits besteht oder noch errichtet werden muss, ist in diesem Fall nicht von Bedeutung, da in beiden Fällen die finanzielle Verteilung der Errichtungskosten gleich ist. Nur in wenigen Fällen investiert auch der Tankstellenhalter in den Aufbau oder die technischen Anlagen, wenn die Mineralölgesellschaft Eigentümerin des Grundstücks ist. Handelt es sich um eine ältere Tankstelle, so erneuert die Mineralölfirma normalerweise die Anlagen und das optische Erscheinungsbild, bevor die Tankstelle in Bestand gegeben wird.

---

[192] Oder wird Eigentümer; ein Formular eines „Majors" sieht vor, dass ein Tankstellenhalter ein Grundstück mit bestehender Tankstellenanlage von dem Mineralölunternehmen im Zuge des Abschlusses eines Belieferungsabkommens erwirbt. Ein anderes Formular gewährt dem Mineralölunternehmen das Recht ein geeignetes Grundstück zur Errichtung auszuwählen, erforderlichenfalls stellt der Partner seines zur Verfügung.

[193] Zur kartellrechtlich zulässigen Dauer siehe Abschnitt 5.2.2.2. und 7.2.1.2.2.

[194] ZB durch Hypotheken, Belastungsverbote oder Vorkaufsrechte. Mitunter ist auch vereinbart, dass Bestandrechte grundbücherlich einzuverleiben sind.

[195] Wie dem Lagerbehälter und den Zapfsäulen.

[196] Siehe OGH 27.6.1996, 8 Ob 2036/96, HS 27.331; OGH 8.7.1986, 2 Ob 653/84, HS 16.662 = RdW 1987, 11 = ÖJZ 1987, 55.

Der Tankstellenhalter schließt mit dem Mineralölunternehmen einen Pachtvertrag ab,[197] um die auf Kosten der Mineralölgesellschaft errichtete Anlage zu betreiben. Meist erfolgt die Pachtregelung im Tankstellenvertrag, wobei es rechtlich keine Rolle spielt, ob hierzu ein eigener Vertrag abgeschlossen wird.[198] Wesentlich ist, dass der Tankstellenhalter berechtigt und verpflichtet wird, die Tankstelle zu führen. Die Nutzungsmöglichkeit der Tankstelle ist im Vertrag festgelegt, sodass eine „neue" wirtschaftliche Verwertung der vorherigen Zustimmung der Mineralölfirma bedarf.[199] Als Entgelt wird ein monatlicher Pachtzins vereinbart oder der Tankstellenhalter erhält beim Vertrieb als Handelsvertreter nur einen geringeren Provisionssatz im Vergleich zum Tankstellenhalter, der selbst die Errichtungskosten trägt.[200] In jüngeren Verträgen wird der Pachtzins auch umsatzbezogen durch den Folgemarktbereich bestimmt. Mitunter trifft auch den „Pächter" einer Tankstelle neben den laufenden Betriebskosten, eine Versicherungslast für die Anlage oder ein weitgehendes Haftungsrisiko. Die Fallgestaltung des Pachtvertrages wird manchmal auch als „Tankdienststellenvertrag" bezeichnet.[201] Es wird die Meinung vertreten, dass ein Pächter arbeitnehmerähnlich sein kann, dadurch ist der Tankstellenhalter aber noch lange nicht Arbeitnehmer der Mineralölgesellschaft.[202] Daher ist der Begriff des „Tankdienststellenvertrages" als irreführend abzulehnen.[203]

Während in Bezug auf die Eigentumsverhältnisse und Investitionskosten Unterschiede zwischen den einzelnen Vertragstypen bestehen, sind wesentliche Bestimmungen, welche die Vertriebstätigkeit des Tankstellenhalters betreffen, inhaltsgleich. Zur späteren kartellrechtlichen Untersuchung werden diese Klauseln im folgenden näher dargestellt.

---

[197] Zur Abgrenzung siehe bereits Fn 190.

[198] *von Kistowski,* Der Tankstellenvertrag, Diss Univ Köln (1962), 30.

[199] Eine derartige Zustimmungsklausel, die ein Verbot anderweitiger wirtschaftlicher Betätigung betrifft, ist mit der „alten" GVO Nr 1984/83 vom 22.6.1983 über die Anwendung von Art 85 Abs 3 des Vertrages auf Gruppen von Alleinbezugsvereinbarungen, ABl L 173 vom 30.6.1983, 5 nicht vereinbar. Siehe *Gleiss/Hirsch,* Kommentar zum EG-Kartellrecht I^4 (1993), 590 Rn 1512.

[200] Siehe 2.1.1.1.

[201] So *Semmler,* Die Rechtsstellung des Tankstellenhalters zwischen Handelsvertreter und Vertragshändler (1995), 54; *von Kistowski,* Der Tankstellenvertrag, Diss Univ Köln (1962), 29.

[202] Siehe 2.2.3.3.

[203] Zustimmend *Runggaldier,* Der Tankstelleninhaber, unveröffentlichtes Gutachten (1986), 49.

2.1.2. Typische Vertragsgestaltung

In jedem Vertrag findet sich die Bestimmung, dass der Partner als selbständiger Kaufmann die Tankstelle führt.[204] Die meisten Verträge erwähnen ausdrücklich, dass der Tankstellenhalter nicht als Arbeitnehmer der Mineralölgesellschaft tätig wird,[205] mitunter wird er ausdrücklich als „selbständiger Unternehmer" bezeichnet. Teilweise wird eigenes festgehalten, dass der Partner nicht zu persönlicher Dienstleistung verpflichtet ist. Dem Partner obliegt die Verantwortung für die Einhaltung aller beim Betrieb zu beachtenden rechtlichen Vorschriften.[206] Die Erlangung der notwendigen Gewerbeberechtigungen durch den Tankstellenhalter ist oft als eine Bedingung vor Aufnahme der Geschäftstätigkeit formuliert. Beim Verkauf von Treibstoffen tritt er entweder im eigenen Namen und auf eigene Rechnung oder im Namen der Mineralölfirma und auf deren Rechnung auf. Die Verträge werden je nach Ausgestaltung als Eigenhändler-, Agentur-, Liefer- oder Franchisevereinbarungen[207] bezeichnet. Die Wahl zwischen der Organisation des Vertriebssystems zwischen Eigenhändler- und Agenturverträgen ist meistens durch steuerrechtliche Bestimmung determiniert und ist für die Frage der Preisfestsetzung von hoher Relevanz.[208] Manchmal wird vereinbart, dass der Mineralölfirma das Recht zusteht, die jeweils gehandhabte Abrechnungs- und Zahlungsweise jederzeit zu ändern und auch die Verträge zwischen Eigenhändler- und Agenturvertrag umzustellen.[209] In diesem Fall ist der Inhalt der Verträge bei geänderter Vertriebsform inhaltlich komplett identisch. Tatsächlich erfolgt relativ oft eine Umstellung zwischen den zwei Vertragsarten.

---

[204] Zu typischen Vertragsbestimmungen siehe *Stötter,* Das Recht der Handelsvertreter, Versicherungsvertreter, Bausparkassenvertreter, Tankstellenvertreter[3] (1985), 389 ff.

[205] Dadurch kommt zum Ausdruck, dass die Mineralölgesellschaften großen Wert auf die Charakterisierung des Tankstellenhalters als selbständigen Gewerbetreibenden legen; so auch *Koeble,* Die kartellrechtliche Beurteilung von Preis- und Ausschließlichkeitsbindungen in Handelsvertreter- und Vertragshändlerverträgen am Beispiel der Tankstellenverträge (1973), 25; *Semmler,* Die Rechtsstellung des Tankstellenhalters zwischen Handelsvertreter und Vertragshändler (1995), 57.

[206] Insbesondere die gewerbe-, steuer-, chemikal, wasser-, bau- und verkehrspolizeilichen Bestimmungen.

[207] Ein Major ist dazu übergegangen seine Agenturverträge als Franchiseabkommen zu gestalten, inhaltlich sind diese identisch mit allen anderen Tankstellenverträgen. Der Partner erhält Schulungen, das Betriebshandbuch und gestaltet seine Tankstelle nach den Vorgaben des Mineralölkonzerns. Hierfür hat er eine Franchisegebühr in der Höhe von 5% des Netto-Umsatzes aus dem Folge- und Dienstleistungsgeschäft zu bezahlen.

[208] Beide Formen haben inhaltlich weitgehend gleichlautende Bestimmungen und werden daher gemeinsam behandelt.

[209] Durch das historisch gewachsene Vertriebsnetz und die unterschiedlichen Investitionsformen einer Tankstelle finden sich bei fast jeder Mineralölfirma Eigenhändler- und Agenturverträge.

2.1.2.1. Allgemeine Bestimmungen

Der Tankstellenhalter ist verpflichtet die Tankstelle mit der Sorgfalt eines ordentlichen Kaufmanns zu betreiben. Neben den gesetzlichen Bestimmungen hat er die Richtlinien und Empfehlungen der Mineralölfirma einzuhalten.[210] Der Partner hat für einen gepflegten und ordnungsgemäßen Zustand der Tankstelle einschließlich aller ihrer Geräte zu sorgen. Mit dem Verkauf von Treib- und Schmierstoffen als Handelsvertreter ist die Einziehung des Verkaufserlöses und die Lagerung der Produkte verbunden. Einige Formulare weisen darauf hin, dass dem Tankstellenhalter auch die Ausführung der abgeschlossenen Geschäfte obliegt. Zur Durchführung seiner Tätigkeit darf der Tankstellenhalter geeignetes Personal einstellen.[211]

Wettbewerbsrechtlicher Kern eines jeden Tankstellenvertrages ist dessen Ausschließlichkeitsbindung. Der Partner verpflichtet sich während der Dauer des Vertrages nur von der Mineralölfirma bezogene Treibstoffe[212] zu verkaufen oder zu vermitteln und auch im Eigenbedarf seiner Dienstleistungstätigkeit nur Produkte der Mineralölgesellschaft zu verwenden.[213] Diese Ausschließlichkeitsbindung bezieht sich in neuen Verträgen meistens nicht mehr auf das Folgemarktgeschäft. Aufgrund der Treuepflicht des Tankstellenhalters muss dieser die Interessen der Mineralölgesellschaft bestmöglich unterstützen und alle Handlungen unterlassen, die dem Vertrieb der Produkte nachteilig wären.

Der Tankstellenhalter ist berechtigt die Bezeichnungen, Warenzeichen und Ausstattungen der Mineralölfirma zu verwenden.[214] In der Regel erfolgt die gesamte Gestaltung der Tankstelle nach den Vorgaben der Mineralölgesellschaft. Daher wird vereinbart, dass jedes Markenzeichen genau nach den Vorgaben und Weisungen wiederzugeben und zu verwenden ist. Oftmals bedarf daher jegliche Änderung des Erscheinungsbildes der Tankstelle der vorherigen Zustimmung der

---

[210] Wie bei einem Franchisevertrag wird oft auch bei einem Tankstellenvertrag ein Betriebshandbuch überreicht, dessen Inhalt zum Vertrag gehört und der Partner daher zu befolgen hat. Darin werden die Bereiche Marketing, Betriebswirtschaft, Unternehmensführung, Technik, Verwaltung und Recht erläutert.

[211] Die durchschnittliche Tankstelle hat einen Personalbedarf von 5 angestellten Arbeitskräften; siehe *Aiglstorfer/Pohl*, Richtige Personalentscheidungen, Tankstelle 8/2001, URL: http://www.tankstelle-magazin.de [13.8.2001].

[212] Teilweise wird die Alleinbezugsbindung auch für Schmierölprodukte oder andere Waren vereinbart. Zur Beurteilung der Zulässigkeit einer Koppelungsbindung siehe Abschnitt 5.2.2.1.

[213] Dies bedeutet klarerweise nicht, dass er auch falls er sich fern seiner eigenen Tankstelle befindet und Treibstoff benötigt, nur Produkte seiner vertraglichen Mineralölgesellschaft verwenden darf; siehe OLG Hamburg 13.4.2000, 3 U 285/98 – Tankstellenverwalter – WuW 2000, 888.

[214] Siehe Abschnitt 2.1.1.1.

Mineralölgesellschaft.[215] Bei Ausführung seiner Tätigkeit ist der Tankstellenhalter bzw sein Personal verpflichtet, die zur Verfügung gestellte Dienstkleidung der Mineralölfirma zu tragen. Die Öffnungszeiten der Tankstelle werden im Vertrag verabredet. Teilweise erfolgt eine genaue Vorschreibung der Öffnungszeiten, zB wird vereinbart, dass die Tankstelle Werktags von 7 bis 22 Uhr offenzuhalten ist. Derartige Klauseln kommen überwiegend in älteren Verträgen vor und sind heute nur noch selten anzutreffen.[216] Heute wird meistens vereinbart, dass die Tankstelle zu den „branchenüblichen Geschäftsöffnungszeiten" oder den „gesetzlich zulässigen Zeiten" offenzuhalten ist, oft werden auch orts- oder wettbewerbsbezogene Klauseln verwendet. Manche Verträge sehen eine Festlegung insofern vor, als nach den Richtlinien der Mineralölgesellschaft und somit durch deren Anordnung die Öffnungszeiten bestimmt werden. In vielen Abkommen werden gewisse Zeiten nur empfohlen, bei reinen Belieferungsverträgen erfolgt keine zeitliche Regelung, wann die Tankstelle geöffnet sein muss.[217]

Tankstellenverträge werden auf unbestimmte oder befristete Zeit abgeschlossen. Die Beendigung des Abkommens ist je nach Vertragsart unterschiedlich schnell möglich. Bei reinen Belieferungsverträgen kann von beiden Seiten eine Kündigung relativ rasch, zB mit dreimonatiger Frist zum Ende eines jeden Kalendermonats, erfolgen.[218] Falls hingegen die Mineralölgesellschaft einen wesentlichen Teil der Investitionskosten beisteuert, so werden Mindestlaufzeiten vereinbart. Früher wurden mitunter sehr langfristige Verträge abgeschlossen, sodass Laufzeiten von über 10 Jahren vereinbart wurden.[219] Die Mineralölgesellschaft ist berechtigt bei jeglicher Vertragsverletzung des Tankstellenhalters das Abkommen zu beendigen.[220] Insbesondere sind die Gesellschaften zur

---

[215] Insbesondere wird dies hinsichtlich der charakteristischen Farbgebung vereinbart.

[216] Zu älteren Verträgen siehe *von Kistowski,* Der Tankstellenvertrag, Diss Univ Köln (1962), 91 f.

[217] Dies ändert aber nichts daran, dass de fakto den Tankstellenhalter sehr lange Öffnungszeiten treffen.

[218] Eine Mineralölgesellschaft vereinbart in ihren Tankstellenverträgen mit der Laufzeit der Verträge ansteigende Kündigungsfristen, zB im ersten Jahr eine Frist von einem Monat, im sechsten Jahr eine Frist von sechs Monaten.

[219] Heute werden Tankstellenverträge unbefristet oder auf bis zu fünf Jahre befristet abgeschlossen, wobei der Tankstellenhalter in der Regel nach einiger Zeit ein ordentliches Kündigungsrecht besitzt. Es wird ein Verzicht des Partners auf die ordentliche Kündigung in der Anfangszeit, meistens ein oder zwei Jahre, vereinbart.

[220] Eine besonders nachteilige Bestimmung regelt die endgültige Kostenverteilung der Investitionen erst bei Vertragsbeendigung: *„Die Kosten des Aufbaues, Aufwendungen für den seinerzeitigen Einbau, sonstige Investitionen an der Gesamtanlage, insbesondere an der Fahrbahndecke, gehen (endgültig) zu Ihren Lasten, es sein denn, dass das Abkommen durch mein Verschulden oder aus einem Grund, der bei mir gelegen ist, aufgelöst wurde; in diesem Falle sind insbesondere alle Kosten (Einbau, Investitionen, Abbau) einschließlich aller Anlagen und Sonderkosten von mir zu erstatten."* Eine derartige Regelung widerspricht dem von der

fristlosen Kündigung berechtigt, wenn die einkassierten Gelder nicht gesondert aufbewahrt werden, der Partner mit Abführung der vereinnahmten Gelder in Verzug gerät, sonstige fällige Fakturen oder Verbindlichkeiten nicht begleicht, eine Mehrzahl von Exekutionen anhängig ist oder ein Konkurs- oder Ausgleichsverfahren eröffnet wird. Auch bei Verlust seiner behördlichen Genehmigungen oder nicht ordnungsgemäßer Führung der Tankstelle[221] hat die Mineralölgesellschaft eine außerordentliche Auflösungsmöglichkeit.[222]

2.1.2.2. Vertrieb und Abrechnung

In der Regel erfolgt der Vertrieb der Treibstoffe in Form einer Selbstbedienungstankstelle. Nach erfolgter Betankung des Fahrzeugs betritt der Kunde den Verkaufsraum und bezahlt bzw kauft weitere Produkte.[223] Die sogenannten Tankstellendiskonter sehen häufiger auch eine persönliche Bedienung der Zapfsäulen vor. Bis zum Verkauf der Produkte[224] verbleiben diese im Eigentum der Mineralölgesellschaft. Der Verkauf darf nur gegen Bezahlung oder gegen ausdrücklich zugelassene Gutscheine und Zahlungsmittel erfolgen.[225] In seiner Geschäftstätigkeit darf der Tankstellenhalter nur Vordrucke und Quittungen der Mineralölgesellschaften verwenden. Dem Partner ist es erlaubt Waren auf Kredit abzugeben, er haftet aber für die Einbringlichkeit der Forderung. Beim Verkauf im Agenturverhältnis wird meistens vereinbart, dass die eingenommen Gelder sofort mit der Übernahme in das Eigentum der Mineralölfirma übergehen.[226] In manchen Verträgen wird eine Sicherstellung für

---

Kommission angestrebten Ziel der „freien Lieferantenwahl" in eklatanter Weise und ist daher bereits aus wettbewerbsrechtlichen Gründen unwirksam. Weiters stellt eine derartige Klausel einen Verstoß gegen die guten Sitten dar.

[221] Nach Maßstäben, die im Betriebshandbuch festgelegt sind.

[222] Ein neueres Vertragsmuster räumt der Mineralölgesellschaft eine Wahlmöglichkeit ein. Diese kann anstelle der vorzeitigen Vertragsauflösung aus vom Partner veranlassten Gründen (ohne dass daraus ein Verzicht auf die Kündigungsmöglichkeit abgeleitet werden könnte) die Tankstelle ganz oder teilweise mit eigenem Personal auf Rechnung des Partners führen, bis der vertragsmäßige Zustand durch den Partner wieder hergestellt und gewährleistet ist. Alle dadurch entstehenden Kosten gehen zu Lasten des Tankstellenhalters.

[223] Zur strafrechtlichen Problematik, welches Delikt verwirklicht wird, wenn der Kunde ohne zu bezahlen die Flucht sucht, siehe *Steininger,* Strafrechtliche Probleme des Selbstbedienungstankens, RZ 1988, 233; *Maleczky,* Missbrauch von Selbstbedienungseinrichtungen in strafrechtlicher Sicht, ÖJZ 1994, 416.

[224] Bzw der vollständigen Bezahlung der Waren, da bei Eigenhändlerverträgen immer Eigentumsvorbehaltsklauseln vereinbart werden.

[225] Die Tankstellenhalter sind verpflichtet auch Kreditkarten und Debtkarten, die von der Mineralölgesellschaft selbst ausgegeben oder durch Vereinbarungen mit Kreditkartenorganisationen vermittelt werden, zu akzeptieren. Kunden, die mit einer Karte der Mineralölgesellschaft bezahlen, gelten als von der Gesellschaft geworben.

[226] Daher wird vereinbart, dass der Tankstellenhalter die eingenommenen Gelder sicher und gesondert (zB eigene Kasse) aufzubewahren hat. Zur Frage der Vermengung von Geldscheinen und Münzen siehe *Koziol/Welser,* Grundriss des bürgerlichen Rechts I^{11} (2000), 280 f.

die Ansprüche der Mineralölgesellschaft in der Höhe des Gegenwertes der ersten Anlieferung verlangt, die der Tankstellenhalter in Form einer Bankgarantie[227] erbringen muss.[228] Den Tankstellenhalter trifft in regelmäßigen Abständen die Pflicht, die Verkaufsmengen an die Mineralölgesellschaft zu melden, sodass diese rechtzeitig Nachlieferungen vornehmen kann.[229] In der Regel erfolgt die Übermittlung von Geschäftsdaten durch ein elektronisches Buchungs- und Abrechnungssystem. Durch die sogenannte „Eurodata"-Klausel[230] wird der Tankstellenhalter verpflichtet ein elektronisches Abrechnungssystem zu verwenden. Dadurch hat der Mineralölkonzern mittels elektronischer Vernetzung der Computersysteme Einblick in die Daten des Tankstellenhalters.[231] Das Abrechnungssystem wird dem Partner zur reibungslosen Abwicklung des Vertragsverhältnisses meistens nur empfohlen, in manchen Verträgen ist er aber zu dessen Einführung verpflichtet. Die Mineralölgesellschaften waren bereits vor diesem Abrechnungssystem berechtigt, jederzeit die Warenbestände und die gesondert aufbewahrten Gelder zu kontrollieren und in alle Bücher der Tankstellenhalter Einblick zu nehmen. Im klassischen Mineralölgeschäft ist der Gegenstand der zu vertreibenden Waren klar. Die Mineralölunternehmen beliefern den Tankstellenhalter mit Treibstoffen, Schmierölprodukten und Heizöl. Diese Produkte verkauft er im fremden oder eigenen Namen. Im Folgemarktbereich bestehen mehrere Möglichkeiten. Normalerweise stellt die Mineralölgesellschaft ein Warensortiment zusammen und empfiehlt oder vereinbart verbindlich wie der gesamte Folgemarktbereich zu gestalten ist. Die Belieferung dieser Waren erfolgt dann entweder durch die Mineralölgesellschaft, die die Produkte von den Herstellern erwirbt, oder direkt durch die Produzenten der Waren. Durch die steigende wirtschaftliche Bedeutung dieses Bereiches erfolgt auch hier eine detaillierter werdende Regelung.

---

[227] ZB fand sich diese Bestimmung in einem Vertrag älterer Herkunft: *„Der Partner hat zur Sicherstellung der Verbindlichkeiten für die Lieferungen unverzüglich eine Bankgarantie von S 150.000,- sowie ein vinkuliertes Sparbuch von S 340.000,- zu erbringen."* Derartige Klauseln können im Konflikt mit dem Kautionsschutzgesetz stehen, das bei Einordnung eines Tankstellenhalters als „arbeitnehmerähnlich" anwendbar ist. Siehe 2.2.3.2.1.

[228] Die sogenannte „Pensa"-Vereinbarung, wonach der Tankstellenhalter eine Mindestmenge an Treibstoffen pro Monat abnehmen muss, ist heute normalerweise nicht mehr Inhalt des Tankstellenvertrages.

[229] In einigen Verträgen ist diese auch berechtigt ohne angemeldeten Bedarf nach ihrer freien Entscheidung und außerhalb der Öffnungszeiten anzuliefern.

[230] Benannt nach der deutschen Lizenznehmerin des Tankstellenabrechnungssystems von Edwin K. Williams.

[231] Daher kann die Mineralölgesellschaft die Geschäftstätigkeit des Partners jederzeit überwachen, Vergleiche mit anderen Partnern anstellen und Prognosen über den zukünftigen Verkauf erstellen.

2.1.2.3. Entgelt, Betriebskosten und Haftung

Als Entgelt erhält der Tankstellenhalter eine Provision, die alle vom Partner übernommen Verpflichtungen und erbrachten Leistungen abdeckt. Diese richtet sich in der Regel nach der verkauften Menge.[232] Beim Verkauf von Treibstoffen im eigenen Namen erhält er seine Vergütung in Form einer Handelsspanne, in der gleichen Höhe der Provision.[233] Er partizipiert daher nicht an den Gewinnen durch Preiserhöhungen oder Verlusten durch Preissenkungen.[234] Die Höhe dieser Zahlungen ist im Vertrag bereits festgelegt. Es findet sich aber regelmäßig die Klausel, dass die Mineralölgesellschaft berechtigt ist, die Bezugspreise des Eigenhändlers abzuändern, falls sich ein preisbildender Faktor ändert.[235] Auch bezüglich der Provisionshöhe wird manchmal eine derartige Bestimmung vereinbart.

In neueren Verträgen findet sich auch eine Aufschlüsselung, wofür ihm diese Zahlungen zustehen. So wird zB festgeschrieben, dass 50% der von der Mineralölfirma gezahlten Vergütung für verwaltende Tätigkeit entrichtet wird.[236] In jüngeren Verträgen besteht manchmal zur Einheitlichkeit und Erleichterung der Abrechnung kein Unterschied mehr in der Provisionshöhe zwischen Tankstellen der Partner und der Mineralölgesellschaft. Auch bei unterschiedlicher Verteilung der Investitionskosten wird zunehmend eine gleich hohe Provision vereinbart.[237] Falls der Verkauf als Eigenhändler erfolgt, erhält der Tankstellenhalter die Differenzsumme zwischen Einkaufs- und Verkaufspreis.[238] Im Folgemarktbereich handelt der Tankstellenhalter immer als Eigenhändler und trägt somit das wirtschaftliche Risiko, die Waren zu einem Preis anzubieten, bei dem eine

---

[232] Die Provision ist meistens je nach Treibstoffart unterschiedlich hoch.

[233] Oft wird eine Mindesthandelsspanne pro verkauftem Liter vereinbart.

[234] Zusätzlich zu den Provisionen erhält er für bestimmte verkaufte Mengen oder erbrachte Leistungen einen Sonderbonus.

[235] Als solche werden zB Einstandspreise, öffentliche Abgaben, Transportkosten, Kosten der Pflichtbevorratung sowie die Marktverhältnisse bezeichnet.

[236] Derartige Bestimmungen versuchen den Ausgleichsanspruch des Tankstellenhalters als Handelsvertreter bei Beendigung des Vertragsverhältnisses zu verringern. Siehe 2.3.4.2.

[237] *Semmler,* Die Rechtsstellung des Tankstellenhalters zwischen Handelsvertreter und Vertragshändler (1995), 63.

[238] In einem abgeschlossenen Eigenhändlervertrag wurde ein Rabatt vereinbart. *„Der Partner erhält als Entgelt für alle Leistungen aus dem Vertrag einen Rabatt, welcher von <Mineralölgesellschaft> im Rahmen der branchenüblichen Tankstellenvergütungen jeweils in angemessener Höhe festgesetzt wird. Dieser Rabatt wurde im Hinblick auf die zum Zeitpunkt des Vertragsabschlusses ortsüblichen Pumpenpreise für Markentankstellen vereinbart."* Durch diese Regelung bekommt der Eigenhändler als Vergütung eine Summe in der Höhe der Provision des Agenturhändlers, da die Mineralölgesellschaft zusätzlich den Abgabepreis festlegt.

ausreichend hohe Nachfrage am Markt vorhanden ist.[239] Alle mit dem Betrieb der Tankstelle samt allfälligen Nebenanlagen verbundene Kosten trägt der Partner. Dazu gehören neben den fixen und variablen Kosten[240] auch die Steuern und Abgaben.[241] Ebenso muss der Tankstellenhalter die Ausgaben für Instandsetzungsarbeiten oder Ersatzbeschaffungen für die gesamte Tankstelle tragen. Normalerweise sind hiervon die Kosten für Instandhaltung bzw Instandsetzung der im Eigentum der Mineralölgesellschaft stehenden Anlageteile und Geräte ausgenommen. Bezüglich Schäden an diesen Teilen, wird aber oft ein Freibeweis zu Lasten des Partners vereinbart. Der Tankstellenhalter muss den Schaden zahlen, falls es ihm nicht gelingt zu beweisen, dass ihn und sein Personal keinerlei Verschulden an der Schadensursache trifft.

In vielen Verträgen findet sich auch eine Beweislastumkehr bezüglich Haftungsfragen der Mineralölgesellschaft.[242] Der Partner hat die Mineralölgesellschaft, falls diese von Dritten wegen einer Forderung, welcher Art auch immer, aus dem Betrieb der Tankstelle und Nebenanlage in Anspruch genommen wird, schad- und klaglos zu halten, falls er nicht nachweist, dass ihn und seine Hilfskräfte am Entstehen der Forderung kein Verschulden trifft.[243]

Eine ähnliche Regelung erfolgt auch bei anderen Risiken. Grundsätzlich trägt die Mineralölgesellschaft als Eigentümerin der Treibstoffe das Risiko der Lagerung. Der Partner muss aber beweisen, dass ihn und seine Erfüllungsgehilfen am Verlust oder der Beschädigung der Ware kein Verschulden trifft, andernfalls er den Schaden zu bezahlen hat. Der Partner ist zu regelmäßigen Mengenkontrollen verpflichtet, zumindest nach jeder Anlieferung. Mengen, die einen Schwellenwert übersteigen,[244] sind der Mineralölgesellschaft sofort zu melden. Manche Vereinbarungen sehen aber auch ausdrücklich vor, dass den Tankstellenhalter ein

---

[239] Teilweise wird der Folgemarktbereich bzw der gesamte Tankstellenvertrag als Franchisevereinbarung gestaltet; zur Frage, ob es sich hierbei wirklich um Franchisevereinbarungen handelt siehe 2.3.2.1.

[240] Wie zB die Aufwendungen für Personal, Strom, Wasser, Telefon, Kanal, Müllbeseitigung, Altölbeseitigung, Heizung, Kaminreinigung, Reinigung und Pflege der baulichen Anlagen, Schneeräumung sowie Streuung, Pflege allfälliger Rasenflächen, usw.

[241] Hierzu zählen alle durch die unternehmerische Tätigkeit entstehenden Steuern wie zB Gebrauchs- und Fremdenverkehrsabgeben.

[242] Zu deren Auswirkungen siehe 3.3.6.

[243] Es werden aber auch weitgehendere Haftungen des Tankstellenhalters vereinbart, zB: *„Der Partner hat <Mineralölgesellschaft> alle Schäden an der Servicestation, die er, seine Dienstnehmer oder seine Kunden durch unsachgemäße Handhabung oder mangelnde Obsorge verursacht haben, zu ersetzen."*

[244] Nach Befüllung des Tanks kommt es durch die Temperaturveränderung des Treibstoffes zu einer Volumsänderung. Daher wird ein Schwellenwert verwendet, der die normale Veränderung zwischen Liefer- und Tankmenge miteinberechnet.

umfassenderes Lagerisiko trifft und er jeglichen Schaden zu ersetzen hat.[245] Laut einem Vertragsmuster trägt der Partner von der ordnungsgemäßen Anlieferung ab das volle Risiko der Lagerung. Die Transportkosten werden in der Regel von der Mineralölgesellschaft aufgewendet. Aber auch hier finden sich Bestimmungen, dass der Partner zB bei einer Lieferung per Bahn,[246] den Transport vom Bahnhof zur Tankstelle selbst organisieren muss und auch dessen Kosten trägt. In den meisten Verträgen übernimmt der Partner auch die Pflicht eine Versicherung für Haftungen gegenüber Dritten oder Anlageschäden abzuschließen. Oft besitzt die Mineralölgesellschaft ein Weisungsrecht betreffend derartiger Versicherungen, die erhebliche Kosten verursachen.[247]

Bezüglich der Verteilung der laufenden Aufwendungen kann daher zusammenfassend gesagt werden, dass der Tankstellenhalter alle Betriebskosten trägt, Versicherungen auf seine Rechnung abschließt und in der Regel auch mit der Ausführung des Geschäfts verbundene Risiken übernimmt. So obliegt ihm das volle Haftungs- und Lagerrisiko sowie Teile anderer Risiken. Grundsätzlich gilt daher, was in einem Vertrag ausdrücklich festgehalten wurde, der Partner führt den Betrieb auf eigene Rechnung und eigene Gefahr.

2.1.2.4. Preisklauseln

Der Festlegung der Treibstoff-Abgabepreise an den Zapfsäulen gilt besondere Aufmerksamkeit im Rahmen dieser Arbeit. In der Praxis werden die Preise von den Majors bestimmt. Ob dies rechtlich zulässig ist, stellt die zentrale Frage der vorliegenden Dissertation dar. Es finden sich in den Verträgen eine Reihe von unterschiedlichen Klauseln, welche die Preisfestsetzung regeln.[248] Hierbei werden Höchst- und Mindestpreise sowie Handelsspannen vereinbart. Um später deren kartellrechtliche Problematik zu erläutern, werden hier die einzelnen Möglichkeiten detailliert aufgelistet. Eine Festsetzung der Abgabepreise für Treibstoffe und in manchen Verträgen auch für Schmierölprodukte erfolgt nicht nur bei Agenturhändlerabkommen, sondern auch bei Eigenhändlerverträgen.[249]

---

[245] Festgehalten werden muss, dass eine Minderheit der Verträge dem Tankstellenhalter kein Lagerrisiko auferlegt.

[246] Über deren Einsatz die Mineralölgesellschaft frei entscheiden kann.

[247] In einem begutachteten Vertrag besitzt die Mineralölgesellschaft ein umfassendes Weisungsrecht. Die Gesellschaft erhält ein Weisungsrecht betreffend den Tankstellenbetrieb, das sich unter anderem auf die Bereiche Werbung, Personal, Preisgestaltung, Versicherung gegen Elementarschäden bezieht. Diese Regelung erfolgte, obwohl es sich hierbei um eine partnereigene Tankstelle handelt.

[248] Erwähnt werden muss, dass ein Major in keinem einzigen vorliegenden Vertrag den Abgabepreis bestimmt. Dies bedeutet aber nicht, dass nicht tatsächlich eine Vorgabe von Preisen erfolgt.

[249] Dies ergab die Durchsicht der begutachteten Verträge, bei der überwiegenden Zahl der Eigenhändler wurde eine Preisklausel vereinbart. Die Aussage, hier würde keine Beeinflussung

Daher werden auch hier beide Vertragsarten gemeinsam behandelt. Die Abgabepreise werden entweder direkt oder indirekt geregelt. In dem einen Fall wird der Preis unmittelbar von der Mineralölgesellschaft festgelegt, im anderen werden zB der Bezugspreis des Tankstellenhalters und dessen fixe Handelsspanne vereinbart, sodass de fakto auch der Verkaufspreis bestimmt wird.[250] In einem Eigenhändlervertrag fand sich die Bestimmung, dass die Ausgabe der Treibstoffe vom Partner zu *„von Ihnen mir bekanntgegebenen Verkaufspreisen"* erfolgt. Eine andere Klausel lautet: *„Der Partner übernimmt den Verkauf der von <Mineralölgesellschaft> angelieferten Treibstoffe, Öle, Fette, Ofenöle und sonstigen Verkaufsartikel als Eigenhändler, und zwar zu den von <Mineralölgesellschaft> (unter Beachtung allfälliger gesetzlicher Regelungen) festzusetzenden Preisen."*

Bei Eigenhändlervereinbarungen erfolgt bei der überwiegenden Anzahl der Verträge eine indirekte Preisregelung.[251] Die Preisfestsetzung erfolgt nach den jeweiligen Marktgegebenheiten unter Berücksichtigung der die Mineralölgesellschaft treffenden Kostenelemente sowie Investitionen und Kreditkostenrisiko. Der Bezugspreis des Partners wird für die unterschiedlichen Treibstoffarten je 100 Liter festgelegt. Die Mineralölgesellschaft verpflichtet sich den Bezugspreis des Partners so zu bestimmen, dass diesem bei Einhaltung der an vergleichbaren Tankstellen mit gleicher Bedienungsart ausgezeichneten Preisen eine bestimmte Nettohandelsspanne verbleibt. Weiters wird vereinbart, dass der Pumpenabgabepreis nur um 20 Groschen/Liter höher sein darf, als jener aller anderen Marken SB Tankstellen in einem Umkreis von 10 km.[252]

Ein anderes Beispiel für eine indirekte Preisfestsetzung: *„Als Entgelt für seine Leistungen erhält der Partner eine Händlerspanne frei Tankstelle und zwar bei Vergaserkraftstoffen S ... je 100 Liter und bei Dieselkraftstoffen S ... je 100 Liter. Bei Änderungen der (höchstzulässigen) Pumpenabgabepreise ist <Mineralölgesellschaft> berechtigt, die Bezugspreise entsprechend zu ändern, wobei jedoch die Händlerspanne des Partners nicht unter der vertraglich eingeräumten Vergütung liegen darf... Für Lieferung und Bezug sämtlicher anderer Waren des <Mineralölgesellschaft>-Verkaufsprogrammes gelten die von <Mineralölgesellschaft> jeweils für die Wiederverkäufer festgesetzten Preise und*

---

hinsichtlich der Preisgestaltung stattfinden, ist daher unzutreffend. So aber *Paritätischer Ausschuss für Kartellangelegenheiten,* Gutachten über die Wettbewerbslage in der Mineralölwirtschaft, ABl der österreichischen Justizverwaltung 1990, 45.

[250] Siehe OGH 7.12.2001, 7 Ob 265/01 – Tankstellenvertrag – RIS-Justiz/E64050.

[251] In der Regel werden Eigentumsvorbehalte bezüglich der gelieferten Kraftstoffe vereinbart. Eigenhändler werden aber bei Bezahlung auch Eigentümer der gekauften Produkte.

[252] Diese Vertragsgestaltung ist bei einer partnereigenen Marken-Tankstelle mit einem Vertrieb als Eigenhändler vereinbart worden.

Konditionen.“ Mangels anderer schriftlicher Vereinbarungen hat Barzahlung vor Warenübernahme (ohne Skonto) zu erfolgen. Die dem Partner etwa empfohlenen Endverbraucherpreise sind unverbindlich, jedoch dürfen behördlich festgesetzte Höchstpreise und ortsübliche Preise nicht überschritten werden. Der letzte Satz ist charakteristisch für derartige Vereinbarungen. Obwohl die Berechnungsformel der Abgabepreise genau festgelegt wird, findet sich die Bestimmung, dass das System für den Tankstellenhalter rechtlich unverbindlich ist. Zusätzlich orientieren sich Höchstpreisbestimmungen an ortsüblichen Abgabepreisen.[253] In manchen Verträgen werden die Verkaufspreise nicht indirekt festgelegt. Trotzdem werden regelmäßig Preislisten an die Tankstellenhalter übermittelt, die bestimmte Abgabepreise an die Kunden vorschlagen. Auch hierbei wird regelmäßig betont, dass diese Listen rechtlich unverbindlich sind und dem Partner nur als Richtschnur dienen sollen.[254] Die vorgeschlagenen Beträge werden an die örtliche Marktsituation angepasst. Die Mineralölgesellschaften sind durch ihre Außendienstmitarbeiter bestens über regionale Unterschiede informiert und kontrollieren, ob die Tankstellenhalter die Vorgaben einhalten.[255]

Beim Verkauf im Agenturverhältnis, wobei der Tankstellenhalter im Namen und auf Rechnung der Mineralölgesellschaft handelt, gibt diese dem Partner die Letztverbraucherpreise (Kundenpreise) bekannt. Die Ware darf nur gegen Barzahlung oder unter Verwendung der von der Mineralölgesellschaft zugelassenen sonstigen Zahlungsmittel verkauft werden und bleibt bis zur Übergabe an den Kunden Eigentum der Gesellschaft.

Im Folgemarktbereich[256] erfolgt im Tankstellenvertrag selten eine direkte Festlegung der Abgabepreise. Der Partner verkauft ja teilweise auch Produkte von anderen Herstellern. Mitunter erfolgt aber eine Belieferung oder Zusammenstellung des Warensortiments durch die Mineralölgesellschaft. Dennoch wird auch in diesem Gebiet der Abgabepreis über Umwege bestimmt.[257]

---

[253] In Österreich finden sich am Treibstoffmarkt regional große Preisunterschiede; siehe 1.3.; die Anpassung an örtliche Marktbedingungen soll den Profit der Mineralölgesellschaften optimieren und Tankstellendiskontern das Geschäftsleben schwer machen.

[254] Zu deren kartellrechtlicher Problematik siehe 5.1.3.

[255] Vgl *Buchleitner LHStv*, Presseaussendung vom 25.2.1999, URL: http://spoe.salzburg.or.at/skiss/S...BuchleitnerBenzinpreisKonzerne.htm [29.6.2001].

[256] Bei einigen Majors zählt der Vertrieb von Schmiermitteln und Heizöl noch zum Kernbereich des Vertriebs, bei anderen bereits zum Folgemarktbereich. Der Unterschied ist insbesondere beim Agenturvertrag von Relevanz, bei dem der Tankstellenhalter einmal als Handelsvertreter und dann als Eigenhändler tätig ist.

[257] In manchen Verträgen sogar direkt: *„Für Öle, Fette und alle sonstigen von <Mineralölgesellschaft> vertriebenen Produkte haben die Preise der jeweils gültigen Preisliste Geltung. Die Preise werden von <Mineralölgesellschaft> innerhalb des branchenüblichen Rahmens festgesetzt.“*

„Für Lieferung und Bezug sämtlicher anderer <Mineralölgesellschaft>-Markenwaren gelten die von <Mineralölgesellschaft> dem Partner festgesetzten Preise und Konditionen. Die von <Mineralölgesellschaft> dem Partner etwa empfohlenen Endverbraucherpreise sind im Sinne des Kartellgesetzes unverbindlich."

2.2. *Arbeitnehmer oder Unternehmer*

Von besondere Relevanz für die gesamte weitere Arbeit ist die Frage, ob der Tankstellenhalter ein Unternehmer ist. Bei Verneinung wäre die gewählte Fragestellung sinnlos, da sich das Kartellrecht nur an Unternehmen richtet.[258] Wird zwischen der Mineralölgesellschaft und dem Partner ein Arbeitsvertrag abgeschlossen, ist dieser Sachverhalt vom Kartellrecht nicht umfasst. Bei Verneinung der Arbeitnehmereigenschaft stellt sich das Problem, ob ein freier Dienstvertrag vorliegt oder der Tankstellenhalter eine arbeitnehmerähnliche Person ist. Im Falle seiner Unternehmereigenschaft ist die Rechtsnatur des Tankstellenvertrags näher zu untersuchen. In diesem Abschnitt werden die privat- und arbeitsrechtlichen Grundlagen der Einordnung des Tankstellenvertrags behandelt, während in den Abschnitten 4.3. und 6. die Frage erörtert wird, was das Europäische und Österreichische Kartellrecht unter dem Begriff des Unternehmers verstehen.[259] Zwei Trends haben das Wirtschaftsleben in den letzten Jahren gekennzeichnet. Durch die Öffnung von nationalen Märkten und damit verbunden einem verstärkten Wettbewerbsdruck kommt es zu gigantischen Unternehmenszusammenschlüssen. Auf der anderen Seite konzentrieren sich Unternehmen zunehmens auf ihre Kernbereiche und lagern zahlreiche Tätigkeiten aus.[260] Dadurch verschwimmen die Grenzen zwischen selbständiger und unselbständiger Arbeit zunehmens.[261] Die Judikatur betont regelmäßig, dass es sich bei dem Tankstellenvertrag um ein äußerst komplexes Vertragsverhältnis handelt, dessen Einordnung schwierig ist.[262]

---

[258] Siehe bereits Fn 2.

[259] In Österreich gibt es nur wenig Literatur zum Tankstellenvertrag. Aufgrund der ähnlichen Rechtslage und der gleichen Problemstellung werden Meinungen aus dem deutschen Rechtsbereich berücksichtigt.

[260] Beim sogenannten „Outsourcing" werden Tätigkeiten, die vorher von Arbeitnehmern des Unternehmens verrichtet wurden, auf unternehmensexterne Quellen verlagert.

[261] *Filzmoser*, Gewerbe- und haftungsrechtliche Aspekte neuer Arbeitsformen, RdW 1999, 213.

[262] OGH 28.5.1986, 1 Ob 537/86, JBl 1986, 721; OGH 8.7.1986, 2 Ob 653/84, HS 16.662; RdW 1987, 11; ÖJZ 1987, 55; OGH 27.6.1996, 8 Ob 2036/96, HS 27.331.

2.2.1. Tankstellenhalter als Arbeitnehmer

Der Begriff des Arbeitnehmers ist ein Typusbegriff der mehrere Elemente beinhaltet. Durch einen Arbeitsvertrag, stellt jemand einem anderen seine Arbeitskraft auf länger als ganz kurze Zeit in persönlicher Abhängigkeit zur Verfügung.[263] Wesentliches Element ist die Tätigkeit in persönlicher Abhängigkeit. Diesen Ausdruck definiert *Tomandl* mit vier Elementen:[264] Unterwerfung unter die betrieblichen Ordnungsvorschriften, Weisungsgebundenheit,[265] Kontrollunterworfenheit und disziplinäre Verantwortung. Der Arbeitnehmer verrichtet sein Schaffen auf Rechnung und Risiko des Arbeitgebers und in einer von diesem geschaffenen und geleiteten Organisation.[266] Der Begriff des Arbeitnehmers beinhaltet daher persönliche und organisatorische Elemente.[267] Hat der Arbeitnehmer den wirtschaftlichen Erfolg oder Misserfolg seiner Tätigkeit selbst zu verantworten, so ist dies ein Indiz für die Unternehmereigenschaft. Gelegentlich wird damit argumentiert, dass der Arbeitnehmer vom Arbeitgeber wirtschaftlich abhängig ist.[268] Die „wirtschaftliche Abhängigkeit" ist richtigerweise kein Element des Arbeitnehmerbegriffs.[269]

Der Begriff des Arbeitnehmers steht in Idealkonkurrenz zum Unternehmer und zur arbeitnehmerähnlichen Person.[270] Eine Tätigkeit gilt als gewerbsmäßig iSd § 1 GewO, wenn sie selbständig, regelmäßig und in der Absicht ausgeübt wird, einen Ertrag oder sonstigen wirtschaftlichen Vorteil zu erlangen. Nach § 1 Abs 3 GewO liegt Selbständigkeit vor, wenn die Tätigkeit auf eigene Rechnung und Gefahr ausgeübt wird. Da diese Definition sehr weit ausgelegt wird, ist Selbständigkeit iSd GewO immer dann anzunehmen, wenn kein echtes Dienstverhältnis vorliegt.[271] Die Beurteilung der Frage, wer das Unternehmensrisiko trägt und somit auf wessen Rechnung und Gefahr gearbeitet wird, ist aufgrund der

---

[263] Hierbei schuldet er im Gegensatz zum Werkvertrag keinen bestimmten Erfolg, sondern ein ernstliches Bemühen bei Erbringung seiner Arbeitsleistung.

[264] *Tomandl/Schrammel,* Arbeitrecht 1^4 (1999), 45 ff.

[265] Arbeitnehmer müssen Weisungen, die ihr persönliches Verhalten bei der Arbeitsleistung bereffen, zB Arbeitszeit, -platz, Meldevorschriften, usw, nachkommen. Diese Weisungen sind von all jenen zu unterscheiden, die nur das Arbeitsergebnis selbst betreffen, zB wie ein bestelltes Endprodukt aussehen soll.

[266] Zum Problem der Abgrenzung bei der Auslagerung von Arbeitsplätzen aus einem Betrieb siehe *Tomandl/Schrammel,* Arbeitrecht 1^4 (1999), 50.

[267] Zur näheren Aufgliederung von Elementen und Merkmalen des Arbeitnehmerbegriffs siehe *Rehbinder,* Arbeitnehmer oder Unternehmer?, ÖJZ 1983, 373.

[268] Zur grundsätzlichen Problematik des Begriffs vgl *Tomandl/Schrammel,* Arbeitrecht 1^4 (1999), 45 f.

[269] *Rehbinder,* Arbeitnehmer oder Unternehmer?, ÖJZ 1983, 373.

[270] *Wachter,* Wesensmerkmale der arbeitnehmerähnlichen Person (1980), 94; *Wahle,* Ist der Tankstelleninhaber eine arbeitnehmerähnliche Person?, FS Schmitz I (1967), 330.

[271] *Filzmoser,* Gewerbe- und haftungsrechtliche Aspekte neuer Arbeitsformen, RdW 1999, 213.

wirtschaftlichen Gegebenheiten und nicht allein nach der äußeren rechtlichen Form zu beurteilen.[272] Die Abgrenzung zwischen Unternehmer[273] und Arbeitnehmer betrifft sowohl Eigenhändler-, als auch Agenturverträge. Denn bei beiden Vertragsformen kann es sich um Außendienstmitarbeiter der Mineralölgesellschaften handeln, die als angestellte Absatzmittler tätig werden.[274] Entscheidend für die Beurteilung der Verträge ist deren materieller Gehalt und nicht deren Bezeichnung. Daher könnten theoretisch auch „Belieferungsverträge“ als Arbeitsvertrag zu qualifizieren sein. In der Folge werden Elemente, die für oder gegen die Qualifizierung des Tankstellenhalters als Arbeitnehmer sprechen, einzeln geprüft.

2.2.1.1. Persönliche Elemente

Wie unter Abschnitt 2.1.2. näher ausgeführt, ist regelmäßiger Inhalt des Vertrages, dass der Tankstellenhalter nicht zu persönlicher Arbeitsleistung verpflichtet ist. Dieses Kriterium würde bereits alleine genügen, um die weitere Prüfung zu beenden. Wer sich permanent bei seiner Arbeitsleistung durch einen anderen vertreten lassen darf, ist nicht Arbeitnehmer. Für die Mineralölgesellschaften ist nur von Bedeutung, dass der Vertragsinhalt ordnungsgemäß erfüllt wird, nicht aber wer diesen erbringt. Teilweise wird behauptet, dass der Tankstellenhalter sich zwar bei der Ausführung der Tätigkeit, nicht aber bei Leitung der Tankstelle vertreten lassen kann.[275] Die Verwendung des Begriffes Leitung beinhaltet bereits explizit die Unternehmereigenschaft, da darunter nicht eine „Abteilungsleitung“ in einer Firma, die auch einem Stellvertreter übertragbar wäre, sondern nur das mit einer Tankstelle verbundene betriebliche Risiko verstanden werden kann. Der Tankstellenhalter kann daher auch die „Leitung“ der Tankstelle durch jemand anderen erbringen, er könnte sich selbst in jeglicher Korrespondenz, wesentlichen Entscheidungen oder Vertragsverhandlungen mit der Mineralölgesellschaft vertreten lassen. Im Verhältnis zur Gesellschaft trifft ihn nur das unternehmerische Risiko. Er selbst schuldet keinerlei Arbeitleistung, sondern trägt nur die Verantwortung für die richtige Organisation und Abwicklung. Der Tankstellenvertrag beinhaltet nur insofern dienstähnliche Elemente, als der Partner dafür zu sorgen hat, dass vertragliche Arbeitsleistungen zugunsten der Mineralölgesellschaft erbracht werden.

---

272 So OGH 28.10.1997, 4 Ob 316/97, ÖBl 1998, 186; VwGH 28.2.1995, 93/04/0047, WBl 1996, 255.

273 Für diese erste Unterscheidungsstufe, wird der Begriff des Unternehmers wie in der GewO als reine Abgrenzung zum Arbeitnehmerbegriff verstanden. Zur weiteren Definition siehe den III. und IV. Teil.

274 *Schima,* Gibt es einen „freien“ Handelsvertreter?, RdW 1987, 18.

275 Vgl *Semmler,* Die Rechtsstellung des Tankstellenhalters zwischen Handelsvertreter und Vertragshändler (1995), 85.

Tatsächlich erfolgt in vielen Fällen die gesamte Arbeitsleistung durch den Tankstellenhalter selbst.[276] Dieser Faktor hängt von der Größe seiner Organisation ab.[277] Die Einordnung eines Vertrages ist aber von tatsächlichen wirtschaftlichen Verhältnissen der Vertragspartner unabhängig,[278] weshalb es für die arbeitsrechtliche Beurteilung keine Rolle spielt, ob der Tankstellenhalter seine Tätigkeit selbst oder durch Hilfspersonal erbringt.

In jedem Tankstellenvertrag werden mehr oder minder genau die Öffnungszeiten festgelegt.[279] Dies wird mitunter als Argument für den arbeitsrechtlichen Charakter der Vereinbarung benützt.[280] Wie bereits ausgeführt trifft diese Pflicht den Tankstellenhalter nicht in seiner Eigenschaft als ausführender Tankwart, sondern als Unternehmer. Er hat das Offenhalten innerhalb der vereinbarten Zeiten unabhängig vom Einsatz seiner eigenen Arbeitskraft zu gewährleisten. Die Betriebspflicht resultiert aus der Natur des Tankstellengeschäfts. Im Gegensatz zum „reisenden Handelsvertreter" besucht er nicht seine Kunden, sondern betreibt sein Geschäft in einer örtlich gebundenen Anlage. Daher ist die Leistungsbereitschaft des Partners ein verständliches Interesse der Mineralölgesellschaft.[281] Aus der weitgehenden Identität von vorgeschriebener Öffnungszeit und tatsächlicher Arbeitszeit sowie deren de fakto einseitiger Festlegung durch die Mineralölgesellschaft[282] kann noch nicht auf die Anwendung von Arbeitsrecht geschlossen werden. Andernfalls wäre jeder Pächter dem Öffnungszeiten vorgeschrieben werden,[283] als Arbeitnehmer zu qualifizieren. Weiters folgt aus der finanziellen Risikotragung des Tankstellenhalters,[284] dass dieser aus eigenem Interesse zu den normalen und geschäftsstarken Zeiten seine Tankstelle geöffnet halten wird. Der Tankstellenhalter kann nach freiem Ermessen, seine Tankstelle aufsuchen, in Urlaub fahren oder sonstigem Zeitvertreib nachgehen, solange er den ordnungsgemäßen Betrieb sicherstellt.[285] Einige Tankstellen werden von natürlichen oder juristischen Personen betrieben, die mit dem „eigentlichen" Tagesgeschäft an der Tankstellen überhaupt nicht in Berührung kommen und nur

---

[276] Zumeist wird er noch von seiner Ehefrau und Familie unterstützt.

[277] Ein Partner mit einer großen gut gehenden Tankstelle kann sich Personal leisten, während ein „Kleiner" diese finanziellen Mittel nicht aufbringen kann.

[278] So auch *Tomandl/Schrammel*, Arbeitrecht 1[4] (1999), 45 f.

[279] Siehe 2.1.2.1.

[280] Zur Frage der Öffnungszeiten sehr ausführlich *Semmler*, Die Rechtsstellung des Tankstellenhalters zwischen Handelsvertreter und Vertragshändler (1995), 84 ff.

[281] *Runggaldier*, Der Tankstelleninhaber, unveröffentlichtes Gutachten (1986), 30.

[282] Da die Vertragsformulare nicht einzeln ausgehandelt werden, siehe 2.1.

[283] Dies geschieht aufgrund einer umsatzbezogenen Festlegung des Pachtzinses, oder zB weil der Verpächter wegen anderer Gründe, zB um eine gewisse Fluktuation der Kunden zu erreichen oder infolge einer allgemeinen Öffnungszeitenregelung in einem Shopping Center.

[284] Sein Einkommen wird umsatzabhängig durch Provisionen festgelegt.

[285] *von Kistowski*, Der Tankstellenvertrag, Diss Univ Köln (1962), 98.

als Eigentümer fungieren, um Gewinn zu lukrieren. Die Mineralölfirmen vereinbaren in einigen Bereichen sehr weitgehende Weisungsrechte gegenüber dem Partner. Der Tankstellenhalter ist mit der Mineralölgesellschaft elektronisch vernetzt, sodass diese jederzeit Einsicht in seine Geschäftslage nehmen könne, zusätzlich treffen ihn weitgehende Berichts- und Anzeigepflichten, die Mineralölgesellschaften können meistens relativ frei eine Anlieferung von Kraftstoffen bestimmen, der tatsächliche Arbeitsablauf ist durch das Betriebshandbuch vorgeschrieben und die Gestaltung der Tankstelle hat streng nach Konzernrichtlinien zu erfolgen. Es wird teilweise behauptet, dem Partner blieb insgesamt kein größerer Aktionsradius als etwa dem Leiter eines Lebensmittelhandels.[286]

Falls die Anordnungen einen Tankstellenhalter, der ähnlich einem Handelsvertreter agiert, betreffen, so sind diese rechtlich selbstverständlich. Aufgabe des Handelsvertreters ist es Vertragsabschlüsse zu vermitteln, dies ist sein Kerngeschäft.[287] Wenn der Partner in Ausführung eines vermittelten und im Namen der Mineralölfirma abgeschlossenen Geschäfts für diese tätig wird und dabei Kraftstoffe in deren Eigentum verwaltet, so ist es klar, dass in diesem Bereich der Eigentümer Anweisungen erteilt. Auch beim Eigenhändlervertrag stehen in der Regel einige Anlageteile im Eigentum der Mineralölgesellschaft, beim Pachtvertrag die gesamte Tankstelle. Ein jeder Unternehmer wird bestimmte Abmachungen darüber treffen, wie ein anderer mit seinem Eigentum umzugehen hat.[288] In der Regel sind auch selbständige Handelsvertreter bei ihrer Vermittlungstätigkeit von sehr weitgehenden Weisungen erfasst.[289] Der Tankstellenhalter ist Abschlussvertreter der Mineralölgesellschaft, er entscheidet ob ein Geschäftsabschluss zustande kommt.[290] Es ist in der Lehre anerkannt, dass ihnen gegenüber eine schärfere Weisungsgebundenheit erlaubt ist, da sie ja den Geschäftsherrn durch den Vertragsabschluss binden.[291] Weiters sind genaue Vorschriften erforderlich, um eine Einheitlichkeit des Vertriebs zu gewährleisten. Dies ändert nichts daran, dass der Tankstellenhalter selbständig tätig ist und hierbei die handelsrechtliche Kaufmannseigenschaft erfüllt.[292] Auch dem Vertragshändler werden beträchtliche Richtlinien für sein Auftreten und Agieren am Markt vorgeschrieben. Hier finden sich keine wesentlichen Unterschiede zu Handelsvertretervereinbarungen. Im Franchisebereich ist der gesamte

---

286 Zum Nachweis dieser Stimmen aus dem deutschen Rechtsbereich siehe *Semmler,* Die Rechtsstellung des Tankstellenhalters zwischen Handelsvertreter und Vertragshändler (1995), 96.
287 *Krejci,* Handelsrecht^2 (2001), 274 ff.
288 *von Kistowski,* Der Tankstellenvertrag, Diss Univ Köln (1962), 78; *Semmler,* Die Rechtsstellung des Tankstellenhalters zwischen Handelsvertreter und Vertragshändler (1995), 80.
289 *Schima,* Gibt es einen „freien" Handelsvertreter?, RdW 1987, 18 f.
290 Im Gegensatz zum Vermittlungsvertreter, zB Versicherungsvertreter.
291 *Runggaldier,* Der Tankstelleninhaber, unveröffentlichtes Gutachten (1986), 29.
292 Siehe 2.3.

Unternehmensablauf und dessen Ausformung ausführlich festgelegt, was nicht zwingend aus jedem Franchisenehmer einen Arbeitnehmer macht.[293] Daher beeinträchtigen ein Unternehmenshandbuch und Weisungerechte der Mineralölgesellschaft, welche die Gestaltung des Vertriebsbereiches betreffen, nicht die Unternehmenseigenschaft des Tankstellenhalters. Eine Dienstnehmereigenschaft ist erst dann anzunehmen, wenn die Bestimmungsfreiheit des Betreffenden ausgeschaltet und nicht bloß beschränkt ist.[294] Reine Einschränkungen der Handlungsfreiheit eines Unternehmers ergeben sich bereits aus jedem abgeschlossenem Vertrag. Eine Arbeitnehmereigenschaft kann nur angenommen werden, falls die Anordnungen das persönliche Verhalten des Tankstellenhalters festschreiben. Die Weisungen der Mineralölfirmen betreffen aber nicht das persönliche Verhalten des Tankstellenhalters.[295] Die Unterscheidung alleine anhand von Weisungen und Richtlinien zu treffen, ist äußerst schwierig und nahezu unmöglich, da auch angestellte Vertreter oder Händler, die fern dem Arbeitgeber ihre Dienste leisten, viel ungebundener tätig werden als sonstige Arbeitnehmer.[296] Die Abgrenzung zwischen Unternehmer und Arbeitnehmer ist daher im Falle eines Absatzmittlers maßgeblich durch die Tragung eines Unternehmensrisikos bedingt.[297] Das Einsichtsrecht in die Bücher der Partner und die elektronische Verbindung durch ein gemeinsames Buchungssystem spricht noch am ehesten dafür, dass es sich bei Tankstellen um reine Betriebsstätten der Mineralölfirmen mit eingesetzten Arbeitnehmern handelt. Jedoch ist auch diese Vernetzung durch die fortschreitende technologische Entwicklung nur noch ein Indiz. Viele Abnehmer sind heute mit ihren Hauptlieferanten durch elektronische Systeme verbunden, die eine automatische Buchung sicherstellen.[298] Daher kann auch dadurch nicht auf eine für das Arbeitsrecht relevante „persönliche Anhängigkeit"[299] geschlossen werden.

---

[293] Obwohl das Subordinations-Franchising die intensivste Form der vertikalen Integration und Zusammenarbeit zwischen zwei Unternehmen ist und praktisch einem reinen Anweisungsbetrieb gleichkommt; *Martinek*, Aktuelle Fragen des Vertriebsrechts² (1989), 24 ff.

[294] *Karl/Marhold*, Die Sozialversicherungspflicht von Stipendiaten, ASoK 1999, 210.

[295] Es wird nicht vorgeschrieben „wie" der Partner bei Ausführung der Tätigkeit vorzugehen hat. Die meisten Vorschriften sind rein sachlicher Natur und bei derartigen Verträgen geradezu typisch; *Runggaldier*, Der Tankstelleninhaber, unveröffentlichtes Gutachten (1986), 29.

[296] *Jabornegg*, Die Rechtsstellung des selbständigen Versicherungsvertreters im österreichischen Recht, RdA 1985, 85.

[297] Dass der Tankstellenhalter auch keinerlei Fixum erhält, spricht deutlich für die Tragung eines eigenen Unternehmensrisikos und dessen Selbständigkeit.

[298] Problematisch ist die jederzeitige Einsichtsmöglichkeit in den Geschäftsverlauf, was dazu führen kann, dass Mineralölgesellschaften unrentable Partner kündigen. Über genaue Geschäftsdaten haben die Mineralölfirmen, aber auch bereits vor der Einführung elektronischer Systeme verfügt, da sie sich als alleiniger Lieferant sehr einfach die Geschäftsdaten ausrechnen können. Daher hat die Einführung derartiger Systeme den Gesellschaften nur Vergleiche vereinfacht.

[299] Die durch die Komponenten der Arbeitszeit, -ort, -ablauf und Kontrolle bestimmt wird; siehe auch OGH 26.3.1997, 9 Ob A 54/97, Arb 11.586.

2.2.1.2. Organisatorische Elemente

In allen vorliegenden Verträgen und Mustern, trägt der Tankstellenhalter die Betriebskosten der Tankstelle und ist in irgendeiner Form an den Investitionskosten beteiligt. Sein unternehmerisches Risiko zeigt sich, in der Belastung mit dem Investitions-, Kapital- und Betriebskostenrisiko hinsichtlich der eingesetzten Mittel.[300] Der Arbeitsort des Tankstellenhalters wird bei der partnereigenen Tankstelle komplett oder zu großem Teil von ihm geschaffen, er steuert zumindest das erforderliche Grundstück bei und investiert meistens darüber hinaus noch in den Ausbau der Anlage. Somit verrichtet er seine Tätigkeit in einer von ihm geschaffenen Organisation auf sein eigenes Risiko.[301] Selbst beim Pachtvertrag entrichtet er für die Benützung der Tankstelle einen Zins oder erhält eine geringere Provision und kommt daher auch in dieser Form für die Investitionskosten auf. *Wahle*[302] führt hierzu richtig aus: *„Verträge dieser Art können nicht als Arbeitsverträge bezeichnet werden, weil die übernommene Arbeitspflicht, die übrigens niemals eine höchstpersönliche Arbeitspflicht beinhaltet, nur einen Teil der Verpflichtungen ausmacht, die der Tankstellenhalter übernimmt."* Die Elemente, die Indizwirkung für eine dienstrechtliche Gestaltung des Tankstellenvertrages haben, sind im Vergleich zu den anderen Bestimmungen vernachlässigbar. Es überwiegt in jedem Vertrag klar das unternehmerische Risiko des Partners.

Zur Durchführung seiner vertraglichen Verpflichtungen kann der Tankstellenhalter Personal einstellen. Kein vorliegender Vertrag sieht hierzu ein Mitspracherecht der Mineralölgesellschaft vor. Das eingestellte Personal muss nur in der Lage sein, die Tätigkeiten ordnungsgemäß zu verrichten.[303] Auch die Lohn- und Sozialversicherungskosten des angestellten Personals hat der Partner aus eigenem zu tragen. Alle aufgezählten Kosten und sein eigenes Einkommen muss der Tankstellenhalter aus den erwirtschafteten Provisionen als Handelsvertreter bzw seinen Spannen als Eigenhändler und dem Umsatz im Folgemarktbereich

---

[300] *Semmler,* Die Rechtsstellung des Tankstellenhalters zwischen Handelsvertreter und Vertragshändler (1995), 79.

[301] Bejahend *Runggaldier,* Der Tankstelleninhaber, unveröffentlichtes Gutachten (1986), 31.

[302] *Wahle,* Ist der Tankstelleninhaber eine arbeitnehmerähnliche Person?, FS Schmitz I (1967), 335.

[303] Andere Vertragsklauseln hat *Semmler* in deutschen Tankstellenverträgen entdeckt, bei denen zum Teil besondere Wünsche der Mineralölfirmen bei der Personalauswahl zu berücksichtigen sind. Auch darin wird jedoch keine nennenswerte Beeinträchtigung der persönlichen Unabhängigkeit des Partners erblickt, sofern die Mineralölfirma kein echtes Mitspracherecht hat. *Semmler,* Die Rechtsstellung des Tankstellenhalters zwischen Handelsvertreter und Vertragshändler (1995), 88; ebenso *Koeble,* Die kartellrechtliche Beurteilung von Preis- und Ausschließlichkeitsbindungen in Handelsvertreter- und Vertragshändlerverträgen am Beispiel der Tankstellenverträge (1973), 31.

erwirtschaften. Er trägt daher ein bedeutendes Unternehmensrisiko.[304] Dies zeigt sich auch in seiner Abhängigkeit vom gewählten Standort der Tankstelle. Verfügt die Tankstelle über eine gute Straßenanbindung und ein großes Einzugsgebiet, so sind große Gewinne zu erwirtschaften. Eröffnet in der Nähe aber eine günstigere Tankstelle, so ist sein Geschäft unter Umständen gefährdet. Ein noch schlimmerer Verlust ist die Änderung einer stark befahrenen Straßenroute, zB durch eine neue Umfahrungsstrasse. Derartige Veränderungen haben bereits zahlreiche Tankstellen zu verwaisten Einrichtungen gemacht.

In bisherigen rechtlichen Analysen wurden die wirtschaftlichen Querverbindungen zwischen dem Treibstoffverkauf und Geschäften im Folgemarktbereich vernachlässigt.[305] Der Folgemarktbereich erwirtschaftet einen immer größeren Teil des Einkommens des Tankstellenhalters.[306] Die Investitionen in einen Teil wirken fruchtbringend im anderen Bereich und umgekehrt.[307] So beeinflussen die einzelnen Sektoren einander wirtschaftlich.[308] Die zwei Gebiete können daher wirtschaftlich,[309] vor allem in der wechselseitigen Wirkung der Investitionen nicht voneinander getrennt werden. Dies auch deshalb, weil beide Bereiche zwingend in den gleichen Räumlichkeiten betrieben werden.[310] *Semmler* bejaht zwar grundsätzlich den Zusammenhang und damit die wechselseitige Beeinflussung der Unternehmensrisiken in den beiden Bereichen, meint aber, dass die Kriterien rechtlicher Selbständigkeit in jedem einzelnen Teil und nicht nur

---

304 Selbst wenn das gesamte Marketing von den Mineralölgesellschaften übernommen wird.

305 Weiters erbringt der Tankstellenhalter in vielen Fällen Dienstleistungen und kleinere Reparaturarbeiten, zB Reifenwechsel, Zündkerzenausbau, etc, oder betreibt neben dem Tankstellengewerbe eine Kfz-Werkstätte und bietet meistens einen Gastronomiebereich an.

306 Siehe die Übersicht 3.9: Ertragsstruktur der Tankstellen, 1997 bei *Puwein/Würger*, Der Kraftstoffmarkt in Österreich (1999), 31 ff.

307 ZB zeigt der Ausbau und die Modernisierung der Zufahrten oder des optischen Erscheinungsbildes einer Tankstelle wirtschaftliche Auswirkungen im Folgemarktbereich. Genauso zieht ein „supermarktähnlicher" großzügig angelegter Folgemarktbereich auch Kunden an, die auch ihren Kraftstoffbedarf bei der Tankstelle decken werden.

308 *Wahle* sieht den Folgemarktbereich als für die rechtliche Beurteilung nicht bedeutend an. In den sechziger Jahren wurde aber kein entsprechend hoher Umsatz wie heute erzielt; *Wahle*, Ist der Tankstelleninhaber eine arbeitnehmerähnliche Person?, FS Schmitz I (1967), 336.

309 Wirtschaftliche Sachverhaltselemente müssen immer im Zusammenhang mit der anzuwendenden Norm gesehen werden. Zu grundsätzlichen Fragen und Kritik an diesem Begriff, *Torggler*, Zur Bedeutung der „wirtschaftlichen Betrachtungsweise" im Zivilrecht, ÖZW 1986, 100.

310 Gemäß § 171 Abs 3 GewO darf ein Tankstellenhalter zur Ausübung der „Nebenrechte" nach Abs 2 (Folgemarktbereich) keine Räume verwenden, die ausschließlich diesem Verkauf dienen, davon ausgenommen ist der Handel mit Heizöl. Dh, dass das Kern- und Nebengeschäft zwingend in einer Räumlichkeit zu betreiben sind. Ansonsten wäre die Anmeldung eines eigenen Handelsgewerbes erforderlich. Siehe *Kinscher/Sedlak*, Gewerbeordnung[6] (1996), § 171. Weiters kann die Kundenfrequenz des Tankstellengeschäfts nur bei einer Räumlichkeit auch effektiv für den Shopbereich genützt werden.

insgesamt überwiegen müssen.[311] Dem ist entgegenzuhalten, dass der Tankstellenvertrag als ein einziges zusammenhängendes Vertragswerk anzusehen ist.[312] Eine Kündigung kann nur gesamt und nicht in einzelnen Bereichen ergehen, das rechtliche und wirtschaftliche Schicksal der Bereiche ist somit untrennbar miteinander verbunden.[313] Daher strahlt die rechtliche Beurteilung des einen Bereichs auch in den anderen aus. Zur Abgrenzung kommt es auf ein Überwiegen der Elemente an.[314] Dennoch erfüllen bei richtiger Betrachtung beide Bereiche die Voraussetzungen der wirtschaftlichen Selbständigkeit, da der Tankstellenhalter in beiden Gebieten ein wesentliches Investitions-, Kapital- und Betriebsrisiko trägt.

Zusammenfassend kann daher behauptet werden, dass die typische Gestaltungsform des Tankstellenvertrages für die Beurteilung des Tankstellenhalters als Arbeitnehmer keinen Raum lässt.[315]

Das LGZ Wien hat in einer älteren Entscheidung zu einem Stationärsvertrag ausgeführt: *„Es liege vielmehr ein Dienstverhältnis besonderer Art vor."* Zuvor wurde jedoch richtig festgestellt, dass aufgrund einer arbeitnehmerähnlichen Stellung, das Angestelltengesetz nicht anwendbar sei und keine Merkmale eines

---

[311] *Semmler,* Die Rechtsstellung des Tankstellenhalters zwischen Handelsvertreter und Vertragshändler (1995), 78. Er bejaht aber in der Folge richtigerweise die rechtliche und wirtschaftliche Selbständigkeit in jedem Teilbereich.

[312] Wenn manchmal nur Teilabkommen, die einen einzelnen Bereich regeln, zwischen Mineralölgesellschaft und Partner abgeschlossen werden, ergeben diese in ihrer Gesamtheit den typischen Inhalt des Tankstellenvertrages. Auch diese Vereinbarungen müssen als ein zusammenhängendes Werk betrachtet werden, da sie in ihrem Bestand miteinander verknüpft sind; so auch *Runggaldier,* Der Tankstelleninhaber, unveröffentlichtes Gutachten (1986), 48.

[313] Selbst wenn der Tankstellenhalter in den einzelnen Bereichen in rechtliche getrennten Konstruktionen tätig wird, im Kraftstoffverkauf als Handelsvertreter und im Folgemarktbereich als Eigenhändler.

[314] Richtigerweise kommt der OGH bei Prüfung der gerichtlichen Zuständigkeitsfrage zu dem Schluss, dass der Tankstellenvertrag in seiner Gesamtheit zu beurteilen ist. Kein Anspruch ist im Einzelfall dem einen oder anderen in ihm verwirklichten Vertragstypus zuordenbar. Daher muss zur Beurteilung eine Abwägung der einzelnen Vertragsteile vorgenommen werden; OGH 27.8.1997, 9 Ob A 207/97, JBl 1998, 60.

[315] Zum dem Ergebnis, dass Tankstellenhalter in der Regel als Unternehmer zu qualifizieren sind kommen *Runggaldier,* Der Tankstelleninhaber, unveröffentlichtes Gutachten (1986), 35 ff; *von Kistowski,* Der Tankstellenvertrag, Diss Univ Köln (1962) 132 ff; *Semmler,* Die Rechtsstellung des Tankstellenhalters zwischen Handelsvertreter und Vertragshändler (1995), 95 ff; *Wahle,* Ist der Tankstelleninhaber eine arbeitnehmerähnliche Person?, FS Schmitz I (1967), 335 f; *Koeble,* Die kartellrechtliche Beurteilung von Preis- und Ausschließlichkeitsbindungen in Handelsvertreter- und Vertragshändlerverträgen am Beispiel der Tankstellenverträge (1973), 35 f; *Brüggemann* in *Martinek/Semler,* Handbuch des Vertriebsrechts (1996), 1093 Rn 14 ff. Auch die folgenden gehen von diesem Ergebnis aus, *Schima,* Betriebsübergang durch „Vertragsnachfolge", RdW 1996, 319. *Kreis,* Tankstellenrabatte in kartellrechtlicher Sicht, BB 1969, 73; *Mayer-Maly,* Glosse zu OGH 13.6.1978, 4 Ob 36/78, RdA 1979/11.

Arbeitnehmers gegeben sind.[316] Weshalb daher eine Dienstverhältnis *„besonderer Art"* vorliegt und welche Folgen sich daraus ergeben bleibt unbeantwortet.[317] Das LGZ Wien hat sich daher anscheinend nur etwas missverständlich ausgedrückt. Der OGH[318] hat der Revision der beklagten Partei keine Folge gegeben und insofern die rechtlich irreführenden Ausführungen des LGZ Wien nicht korrigiert.[319]

2.2.2. Tankstellenvertrag als freier Dienstvertrag

Der OGH führt bei Überprüfung der Rechtsnatur des Abkommens regelmäßig aus, dass Tankstellenverträge Elemente freier Dienstverträge enthalten.[320] Daher muss untersucht werden, ob der Tankstellenvertrag ein freier Dienstvertrag ist bzw wesentliche Elemente eines solchen aufweist. Bei Bejahung der Frage, könnten arbeitsrechtliche Bestimmungen, die nicht vom persönlichen Abhängigkeitsverhältnis des Arbeitnehmers ausgehen, analog anwendbar sein.[321] Je nach der sozialen Schutzbedürftigkeit des Dienstnehmers, ist abzustufen, welche Vorschriften auf den freien Dienstnehmer konkret Anwendung finden können.[322]

Der Begriff des freien Dienstvertrags wird mit folgenden Elementen definiert: Der Vertragspartner stellt eine gewisse Zeit lang seine Arbeitskraft zur Verfügung, es geht daher wie auch beim Dienstvertrag um die vertraglich eingeräumte Verfügungsmacht über die Arbeitskraft einer natürlichen Person. Der freie Dienstnehmer handelt aber in persönlicher Selbständigkeit. Hierbei ist nicht das Fehlen jeglicher persönlicher Abhängigkeit, sondern das Nichterreichen des für den Arbeitnehmer typischen Grades von Bedeutung. Weiters muss es sich um ein synallagmatisches Dauerschuldverhältnis zwischen den Parteien handeln.[323]

---

[316] Nach den Feststellungen wurde der Partner durch Provisionen entschädigt, war Eigentümer der Anlage, bezahlte die Betriebskosten und Reparaturen, musste sich dem Geschäftsorganismus des Dienstgebers nicht unterordnen und ihn traf keine persönliche Arbeitspflicht.

[317] Weiters wird ausgeführt, dass eine Fürsorgepflicht der Mineralölgesellschaft sowie ein Entgeltanspruch nach dem Angestelltengesetz nicht in Betracht kommen.

[318] OGH 28.6.1965, 4 Ob 77/65, Arb 8102.

[319] Jedoch niemals selbst das Vorliegen eines Dienstvertrags beim Inhalt eines typischen Tankstellenvertrags bejaht.

[320] ZB OGH 28.5.1986, 1 Ob 537/86, JBl 1986, 721.

[321] Zur Frage welche Bestimmungen dies sind siehe *Gruber,* Freier Dienstvertrag und Arbeitsrecht-Teil II, ASoK 2000, 344; und zu Bestimmungen mit Auslandsbezug *Gruber,* Freier Dienstvertrag und Arbeitsrecht-Teil I, ASoK 2000, 306.

[322] So *Gruber,* der auf die wirtschaftliche Abhängigkeit des freien Dienstnehmers abstellt; *Gruber,* Freier Dienstvertrag und Arbeitsrecht-Teil II, ASoK 2000, 344;

[323] Zum Begriff siehe *Wachter,* Der sogenannte freie Dienstvertrag, RdA 1984, 405 ff; sowie OGH 26.3.1997, 9 Ob A 54/97, Arb 11.586; OGH 5.5.1999, 9 Ob A 10/99, RdW 1999, 673.

Wesentliches Merkmal ist das Fehlen der persönlichen Abhängigkeit. Dies ist wie bereits ausgeführt beim Tankstellenhalter ohne Zweifel zu bejahen. Es zeigt sich aber, dass es sich um keinen freien Dienstvertrag handeln kann. Der Tankstelleninhaber schuldet bei genauer Betrachtung gar keine Arbeitsleistung, sondern nur die Einhaltung des Vertrages. Ob er hierzu in irgendeiner Weise seine eigene Arbeitskraft einsetzt, ist ohne Belang. Rechtlich ist er nur verpflichtet, dafür zu sorgen, dass Arbeitsleistungen zugunsten der Mineralölgesellschaft erbracht werden.[324] Die typische Gestaltung des freien Dienstvertrags sieht gerade vor, dass eine bestimmte Person aufgrund ihrer besonderen Kenntnisse oder Fähigkeiten eine Arbeitsleistung erbringt.[325] Den Tankstellenhalter selbst trifft aber keine Pflicht eine Arbeitsleistung zu erbringen. Schon allein deshalb kann es sich beim Tankstellenvertrag um keinen freien Dienstvertrag handeln.

Weiters steht die tatsächlich erbrachte menschliche Arbeitsleistung gegenüber dem Einsatz von finanziellen Mitteln des Tankstellenhalters klar im Hintergrund.[326] Die kaufmännische Natur des Vertrags überwiegt eindeutig im Verhältnis zu den geringen „dienstähnlichen" Elemente.[327] Daher ist der Tankstellenvertrag, selbst wenn die Meinung vertreten wird, dass den Partner eine rechtliche Arbeitspflicht trifft, niemals ein freier Dienstvertrag. Wie noch gezeigt wird, ist der Tankstellenvertrag dem Handelsvertretervertrag rechtlich am Nähesten. Auch deshalb kann kein freier Dienstvertrag vorliegen, weil *Schima*[328] überzeugend begründet hat, dass es keinen freien Handelsvertreter gibt. Der OGH verwendet in seiner älteren Rechtsprechung die gleichen Kriterien für den freien Handelsvertreter wie für den arbeitnehmerähnlichen.[329] Daher kann nach richtiger

---

324 Siehe bereits 2.2.1.1.

325 ZB ein Arzt, Architekt, Lehrer, Anwalt, etc; zu typischen Fällen von freien Dienstverhältnissen siehe *Schwarz/Löschnigg*, Arbeitsrecht[7] (1999), 146 f.

326 Zustimmend *Duden*, Kündigung von Tankstellenverträgen nach § 624 BGB, NJW 1962, 1329. AA *Runggaldier*, der ohne Prüfung der tatsächlichen Gegebenheiten, davon ausgeht, dass aufgrund der geringen Einnahmen des Tankstellenhalters, dieser gar nicht in der Lage sei große Kapitalmengen einzusetzen. Bei jeder partnereigenen Tankstelle finanziert der Partner zumindest das Grundstück und investiert meistens noch wesentliche Summen in den Aufbau und die Erhaltung der Anlage, sodass diese Meinung an der Realität vorbeigeht. Zugleich führt *Runggaldier* aber auch aus, dass Fälle denkbar sind bei denen der Arbeitseinsatz des Tankstellenhalters keine Rolle spielt bzw dieser umfangreiche Investitionen tätigt. *Runggaldier*, Der Tankstelleninhaber, unveröffentlichtes Gutachten (1986), 45, 92 und 141. Auch die Europäische Kommission behauptet, dass sich die Investitionen für die Errichtung einer Tankstelle in den letzten Jahren nicht zuletzt durch größere Verkaufsflächen und einen stärkeren Umweltschutz wesentlich erhöht haben; *Europäische Kommission*, Grünbuch zur EG-Wettbewerbspolitik gegenüber vertikalen Wettbewerbsbeschränkungen, KOM (1996) 721, 15.

327 Siehe weitere Ausführungen unter 2.2.3.3.

328 *Schima*, Gibt es einen „freien" Handelsvertreter?, RdW 1987, 16.

329 Weshalb die Ansicht der Judikatur verfehlt ist, OGH 7.4.1981, 4 Ob 518/01, Arb 10.025; durch eine begriffliche Vermischung der Kriterien wird festgestellt, dass der freie Handelsvertreter

Auffassung nur entweder ein selbständiger Handelsvertreter oder ein angestellter Absatzmittler[330] vorliegen.[331] Diese Erkenntnis ist auf den Tankstellenvertrag aufgrund dessen Verwandtschaft zum Handelsvertretervertrag übertragbar, sodass nur ein „Unternehmer oder Arbeitnehmer“ vorliegen kann.[332] Die noch zu prüfende Arbeitnehmerähnlichkeit schließt die Unternehmereigenschaft nicht aus.[333]

2.2.3. Arbeitnehmerähnlichkeit

Die Judikatur verneint zwar die Frage der Dienstnehmereigenschaft des Tankstellenhalters, bejaht aber in ständiger Rechtsprechung dessen Arbeitnehmerähnlichkeit.[334] Die Frage der Arbeitnehmerähnlichkeit ist für die amtswegige Prüfung der Zuständigkeit der Gerichte nach § 41 JN von Bedeutung.[335] Gemäß §§ 50 Abs 1 Z 1 iVm 51 Abs 3 ASGG sind Streitigkeiten aus einem Tankstellenvertrag Arbeitsrechtssachen, wenn der Tankstellenhalter als arbeitnehmerähnlich zu qualifizieren ist, ohne dass es darauf ankommt, welche Vertragstypen im in seiner Gesamtheit zu beurteilenden Vertrag ihren Niederschlag gefunden haben. § 51 Abs 3 Z 3 definiert den Begriff als *„Personen, die ohne in einem Arbeitsverhältnis zu stehen, im Auftrag und für Rechnung bestimmter Personen Arbeit leisten und wegen wirtschaftlicher Unselbständigkeit als arbeitnehmerähnlich anzusehen sind.“* Daher ist bei Bejahung der Arbeitnehmerähnlichkeit die Zuständigkeit der Arbeits- und Sozialgerichte gegeben.[336] Der Begriff ist nicht auf das Prozessrecht beschränkt und hat Eingang in das materielle Recht gefunden.[337]

---

mangels wirtschaftlicher Selbständigkeit nicht Unternehmer oder Kaufmann sei und Arbeitsrecht wie beim freien Dienstnehmer anzuwenden ist.

330 Dessen Voraussetzung eine weitgehende Ausschaltung der eigenen Bestimmungsfreiheit ist. Daher die Unterwerfung unter ein umfangreiches Weisungsrecht, Vorgaben bezüglich Arbeitszeit-, -ort und -verhalten und einer Kontrolle derselbigen; OGH 9.9.1999, 8 Ob S 183/99, RdA 2000, 41.

331 *Jabornegg*, Handelsvertreter und Maklerrecht (1987), 58; *Krejci*, Handelsrecht[2] (2001), 275; *Liebscher/Heinrich/Petsche*, Vertriebsverträge[2] (2001), 4; *Nocker*, Der Handelsvertretervertrag (2000), 8 Rn 24.

332 Ebenso *Runggaldier*, Der Tankstelleninhaber, unveröffentlichtes Gutachten (1986), 36 ff.

333 So vollkommen richtig OGH 28.9.1999, 4 Ob 223/99, ecolex 2000, 129.

334 Grundlegend OGH 9.7.1980, 10 b 591, Arb 9887, mit weiteren Nachweisen zur älteren Rechtsprechung.

335 Zur Verwertbarkeit der arbeitsrechtlichen Erkenntnisse im Kartellrecht siehe 6.1.1.

336 OGH 27.8.1997, 9 Ob A 207/97, JBl 1998, 60.

337 Der Ausdruck der Arbeitnehmerähnlichkeit wird weiters in den §§ 3 Abs 4 Arbeitskräfteüberlassungsgesetz, 2 Abs 2 Ausländerbeschäftigungs-, § 1 Abs 1 Dienstnehmerhaftpflicht-, 2 Z 3 Insolvenz-Entgeltsicherungsgesetz und 1 Abs 4 Konsumentenschutzgesetz verwendet. Durch ein Urteil des OGH wurde auch die Anwendung des Kautionsschutzgesetzes auf arbeitnehmerähnliche Personen festgestellt; OGH 7.4.1987, 14 Ob A 10/87, RdA 1990, 213.

Durch das Strukturanpassungsgesetz 1996 wurde der Terminus der Dienstnehmerähnlichkeit als sozialrechtliches Pendant zur Arbeitnehmerähnlichkeit in § 4 ASVG eingeführt.[338] Der VfGH hat die Bestimmung aber gemäß Art 18 Bundesverfassungsgesetz mangels ausreichender Bestimmtheit des Begriffs „dienstnehmerähnlich" aufgehoben.[339] Nunmehr wird die Versicherungspflicht von freien Dienstverträgen ohne den Begriff der Dienstnehmerähnlichkeit definiert.[340]

Der OGH selbst beschreibt den Terminus der Arbeitnehmerähnlichkeit als *„eine Art Mittelstellung zwischen einem rechtlich und wirtschaftlich unselbständigen Dienstnehmer und einem rechtlich und wirtschaftlich selbständigen Unternehmer."* Trotz rechtlicher Selbständigkeit handle es sich um wirtschaftlich unselbständige Personen, deren Tätigkeit die Kriterien fremdbestimmter Arbeit in einem gewissen Umfang beinhaltet.[341]

2.2.3.1. Voraussetzungen

Zuerst stellt sich die Frage, was unter dem Ausdruck „Personen" in § 51 Abs 3 Z 3 zu verstehen ist. Kann auch eine juristische Person arbeitnehmerähnlich sein oder ist dieser Begriff auf natürliche Personen beschränkt. Zu dieser wichtigen Frage finden sich nur wenige Äußerungen im Schrifttum.[342] *Wachter*[343] führt aus, dass allein natürliche Personen arbeitnehmerähnlich sein können, da Anlass für die Schaffung des Konstrukts der Arbeitnehmerähnlichkeit die soziale Schutzbedürftigkeit war, derer juristische Personen nicht bedürfen.[344] *Wahle*[345] behauptet, dass nach der Gesetzesstelle eine bestimmte Person im Auftrag und für Rechnung eines anderen tätig wird. Damit ist eine persönliche Arbeitsleistung Voraussetzung der Arbeitnehmerähnlichkeit. Da eine juristische Person nie selber Arbeit leisten kann, sondern nur durch ihre Vertreter handelt, kann nur eine natürliche Person arbeitnehmerähnlich sein.[346] Die persönliche Arbeitsleistung als

---

338 *Klein,* Die Aufnahme freier Dienstverträge und dienstnehmerähnlich beschäftigter Personen in das ASVG, RdW 1996, 230.

339 VfGH 14.3.1997, G 392, 398, 399/96, ZAS 1997, 140.

340 Siehe § 4 Abs 4 ASVG; dessen geltende Definition verfassungskonform ist; VfGH 28.11.2000, B 256/98, ARD 5198/36/2001.

341 OGH 26.4.1995, 9 Ob A 48, 1008/95, RdW 1996, 180.

342 Soweit dies ersichtlich ist, berücksichtigt kein einziges Urteil diese Problematik.

343 *Wachter,* Wesensmerkmale der arbeitnehmerähnlichen Person (1980), 93 f.

344 Auch *Tomandl* betont die Bedeutung die soziale Schutzbedürftigkeit als Grund für die Gleichstellung von „rechtlich selbständigen" Personen mit Arbeitnehmern, *Tomandl/Schrammel,* Arbeitrecht 1[4] (1999), 106.

345 *Wahle,* Ist der Tankstelleninhaber eine arbeitnehmerähnliche Person?, FS Schmitz I (1967), 331.

346 Bei richtiger Interpretation gehören nur Streitigkeiten einer „wirtschaftlich unselbständigen" natürlichen Person vor das Arbeits- und Sozialgericht.

Element der Arbeitnehmerähnlichkeit wird unterschiedlich stark betont,[347] ist aber richtigerweise eine Voraussetzung des Begriffs. Da die Arbeitnehmerähnlichkeit als soziale Schutzvorschrift dient[348] und zumindest geringe Anforderungen einer persönlichen Arbeitsleistung fordert, kann richtigerweise keine juristische Person arbeitnehmerähnlich sein.[349] *Nocker* empfiehlt sogar ausdrücklich, Handelsvertreterverträge mit einer Personen- oder Kapitalgesellschaft abzuschließen, wenn die Einordnung als arbeitnehmerähnliche Person vermieden werden soll.[350] Das Fehlen der Arbeitnehmereigenschaft ist ausdrücklich Bedingung der Arbeitnehmerähnlichkeit.[351] Somit kann niemand, der in persönlicher Abhängigkeit zum Arbeitgeber tätig wird, arbeitnehmerähnlich sein. Die Arbeitnehmereigenschaft hat, da nur sie umfassenden sozialen Schutz bietet, stets Vorrang vor der Arbeitnehmerähnlichkeit.[352] Weiters muss die Person aufgrund eines schuldrechtlichen Vertrages auf Rechnung einer anderen oder mehrerer bestimmter Personen tätig sein. Hierbei wird richtigerweise eine gewisse Regelmäßigkeit der Arbeitsleistung vorausgesetzt.

Zentrale Bedeutung für die Abgrenzung der Arbeitnehmerähnlichkeit hat der Begriff der „wirtschaftlichen Unselbständigkeit". Im Gegensatz zur Definition des Arbeitnehmers spielt hier die wirtschaftliche Komponente des Verpflichteten eine zentrale Rolle. Die Judikatur verwendet den Begriff der wirtschaftlichen Abhängigkeit als Synonym für wirtschaftliche Unselbständigkeit.[353] Dieser Auslegung ist nicht zuzustimmen. Die zwei Begriffe sind bereits in ihrer einfachen wörtlichen Bedeutung unterschiedlich. Wirtschaftlich selbständig ist, wer auf eigenes Risiko und auf eigene Rechnung handelt.[354] Entscheidend muss immer sein, ob jemand ein unternehmerisches Risiko trägt, dessen Folgen ihn zur Gänze oder zumindest zu einem wesentlichen Teil selbst treffen.[355] In diesem

---

[347] *Rehbinder,* Arbeitnehmer oder Unternehmer?, ÖJZ 1983, 373; *Meierhofer,* Arbeitnehmerähnlichkeit, Diss Univ Wien (1994), 59 f.

[348] AA *Wahle,* Ist der Tankstelleninhaber eine arbeitnehmerähnliche Person?, FS Schmitz I (1967), 330; sowie anscheinend *Runggaldier,* Der Tankstelleninhaber, unveröffentlichtes Gutachten (1986), 110.

[349] Dies ist auch damit zu begründen, dass die Vorschrift ein generalklauselhafter Auffangtatbestand des Arbeitsrechts ist, das ja nur Anwendung findet, wenn auf Arbeitnehmerseite natürliche Personen auftreten. Zustimmend auch *Jabornegg,* Handelsvertreter und Maklerrecht (1987), 55.

[350] *Nocker,* Der Handelsvertretervertrag (2000), 22 Rn 78.

[351] Weiters, dass es sich nicht um in gewerblicher Heimarbeit beschäftigte Personen handelt.

[352] *Wachter,* Wesensmerkmale der arbeitnehmerähnlichen Person (1980), 98.

[353] OGH 10.1.1984, 4 Ob 191/82, Arb 10.310; weitere Nachweise bei *Meierhofer,* Arbeitnehmerähnlichkeit, Diss Univ Wien (1994), 56.

[354] Diese einfache Abgrenzung wird für Zwecke der GewO verwendet, möge die Auslegung des Gewerberechts auch für das Arbeitsrecht nicht verwendbar sein.

[355] *Wahle* sagt vollkommen richtig, dass wer ein Unternehmensrisiko trägt, dh einen Unternehmensgewinn erzielt oder für einen –verlust aufzukommen hat, wirtschaftlich selbständig

Moment ist er selbständig und hat die Resultate seines Schaffens zu verantworten. Dennoch kann ein wirtschaftlich selbständiger Unternehmer von einem anderen wirtschaftlich abhängig sein. Die wirtschaftliche Abhängigkeit ist Kennzeichen einer arbeitsteilig organisierten Wirtschaft. Sobald ein Unternehmen mit anderen in Interaktion tritt, zB um ein Produkt zu erzeugen oder eine Dienstleistung zu erbringen, begibt er sich zu einem gewissen Grad in dessen Abhängigkeit.[356] Moderne betriebswirtschaftliche Konzepte[357] erhöhen diesen Faktor. Weiters ist es klar, dass kleine und mittlere Unternehmen gegenüber großen Konzernen nur über sehr begrenzte Mittel verfügen und von diesen in vielen Fällen abhängig sind.[358] Seine wirtschaftliche Abhängigkeit ändert nichts daran, dass der kleine Unternehmer einen Verlust selber zu tragen hat. Daher unterscheiden sich die beiden Begriffe in ihren Bedeutungen.[359] In einem jüngeren Judikat hat ein Senat des OGH die Problematik vollkommen richtig erkannt,[360] ein anderer wiederholt aber in einem späteren Urteil die alte Rechtsprechung.[361]

Eine Judikaturlinie stellt verstärkt auf eine „Schwerpunkttheorie" der wirtschaftlichen Unselbständigkeit ab.[362] Der finanzielle Aspekt soll dadurch zum Ausdruck kommen, dass der Betreffende auf die Einkünfte aus seiner Tätigkeit

---

ist. Der Betreffende darf daher nicht für den Markt, sondern nur für eine oder mehrere bestimmte Personen handeln, ansonsten kann er nicht arbeitnehmerähnlich sein; *Wahle,* Ist der Tankstelleninhaber eine arbeitnehmerähnliche Person?, FS Schmitz I (1967), 332.

356 Die bestellte Leistung des anderen Unternehmers kann für seine Zwecke unbrauchbar sein, sodass seine eigene Arbeit nicht erfüllbar ist. Weiters ist unter Umständen der mangelhaft erbringende Unternehmer überdies insolvent, sodass jegliche Schadenersatzforderungen ins Leere gehen.

357 ZB das „just-in-time" Konzept, bei dem eine Anlieferung äußerst kurzfristig vor Verarbeitung der Rohprodukte erfolgen soll, um Lagerkosten einzusparen.

358 Zu deren Schutz dient der verbotene „Missbrauch einer marktbeherrschenden Stellung", siehe Art 82 EGV und §§ 34 ff KartG. Diese kartellrechtliche Schutzfunktion des Schwächeren beinhaltet auch Art 81 EGV und die dazugehörigen GVOen. Denn der freie Wettbewerb hilft in erster Linie Konsumenten, die nicht die Mittel haben, es sich in jeder Situation „zu richten". Diese Meinung vertritt auch der OGH 17.12.1997, 9 Ob 2065/96, ecolex 1998, 489; sowie *Koppensteiner,* Österreichisches und Europäisches Wettbewerbsrecht^3 (1997), 10 Rn 15. AA *Wollmann,* der zur oben zitierten Entscheidung ausführt, dass Art 81 EGV nicht dem Schutz der Vertragsparteien, sondern nur dem Schutz des Wettbewerbs als Institution dient; *Wollmann,* Ausgleichsanspruch und Mindestkündigungsfrist des Kfz-Eigenhändlers, ecolex 1998, 489.

359 Zu dieser Ansicht kommt auch *Wachter,* der ausführt dass die wirtschaftliche Abhängigkeit nur auf finanzielle Komponenten abstellt, was für die Abgrenzung des Begriffs der wirtschaftlichen Unselbständigkeit nicht reicht; *Wachter,* Wesensmerkmale der arbeitnehmerähnlichen Person (1980), 105.

360 *„Dies zeigt, dass die wirtschaftliche Abhängigkeit nicht mit der wirtschaftlichen Unselbständigkeit, wie sie für den Typus der arbeitnehmerähnlichen Person mitbestimmend ist, verwechselt werden darf."*; OGH 8.2.1996, 8 Ob S 1, 10/96, RdW 1997, 30.

361 OGH 28.9.1999, 4 Ob 223/99, ecolex 2000, 129.

362 Ebenso dient die „schwerpunktmäßige" Betrachtung zur Abgrenzung zwischen selbständigem Handelsvertreter und angestelltem Absatzmittler.

zur Bestreitung des Lebensunterhalts angewiesen ist.[363] Der OGH stützt sich darauf, ob die Person in ihrer gesamten finanziellen Situation von den Mitteln abhängig ist.[364] Betont wird, dass steuer-, gewerbe- oder sozialversicherungsrechtliche Aspekte ohne Bedeutung für die Beurteilung der Arbeitnehmerähnlichkeit sind.[365] Diese Methode führt unter Umständen dazu, dass zwei inhaltlich gleiche Verträge je nach wirtschaftlicher Lage der Person unterschiedlich einzuordnen wären und kann insofern nicht richtig sein.[366] *Jabornegg*[367] schließt die konkrete Prüfung der Einkommens- und Vermögensverhältnisse komplett aus[368] und kommt, da er hauptsächlich auf die faktische Verwertung der Arbeitskraft für die Zwecke eines anderen abstellt, zur weitesten Definition der Arbeitnehmerähnlichkeit.

Daher sind zur Bestimmung der wirtschaftlichen Unselbständigkeit auch organisatorische Elemente heranzuziehen. *Wachter* entwickelte ein System, das organisatorische Komponenten als Ausfluss der persönlichen Abhängigkeit sieht, die aber klarerweise in geringerer Form als beim Dienstnehmer verwirklicht sein müssen.[369] Organisatorische Elemente sind: Weisungsgebundenheit, persönliche Arbeitspflicht oder zumindest in der Regel persönliche Erbringung der geschuldeten Leistung,[370] Berichterstattungspflicht, eigene oder fremde Betriebsstätte und weitere organisatorische Einschränkungen des Betreffenden.[371] Die Meinung, dass eine eigene Betriebsstätte als Indiz gegen eine Arbeitnehmerähnlichkeit spricht, wird auch in der Rechtsprechung vertreten. Diese sieht als charakteristisch an, dass die Arbeitsleistung nicht in einem selbständigen eigenen Betrieb, sondern in wirtschaftlicher Unterordnung für die Zwecke eines anderen

---

[363] OLG Wien 30.9.1996, 10 Ra 14/96, 10 Ra 262/96, ARD 4859/21/97.

[364] So auch OGH 10.1.1984, 4 Ob 191/82, Arb 10.310; die bisherige Judikatur zusammenfassend OGH 28.9.1999, 4 Ob 223/99 in ecolex 2000, 129; zur näheren Analyse der Rechtsprechung siehe *Meierhofer*, Arbeitnehmerähnlichkeit, Diss Univ Wien (1994), 61 ff.

[365] Diese Sichtweise ist zutreffend, da Interpretationen und Erkenntnisse eines Rechtsbereiches immer nur sehr bedingt auf einen anderen, der unterschiedliche Regelungszwecke und Inhalte aufweist, übertragen werden können.

[366] *Runggaldier*, Der Tankstelleninhaber, unveröffentlichtes Gutachten (1986), 109.

[367] *Jabornegg*, Handelsvertreter und Maklerrecht (1987), 53 ff.

[368] Unter dem Argument, dass der Schutzzweck der Norm es verlangt, von einer konkreten Prüfung abzusehen. Der Schwächere dürfe nicht in die Lage versetzt werden, seine soziale Schutzbedürftigkeit beweisen zu müssen.

[369] Zur persönlichen Komponente siehe *Wachter*, Wesensmerkmale der arbeitnehmerähnlichen Person (1980), 162 ff.

[370] Der Ansicht, dass ohne persönliche Arbeitspflicht überhaupt keine Arbeitnehmerähnlichkeit vorliegen kann ist *Wahle*, Ist der Tankstelleninhaber eine arbeitnehmerähnliche Person?, FS Schmitz I (1967), 331.

[371] ZB hinsichtlich Arbeitszeit, -ort und in sachlicher Hinsicht. Leider versteht *Wachter* hierunter auch die Verpflichtung zur Einhaltung von bestimmten Verkaufspreisen, einer Werbelinie, usw. Dass kartellrechtlich zu hinterfragende Beschränkungen zur Abgrenzung nicht geeignet sind, wird im Abschnitt 5. erläutert.

erbracht wird.[372] Das Kriterium der Unterordnung kann zur Abgrenzung nicht herangezogen werden,[373] wenn damit der typische Aufbau einer vertikalen Vertriebsform gemeint ist.[374] Dieses Merkmal, das auch öfters als Eingliederung in das Unternehmen eines anderen bezeichnet wird, hat keinen eigenständigen Aussagewert.[375] Die erhöhten Absatzmöglichkeiten machen es erforderlich, dass auch rechtlich und wirtschaftlich selbständige Unternehmen unter einem einheitlichen Erscheinungsbild auftreten. Dadurch auf wirtschaftliche Unselbständigkeit zu schließen, ist verfehlt.[376]

Daher sind zur Abgrenzung der wirtschaftlichen Unselbständigkeit sowohl organisatorische, als auch finanzielle Kriterien heranzuziehen.[377] Der Begriff ist wie der Terminus der persönlichen Abhängigkeit des Dienstnehmers als Typusbegriff zu verstehen.[378] Die Arbeitnehmerähnlichkeit ist zwingendes Recht und kann daher von den Parteien nicht abbedungen werden. Weiters ist der OGH der Ansicht ist, dass die Tragung eines Unternehmerrisikos, die Arbeitnehmerähnlichkeit nicht ausschließt.[379] Daher kann eine in anderen Rechtsbereichen als Unternehmer zu qualifizierende Person im Bereich des Arbeitsrechts arbeitnehmerähnlich sein.[380]

Von weiterer Bedeutung ist die Beantwortung der Problematik beim Handelsvertreter. In älterer Judikatur wurde ausgesprochen, dass ein Handelsvertreter, der seine berufliche Arbeitsleistung in einer Organisation erbringt, die als Unternehmen angesehen werden kann, nicht arbeitnehmerähnlich ist.[381] Jedoch könne nur aus mangelnden Beschränkungen hinsichtlich Arbeitszeit und –ort,

---

[372] OGH 24.9.1981, 7 Ob 692/81, Arb 10.019.

[373] Zustimmend *Wachter*, Wesensmerkmale der arbeitnehmerähnlichen Person (1980), 178 f.

[374] In Form der Partizipierung an gemeinsamen Marketingmöglichkeiten und einer einheitlichen Gestaltung des Vertriebes.

[375] *Runggaldier*, Der Tankstelleninhaber, unveröffentlichtes Gutachten (1986), 106.

[376] Wenn „für die Zwecke eines anderen" konsequenterweise auf Risiko eines anderen verstanden wird, ist dies ein richtiger Ansatzpunkt zur Abgrenzung.

[377] Der Lehre von *Wachter* folgend verneinte der OGH bei einem Transportunternehmen mit zwei beschäftigen LkW-Fahrern und der als Dienstnehmerin angestellten Ehefrau des Unternehmers die Arbeitnehmerähnlichkeit mangels persönlicher Abhängigkeit aufgrund des Vorliegens eines eigenen Betriebs; OGH 8.2.1996, 8 Ob S 1, 10/96, RdW 1997, 30.

[378] *Wachter*, Wesensmerkmale der arbeitnehmerähnlichen Person (1980), 109.

[379] OGH 28.9.1999, 4 Ob 223/99, ecolex 2000, 129. Auch rechtlich selbständige Unternehmen können somit bei wirtschaftlicher Abhängigkeit arbeitnehmerähnliche Personen sein; zur Frage des Tankstellenhalters zustimmend OGH 9.7.1980, 10 b 591/80, Arb 9887; OGH 9.1.1963, 1 Ob 264/62, ÖBl 1966, 96.

[380] Ein „klassischer" Unternehmer kann somit grundsätzlich auch eine arbeitnehmerähnliche Person sein, so auch *Wachter*, Wesensmerkmale der arbeitnehmerähnlichen Person (1980), 182.

[381] OGH 24.9.1981, 7 Ob 692/81, Arb 10.019; sowie die reichhaltigen Nachweise bei *Jabornegg*, Handelsvertreter und Maklerrecht (1987), 51.

keinem Anspruch auf ein Fixum sowie einer nicht auferlegten Berichtspflicht nicht auf eine Tätigkeit als unabhängiger Unternehmer geschlossen werden.[382] Dieser Judikatur ist nicht zuzustimmen, verwendet man den Begriff der Arbeitnehmerähnlichkeit iSd gängigen Rechtsprechung. Hierbei wurde im Kern immer die finanzielle Abhängigkeit und Angewiesenheit unabhängig von jeglichen Organisations- oder Einordnungsfragen betont. Völlig richtig führt *Runggaldier* aus, dass die Selbständigkeit des HVertrG nicht mit der wirtschaftlichen Unselbständigkeit der Arbeitnehmerähnlichkeit vermischt werden darf.[383] Daher kann ein selbständiger Handelsvertreter, der ja sowohl nach Gewerbe- und Steuerrecht ein Unternehmer ist sowie nach Handelsrecht ex lege Kaufmannseigenschaft besitzt, zu den arbeitnehmerähnlichen Personen zählen.[384]

2.2.3.2. Tankstellenhalter als arbeitnehmerähnliche Person

In der Judikatur wird der Tankstellenhalter als arbeitnehmerähnlich beurteilt. Diese Einordnung wirft vielfältige Fragen auf, die nicht alle an dieser Stelle beantwortet werden können. Hier werden nur Meinungen aus Lehre und Rechtsprechung analysiert und die Frage beantwortet, ob dieser Qualifizierung zuzustimmen ist sowie welche Folgen sich dadurch für die Beendigungsmöglichkeit des Tankstellenvertrages ergeben.

2.2.3.2.1. Lehre

Auf die Arbeitnehmerähnlichkeit des Tankstellenhalters gehen nur wenige Stimmen der Lehre ein. Grundlegend ist noch immer ein Aufsatz von *Wahle*.[385] Dieser behandelt zahlreiche grundsätzliche Fragen der Einordnung die bereits oben erörtert wurden. Er verneint die Arbeitnehmerähnlichkeit bei partnereigenen Tankstellen, denn in diesem Falle sei die übernommene Arbeitspflicht nur ein untergeordneter Teil des ganzen Vertrages. Weiters stellt er auf die Finanzierung der Tankstelle ab. Bei einer partnereigenen Tankstelle obliegen die Kosten und Betriebsrisiken allein dem Tankstellenhalter, sodass dieser nicht arbeitnehmerähnlich sein kann. Anders kann die Rechtslage nur bei einer gesellschaftseigenen Tankstelle sein. Auch ein Pächter ist zwar ohne Zweifel Unternehmer, kann aber eine arbeitnehmerähnliche Stellung besitzen. *Wahle*[386] stellt in diesem Fall darauf ab, ob der Partner einen Bestandzins, Reparaturen, Instandhaltungen und Ergänzungen sowie Personalkosten zahlen muss. In diesem Fall trage der

---

382 OGH 5.12.1978, 8 Ob 569/78, Arb 9747.

383 *Runggaldier*, Der Tankstelleninhaber, unveröffentlichtes Gutachten (1986), 33.

384 So folgerichtig OLG Graz 30.3.1987, 8 Ra 1014/87, Arb 10.617; sowie *Schima*, Gibt es einen „freien" Handelsvertreter?, RdW 1987, 16.

385 *Wahle*, Ist der Tankstelleninhaber eine arbeitnehmerähnliche Person?, FS Schmitz I (1967), 329.

386 *Wahle*, Ist der Tankstelleninhaber eine arbeitnehmerähnliche Person?, FS Schmitz I (1967), 336.

Tankstellenhalter ein bedeutsames Unternehmerrisiko und handle in einem von ihm finanzierten Betrieb, weshalb er wirtschaftlich selbständig sei. *Runggaldier* bejaht die Frage, ob der Tankstellenhalter ein wesentliches unternehmerisches Risiko trägt. Er führt aber aus, dass de fakto die Mineralölgesellschaften den Gewinn abschöpfen, während dem Partner die Hände gebunden sind. Dieser hat im Sinne einer Art „societas leonia" nur ein Verlustrisiko zu tragen,[387] weshalb ihn kein „eigentliches" Unternehmerrisiko trifft. Daher kommt er zum Ergebnis, dass der ständigen Rechtsprechung zuzustimmen sei. Weiters erkennt *Runggaldier* zwar die Bedeutung der organisatorischen Elemente der Arbeitnehmerähnlichkeit und somit, dass bei einem eigenen Betrieb die Arbeitnehmerähnlichkeit zu verneinen ist, führt aber in seiner Arbeit keine konkrete Prüfung dieser Frage durch.[388] Zugleich zeigt er deutlich, welche Probleme entstehen.

Runggaldier hat nachgewiesen, dass die meisten arbeitnehmerähnlichen Regelungen auf den Tankstellenhalter nicht anwendbar sind. Seine Beziehungen mit der Mineralölgesellschaft sind überwiegend von kauf- und agenturrechtlichen Elementen geprägt und entbehren sogar das Mindestmaß an persönlicher Abhängigkeit und Bindung, welches für die Arbeitnehmerähnlichkeit als Anknüpfungspunkt erforderlich ist.[389] Besonders interessant ist die Frage der Geltung des Kautionsschutzgesetzes. Dieses grundsätzlich auf arbeitnehmerähnliche Personen anwendbare Gesetz[390] hätte zur Folge, dass fast alle in Tankstellenverträgen enthaltenen Kautions- und Sicherungsklauseln ungültig wären.[391]

Richtigerweise ist die Arbeitnehmerähnlichkeit mit finanziellen und mit persönlichen Elementen zu begründen.[392] Das finanzielle Kriterium der wirtschaftlichen Unselbständigkeit muss zumindest in eingeschränkter Form gegeben sein. Zur Überprüfung der finanziellen Komponente schlägt *Rehbinder*[393] eine interessante Berechnungsart vor. Als Beispiel benutzt er den Tankstellenhalter. Die Verdienstrelation im Falle mehrer Erwerbsquellen soll

---

387 Siehe auch OGH 28.1.1986, 4 Ob 141/84, RIS-Justiz/E07491.

388 Hingegen erwähnt er an einer Stelle, dass aufgrund von organisatorischen Faktoren dem Tankstellenhalter teilweise nur noch koordinierende und organisatorische Funktion ähnlich einem Manager zukommt und dass dann eine Arbeitnehmerähnlichkeit nicht in Frage kommt. *Runggaldier*, Der Tankstelleninhaber, unveröffentlichtes Gutachten (1986), 114 ff und 141.

389 *Runggaldier*, Der Tankstelleninhaber, unveröffentlichtes Gutachten (1986), 115 ff.

390 OGH 7.4.1987, 14 Ob A 10/87, RdA 1990, 213.

391 Siehe *Runggaldier*, Der Tankstelleninhaber, unveröffentlichtes Gutachten (1986), 120.

392 So auch OGH 8.2.1996, 8 Ob S 1, 10/96, RdW 1997, 30.

393 *Rehbinder*, Arbeitnehmer oder Unternehmer?, ÖJZ 1983, 373.

durch eine Formel ausgedrückt werden.[394] Die Verdienstrelation (v) ist in Prozent ausgedrückt gleich dem Produkt der gesamten Einnahmen, der in Frage stehenden Tätigkeit im vergangenen Jahr (a) mit der Zahl 100 dividiert durch die Summe aller Einkünfte des Betreffenden, die er aus allen seinen Geschäften im vergangenen Jahr lukriert hat.[395] Da das tatsächliche Einkommen des Tankstellenhalters durchleuchtet werden soll, kann nur der Gewinn herangezogen werden. Durch diesen mathematischen Satz könnte man die Angewiesenheit des Tankstellenhalters auf die Einnahmen des Treibstoffverkaufs berechnen, ohne die tatsächlichen sozialen Verhältnisse des Partners miteinzubeziehen.[396] Weiters führt *Rehbinder* aus, dass der Tankstellenhalter das Unternehmerrisiko trägt, diese Frage aber keine Verbindung zur Arbeitnehmerähnlichkeit hat. Daher kann er dennoch arbeitnehmerähnlich sein. *Mayer-Maly* erwähnt in einer Glosse zu einer Entscheidung, dass der Tankstellenhalter keineswegs immer eine arbeitnehmerähnliche Person ist, behandelt die Frage jedoch nicht ausführlich.[397]

2.2.3.2.2. Judikatur

Der OGH fasst in einer jüngeren Entscheidung seine Abgrenzungskriterien für die Beurteilung der Arbeitnehmerähnlichkeit des Tankstellenhalters zusammen:

> *„In diesem Sinne wurde im Zusammenhang mit Tankstellenverträgen die Arbeitnehmerähnlichkeit des Tankstellenverwalters (Tankstellenpächters) unter anderem mit einem Weisungsrecht seines Vertragspartners, mit der ihm vorgegebenen Fixierung der Verkaufszeiten und der Verkaufspreise, der Festsetzung einer Anwesenheitspflicht, der Verpflichtung zum Verkauf der Treibstoffe im Namen des Vertragspartners, der Verpflichtung, auch andere Waren ausschließlich vom Vertragspartner zu beziehen, und mit weiteren Umständen begründet, die in den beurteilenden Fällen den Schluss zuließen, dass die selbständige Entschlussmöglichkeit des Tankstellenverwalters auf ein Minimum eingeschränkt und er wirtschaftlich nahezu unselbständig und der Organisation seines Vertragspartners untergeordnet war."*[398]

---

[394] Verschieden Einkünfte können nicht komplett außer Betracht bleiben, insbesonders, wenn sie aus einem einheitlichen Vertragswerk entstammen; zustimmend *Meierhofer*, Arbeitnehmerähnlichkeit, Diss Univ Wien (1994), 63.

[395] Daher:

$$v = \frac{a \times 100}{s}$$

Im Beispiel steht a für die erzielten Umsatzprovisionen aus dem Kerngeschäft und s für alle Einnahmen des Tankstellenhalters, Kerngeschäft plus Folgemarktbereich, Gastronomiegeschäft und Waschstrasse. Auch ein Einkommen aus einer Kfz-Werkstatt oder sonstiger Dienstleistungen wäre zu berücksichtigen.

[396] Insofern wären auch soziale Schutzerwägungen und die Meinung von *Jabornegg*, siehe oben, berücksichtigt, da eine abstrakte Prüfung vorgeschlagen wird.

[397] *Mayer-Maly*, Glosse zu OGH 13.6.1978, 4 Ob 36/78, RdA 1979/11.

[398] OGH 27.8.1997, 9 Ob A 207/97, JBl 1998, 60 mit weiteren Nachweisen zur älteren Rechtsprechung.

Dabei soll das Folgemarktgeschäft des Tankstellenhalters ohne Relevanz für dessen Einordnung sein. In einer älteren richtungsweisenden Entscheidung des OGH wurde dies bei Qualifizierung eines Eigenhändlers ausgesprochen. Nach Feststellung des typischen Inhalts eines Tankstellen-Eigenhändlervertrages,[399] kommt der OGH zu dem Schluss, dass auch eine Person, die im eigenen Namen und auf eigene Rechnung Treibstoffe verkauft arbeitnehmerähnlich ist, wenn die

> *„Person nicht der eigentliche Unternehmer ist, kein Unternehmensrisiko im eigentlichen Sinn trägt und sein Arbeitsergebnis vom Auftraggeber im Rahmen seines Unternehmens verwertet wird. An dieser Beurteilung ändert sich auch nichts, wenn wie im Rekurs behauptet, der Unternehmensgewinn des Nachfolge- und Servicegeschäftes gleich hoch wie der des Treibstoff- und Mineralölprodukteverkaufs gewesen wäre."*[400]

Das Folgemarktgeschäft wird hier als eine für die Beurteilung nicht relevante „Nebenberechtigung" angesehen. Auch eine Freizeichnungsklausel zulasten des Tankstellenhalters für Schäden, die durch Handhabung der Kundendienstgeräte eintreten könnten, ändere nichts an der Arbeitnehmerähnlichkeit.

Der OGH hat in einem älteren Judikat die Arbeitnehmerähnlichkeit eines Tankstellenpächters bejaht und dabei ausgeführt, dass auch ein Tankstellenhalter, der selbständiger Kaufmann ist, arbeitnehmerähnlich sein kann.[401] Die Klage der Mineralölgesellschaft auf einen bei Beendigung des Vertrages an den Partner zuviel ausbezahlten Betrag wurde abgewiesen. Der OGH führte aus, dass die Leistungen der Gesellschaft Unterhaltsleistungen im weiteren Sinne sind, weshalb der Rückforderungsanspruch bei gutgläubigem Empfang und Verbrauch der irrtümlichen Mehrleistung ausgeschlossen ist. Insofern wurde dem Tankstellenhalter durch die Anknüpfung an seine Arbeitnehmerähnlichkeit eine vorteilhaftere Stellung eingeräumt.[402]

Zusammenfassend bejaht der OGH in ständiger Rechtsprechung die Arbeitnehmerähnlichkeit des Tankstellenhalters. Dabei ist es anscheinend gleichgültig, um welche konkrete Vertragsform es sich handelt und ob die Tankstelle im Eigentum des Partners steht oder nicht.

---

[399] Der den Ausführungen unter Abschnitt 2.1.2. entspricht.

[400] OGH 9.7.1980, 10 b 591/80, Arb 9887.

[401] OGH 13.6.1978, 4 Ob 36/78, RdA 1979/11.

[402] *Mayer-Maly* kritisierte in seiner Glosse zur Entscheidung, dass keinesfalls jeder Tankstellenpächter arbeitnehmerähnlich sei. Daher ist es von dogmatischer Bedeutung, ob der abgewiesene Rückforderungsanspruch auf Arbeitsrecht oder Zivilrecht beruht.

2.2.3.2.3. Kritik

Primär scheint die Judikatur des OGH durch das nicht zu leugnenden Schutzbedürfnis des Tankstellenhalters motiviert sein. Daher sind seine Ausführungen rechtspolitisch begrüßenswert, wissenschaftlich aber nicht ausreichend fundiert.

Die Kriterien des OGH[403] können meines Erachtens zur Unterscheidung nicht wesentlich sein. Im Kern definiert er nur einige Elemente eines typischen Absatzmittlungsvertrages. Von darin enthaltenen einzelnen Beschränkungen der Handlungsfreiheit des Tankstellenhalters wird ohne Überprüfung deren Zulässigkeit auf eine mangelnde Selbständigkeit geschlossen.[404] Gesetzwidrige Vertragsklauseln können aber keine wirtschaftliche Unselbständigkeit begründen. Mögen sie auch in der Praxis von vielen mangels rechtlichem Fachwissen oder Erleichterung des wirtschaftlichen Fortkommens eingehalten werden, reicht dies nicht aus, um damit juristische Urteile zu begründen.[405] Eine auferlegte bindende Preisklausel kann nur unter gewissen Voraussetzungen bei einem Vermittlungsverhältnis oder infolge einer gegebenen Unselbständigkeit bei einem Arbeitnehmer zulässig sein, aber nicht zur Rechtfertigung der wirtschaftlichen Unselbständigkeit herangezogen werden.[406] Denn die Freiheit der Preisfestsetzung ist kein Element mit dem die Risikotragung beurteilt werden kann. Weiters existieren entgegen der verwendeten Begründungsformel des OGH vertraglich keine Anwesenheitspflichten des Partners und Alleinbezugspflichten jenseits des Kraftstoffbereichs sind kartellrechtlich in der Regel nicht zulässig.[407] Die reine Verpflichtung im Namen eines anderen Waren zu vertreiben, kann keine arbeitnehmerähnliche Stellung begründen. Andernfalls wäre jeder Handels-

---

403 Die bei Zusammenfassung der Kriterien der Arbeitnehmerähnlichkeit nochmals wortgleich zitiert wurden; OGH 28.9.1999, 4 Ob 223/99, ecolex 2000, 129.

404 Vgl nur Abschnitt 5.

405 Der OGH hätte im Zuge seiner Untersuchung im Jahre 1997 auch die zivil- und kartellrechtlichen Schranken von Absatzmittlungsverträgen berücksichtigen müssen. Zur eindeutig bejahten Frage der direkten Anwendbarkeit von Europäischem Kartellrecht vor nationalen Zivilgerichten siehe *Bunte* in *Langen/Bunte,* Kommentar zum deutschen und europäischen Kartellrecht I^{9} (2001), 1749 Rn 94 ff; *Mayr/Blum/Minichmayr,* Die Zusammenarbeit zwischen der Kommission und den nationalen Zivilgerichten, ÖJZ 1998, 481.

406 Das Kriterium, wer den Preis tatsächlich festsetzt, hat für die rechtliche Beurteilung keinen eigenständigen Aussagewert. Auch ein mit allen Handelsrisiken belasteter Eigenhändler kann in kartellrechtlich unzulässiger Weise ein Preis vorgeschrieben werden. Vgl *Völcker,* Handelsvertretervertrieb und EG-Kartellrecht (1994), 171.

407 Zur Frage der Eingliederung siehe bereits 2.2.3.1. Die „alte“ GVO für Tankstellen sah eine Freistellung grundsätzlich nur in Bezug auf eine Alleinbezugspflicht für Kraftstoffe vor; *Gleiss/Hirsch,* Kommentar zum EG-Kartellrecht I^{4} (1993), 574 Rn 1460. Siehe 5.2.2.1. und 7.2.1.2.1.

vertreter arbeitnehmerähnlich.[408] Leider verwendet der OGH Ausdrücke, die keine begrifflich genauen Begrenzungen ermöglichen.[409] Die Verwertung oder das Profitieren von Arbeiten eines anderen ist typisches Kennzeichen einer vertikalen Wertschöpfungskette. Daher hat dieses Kriterium keinen Aussagewert für die Abgrenzung der wirtschaftlichen Unselbständigkeit. Die Ignorierung des Gewinns im Eigenhändlergeschäft steht im Widerspruch zu der sonstigen Rechtsprechung zur Arbeitnehmerähnlichkeit.[410] In der hier kritisierten Entscheidung[411] führt der OGH bei Zitierung älterer Urteile an, dass alle Umstände im gesamten und nicht etwa von einander losgelöst zu beurteilen sind. Daher kann der Folgemarkt als Bereich des Tankstellenvertrages bei Zensur der wirtschaftlichen Unselbständigkeit nicht ausgeschlossen werden. Auch wenn der Partner nur aufgrund des Tankstellenvertrages[412] die Möglichkeit bekommt, Einnahmen im Folgemarktbereich zu erzielen, ändert dies nichts daran, dass dieses selbständige Einkommen zu berücksichtigen ist.[413] Der in seinem Bestand untrennbare Tankstellenvertrag muss daher gesamt gesehen werden. Anders stellt sich die Rechtslage nur dar, wenn der Partner noch andere Geschäfte betreibt, die mit der Tankstelle nicht direkt zusammenhängen und unabhängig voneinander bewirtschaftet werden, zB eine Schottergrube oder ein Transportunternehmen. Einnahmen aus diesen Bereichen sind nicht zu berücksichtigen.[414]

2.2.3.2.4. Vorzeitige Kündigungsmöglichkeit

Konsequenterweise muss, wenn die Arbeitnehmerähnlichkeit gegeben ist, auch die analoge Anwendung des § 1158 Abs 3 ABGB bejaht werden. Somit wäre der Tankstellenvertrag vom Partner nach Ablauf von fünf Jahren spätestens kündbar, auch wenn eine längere Bindungsfrist vereinbart wurde. In Deutschland wurde die Diskussion im Zusammenhang mit § 624 BGB geführt, der auch eine

---

[408] Im Gegensatz dazu steht die ältere Judikatur, siehe oben.

[409] ZB die Ausdrücke *„wirtschaftlich nahezu unselbständig", „eigentlichen Unternehmers"* und *„eigentlichen Unternehmensrisikos"*.

[410] *Runggaldier* schließt sich der Meinung des OGH, dass der Folgemarktbereich ohne Bedeutung sei, an. Leider begründet er seine Ansicht nicht näher; *Runggaldier,* Der Tankstelleninhaber, unveröffentlichtes Gutachten (1986), 111 f.

[411] OGH 9.7.1980, 10 b 591/80, Arb 9887.

[412] Somit im Kernbereich mit dem Verkauf von Kraftstoffen der Mineralölfirmen.

[413] Ein Unternehmer, der in mehreren Gebieten tätig ist und alle in einer Räumlichkeit anbietet, kann Kunden eines Bereichs auch für Geschäfte im anderen nutzen. Wichtig ist eine hohe Kundenfrequenz, somit eine große Anzahl an Personen, die seine Räumlichkeiten betreten. Die zwei Bereiche und ihre Auswirkungen aufeinander sind bei wirtschaftlicher Betrachtung nicht trennbar und müssen daher gesamt gesehen werden. Dass der Kernbereich oder allgemeine Teil des Vertrages auch bestandrechtliche Elemente enthält, heißt nicht, dass der Nebenbereich in ein wirtschaftliches Urteil nicht einbezogen werden darf. Ein jeder Pächter kann nur aufgrund des Pachtvertrages sein Geschäft betreiben, dies macht ihn aber noch nicht automatisch wirtschaftlich unselbständig im Verhältnis zum Bestandgeber.

[414] OGH 16.11.1965, 4 Ob 118/65, ÖBl 1966, 95.

Lösungsmöglichkeit nach 5 Jahren vorsieht. Die deutsche Rechtsprechung hat die Anwendung verneint.[415] Begründet wurde dies damit, dass der Tankstellenvertrag ein gemischter Vertrag sei und die Investitionen der Mineralölgesellschaft zu schützen sind. Dies kann aber nicht überzeugen.

Ein „Amortationsschutz" der Investitionen kommt allenfalls bei einer partnereigenen Tankstelle in Betracht. Bei einer solchen ist aber bereits regelmäßig aufgrund von organisatorischen Gründen die Arbeitnehmerähnlichkeit zu verneinen, sodass sich die Frage der Kündigungsmöglichkeit nicht stellt. Weiters könnte der Vertrag bei Ablösung des noch nicht amortisierten Kapitals kündbar sein.[416] Bei einer gemischten Rechtsnatur kann eine Bestimmung analog anwendbar sein, sodass die Ausführungen der Rechtsprechung nicht überzeugen. *Gitter* behauptet daher, dass § 624 BGB bei einer gesellschaftseigenen Tankstelle und somit bei einem Pachtvertrag anwendbar ist. Denn nur hier kann die personenbezogene Tätigkeit im Vordergrund stehen.[417]

In Österreich findet sich zu diesem Problem nur die Meinung *Runggaldiers,* der die Kündigungsmöglichkeit bejaht. Dabei zieht er die Grenze jedoch nicht bei der Arbeitnehmerähnlichkeit, sondern führt aus, dass auf den großen Teil der Tankstellenhalter, nämlich auf alle bei denen eine persönliche Mitarbeit des Partners zur Aufrechterhaltung des Betriebes erforderlich ist, § 1158 ABGB analog anwendbar ist.[418] Dies ist zu weit und würde de fakto die Anwendung auf nahezu alle Tankstellenverträge bedeuten. Richtigerweise kann die Bestimmung nur dann Anwendung finden, wenn die abgeschlossenen Verträge zumindest „personenbezogen" sind. Dies ist nur bei arbeitnehmerähnlichen Tankstellenhaltern der Fall. Denn diese setzen eigenes Kapital nur äußerst begrenzt ein, andernfalls sie nicht arbeitnehmerähnlich sind. Daher sollte hier die Arbeitnehmerähnlichkeit als Abgrenzung dienen. § 1158 Abs 3 ABGB ist daher auf alle arbeitnehmerähnlichen Tankstellenhalter anwendbar. Nach der Judikatur des OGH müsste daher jedem Tankstellenhalter nach höchstens fünf Jahren ein unabdingbares Kündigungsrecht zustehen. Daher muss die Frage, ob ein längerer Vertrag sitten- oder kartellrechtswidrig sein kann, meistens gar nicht erörtert

---

415 BGH 31.3.1982, I ZR 56/80, BB 1982, 1017; BGH 9.6.1969, VII ZR 49/67, NJW 1969, 1662; OLG Stuttgart 16.6.1964, 5 U 209/63, NJW 1964, 2255. Die Begründungen gehen weitreichend auf einen Aufsatz zurück. Vgl *Duden,* Kündigung von Tankstellenverträgen nach § 624 BGB, NJW 1962, 1326. Für die Anwendung des § 624 BGB *Heyer,* Zur vorzeitigen Kündbarkeit von Tankstellenverträgen, NJW 1965, 1574. Die Frage findet sich zusammengefasst bei *Höpfner,* Kündigungsschutz und Ausgleichsansprüche des Franchisenehmers bei der Beendigung von Franchiseverträgen (1997), 106 ff.

416 Die möglichen Schwierigkeiten können nicht dazu führen, die vorzeitigte Lösungsmöglichkeit zu verneinen.

417 *Gitter,* Gebrauchsüberlassungsverträge (1988), 274.

418 *Runggaldier,* Der Tankstelleninhaber, unveröffentlichtes Gutachten (1986), 138 ff.

werden, wenn es nur um die vorzeitige Auflösungsmöglichkeit geht.[419] Das Problem muss aber auch unter dem Blickwinkel der Schutzwürdigkeit gesehen werden. Bei einer gesellschaftseigenen Tankstelle kommen der Mineralölfirma auch nach Vertragsbeendigung alle Investitionen zu Gute. Daher besteht kein schutzwürdiges Interesse, warum der Vertrag vom Tankstellenhalter nicht jederzeit kündbar sein soll. Daher verhindert bereits dies eine längerfristige Bindung. Nur bei partnereigenen Tankstellen besteht ein schutzwürdiges Interesse der Mineralölgesellschaft. Werden die Tankstellenhalter bei dieser Konstellation als arbeitnehmerähnlich qualifiziert, können sie nach fünf Jahren gemäß § 1158 Abs 3 ABGB kündigen, wobei der Tankstellenhalter das noch nicht amortisierten Kapital der Mineralölgesellschaft ersetzen muss.[420]

Umgekehrt ist aber ebenso der Tankstellenhalter schutzwürdig, wenn sein Tankstellenvertrag gekündigt wird und er Investitionen getätigt hat, die noch nicht amortisiert wurden. In diesem Fall kann die Mineralölgesellschaft verpflichtet sein, einen Ersatz für die Aufwendungen des Tankstellenhalters zu leisten.[421]

2.2.3.3. Folgerungen

Eine Frage, die bisher noch nicht aufgeworfen wurde, ist die rechtliche Organisationsform von Tankstellen. Viele Tankstellenhalter betreiben ihre Tankstellen in Form von juristischen Personen, zB als „Einmann"- oder „Familien"-GmbH.[422] Daher können diese nach vollkommen richtiger Auffassung nicht arbeitnehmerähnlich sein.[423] Die Einordnung der Tankstellenhalter als arbeitnehmerähnlich weist daher Schwächen auf, da sie keinen einheitlichen Schutz der Berufsgruppe gewähren kann und einfach zu umgehen ist. Zwei vollkommen identisch Verträge können somit je nach Gestaltung der Rechtsform einmal arbeitnehmerähnlich sein und dann wieder nicht.

Bereits bei Überprüfung der finanziellen Komponente könnte die wirtschaftliche Unselbständigkeit verneint werden. *Semmler*[424] ist bei Analyse des deutschen

---

[419] Im Gegensatz dazu OGH 22.2.2001, 6 Ob 322/00 – Tankstellenbelieferungs- und Vertriebsübereinkommen – WBl 2001, 445, RdW 2001, 399 = RIS-Justiz/ E60949.

[420] Wie bereits betont wird diese Qualifikation hier aber nicht vertreten.

[421] Dabei ist nach den Grundsätzen vorzugehen, die *Creutzig* entwickelt hat. *Creutzig*, Der Investitionsschutz des Vertragshändlers bei ordentlicher Kündigung des Herstellers (2001), 129 ff. Fremdveranlasste markenspezifische und neutrale Investitionen, sofern sie über die Grundausstattung des Betriebs hinausgehen, sind zu ersetzen.

[422] Dies hat die Durchsicht von beim Kartellgericht als vertikale Vertriebsbindungen angezeigten Tankstellenverträgen ergeben. Siehe auch OGH 10.6.1999, 6 Ob 6/99, RIS-Justiz/E54261. In diesem Fall wird eine Tankstelle von einer GmbH betrieben.

[423] Siehe Abschnitt 2.2.2.1.

[424] *Semmler*, Die Rechtsstellung des Tankstellenhalters zwischen Handelsvertreter und Vertragshändler (1995), 32.

Tankstellenmarktes zum Ergebnis gekommen, dass bereits über 60% des Einkommens des Tankstellenhalters im Folgemarkt erzielt werden und mit einer weiteren Steigerung auf 75% gerechnet wird.[425] Diese Resultate sind auf den österreichischen Tankstellenmarkt übertragbar.[426] Daher zeigt sich, dass ein großer Teil der Tankstellenhalter iSd Arbeitnehmerähnlichkeit eher wirtschaftlich selbständig ist, berücksichtigt man die Meinung von *Rehbinder*, der die Abgrenzung über dieses Kriterium vornimmt.[427] Das klassische Tankgeschäft ist für den Partner in erster Linie zur Erzielung einer hohen Kundenfrequenz bedeutsam.

Die organisatorischen Elemente als abgestufte Form der persönlichen Abhängigkeit sind wie folgt zu beurteilen. Wie bereits erörtert besteht keine persönliche Arbeitspflicht des Tankstellenhalters, da dieser aber faktisch seine Arbeitsleistung selbst erbringt, wird dieses Kriterium bejaht.[428] Die beschränkte Weisungsgebundenheit und Berichtspflicht des Partners reicht aus, um eine arbeitnehmerähnliche Stellung zu begründen, da hier nicht so strenge Anforderungen wie für den Dienstnehmerbegriff gestellt werden dürfen.[429] Von entscheidender Relevanz ist die Betriebsstätte, wobei hier bewusst auf das Element der Eingliederung oder Unterordnung in den Betrieb eines anderen verzichtet wird. Eine Tankstelle ist im Aufbau und Betrieb ein sehr kapitalintensives Unterfangen. Von der Akquirierung eines geeigneten Grundstücks über die Anschaffung der technischen Anlagen, der Errichtung der Baulichkeiten bis zur Durchführung der Genehmigungsverfahren.[430] Ein jeder Tankstellenhalter trägt die Betriebskosten der Anlage. Im Investitionsbereich ist außer bei der komplett eingerichteten gesellschaftseigenen Tankstelle der Partner mit hohen Kosten belastet. Ein eventuell eingestelltes Hilfspersonal hat er zu bezahlen. All diese Kosten müssen vom Tankstellenhalter in Form von Provisionen oder anderen Einnahmen erwirtschaftet werden. Es zeigt sich daher,

---

[425] Zur zunehmenden Bedeutung des Folgemarktbereichs, *Brüggemann* in *Martinek/Semler*, Handbuch des Vertriebsrechts (1996), 1092 Rn 9. In einem jüngeren deutschen Urteil wurde der Einkommensanteil eines Tankstellenhalters durch den Folgemarktbereich mit 70% angegeben; OLG Hamburg 13.4.2000, 3 U 285/98 – Tankstellenverwalter – WuW 2000, 890.

[426] Siehe auch die Übersicht 3.9.: Ertragsstruktur der Tankstellen, 1997 bei *Puwein/Würger*, Der Kraftstoffmarkt in Österreich (1999), 31 ff. Dort wird angegeben, dass der Folgemarktbereich ca 60% der Bruttoverdienste einer Tankstelle ausmacht.

[427] *Rehbinder*, Arbeitnehmer oder Unternehmer?, ÖJZ 1983, 373 ff.

[428] So auch *Meierhofer*, Arbeitnehmerähnlichkeit, Diss Univ Wien (1994), 60.

[429] Sonstige Einschränkungen sind als Ausdruck des Vertriebssystems zur Abgrenzung nicht geeignet; zustimmend *Runggaldier*, Der Tankstelleninhaber, unveröffentlichtes Gutachten (1986), 107 f.

[430] *Europäische Kommission*, Grünbuch zur EG-Wettbewerbspolitik gegenüber vertikalen Wettbewerbsbeschränkungen, KOM (1996) 721, 15.

dass er ein sehr weitgehendes Unternehmensrisiko trägt.[431] Von entscheidender Bedeutung ist, dass der Einsatz von Kapital des Partners gegenüber seiner menschlichen Arbeitsleistung im Vordergrund steht.[432] Da der Aufbau der Betriebsstätte vom Partner zum überwiegenden Teil selbst finanziert wird, handelt er in seiner eigenen Organisation.[433] Daher wird immer dann, wenn der Tankstellenhalter sein eigenes Grundstück zur Errichtung der Tankstelle zur Verfügung stellt, wesentliche Investitionen trägt oder aufgrund seiner Größe eigene Dienstnehmer beschäftigt, die Arbeitnehmerähnlichkeit aufgrund von organisatorischen Faktoren zu verneinen sein.[434] *Wahle*[435] folgend kann die Rechtslage nur bei einer gesellschaftseigenen Tankstelle anders sein. Werden alle wesentlichen Investitionen von der Mineralölgesellschaft getätigt, so agiert dieser im arbeitsrechtlichen Sinn in keinem eigenen Betrieb und somit organisatorisch unselbständig.

Zusammenfassend sind daher Tankstellenverträge, die als arbeitnehmerähnlich anzusehen sind, in der klaren Minderheit.[436] Dies auch dann, wenn man Kriterien folgt, die der OGH in seiner eigenen Rechtsprechung aufgestellt hat. Möge die meines Erachtens verfehlte weitereichende Einordnung der Tankstellenhalter als arbeitnehmerähnliche Personen diesen nützen und ihre mitunter sozial schlechte Lage zu verbessern helfen. Die Arbeitnehmerähnlichkeit kann aber keinesfalls einen Schutz gewährleisten, der mit der Arbeitnehmereigenschaft vergleichbar wäre.[437]

---

431 Ohne Belang ist, ob die Einnahmen auf Provisionsbasis erzielt werden. Wesentlich ist allein, ob der Partner ein Betriebsrisiko trägt; *Wahle,* Ist der Tankstelleninhaber eine arbeitnehmerähnliche Person?, FS Schmitz I (1967), 329.

432 Mag dies auch nicht sofort erkennbar sein. Die meisten Tankstellenverträge regeln Verhaltenspflichten viel ausführlicher als finanzielle Fragen. Dennoch muss der Partner im Verhältnis zu seinem Einkommen sehr hohe Investitionen entrichten. Nur eine gesellschaftseigene Tankstelle, die gepachtet wird, ist für den Partner, nicht mit enormen Anfangsinvestitionen verbunden.

433 Das Vorhandensein eines eigenen Betriebs bzw einer eigenen Betriebsstätte wird als deutliches Zeichen eines organisatorischen Freiraums und daher der wirtschaftlichen Selbständigkeit angesehen; *Wachter,* Wesensmerkmale der arbeitnehmerähnlichen Person (1980), 168.

434 Bei einer ähnlichen Unternehmensorganisation kommt der OGH zum gleichen Ergebnis; OGH 8.2.1996, 8 Ob S 1, 10/96, RdW 1997, 30. So zum Handelsvertreter auch *Jabornegg,* der darauf abstellt, dass der Handelsvertreter in einer eigenen Unternehmensorganisation mit eigenen Angestellten tätig wird; *Jabornegg,* Handelsvertreter und Maklerrecht (1987), 55.

435 *Wahle,* Ist der Tankstelleninhaber eine arbeitnehmerähnliche Person?, FS Schmitz I (1967), 336.

436 Zu dem gleichen Resultat kommt auch *Wahle* mit ausführlicher und genauer rechtlicher Begründung; *Wahle,* Ist der Tankstelleninhaber eine arbeitnehmerähnliche Person?, FS Schmitz I (1967), 336.

437 Zum Überblick über die für arbeitnehmerähnliche Personen anwendbaren Bestimmungen siehe *Floretta/Spielbücher/Strasser,* Arbeitsrecht I^4 (1998), 67.

2.3. Stellung zwischen Handelsvertreter und Vertragshändler

Der Tankstellenhalter ist ohne Zweifel kein Arbeitnehmer der Mineralölgesellschaft.[438] Die Prüfung der Vertragsbestimmungen hat gezeigt, dass er selbständig und eigenverantwortlich tätig wird. Er trägt ein wesentliches Unternehmerrisiko und wird in einer von ihm geschaffenen oder zumindest teilweise finanzierten Organisation tätig. Dabei ist er in keiner Weise „persönlich abhängig", außerdem sind ihn treffende Weisungen ergebnis- und nicht verhaltensorientiert.[439] Daher stellt sich die Frage wie er rechtlich einzuordnen ist und welche Rechtsvorschriften auf ihn anwendbar sind. Der Gesetzgeber verwendet den Begriff des Unternehmens zwar häufig, definiert ihn aber nur selten.[440] Ein Unternehmen ist eine „organisierte Erwerbsgelegenheit". Es verfolgt den Zweck, wirtschaftlich werthafte Leistungen gegen Entgelt anzubieten und setzt sich aus objektiven, subjektiven und organisatorischen Elementen zusammen.[441] Diese Definition passt zweifellos auf eine Tankstelle. Deren Ziel ist es durch den Vertrieb von Mineralölprodukten sowie sonstigen Waren und Dienstleistungen Einnahmen zu erreichen. Zurechnungsobjekt des Unternehmens „Tankstelle" ist eine natürliche oder juristische Person als „Tankstellenhalter". Der Tankstellenhalter ist in allen seinen unterschiedlichen Ausgestaltungsformen immer Kaufmann kraft Rechts. Als Eigenhändler kauft und verkauft er bewegliche Sachen, sodass er nach § 1 Abs 2 Z 1 HGB „Istkaufmann" ist.[442] Wird der Tankstellenhalter aufgrund eines Agenturvertrags tätig, betreibt er ein Grundhandelsgewerbe und ist gemäß § 1 Abs 2 Z 7 HGB unabhängig vom Geschäftsumfang Kaufmann.[443] Der Folgemarktbereich ist ein klassisches „Umsatzgeschäft", weshalb der Partner auch in diesem Gebiet Kaufmann ist. Selbst wenn seine Eigenhändlertätigkeit als Kommissionär zu beurteilen wäre, ist er nach § 1 Abs 2 Z 6 HGB „Istkaufmann".

---

[438] Siehe Abschnitt 2.2.1., selbst die von der Judikatur bejahte Arbeitnehmerähnlichkeit beeinträchtigt den Unternehmerstatus nicht.

[439] *Runggaldier*, Der Tankstelleninhaber, unveröffentlichtes Gutachten (1986), 35.

[440] ZB in § 1 Abs 2 Konsumentenschutzgesetz.

[441] *Krejci*, Handelsrecht[2] (2001), 86. Ein Unternehmen muss kein beträchtliches materielles und personelles Substrat aufweisen, um als solches qualifiziert zu werden. Eine gute Idee und ein „Schreibtisch" können bereits ausreichen, *Schima*, Gibt es einen „freien" Handelsvertreter?, RdW 1987, 21.

[442] Siehe OGH 22.8.1951, 1 Ob 376/51, EvBl Nr 199-201, 298.

[443] *Nocker*, Der Handelsvertretervertrag (2000), 3.

2.3.1. Tankstellenhalter als Handelsvertreter

Nach § 1 HVertrG[444] ist Handelsvertreter, *wer von einem anderen mit der Vermittlung oder dem Abschluss von Geschäften, ausgenommen über unbewegliche Sachen, in dessen Namen und für dessen Rechnung ständig betraut ist und diese Tätigkeit selbständig und gewerbsmäßig ausübt."* Die Selbständigkeit und Gewerbsmäßigkeit des Geschäfts des Tankstellenhalters wurde bereits eingehend behandelt und bejaht, sodass sich nur noch die Frage stellt, ob die restlichen Elemente erfüllt werden. Aus der Legaldefinition folgt, dass bei Verträgen, die den Verkauf von Treibstoffen durch den Tankstellenhalter im eigenen Namen und auf eigene Rechnung vorsehen, für die direkte Anwendung des Handelsvertreterrechts kein Raum bleibt.[445] Eine analoge Anwendung von einzelnen Bestimmungen ist aber möglich.[446] Dadurch unterscheidet sich der Handelsvertreter auch vom Vertragshändler, Kommissionär oder Franchisenehmer. Diese werden im eigenen Namen tätig. Daher handelt ein Tankstellenhalter mit einem Eigenhändlervertrag sowie jeder Partner im Folgemarktbereich nicht als Handelsvertreter.

Der Handelsvertreter ist Unternehmer, seine Aufgabe ist die Vermittlung bzw der Abschluss von Geschäften. Es muss bereits bei erster Betrachtung zwischen zwei Gebieten unterschieden werden, dem Gütermarkt und dem Markt für Handelsvertreter-Dienstleistungen.[447] Die unternehmerische Tätigkeit des Handelsvertreters bezieht sich auf den Dienstleistungsbereich der „Vermittlung". In seiner idealtypischen Ausgestaltungsform nimmt er an den Risiken und Chancen des Geschäftes, das er vermittelt, nicht teil. Dieser Bereich kann als Gütermarkt bezeichnet werden.[448] Die ausschließliche Risikoverteilung zu Lasten des Geschäftsherrn ist nach herrschender Meinung leider nicht Element des Handelsvertreterbegriffs.[449] Jedoch folgt dies meiner Meinung nach bereits aus

---

[444] Das HVertrG setzt die Richtlinie 86/653/EWG des Rates vom 18.12.1986 zur Koordinierung der Rechtsvorschriften der Mitgliedsstaaten betreffend die selbständigen Handelsvertreter, ABl L 382 vom 31.12.1986, 17, um.

[445] *Flohr* in *Martinek/Semler*, Handbuch des Vertriebsrechts (1996), 172 Rn 3.

[446] Hierbei darf nicht vergessen werden, dass eine „planwidrige Lücke" vorliegen muss. Es gilt die Grundregel, dass je neuer ein Gesetz ist, desto weniger kann man aus der Nichterfassung eines Tatbestandes, der dem Gesetzgeber bewusst war oder sein musste, auf eine planwidrige Lücke schließen. Siehe hierzu, *Wachter*, Der sogenannte freie Dienstvertrag, RdA 1984, 416.

[447] Diese Unterscheidung ist für die kartellrechtliche Problematik von großer Bedeutung.

[448] *Ulmer/Habersack*, Handelsvertreterverträge und Art 85 Abs 1 EGV, ZHR 1995, 120 f.

[449] Grundlegend *Ulmer*, Der Vertragshändler (1969), 233 f; vgl *Völcker*, Handelsvertretervertrieb und EG-Kartellrecht (1994), 244 ff. Nur *Rittner* sieht anscheinend entgegen der herrschenden Lehre die Risikoverteilung als Element der Handelsvertreterdefinition; *Rittner*, Die Handelsvertreterpraxis nach dem neuen EG-Kartellrecht für Vertikalvereinbarungen, DB 2000, 1213; *Rittner*, Das Handelsvertreterverhältnis im (GWB- und EG-) Kartellrecht und die Figur der unternehmensbedingten Abhängigkeit, WuW 1993, 595.Vgl 4.3.1.3.2.

der gesetzlichen Definition. Den *„für dessen Rechnung"* kann nur bedeuten, dass dem Unternehmer nicht nur alle Chancen, sondern auch alle Risken des vermittelten Geschäfts obliegen müssen. Ansonsten wird de fakto auf Rechnung von beiden Beteiligten gehandelt, sodass kein Handelsvertreterverhältnis vorliegt.[450]

2.3.1.1. Elemente des Handelsvertreters

Der Tankstellenhalter ist Abschlussvertreter, ob ein Geschäft zustande kommt entscheidet er und nicht die Mineralölgesellschaft.[451] Der Vermittlungsvertreter eröffnet nur die Möglichkeit eines Geschäftsabschlusses für die Parteien, verpflichtet diese aber noch nicht. Richtigerweise beinhaltet die Abschlusstätigkeit auch die Vermittlung. Ein jeder Vertragsabschluss setzt eine Anbahnungsphase voraus. Der Tankstellenhalter erfüllt seine „Vermittlungstätigkeit", wenn er die Vertragsabschlüsse in irgendeiner Weise aktiv herbeiführt, dabei muss er die Willensbildung des Vertragspartners in verdienstvoller Weise fördern.[452] Seine Tätigkeit muss daher generell geeignet sein, Vertragsabschlüsse herbeizuführen, wobei es genügt, wenn seine Handlungen für den Abschluss mitursächlich sind.[453] Es stellt sich die Problematik, ob das reine „Offenhalten" einer Tankstelle ausreicht um eine vermittelnde Tätigkeit auszuüben. Besonders brisant ist die Frage bei Selbstbedienungstankstellen, bei denen das bedienende Personal keine eigene Arbeitsleistung beim Tankvorgang erbringt. So wurde und wird die Meinung vertreten, dass der Entschluss des Kunden in diesem Fall alleine vom Preis abhängt und der Tankstellenhalter keine Vermittlungshandlungen erbringt.[454] Vor kurzem erging in England eine Entscheidung die diese Ansicht bestätigte. Da der Halter einer Selbstbedienungstankstelle nicht in die Kaufentscheidung des Kunden eingebunden sei, handle es sich um keinen Handelsvertreter.[455] In Österreich findet sich, soweit dies ersichtlich ist, keine

---

[450] Würde der Begriff des Handelsvertreters in dieser Form verstanden werden, so könnten viele Missverständnisse, die sich im Kartellrecht ergeben, vermieden werden. Siehe 4.3.1.3.2.

[451] Siehe Abschnitt 2.2.1.1.

[452] *Bacovsky* in *Graf von Westphalen,* Handbuch des Handelsvertreterrechts in EU-Staaten und der Schweiz (1995), 897.

[453] *Semmler,* Die Rechtsstellung des Tankstellenhalters zwischen Handelsvertreter und Vertragshändler (1995), 98; Auch wenn Werbemaßnahmen des vertretenen Unternehmers zur Gewinnung von Kunden mithelfen, besteht eine Mitursächlichkeit des Handelsvertreters; *Tschuk,* Der Ausgleichsanspruch bei Beendigung des Handelsvertreterverhältnisses (1994), 35 f; *Nocker,* Der Handelsvertretervertrag (2000), 9 Rn 30.

[454] Zum Nachweis dieser Meinungen siehe *Semmler,* Die Rechtsstellung des Tankstellenhalters zwischen Handelsvertreter und Vertragshändler (1995), 100.

[455] *O'Brien/Sellhorst,* Britische Entscheidung zum Handelsvertreterrecht richtungsweisend für Art 81 EG-Vertrag und die neue GVO, WuW 2000, 1089. Der britische Supreme Court of Judicature in the Court of Appeal kam zum Ergebnis, dass Art 81 EGV auf typische Tankstellenverträge voll anwendbar ist.

Judikatur oder Stellungnahme zu dieser Frage. In Deutschland hat der Bundesgerichtshof vor kurzem eine wichtige Grundsatzentscheidung zum Ausgleichsanspruch des Tankstellenhalters verkündet.[456] Dabei wurde ausdrücklich klargestellt, dass eine Mitursächlichkeit des Partners bereits dann gegeben ist, wenn der Tankstellenhalter die Tankstelle offen und die Vorrichtungen zur Abgabe von Kraftstoffen betriebsbereit hält.[457]

Dieser Meinung ist zuzustimmen. Bei der Auswahl einer Tankstelle werden viele Faktoren berücksichtigt. Es geht nicht alleine um den Preis, mag dieser auch ein wesentliches Element sein. Die Präsentation, Sauberkeit, das Personal und auch die Leistungen im Folgemarktbereich spielen eine Rolle. Es wird regelmäßig betont, dass eine persönliche Beziehung zu dem Kunden das Geschäft erheblich verbessern kann.[458] Dass viele Handlungen des Tankstellenhalters vorgegeben sind, ändert nichts daran, dass er durch zusätzliche Maßnahmen den Geschäftsgang steigern kann.[459] Neben der persönlichen Komponente spielt die Lage einer Tankstelle die entscheidende Rolle, ob Geschäfte mit Kunden abgeschlossen werden.[460] Auch die Standortentscheidung wird vom Partner mitgetragen, wenn eine Tankstelle errichtet werden soll, oder wurde bei einer bestehenden partnereigenen Tankstelle bereits von ihm entschieden. Bei einem Pachtvertrag ist die Anlage für die der Partner eine Pacht zu entrichten hat, von ihm zumindest mitfinanziert. Die gesamte Anlage ist richtigerweise ein „Werbemittel“, sodass auch in diesem Fall der Tankstellenhalter zur Akquirierung der Kunden beiträgt.[461] Daher haben seine Handlungen wesentliche Bedeutung bei der Kundenvermittlung. Weiters hat die letzte Entscheidungshoheit, mit wem ein Vertrag zustande kommt, der Tankstellenhalter. Mögen ihn auch Vorgaben

---

[456] BGH 6.8.1997, VIII ZR 150/96, WRP 1998, 57. Die werbende Tätigkeit des Tankstellenhalters wurde bereits in älteren Judikaten bejaht; BGH 29.11.1984, I ZR 149/82, NJW 1985, 862.

[457] Weiters hat der BGH ausgeführt, dass diese Tätigkeit nicht nur für die Vermittlung, sondern auch für die Werbetätigkeit iSd § 89b Abs 1 dHGB ausreicht. Die Definition der Werbeaktivität ist für die Berechnung des Ausgleichsanspruchs von entscheidender Bedeutung.

[458] So auch *Aiglstorfer/Pohl,* Richtige Personalentscheidungen, Tankstelle 8/2001, URL: http://www.tankstelle-magazin.de [13.8.2001]. Die meisten Menschen haben in der Routine des Alltags „ihre“ Tankstelle, zu der sie regelmäßig fahren, weil sie zB in ihrer Wohnumgebung oder auf dem Weg zur Arbeit liegt. Möglicherweise ist der Kunde mit dem Service zufrieden, kennt das Personal und bekommt dadurch kleine „Vorteile“ , wie zB eine schnelle und zuverlässige Reparatur von kleinen Schäden.

[459] *Koeble,* Die kartellrechtliche Beurteilung von Preis- und Ausschließlichkeitsbindungen in Handelsvertreter- und Vertragshändlerverträgen am Beispiel der Tankstellenverträge (1973), 35.

[460] Sie bestimmt das wirtschaftliche Schicksal des Tankstellenhalters; zustimmend *Runggaldier,* Der Tankstelleninhaber, unveröffentlichtes Gutachten (1986), 43. Vgl auch *Europäische Kommission,* Report on the competitive conditions of non-integrated independent companies in the motor fuel sector (2001), 63 Rn 298.

[461] *Semmler,* Die Rechtsstellung des Tankstellenhalters zwischen Handelsvertreter und Vertragshändler (1995), 103.

treffen, so entscheidet er alleine, ob er einen Kunden bedienen will oder nicht. Insofern ist seine Tätigkeit bei jedem Vertrag von immanenter Wichtigkeit. Dem Tankstellenhalter kommt daher weit mehr zu als nur eine „verwaltende" Funktion für die Mineralölgesellschaft. Dass der Tankstellenhalter mit dem Abschluss von Verträgen für die Mineralölgesellschaft ständig betraut ist, wird wohl niemand bezweifeln. Beim Tankstellenvertrag ist meistens eine lange ununterbrochene Laufzeit vereinbart, meistens „unbefristet" oder auf fünf Jahre. Es liegt daher wie beim Handelsvertreter ein Dauerschuldverhältnis vor.

Das Abgrenzungsmerkmal des Handelns im Namen der Mineralölgesellschaft ist problematisch. Für einen Dritten ist regelmäßig nicht wahrnehmbar, mit wem er den Vertrag abschließt. Von außen ist nicht erkennbar, ob es sich um eine Tankstelle des Partners oder der Mineralölgesellschaft handelt.[462] Es ist meistens auch nicht ersichtlich, ob der Tankstellenhalter im eigenen Namen handelt oder nicht. Ein Rechnungsaufdruck, der dies zeigt, wird erst nach Abschluss des Geschäfts und somit zu spät ausgehändigt.[463] Daher könnte der „Offenlegungsgrundsatz" nicht erfüllt sein, wodurch im Zweifel ein Eigengeschäft des Handelnden gegeben wäre.[464] Dem ist entgegenzuhalten, dass nach „außen" ein Geschäft mit der Mineralölgesellschaft zustande kommt. In den Augen der Käufer tritt der Tankstellenhalter unter fremdem Namen auf.[465] Nur ein geringer Anteil der Bevölkerung kennt die Vertriebsstrukturen der Mineralölwirtschaft und weiß, dass es „Eigenhändler" gibt, welche die Marke eines Majors verwenden. Daher glaubt der Käufer, dass er mit der Mineralölfirma einen Vertrag abschließt.[466] Bereits beim Befahren der Tankstelle ist das Zeichen der Gesellschaft deutlich zu sehen. Die Erfordernisse der Stellvertretung sind daher zu bejahen, eine tatsächliche Vollmacht besteht durch den Tankstellenvertrag.[467] Nach dem Tankstellenvertrag erfolgt der Verkauf von Kraftstoffen im Namen und auf Rechnung der Mineralölgesellschaft. Dadurch kommt sowohl der Vertrag, als auch der wirtschaftliche Erfolg des

---

462 Siehe 2.1.1.1.

463 *Runggaldier,* Der Tankstelleninhaber, unveröffentlichtes Gutachten (1986), 26.

464 *Koziol/Welser,* Grundriss des bürgerlichen Rechts I[11] (2000), 177 f.

465 *Koeble,* Die kartellrechtliche Beurteilung von Preis- und Ausschließlichkeitsbindungen in Handelsvertreter- und Vertragshändlerverträgen am Beispiel der Tankstellenverträge (1973), 35.

466 Die meisten Menschen glauben, dass der Tankstellenhalter oder dessen angestelltes Personal Dienstnehmer der Mineralölgesellschaft sind.

467 In Deutschland wird auch die „Lehre des verdeckten Geschäfts für den, den es angeht" vertreten. Wenn der Kunde kein schutzwürdiges Interesse an der Identität des Vertragspartners hat, wird das Geschäft durch den Willen des handelnden Vertragspartners bestimmt. *Semmler,* Die Rechtsstellung des Tankstellenhalters zwischen Handelsvertreter und Vertragshändler (1995), 105 f.

abgeschlossenen Geschäfts der Mineralölgesellschaft zu.[468] Grundsätzlich erfüllt der Tankstellenhalter beim Verkauf im Agenturverhältnis[469] die Vorraussetzungen eines Handelsvertreters. Dies kann jedoch nicht darüber hinweg täuschen, dass auch zahlreiche Differenzen bestehen.

2.3.1.2. Unterschiede zum Handelsvertreter

Der idealtypische Handelsvertreter ist ein auf Großhandelsstufe tätiger, lagerloser Mehrfirmenvertreter in einem festen Bezirk.[470] Dieser vermittelt oder schließt Geschäfte für einen Geschäftsherrn ab, der diese anschließend selbst durchführt. Den Handelsvertreter trifft daher nicht die Führung eines eigenen Lagers oder irgendeine Tätigkeit, die mit der Ausführung des vermittelten Geschäfts in direktem Zusammenhang steht. Da er auf die Rechung eines anderen arbeitet, trägt er auch kein mit dem abgeschlossenen Ausführungsgeschäft verbundenes Risiko. Daher handelt der Handlesvertreter ohne große Kosten und Kapitalrisiken.[471] Offensichtlich trifft diese Gestaltungsform nur wenig auf den Tankstellenhalter zu. Die kartellrechtlich äußerst wichtige Risikoverteilung wird in einem eigenen Abschnitt behandelt,[472] hier werden die restlichen Unterschiede analysiert.[473]

Der Handelsvertreter wird meistens mit dem Begriff des „reisenden" Geschäftsmanns assoziiert. Die Standortgebundenheit des Tankstellenhalters steht einem Besuch seiner Kunden entgegen. Da aber auch zB ein Reisebüro in einer fixen Geschäftsstelle betrieben wird, schließt die Ortsgebundenheit des Tankstellenhalters seine Einordnung als Handelsvertreter nicht aus.[474] Der klassische Handelsvertreter betreut normalerweise eine überschaubare Anzahl an ihm bekannten Kunden. Der Kundenstamm der Tankstelle ist weitgehend anonym. Nur bei Stammkunden wird der Tankstellenhalter den Namen des Vertragspartners kennen. Neben der reinen Vermittlung des Geschäfts obliegt dem Tankstellenhalter auch die Ausführung desselben. Weiters wird er für die

---

[468] Siehe *Bacovsky* in *Graf von Westphalen*, Handbuch des Handelsvertreterrechts in EU-Staaten und der Schweiz (1995), 896.

[469] Die Praxis bezeichnet Handelsvertreterverträge oft schlicht als Agenturvertrag; *Martinek*, Aktuelle Fragen des Vertriebsrechts^2 (1989), 21.

[470] *Völcker*, Handelsvertretervertrieb und EG-Kartellrecht (1994), 32; *Ulmer*, Der Vertragshändler (1969), 212.

[471] *Semmler*, Die Rechtsstellung des Tankstellenhalters zwischen Handelsvertreter und Vertragshändler (1995), 107.

[472] Siehe 3.

[473] Bereits *Heyer* hat erkannt, dass der Tankstellenhalter große Unterschiede zum Handelsvertreter aufweist. *Heyer*, Zur vorzeitigen Kündbarkeit von Tankstellenverträgen, NJW 1965, 1574.

[474] *Runggaldier*, Der Tankstelleninhaber, unveröffentlichtes Gutachten (1986), 25 f.

Mineralölgesellschaft in verwaltender Funktion[475] tätig und ist zusätzlich mit seiner eigenen Betriebsführung als Eigenhändler beschäftigt. Seine Stellung als Handlesvertreter der Mineralölgesellschaft macht daher nur einen Teil seines gewerblichen Geschäfts aus. Im Gegensatz zum normalen Handelsvertreter sind seine Dienste nicht höchstpersönlicher Natur. Wer die vertraglich geschuldeten Leistungen erbringt ist für die Mineralölgesellschaft ohne Bedeutung. Die Provision des Tankstellenhalters ist an den Verkaufsumsatz geknüpft, erfordert aber keine Ursächlichkeit seiner Tätigkeit für einen konkreten Abschluss.[476] Eine derartige Erfolgskomponente ist bei manchen Handelsvertreterverträgen Voraussetzung für eine Provision. Der hohe Kapitaleinsatz des Tankstellenhalters, der beim „normalen" Handelsvertreter nicht gegeben ist, wurde bereits erörtert.[477] Durch die Ausschließlichkeitsbindung an die Mineralölgesellschaft wird de fakto eine strenges Wettbewerbsverbot eingeführt. Dieses bindet den einzelnen Partner sehr stark an die Mineralölfirma und führt dazu, dass ein Ende der Vertragbeziehungen eine existenzielle Bedrohung sein kann.[478] Falls ein unrentabler Tankstellenvertrag wegen einer schlechten Lage oder zu hoher Konkurrenz von der Mineralölgesellschaft gekündigt wird, bedeutet dies unter Umständen das Ende des Betriebes.[479]

Dem Handelsvertreter und anderen Vertriebsformen, wie dem Franchisenehmer oder Vertragshändler, kommt normalerweise ein Bestandschutz zu. Ihr wichtigstes Kapital ist ein bekannter Kundenstamm oder ein großes Einzugsgebiet. Ihnen ist in der Regel ein bestimmtes Vertragsgebiet zugewiesen, innerhalb dessen sie bis zum absoluten Gebietsschutz abgesichert sind.[480] Ein Alleinvertriebsvertrag enthält zumindest die Verpflichtung des Herstellers, Direktlieferungen ins Vertragsgebiet des Händlers zu unterlassen. Auch der Handlesvertreter erhält regelmäßig einen Gebietsschutz. Als Bezirksvertreter erhält er das alleinige Vertretungsrecht in einem bestimmten Gebiet. Auch kann vereinbart sein, dass ihm für alle in seinem Gebiet getätigten Geschäfte eine Provision zusteht, unabhängig davon, ob er an einem Abschluss kausal beteiligt war. Obwohl dies nicht ausdrücklich vereinbart wird, trifft die Mineralölgesellschaft die

---

475 Wie zB der ordentlichen Betreuung der Anlagen. Derartige Tätigkeiten sind aber nur dann verwaltend, wenn die Mineralölgesellschaft an Teilen der Anlage oder der gesamten Tankstelle Eigentum hat.

476 Dadurch wird dem Umstand Rechnung getragen, dass eine derartige Kausalität im Einzelfall gar nicht nachweisbar ist.

477 Siehe 2.2.3.3.

478 Insbesondere da es aufgrund der in Österreich vorhandenen hohen Tankstellendichte zu weiteren Schließungen von Tankstellen kommen wird; *Puwein/Würger,* Der Kraftstoffmarkt in Österreich (1999), 52.

479 Eine Tankstelle in günstiger Lage wird hingegen sehr schnell eine Belieferungsfirma finden.

480 *Runggaldier,* Der Tankstelleninhaber, unveröffentlichtes Gutachten (1986), 44; *Semmler,* Die Rechtsstellung des Tankstellenhalters zwischen Handelsvertreter und Vertragshändler (1995), 117.

Verpflichtung, keine neue Tankstelle in unmittelbarer Nähe des Partners zu eröffnen. Der Tankstellenvertrag ist ein „Interessenwahrungsverhältnis".[481] Daher muss auch die Mineralölfirma dafür sorgen, dass der Tankstellenhalter wirtschaftlich überleben kann.[482] Somit treffen den Partner und die Mineralölgesellschaft gewisse Wettbewerbsverbote.[483] Ebenso kann aus den bestandrechtlichen Teilen des Vertrages abgeleitet werden, dass die Gesellschaft keine Tankstelle auf der „gegenüberliegenden" Straßenseite beliefern darf.[484] Ein Gebietsschutz ist für den Tankstellenhalter aber bereits begrifflich undenkbar und praktisch bedeutungslos.[485] Für seine Kunden sind die angebotenen Waren, insbesondere Treibstoffe, mit Produkten der Konkurrenz zu 100% austauschbar. Daher ist eine Tankstelle einer anderen Mineralölgesellschaft genauso gefährlich wie die der eigenen.[486] Ein Gebietsschutz würde dem Tankstellenhalter daher keinerlei Sicherheit bieten. Da er weiters darauf angewiesen ist, dass ihn die Kunden besuchen, können ihm auch von der Mineralölfirma keine Geschäfte zugewiesen werden. Folglich hängt seine wirtschaftliche Standortqualität von Faktoren ab, die der einzelne Tankstellenhalter nur kaum beeinflussen kann.[487] Zusätzlich vereinbaren einige Mineralölgesellschaften Klauseln, die ausdrücklich festhalten, dass eine Belieferung von Großkunden im Gebiet des Partners erlaubt ist.

In Deutschland wird die Meinung vertreten, dass die bis jetzt aufgezählten Unterschiede die Stellung als Handelsvertreter nicht beeinträchtigen. Die Besonderheiten des Tankstellengeschäfts sind bei seiner Beurteilung zu berücksichtigen, ändern aber nicht dessen rechtliche Einordnung. Daher wird der Tankstellenvertrag von der Lehre überwiegend als Handelsvertretervertrag qualifiziert.[488] Jedoch wird auch in Deutschland teilweise die Meinung vertreten,

---

[481] Siehe 2.3.4.1.

[482] *Runggaldier,* Der Tankstelleninhaber, unveröffentlichtes Gutachten (1986), 55.

[483] Zum verbotenen Wettbewerb von Mineralölgesellschaften *Stötter,* Das Recht der Handelsvertreter, Versicherungsvertreter, Bausparkassenvertreter, Tankstellenvertreter³ (1985), 129.

[484] Das gleiche Wettbewerbsverbot trifft den Verpächter eines Wirtshauses. Diesem ist es verboten, in unmittelbarer Nähe einen Gastronomiebetrieb zu eröffnen. Tatsächlich wurde in der „Aufbauzeit" des Mineralölgeschäfts von einzelnen Majors ein äußerst dichtes Tankstellennetz errichtet.

[485] *Koeble,* Die kartellrechtliche Beurteilung von Preis- und Ausschließlichkeitsbindungen in Handelsvertreter- und Vertragshändlerverträgen am Beispiel der Tankstellenverträge (1973), 53.

[486] Vgl *Europäische Kommission,* Report on the competitive conditions of non-integrated independent companies in the motor fuel sector (2001), 14 Rn 38 ff.

[487] So auch *Runggaldier,* Der Tankstelleninhaber, unveröffentlichtes Gutachten (1986), 43 ff.

[488] *Rittner,* Der Ausgleichsanspruch des Handelsvertreters und die jüngste BGH-Rechtsprechung, DB 1998, 457; *Semmler,* Die Rechtsstellung des Tankstellenhalters zwischen Handelsvertreter und Vertragshändler (1995), 106; *Klosterfelde/Metzlaff* in *Langen/Bunte,* Kommentar zum deutschen und europäischen Kartellrecht I⁹ (2001), 428 Rn 129; *Küstner* in *Küstner/Thume,* Handbuch des

dass der Tankstellenvertrag ein gemischter Vertrag sei.[489] Die Judikatur ist leider in sich selbst widersprüchlich, obwohl die wesentlichen Vertragsbestimmungen seit über 30 Jahren komplett identisch sind. Es scheint als würde der Frage, ob ein gemischter Vertrag oder ein Handelsvertretervertrag vorliegt, keine besondere Aufmerksamkeit zukommen. In zwei älteren Judikaten wurde ausgesprochen, dass bei einem Tankstellenvertrag ein gemischter Vertrag vorliegt.

> *„Stationärsverträge sind somit keine reinen Dienstverträge, sondern komplexe Vertragsverhältnisse. Sie können sich aus mehreren Einzelverträgen verschiedener Vertragstypen zusammensetzen. Sie können auch gemischte Verträge eigener Art darstellen, bei denen dann jeweils der einheitliche Vertrag die Merkmale verschiedener Vertragstypen in sich vereinigt.“*[490]

---

gesamten Außendienstrechts I[3] (2000), 70 Rn 131; *Brüggemann* in *Martinek/Semler*, Handbuch des Vertriebsrechts (1996), 1093 Rn 14 ff; *Völcker*, Handelsvertretervertrieb und EG-Kartellrecht (1994), 25 f; *Ebenroth*, Absatzmittlungsverträge im Spannungsverhältnis von Kartell- und Zivilrecht (1980), 26; *von Kistowski*, Der Tankstellenvertrag, Diss Univ Köln (1962), 41 ff. In Deutschland werden die einzelnen Bereiche anscheinend als „eigenständige, verbundene“ Verträge angesehen. Zum Teil wird auch in jedem Gebiet ein eigener Vertrag abgeschlossen. So offenbar *Semmler*, Die Rechtsstellung des Tankstellenhalters zwischen Handelsvertreter und Vertragshändler (1995), 127 ff.

489 So zum „Stationärsvertrag“, *Löwisch* in *Staudinger*, Kommentar zum Bürgerlichen Gesetzbuch[13] (1995), § 305 Rn 26; *Emmerich* in *Staudinger*, Kommentar zum Bürgerlichen Gesetzbuch[13] (1995), Vorbemerkungen zu §§ 535, 536 Rn 145; beide verweisen auf BGH 9.6.1969, VII ZR 49/67, NJW 1969, 1662; siehe unten Fn 490; *Voelskow* in *Rebmann/Säcker*, Münchner Kommentar zum Bürgerlichen Gesetzbuch III[3] (1995), Vorbemerkungen zu § 535 Rn 33; *Gitter*, Gebrauchsüberlassungsverträge (1988), 264. Zum Tankstellenvertrag generell *Koeble*, Die kartellrechtliche Beurteilung von Preis- und Ausschließlichkeitsbindungen in Handelsvertreter- und Vertragshändlerverträgen am Beispiel der Tankstellenverträge (1973), 23 f. Dieser sieht den Tankstellenvertrag als gemischten Vertrag, bejaht aber die Selbständigkeit von einzelnen Bestandteilen. So auch *Stötter*, Das Recht der Handelsvertreter, Versicherungsvertreter, Bausparkassenvertreter, Tankstellenvertreter[3] (1985), 389 ff. Nun verweist *Stötter* nur mehr auf die gängige Rechtsprechung und sieht den Tankstellenhalter als Handelsvertreter; *Stötter*, Das Recht der Handelsvertreter[5] (2000), 60. Wären die einzelnen Teile wirklich „selbständige“ Verträge, so würde aber eine schlichte Vertragsverbindung und kein gemischter Vertrag vorliegen; siehe 2.3.4. *Heyer* sieht einen Schwerpunkt der Tätigkeit des Tankstellenhalters in der Dienstleistung und kommt so zur Beurteilung als gemischter Vertrag. Weiters erkennt er die grundlegenden Unterschiede zum Handelsvertreter. *Heyer*, Zur vorzeitigen Kündbarkeit von Tankstellenverträgen, NJW 1965, 1574.

490 Zugleich wurde aber ausgeführt, dass der Tankstellenstationär Handelsvertreter der Klägerin ist; BGH 9.6.1969, VII ZR 49/67, NJW 1969, 1662. Keine Ausführungen zur Rechtsnatur enthält BGH 31.3.1982, I ZR 56/80, BB 1982, 1017; meines Erachtens wird aber auch hier eher das Konzept des gemischten Vertrages vertreten.

Eindeutig für die Lösung des gemischten Vertrages hat sich das OLG Stuttgart im Jahre 1964 entschieden.[491] So wurde die gemischte Rechtsnatur vor allem bei der Abgrenzung zum Arbeits- oder Mietrecht betont.[492] In anderen Urteilen, die sich mit handels- oder kartellrechtlichen Fragen beschäftigen, soll aber anscheinend ein „reiner" Handelsvertretervertrag vorhanden sein.[493] Eine derartige Judikatur kann klarerweise nicht richtig sein, da die wesentlichen Bestimmungen der Tankstellenverträge gleichlautend sind.[494] Dennoch hat die Beantwortung der

---

[491] *„Jedoch kann dies dahingestellt bleiben, ebenso wie dahingestellt bleiben kann, ob etwa § 624 BGB ganz allgemein auf Handelsvertreter Anwendung finden kann, wie Schlengenberger Schröder aaO annimmt, denn auf einen Tankstellenvertrag der vorliegenden Art kann diese Bestimmung wie auch Duden aaO ausführt, keinesfalls Anwendung finden, da ein solcher Vertrag, außer der Vertretung im Sinn der §§ 84 ff HGB auch Elemente des Werkvertrages in bezug auf die Errichtung der Tankstelle, des Darlehens oder Darlehensvertrages, der Miete oder Pacht, der Aufbewahrung oder Lagerung, des Dienstvertrages in Beziehung auf die Wartung der technischen Einrichtungen enthält und da die Mannigfaltigkeit der Leistungen beider Parteien dem Rechtsverhältnis Züge einer Gesellschaft, und zwar einer Innengesellschaft ohne gemeinschaftliches Vermögen und gemeinschaftliche Verpflichtung und Berechtigungen gegenüber Dritten gibt, da somit ein gemischter Vertrag vorliegt, in dem kein Element so an Bedeutung überwiegt, dass das andere untergeordnete Nebenbeziehung ist, bei dem insbesondere die Errichtung, Führung und Versorgung außerhalb des Vertreterverhältnisses mindestens dieselbe Bedeutung hat wie die Verkaufsvermittlung, so dass nicht Absorption, sondern Kombination der Regelungen der verschiedenen Rechtsverhältnisse zu gelten hat."* OLG Stuttgart 16.6.1964, 5 U 209/63, NJW 1964, 2255. Das Urteil hat sich in seiner Begründung weitgehend auf einen Artikel bezogen; vgl *Duden,* Kündigung von Tankstellenverträgen nach § 624 BGB, NJW 1962, 1326.

[492] So insbesondere beim „Stationärsvertrag", siehe bereits Fn 489. In den beiden oben zitierten Urteilen ging es um die Frage der Anwendbarkeit der vorzeitigen „arbeitsrechtlichen" Lösungsmöglichkeit des § 624 BGB auf Tankstellenverträge; dazu eher ablehnend *Duden,* Kündigung von Tankstellenverträgen nach § 624 BGB, NJW 1962, 1326. *Gitter* bejaht die Anwendung des § 624 BGB beim Tankstellenpachtvertrag; *Gitter,* Gebrauchsüberlassungsverträge (1988), 274.

[493] BGH 6.8.1997, VIII ZR 150/96, WRP 1998, 57; BGH 26.2.1970, KZR 17/68, WuW 1970, 540; OLG Hamburg 13.4.2000, 3 U 285/98 – Tankstellenverwalter – WuW 2000, 886; LG Frankfurt am Main 25.4.1969, 3/2 O 25/29, BB 1969, 1326. Dies ist insofern „verständlich" als der Ausgleichsanspruch des Tankstellenhalters bzw das Preisfestsetzungsrecht der Mineralölgesellschaften leichter argumentierbar sind, wenn der Tankstellenhalter Handelsvertreter ist.

[494] Die Problematik zeigt sich am besten bei *Emmerich* in *Immenga/Mestmäcker,* Gesetz gegen Wettbewerbsbeschränkungen[2] (1992), § 18 aF Rn 97 ff. Dieser schreibt zur partner- und gesellschaftseigenen Tankstelle einerseits: *„In beiden Fällen handelt es sich um gemischte Verträge, die pachtrechtliche und dienstvertragliche Elemente enthalten."* Im nächsten Absatz jedoch: *„Die meisten Tankstellen werden auf Agenturbasis betrieben, da die Tankstellenhalter bei dem Vertrieb von Treib- und Schmierstoffen in der Regel als Handelsvertreter im Namen der Mineralölgesellschaft tätig werden."* Klarerweise widersprechen sich diese zwei Aussagen. In der neuen Auflage wurde das Problem anscheinend erkannt und korrigiert. *Emmerich* sieht den Tankstellenhalter jetzt nur noch als Handelsvertreter; siehe *Emmerich* in *Immenga/Mestmäcker,* Gesetz gegen Wettbewerbsbeschränkungen[3] (2001), § 16 nF Rn 56. Auch bei *Kummer* in *Soergel,* Kommentar zum Bürgerlichen Gesetzbuch III[11] (1980), Vorbemerkungen zu § 535 Rn 94, zeigt

Frage keine wesentlichen Auswirkungen auf die Beurteilung von einzelnen Rechtsproblemen.[495]

In der Funktion als Verkäufer von Kraftstoffen agiert der Tankstellenhalter zwar ohne Zweifel wie ein Handelsvertreter, die Ausgestaltung des ganzen Vertrages darf aber nicht übersehen werden. In Österreich wurde der Tankstellenvertrag von der Judikatur daher meistens als gemischter Vertrag gesehen. Dies hängt aber auch damit zusammen, dass sich der OGH mit dem Ausgleichsanspruch des Tankstellenhalters bisher noch nicht und mit kartellrechtlichen Fragen des Tankstellenvertrages nur selten befasst hat. Richtigerweise ist die Betrachtung des Tankstellenvertrages in seiner Gesamtheit entscheidungswesentlich.[496] Neben der Ausgestaltung des Verkaufs von Treibstoffen als Handelsvertreter, wird der Tankstellenhalter im Folgemarktbereich als Eigenhändler tätig. Daher scheidet in diesem Bereich die direkte Anwendung von Handelsvertreterrecht aus. Auch die zum Teil vorhandenen bestandrechtlichen Elemente und verwaltenden Pflichten verhindern die „reine" Einordnung als Handelsvertreter.[497] Dies wurde vom OGH bereits im Jahre 1968 richtig erkannt.

> *„Werden in einem Vertrag zwischen einer Mineralölgesellschaft und einem – als Handelsvertreter bezeichneten – Tankstellenstationär außer den Pflichten eines Handelsvertreters noch andere Verpflichtungen vereinbart, wie zB der Vertrieb sonstiger Mineralölprodukte und anderer Handelswaren zum Verkauf in eigenem Namen und auf eigene Rechnung, oder die Pachtung des Grundstücks, die Errichtung einer Tankstelle, die Beistellung der erforderlichen Einrichtungen und Umschließungen für die Dauer des Vertrages, die Bestellung der Reklame und die Übernahme der Kosten des Einbaues der Tankstelle, so handelt es sich hierbei nicht um ein bloßes Handelsvertreterverhältnis, sondern um ein gemischtes Dauerschuldverhältnis."*[498]

Diese Judikatur wurde später wiederholt,[499] dann aber leicht abgeändert. Der OGH stellte fest, dass die für die Gesellschaft als Handelsvertreter ausgeübte Tätigkeit des Tankstellenhalters dienstnehmerähnlichen Charakter aufweist, es sich aber um keinen reinen Dienstvertrag, sondern um ein komplexes

---

sich, dass zwei widersprüchliche Entscheidungen zur Rechtsnatur des Tankstellenvertrages zitiert werden, ohne dass dies näher erläutert wird. Ebenso sieht *Höpfner* den Tankstellenvertrag einmal als Handelsvertreter- und dann als gemischten Vertrag, ohne dies zu begründen; *Höpfner*, Kündigungsschutz und Ausgleichsansprüche des Franchisenehmers bei der Beendigung von Franchiseverträgen (1997), 106 f.

495 Wie unter 2.3.4. und 4.3. gezeigt wird.

496 Dies betont der OGH regelmäßig; zB OGH 27.8.1997, 9 Ob A 207/97, JBl 1998, 60; OGH 8.7.1986, 2 Ob 653/84, ÖJZ 1987, 55.

497 Die markenrechtlichen Bestimmungen des Tankstellenvertrags behindern diese mögliche Beurteilung nicht. Auch die von der Judikatur bejahte Arbeitnehmerähnlichkeit kann die Stellung als Handelsvertreter grundsätzlich nicht beeinträchtigt; siehe 2.2.3.1.

498 OGH 25.6.1968, 4 Ob 33/68, HS 6683.

499 LGZ Wien 6.10.1975, 44 Cg 157/75, HS 9510.

Vertragsverhältnis handelt.[500] Diese Rechtsausführungen wurden später erneut verwendet.[501] Auch hier hat der OGH passend erkannt, dass der Tankstellenvertrag keinem gesetzlichen Vertragsverhältnis eindeutig zuordenbar ist.[502] Der Tankstellenvertrag enthält wesentliche Elemente des Handlesvertretervertrags, diese reichen aber zu dessen ausschließlicher Qualifizierung nicht aus.[503] Dennoch ist er im für diese Arbeit wesentlichen Bereich des Vertriebs von Treibstoffen wie ein Handelsvertretervertrag konzipiert.[504] In einem jungen Urteil zum Kartellrecht hat der OGH den Tankstellenhalter ähnlich wie die deutsche Rechtsprechung als Handelsvertreter gesehen.[505] Zuletzt wurde ein Tankstellenvertrag von einem Landesgericht in zweiter Instanz als Handelsvertreter-, vom OGH aber als Vertragshändlervertrag beurteilt.[506] Tankstellenhalter sind richtigerweise nur insofern Handelsvertreter als sie zum Verkauf von Kraftstoffen im Namen und auf Rechnung der Mineralölgesellschaft verpflichtet sind.[507] Gesamt gesehen ist der Tankstellenvertrag aber kein Handelsvertretervertrag, sondern ein gemischtes Dauerschuldverhältnis.[508]

2.3.2. Tankstellenhalter als Eigenhändler

Wie bereits erörtert handelt der Partner im Folgemarktbereich als Eigenhändler. Bei ca 20 bis 25%[509] der in Österreich abgeschlossenen Verträge, verkauft der Tankstellenhalter Kraftstoffe im eigenen Namen und auf eigene Rechnung. Dann agiert er im gesamten Vertragsbereich als Eigenhändler. Auch in Deutschland ist diese Gestaltungsform üblich,[510] sie dürfte dort aber nicht so weit verbreitet sein.[511] Zweifelsohne ist auf diese Verträge Handelsvertreterrecht nicht

---

[500] OGH 8.7.1986, 2 Ob 653/84, RdW 1987, 11.

[501] OGH 27.6.1996, 8 Ob 2036/96, HS 27.331.

[502] Seine Ausführungen zur Arbeitnehmerähnlichkeit sind aber verfehlt; siehe 2.2.3.2.3.

[503] *Runggaldier*, Der Tankstelleninhaber, unveröffentlichtes Gutachten (1986), 36.

[504] Die zivilrechtliche Frage, ob ein reiner Handelsvertretervertrag oder ein gemischter Vertrag vorliegt, hat für das Kartellrecht keine Bedeutung.

[505] OGH 22.2.2001, 6 Ob 322/00 – Tankstellenbelieferungs- und Vertriebsübereinkommen – WBl 2001, 445, RdW 2001, 399 = RIS-Justiz/ E60949. Zu den zwei jüngsten OGH Entscheidungen siehe 4.3.2.2.4.

[506] OGH 7.12.2001, 7 Ob 265/01 – Tankstellenvertrag – RIS-Justiz/E64050.

[507] *Jabornegg*, Handelsvertreter und Maklerrecht (1987), 13.

[508] Zur näheren Begründung dieser Aussage siehe 2.3.4.

[509] *Paritätischer Ausschuss für Kartellangelegenheiten*, Gutachten über die Wettbewerbslage in der Mineralölwirtschaft, ABl der österreichischen Justizverwaltung 1990, 46 und 60. Nach den vorliegenden Daten eines Majors werden ca ein Drittel seiner Markentankstellen als „Eigenhändler“ betrieben. Es zeichnet sich seit Jahren ein Trend in Richtung der Agenturverträge ab.

[510] Siehe BGH 3.11.1999, VIII ZR 269/98, NJW 2000, 1110 = DB 2000, 814; BGH 13.3.1997, I ZR 215/94, NJW 1998, 157.

[511] *Semmler*, Die Rechtsstellung des Tankstellenhalters zwischen Handelsvertreter und Vertragshändler (1995), 35.

unmittelbar anwendbar. Es stellt sich daher die Frage, wie der Verkauf von Mineralölprodukten als Eigenhändler und die „freie" Dienstleistungs- und Händlertätigkeit des Partners im Folgemarktbereich zu beurteilen sind.

2.3.2.1. Franchisenehmer

Manche Tankstellenverträge werden ausdrücklich als Franchiseverträge bezeichnet. Die Parteien können aufgrund der eingeräumten Vertragsautonomie alle möglichen Sachverhalte in vertragliche Form fassen, solange sie dabei nicht gegen zwingendes Recht verstoßen.[512] Der aus Amerika stammende Franchisevertrag ist gesetzlich nicht eigens geregelt, sondern hat sich in der Praxis entwickelt und immense wirtschaftliche Bedeutung erfahren. Ebenso wie der Vertragshändlervertrag, wird der Franchisevertrag im österreichischen Recht nur durch einen Verweis auf das Europäische Kartellrecht erwähnt.[513] Im österreichischen Handelsrecht ist nur der Handelsvertretervertrag ausdrücklich geregelt.[514] Daher ist es umstritten inwieweit Handelsvertreterrecht analog auf andere vertikale Vertriebsformen angewendet werden kann.[515]

Die Definition des Franchisevertrages gestaltet sich schwierig. Ein Franchiseverhältnis kann auf unterschiedlichen Wirtschaftsstufen bestehen, zB auch auf Produzentenebene.[516] Häufig wird nicht nur der Warenvertrieb, sondern auch oder ausschließlich der Dienstleistungsbereich geregelt.[517] Mischformen sind häufig anzutreffen. Weiters kann danach differenziert werden, ob ein Vertriebsnetz von einem Unternehmen komplett neu aufgebaut wurde oder ein bestehendes Vertriebssystem abgeändert wurde. An dieser Stelle können nur die wesensimmanenten Voraussetzungen genannt werden.[518] Der Franchisenehmer handelt im eigenen Namen und auf eigene Rechnung. Für die Zurverfügungstellung von Lizenz- und Markenrechten, eines ausgeklügelten Unternehmenskonzepts und Betriebsführungswissens sowie dem Recht bestimmte Waren und/oder Dienstleistungen zu vertreiben, hat er dem Franchisegeber eine Gebühr zu entrichten. Der Franchisenehmer erhält ein alle unternehmerischen

---

512 *Koziol/Welser,* Grundriss des bürgerlichen Rechts II[11] (2000), 12 ff; *Schima,* Gibt es einen „freien" Handelsvertreter?, RdW 1987, 18.

513 Siehe § 30e KartG; *Liebscher/Heinrich/Petsche,* Vertriebsverträge[2] (2001), 1.

514 Der Gesetzgeber hinkt der wirtschaftlichen Realität hinterher; so auch *Harrer,* Neue Vertragstypen im Handelsrecht (2001), 3 ff.

515 *Hasch/Huber* in *Martinek/Semler,* Handbuch des Vertriebsrechts (1996), 1180 Rn 22 ff.

516 Siehe KOG 23.1.1978, Okt 4/77 - Coca-Cola - ÖBl 1978, 78.

517 Es kann daher grundsätzlich zwischen Produkt-, Dienstleistungs- und Vertriebsfranchising unterschieden werden.

518 Zu Definitionsproblemen ausführlich, *Martinek* in *Martinek/Semler,* Handbuch des Vertriebsrechts (1996), 53 Rn 16 ff. Richtigerweise unterscheidet sich der Franchisevertrag von anderen Vertragstypen in erster Linie durch die „Intensivität" seiner Einbindung und Reglung und nicht durch „rein" rechtliche Merkmale.

Bereiche umfassendes System, von der Finanzierung der Errichtung, bis zur Festlegung einzelner Verkaufsstrategien. Die Ausgestaltung der Geschäftsräumlichkeiten des Franchisenehmers ist einheitlich vorgegeben, sodass er wie eine Filiale des Franchisegebers erscheint. Für den Franchisenehmer ist von Vorteil, dass er vom Image des „großen" Namens profitieren kann und dabei ein bekanntes Produkt anbieten darf. Dabei kann er ein komplett fertiges Unternehmenskonzept umsetzen und von den Erfahrungen des Franchisegebers profitieren.[519] Wichtigstes Abgrenzungsmerkmal ist die extrem stark ausgeprägte Verhaltensabstimmung zwischen den Systempartnern.[520] Dem Tankstellenhalter wird von manchen Mineralölgesellschaften ein „Handbuch" überreicht, dass typisch für Franchiseverträge ist. Hierin werden nahezu alle Bereiche des Geschäftslebens des Tankstellenhalters beschrieben und entsprechende Anweisungen gegeben.[521] In einem Artikel wird das Konzept der OMV mit ihren Partnern als Franchisesystem beschrieben.[522]

Die Einordnung des Tankstellenhalters als Franchisenehmer geht aber an dessen wirtschaftlicher Realität vorbei. Es handelt sich bei dem Vertrag keineswegs um ein komplett fertiges unternehmerisches Konzept. Die Fähigkeiten des Tankstellenhalters sind zutiefst gefragt, wenn es um finanzielle Bereiche geht. Als Träger eines wesentlichen Risikos muss der Partner seine Kalkulationen und Entscheidungen allein verantwortlich durchführen.[523] In vielen Fällen besteht bereits eine Tankstelle des Partners, sodass die für den gesamten Geschäftsverlauf bedeutendste Frage bereits entschieden wurde. Bei der Finanzierung einer partnereigenen Tankstelle hilft die Mineralölgesellschaft vielleicht etwas aus, zahlt einige Anlagen oder gewährt einen Kredit. Dennoch ist die Finanzierungsfrage in erster Linie Sache des Tankstellenhalters. Da der Letztverbraucher Treibstoffe als vollkommen „homogen" empfindet, kommt der Produktpflege der Mineralölfirma keine entscheidende Bedeutung zu. Auch der Name des „Majors" spielt im Verhältnis zur Lage der Tankstelle eine

---

[519] Deshalb werden Franchisesysteme oft als wirtschaftlicher Erfolgsgarant gesehen; siehe *Harrer*, Neue Vertragstypen im Handelsrecht (2001), 20 ff.

[520] *Semmler*, Die Rechtsstellung des Tankstellenhalters zwischen Handelsvertreter und Vertragshändler (1995), 128.

[521] Nur ausnahmsweise wird ein Franchisehandbuch Teil des Vertrags. In der Folge können nämlich Änderungen des Konzepts oder Ablaufes nur mit Zustimmung des Franchisenehmers ergehen. *Martinek* in *Martinek/Semler*, Handbuch des Vertriebsrechts (1996), 397 Rn 51.

[522] *Dressler/Mader*, Alles über Franchise, New Business 3/2000, 25. Ebenso *Straberger*, Kartellrechtliche Grenzen des Franchising, AnwBl 1988, 435 ff.

[523] Im Gegensatz dazu sind Franchisepartner miteinander enger finanziell verknüpft. Zu diesem Ergebnis kommt auch die Judikatur; OGH 28.1.1986, 4 Ob 141/84, RIS-Justiz/E07491. Eine Haftung der Mineralölgesellschaft für wirtschaftliche Fehlentscheidungen des Tankstellenhalters kann nur bei einer Warnpflichtverletzung angenommen werden.

untergeordnete Rolle.[524] Der Tankstellenhalter hat daher weder ein vollkommenes Konzept zur Verfügung, noch profitiert er von der Marke in der für Franchisenehmer typischen Art und Weise. Die Elemente des „Belieferungsvertrags" stehen gegenüber dem eingebrachten „Know-how" im Vordergrund. Weiters ist es abzulehnen, dass eine seit Jahrzehnten bestehende Vertragsart, die im Laufe der Jahre in ihren wesentlichen Elementen gleich geblieben ist, ohne ersichtliche Gründe auf einmal ein anderer Typ sein soll. Der VwGH hat dies zur Frage der Gebührenpflicht des Tankstellenvertrags richtig erkannt.[525] Ein Pachtvertrag über eine bestehende Tankstelle wurde als Franchisevertrag bezeichnet. Die Parteien beriefen sich darauf, dass ein solcher gebührenfrei wäre. Der VwGH hat zu recht ausgeführt, dass hier ein „normaler" Unternehmenspachtvertrag vorliegt, der Elemente von Bezugs- und Verkaufsverpflichtungen und franchiseähnliche Klauseln aufweist. Franchiseartige Bestimmungen können Gegenstand eines Unternehmenspachtvertrags sein, ohne dass dieser damit automatisch zum Franchisevertrag wird.[526] Ein Tankstellenvertrag über eine gesellschaftseigene Anlage ist daher kein Franchisevertrag, mag er auch so bezeichnet werden. Bei einer partnereigenen Tankstelle kann dies noch weniger der Fall sein, weil die wirtschaftlich allerwesentlichste Entscheidung des Standortes ganz oder zum größten Teil vom Partner bestimmt wird. Im übrigen liegt der für Franchisesysteme typische Grad an extrem hoher vertikaler Kooperation nicht vor. Deshalb ist der Tankstellenvertrag kein Franchisevertrag, mag er auch „franchiseähnliche" Elemente enthalten.[527] Wenn der Tankstellenvertrag von der Praxis als Franchisevertrag bezeichnet wird, erfolgt dies in erster Linie aufgrund der unscharfen Begriffsdefinition des Franchising.[528]

Folgt man der Lehre aus Deutschland, dass mehrere verschiedene oder zumindest verbundene Verträge vorliegen,[529] könnte man die Meinung vertreten, dass der Folgemarktbereich als Franchisesystem organisiert ist. Auch dies ist zu verneinen. Selbst wenn der Warenverkauf im Shopbereich ganz nach den Vorgaben der Mineralölgesellschaft gestaltet wird, beschränkt sich diese Regelung im wesentlichen auf die Vertriebstätigkeit. Es gibt zwischen den Vertragspartnern

---

[524] *Europäische Kommission,* Report on the competitive conditions of non-integrated independent companies in the motor fuel sector (2001), 14 Rn 40; *Runggaldier,* Der Tankstelleninhaber, unveröffentlichtes Gutachten (1986), 43.

[525] VwGH 7.10.1985, 85/15/0136, AnwBl 1986, 352.

[526] Entscheidend ist, welche Regelungsinhalte im Vordergrund stehen. Es darf aber nicht übersehen werden, dass in dem konkreten Fall der Verkauf von Treibstoffen im Agenturverhältnis erfolgte. Daher war bereits offensichtlich kein Franchisevertrag gegeben.

[527] So anscheinend auch *Filzmoser,* Gewerbe- und haftungsrechtliche Aspekte neuer Arbeitsformen, RdW 1999, 213.

[528] Vgl *Martinek,* Franchising (1987), 9 und 69.

[529] Siehe 2.3.1.2.

keine alle Betriebsaufgaben umfassende Kooperation.[530] Selbst ob und inwiefern Marketingmaßnahmen ergriffen werden, obliegt der Gesellschaft. Der Tankstellenhalter hat keinen klagbaren Anspruch auf entsprechende Werbehandlungen. Die Abstimmung zwischen Partner und Gesellschaft entspringt mehr aus tatsächlichem Verhalten als aus rechtlichen Bestimmungen. Daher ist auch der Folgemarktbereich nicht als Franchisesystem organisiert.[531]

2.3.2.2. Kommissionsagent

Verkauft der Tankstellenhalter Treibstoffe der Mineralölgesellschaft im eigenen Namen, so könnte das Verhältnis einer Kommissionsagentur vorzuliegen. Kommissionär iSd § 383 HGB ist, *„wer es gewerbsmäßig übernimmt, Waren oder Wertpapiere für Rechnung eines anderen (des Kommittenten) in eigenem Namen zu kaufen oder verkaufen."* Kommissionsagent ist, wer ständig mit der Ausführung von Kommissionsgeschäften betraut ist.[532] Der Kommissionsagenturvertrag ist eine Synergie zwischen einem Handelsvertretervertrag im Innenverhältnis und einem Kommissionsgeschäft im Außenverhältnis. Im Unterschied zum Handelsvertreter vermeidet der Geschäftsherr beim Vertragshändler oder der Kommissionsagentur direkte Vertragsbeziehungen zum Kunden. Der Vertragshändler übernimmt aber im Gegensatz zum Kommissionsagenten zusätzlich Funktionen und Risiken, die mit dem Absatz der Produkte verbunden sind und grundsätzlich dem Hersteller oder Zwischenhändler obliegen.[533]

Da der Tankstellenvertrag ein Dauerschuldverhältnis ist, kann der Partner somit als Kommissionsagent der Gesellschaft fungieren, falls diese alle geschäftlichen Risiken übernimmt.[534] Die Abgrenzung ist im Einzelfall äußerst schwierig. Entscheidend kann nur die Risikoverteilung zwischen den Vertragspartnern sein. Je weniger der Vertriebsmittler ein Risiko trägt, das mit dem abgeschlossenen Geschäft verbunden ist, desto eher wird ein Kommissionsagenturvertrag

---

[530] *Semmler,* Die Rechtsstellung des Tankstellenhalters zwischen Handelsvertreter und Vertragshändler (1995), 129 f.

[531] Kartellrechtlich ist die Frage ohne Bedeutung. Die vGVO sieht nämlich für Franchiseverträge keine Besonderheiten oder Ausnahmeregelungen vor. Im Gegensatz dazu galt früher eine „eigene" Gruppenfreistellungsverordnung für Franchising. Derzeit bestehen bis zum Ende des Jahres 2001 noch Übergangsregelungen.

[532] So *Krejci,* Handelsrecht² (2001), 260; *Flohr* in *Martinek/Semler,* Handbuch des Vertriebsrechts (1996), 530 Rn 4. AA *Canaris,* Handelsrecht²³ (2000), 357 Rn 2; *Thume* in *Küstner/Thume,* Handbuch des gesamten Außendienstrechts III² (1998), 411 Rn 1542. Für diese steht die Geschäftsbesorgung für jemand anderen im Vordergrund, sodass der Verkauf von Waren oder Wertpapieren kein Element der Definition ist.

[533] *Ulmer,* Der Vertragshändler (1969), 44.

[534] Vgl *Runggaldier,* Der Tankstelleninhaber, unveröffentlichtes Gutachten (1986), 47. Dieser trennt bei seiner Beurteilung jedoch nicht präzise zwischen dem Verkauf von Mineralölprodukten und dem Folgemarktbereich.

vorliegen.[535] Richtigerweise ist der Terminus jedoch nur bei einer vollkommenen Entlastung des Kommissionsagenten zu bejahen. Ein Kommissionsagenturverhältnis ist nur dann gegeben, wenn der Absatzmittler seine Tätigkeit bezüglich des vermittelten Geschäfts ohne jeglichen Einsatz von Sachwerten und Kapital ausübt.[536] Daher muss dem Lieferanten nicht nur der wesentlichste Teil, sondern das gesamte Risiko obliegen. Auch die tatsächliche Bestimmung der Händlerspanne kann als Indiz zur Einordnung herangezogen werden. Rechtlich ausschlaggebendes Merkmal ist aber ausschließlich die Risikoverteilung zwischen den Vertragspartnern und niemals, wer tatsächlich den Abgabepreis bestimmt.[537]

Inwieweit auf den Kommissionsagenturvertrag das HVertrG anwendbar ist, ist umstritten.[538] Ohne Zweifel liegt hier eine Gesetzeslücke vor. Herrschende Meinung ist, dass das HVertrG insoweit analog anwendbar ist, als es auf die dauernde Beschäftigung des Agenten Bezug nimmt.[539] Richtigerweise sind die für das Innenverhältnis zwischen Handelsvertreter und Unternehmer geltenden Vorschriften insoweit analog anzuwenden, als sie sich nicht gerade auf das Handeln in fremdem Namen beziehen.[540] Demgegenüber treten alle Normen des Kommissionsgeschäfts in den Hintergrund, als die Interessenwahrungspflicht des Kommissionsagenten entgegensteht.[541] Im Außenverhältnis ist der Kommissionsagent dem Dritten voll verantwortlich, sodass die §§ 383 ff HGB anwendbar sind.[542]

Wie aber noch unter Abschnitt 3. gezeigt wird, ist die Risikoverteilung eines typischen Tankstellenvertrages nicht zu Lasten der Mineralölgesellschaft konzipiert. In der Praxis ist oftmals das Gegenteil der Fall, sodass, wenn der Tankstellenhalter Treibstoff in eigenem Namen vertreibt, kein Kommissionsagenturverhältnis vorliegt.

---

535 *Jaletzke* in *Stumpf/Jaletzke/Schultze,* Der Vertragshändlervertrag[3] (1997), 30 Rn 28.

536 So *Ebenroth,* Absatzmittlungsverträge im Spannungsverhältnis von Kartell- und Zivilrecht (1980), 30 f.

537 Denn das Preisbestimmungsrecht ist nur Folge der Risikoverteilung.

538 *Liebscher/Heinrich/Petsche,* Vertriebsverträge[2] (2001), 1; zu grundsätzlichen Fragen der Diskussion *Jabornegg,* Handelsvertreter und Maklerrecht (1987), 65 ff.

539 *Griß-Reiterer* in *Straube,* Kommentar zum Handelsgesetzbuch I[2] (1995), § 383 Rn 1.

540 Die Ansicht von *Jabornegg,* dass auch im Innenverhältnis grundsätzlich Kommissionsrecht anzuwenden ist und in erster Linie nur die Beendigungsvorschriften des Handelsvertreters analog angewendet werden sollten, wird der Ausgestaltung des Kommissionsagenturverhältnisses nicht gerecht. *Jabornegg,* Handelsvertreter und Maklerrecht (1987), 66. De fakto sind die Ausführungen des HGB zum Kommissionär für die Beurteilung eines permanenten Vertriebssystems von bedingtem Wert, da sie nur auf eine „gelegentliche" Tätigkeit zugeschnitten sind; *Martinek* in *Martinek/Semler,* Handbuch des Vertriebsrechts (1996), 8 Rn 14. Zur Anwendbarkeit von Handelsvertreterrecht siehe auch *Canaris,* Handelsrecht[23] (2000), 358 Rn 6 ff.

541 So zB das Selbsteintrittsrecht des Kommissionärs.

542 *Ulmer/Habersack,* Handelsvertreterverträge und Art 85 Abs 1 EGV, ZHR 1995, 112 ff.

2.3.2.3. *Vertragshändler*

Die bisherigen Ausführungen führen zwangsläufig zum Vertragshändlervertrag. Verkauft der Tankstellenhalter Waren im eigenen Namen, so scheint die Definition des Vertragshändlers zutreffend. Dieser ist ein

> *„Kaufmann, dessen Unternehmen in die Vertriebsorganisation eines Herstellers von Markenwaren in der Weise eingegliedert ist, dass er es durch Vertrag mit dem Hersteller übernimmt, im eigenen Namen und auf eigene Rechnung die Vertragswaren zu vertreiben und ihren Absatz zu fördern, die Funktion und Risiken seiner Handelstätigkeit hieran auszurichten und im Geschäftsverkehr das Herstellerzeichen neben der eigenen Firma herauszustellen."*[543]

Herrschende Meinung ist, dass einige Elemente der Definition überholt sind.[544] Es ist ohne Bedeutung, ob der Vertrieb Markenwaren betrifft und auch der Verkäufer kann ein anderer Händler sein.[545] Geprägt ist die Vertragsbeziehung durch die Dauerhaftigkeit des Vertriebs von Waren eines anderen im eigenen Namen und auf eigene Rechnung. Dadurch sind die Vertragsparteien verpflichtet aufeinander Rücksicht zu nehmen und ihre Interessen gegenseitig zu bedenken. Vom „autorisierten Händler" unterscheidet sich der Vertragshändler durch die Regelungsdichte.[546] Völlig richtig hat der OGH ausgeführt, dass der Vertragshändlervertrag handelsvertreterähnliche Dienstleistungselemente enthält.[547]

---

[543] Diese Begriffsbestimmung von *Ulmer,* Der Vertragshändler (1969), 206, war die erste bekannte Definitionsformel des Vertragshändlers. Sie wird laufend zitiert und auch von der Rechtsprechung verwendet; siehe OGH 17.12.1997, 9 Ob 2065/96, ecolex 1998, 489.

[544] Vgl *Creutzig,* Der Investitionsschutz des Vertragshändlers bei ordentlicher Kündigung des Herstellers (2001), 13 f. Zur grundsätzlichen Kritik an der Methode der Begriffsbestimmung von *Ulmer* siehe *Ebenroth,* Absatzmittlungsverträge im Spannungsverhältnis von Kartell- und Zivilrecht (1980), 35 ff.

[545] *Jaletzke* in *Stumpf/Jaletzke/Schultze,* Der Vertragshändlervertrag^3 (1997), 25 ff. Auch das Kriterium des Unternehmenszeichens ist strittig. Einfacher aber prägnant ist folgende Begriffsbestimmung: *„Vertragshändler ist, wer als selbständiger Gewerbetreibender ständig damit betraut ist, im eigenen Namen und auf eigene Rechnung Waren eines Unternehmers zu vertreiben und ihren Absatz zu fördern."* Siehe *Thume* in *Küstner/Thume,* Handbuch des gesamten Außendienstrechts III^2 (1998), 302 Rn 1140.

[546] Der „autorisierte Händler" steht dem Vertragspartner grundsätzlich unabhängig entgegen. Seine Bindungen berühren die Auswahl seines Sortiments nur am Rande. Den Vertragshändler treffen zahlreiche Vorgaben zur Gestaltung seines Verkaufsbereichs. Durch das Hervorstreichen der Marke des Lieferanten, erscheint auch der Vertragshändler ähnlich wie der Franchisenehmer als wirtschaftlich unselbständige Vertriebsstelle. Vgl *Runggaldier,* Der Tankstelleninhaber, unveröffentlichtes Gutachten (1986), 39 f; *Ulmer,* Der Vertragshändler (1969), 39.

[547] OGH 29.11.1989, 1 Ob 692/89, SZ 62/184.

Vielfach werden Vertragshändler in Formularen als Eigenhändler bezeichnet,[548] was auf den Tankstellenvertrag zutrifft. Der Tankstellenhalter ist ohne Zweifel in die Absatzorganisation der Mineralölgesellschaft in der Form eines Vertragshändlers eingegliedert. Nach außen erscheint er klar als Vertriebsstelle der Gesellschaft.[549] Auch in bezug auf seine Vertragspflichten erfüllt er diese Kriterien. Ihn trifft eine Absatzförderungs- und Bezugspflicht im Verhältnis zur Mineralölgesellschaft, wodurch eine beschränkte Weisungsgebundenheit sowie Berichts- und Informationspflichten des Partners gerechtfertigt sind.[550] Wie bereits gezeigt wurde, sind die wesentlichen Vertragbestimmungen zwischen Eigenhändler- und Agenturvertrag vollkommen identisch.[551] Dies gilt als starkes Indiz für die Qualifizierung als Vertragshändler. Jedoch ist auch die Einkommenssituation vollkommen gleich, was eher dagegen spricht.[552] Der Handelsvertreter schließt das vermittelte Geschäft auf Rechnung des Geschäftsherrn ab, ihm bleibt nur eine Provision. Auch wenn der Tankstellenhalter im eigenen Namen Mineralölprodukte verkauft, erhält er als Handelsspanne die gleiche Summe.[553] Tatsächlich bestimmt die Mineralölgesellschaft den Endpreis des Letztverbrauchers und den Einkaufspreis des Tankstellenhalters.[554] Somit wird die Händlerspanne des Partners von der Gesellschaft fix vorgegeben. Betrachtet man diesen Umstand, so liegt in keiner Weise ein Vergütungsmodell vor wie es für den Vertragshändler typisch ist,[555] sondern eine Bezahlung für eine Tätigkeit als Handelsvertreter.[556] Die Frage, ob seine Vergütung angemessen erfolgt, ist aber von der Einordnung des Vertrages zu unterscheiden und kann höchstens als Indiz herangezogen werden.

---

548 Auch die Rechtsprechung verwendet diesen Ausdruck, obwohl die Dauerhaftigkeit der Verbindung und Eingliederung in die Vertriebspolitik den Vertragshändler vom Begriff des Eigenhändlers unterscheidet; vgl *Thume* in *Küstner/Thume,* Handbuch des gesamten Außendienstrechts III[2] (1998), 301 Rn 1137.

549 Die Mineralölkonzerne legen besonders viel wert auf die farbliche Gestaltung der Tankstelle, sodass die für eine Marke typische Farbe bereits aus der Ferne gesehen werden kann.

550 *Semmler,* Die Rechtsstellung des Tankstellenhalters zwischen Handelsvertreter und Vertragshändler (1995), 130 ff.

551 Siehe 2.1.2.

552 Wenn ein höherer Betrag ausbezahlt wird, richtet sich dies nicht nach der Frage, ob ein Eigenhändler- oder Agenturvertrag abgeschlossen wurde, sondern höchstens danach, wieviel der Tankstellenhalter in die Tankstellenanlage investiert hat.

553 Beim Tankstellenvertrag ist die Provision des Vertreters eine von Preisschwankungen unabhängige Händlerspanne. Daher besteht zwischen dem Eigenhändler und Agenturvertreter eine komplette Identität der Einkommensquellen.

554 Siehe 1.3.1.

555 Vgl *Nagel* in *Stumpf/Jaletzke/Schultze,* Der Vertragshändlervertrag[3] (1997), 132 ff. Ein Vertragshändler kann wie ein Zwischenhändler mit Handelsspannen von bis zu 40% rechnen. Dem Tankstellenhalter bleibt ein Bruchteil dieses Wertes; siehe *Runggaldier,* Der Tankstelleninhaber, unveröffentlichtes Gutachten (1986), 42 und 45 f.

556 Der Vergütungsanspruch ist daher mit § 396 Abs 1 HGB vergleichbar.

Entscheidend ist zur Abgrenzung vom Kommissionsagenturvertrag die Risikoverteilung. Da der Tankstellenhalter Risiken übernimmt, die zur Gruppe der sachgebundenen Warenfunktionen gehören, wird er nicht nur als Vermittler, sondern direkt als Verkäufer tätig.[557] Er handelt daher auch auf dem Markt des Treibstoffverkaufs an Letztverbraucher. Daher handelt es sich beim Tankstellenvertrag, wenn der Tankstellenhalter im eigenen Namen Treibstoffe absetzt, um einen Vertragshändlervertrag.[558]

Im Folgemarktbereich besteht kein Zweifel daran, dass der Tankstellenhalter als Vertragshändler tätig wird. Der Partner erzielt hier hohe Einnahmen, die seine wirtschaftliche Existenz absichern. Er erhält in diesem Gebiet nicht Händlerspannen in der Höhe einer Vermittlungsprovision, sondern verrechnet normal hohe Gewinnzuschläge. Es ist unzweifelhaft, dass der Tankstellenhalter hier wirtschaftlich selbständig tätig ist. Im Folgemarktbereich obliegen ihm zumindest die gleichen wirtschaftlichen Risiken, die mit einer Tätigkeit als Vertragshändler verbunden sind.[559] Die umsatzbezogenen Handelsaufgaben stehen im Folgemarktbereich im Vordergrund, so hat der Tankstellenhalter hier das Vordispositions-, Lager- und Erfüllungsrisiko zu tragen.[560]

Für die Qualifizierung als Vertragshändler ist aber nicht nur das Auftreten unter der Marke des Lieferanten erforderlich, sondern auch, dass Produkte in dessen Interesse vertrieben werden. Im Folgemarktbereich werden nur beschränkt Waren der Mineralölgesellschaften verkauft. Nur insofern als eine „Absatzkette" von der Gesellschaft zum Partner vorliegt, vertreibt dieser ihre Waren. Wenn die Mineralölgesellschaft die Tankstellen über Vertriebsgesellschaften oder Abteilungen mit Verkaufsprodukten für den Folgemarktbereich beliefert, liegt ohne Zweifel ein Vertragshändlerverhältnis vor. *Semmler* hat nachgewiesen, dass auch wenn die Mineralölgesellschaft nur ein ausgearbeitetes System anbietet und

---

557 Zur Begründung dieser These siehe 3.3.

558 So auch OGH 7.12.2001, 7 Ob 265/01 – Tankstellenvertrag – RIS-Justiz/E64050; *Gitter,* Gebrauchsüberlassungsverträge (1988), 271 Fn 43, geht anscheinend davon aus, dass der Tankstellenhalter aufgrund seiner wirtschaftlichen Funktion selbst dann Vertragshändler sein könnte, wenn er im fremden Namen Treibstoffe verkauft. Dem ist nicht zuzustimmen, für die erste Einordnung zwischen Handelsvertreter und Eigenhändler ist immer noch der formal juristische Gesichtspunkt entscheidend; vgl *Ulmer,* Der Vertragshändler (1969), 233 ff. Erst bei der weiteren Abgrenzung zwischen Vertragshändler- und Kommissionsagenturvertrag ist die Risikoverteilung heranzuziehen. So BGH 23.9.1975, KZR 14/74 – EDV-Zubehör – BB 1976, 6.

559 Der Vertragshändler trägt regelmäßig sachgebundene Handelsaufgaben; *Ulmer,* Der Vertragshändler (1969), 77 ff.

560 *Koeble,* Die kartellrechtliche Beurteilung von Preis- und Ausschließlichkeitsbindungen in Handelsvertreter- und Vertragshändlerverträgen am Beispiel der Tankstellenverträge (1973), 47 ff; *Semmler,* Die Rechtsstellung des Tankstellenhalters zwischen Handelsvertreter und Vertragshändler (1995), 140.

Lieferanten bestimmt oder empfiehlt, ein Vertragshändlerverhältnis existiert.[561] Denn der Kern der Definition des Vertragshändlers umfasst auch die Konstellation des Vertriebs von Waren eines Lieferanten im Interesse eines Dritten. Wesentlich ist die inhaltsgleiche Stellung des Tankstellenhalters, die durch die Unterwerfung unter ein fremdes Vertriebskonzept entsteht. Aus Sicht der Absatzmittlung wurde diese Meinung auch durch das „beschaffungsoffene" Franchising bestätigt, bei dem die Waren auch von einem anderen nicht übergeordneten Lieferanten bezogen werden. Da der Tankstellenhalter in der Regel auch im Folgemarkt-bereich ein Vertriebskonzept der Mineralölgesellschaft durchführt, ist seine Vertragshändlereigenschaft grundsätzlich zu bejahen. Entscheidend ist, ob der Partner hierbei nicht nur in Verfolgung eigener Interessen, sondern auch und überwiegend im Interesse der Mineralölgesellschaft tätig wird. Dieses Kriterium ist meines Erachtens bereits durch die wirtschaftlichen Querverbindungen des Haupt- und Folgemarktgeschäfts regelmäßig gegeben.

Im Dienstleistungsbereich scheidet die Vertragshändlereigenschaft aus, da keine Waren vertrieben werden.[562] Wenn der Tankstellenhalter zB eine Waschstraße betreibt, eine Kfz-Werkstätte führt oder Gastronomiedienstleistungen erbringt, liegt kein Vertragshändlerverhältnis vor.[563] Diese Bereiche sind aber im Tankstellenvertrag meistens gar nicht geregelt, sodass sie zu dessen rechtlicher Einordnung nicht heranzuziehen sind.

2.3.3. Tankstellenvertrag als Gesellschaft bürgerlichen Rechts

Im Absatzmittlungsrecht wurde teilweise versucht gesellschaftsrechtliche Bestimmungen auf Vertriebsverträge anzuwenden. Hierbei wurde in Deutschland die Innengesellschaft bürgerlichen Rechts bemüht. Der hierzu notwendige gemeinsame Zweck wurde meistens in einer Hebung des Absatzes des den Vertragsgegenstand bildenden Erzeugnisses gesehen. Dass im Endeffekt jeder Vertragspartner seine Sonderinteressen verfolge, könne diesen gemeinsamen Zweck nicht ausschließen.[564] Die überwiegend herrschende Lehre vertritt aber eine andere Meinung, sodass die gesellschaftsrechtliche Einordnung als gescheitert angesehen wird. Dem ist vorbehaltlos zuzustimmen, Ziel eines Vertriebsvertrages ist nicht die Durchsetzung eines gemeinsamen Interesses,

---

[561] *Semmler,* Die Rechtsstellung des Tankstellenhalters zwischen Handelsvertreter und Vertragshändler (1995), 133 ff.

[562] Vgl *Jaletzke* in *Stumpf/Jaletzke/Schultze,* Der Vertragshändlervertrag³ (1997), 25.

[563] In der Regel sind diese Bereiche im Tankstellenvertrag gar nicht geregelt, sodass sie für dessen Einordnung keine eigenständige Bedeutung haben. Hingegen ist in jedem Vertrag der Verkauf von Waren im Tankstellen-Shop vereinbart.

[564] Vgl *Martinek* in *Martinek/Semler,* Handbuch des Vertriebsrechts (1996), 71 Rn 25 ff.

sondern das Eigeninteresse der einzelnen Vertragspartner. Diese verfolgen kein gemeinsames Ziel, denn sie haben keinen gemeinsamen Vorteil.[565] Ein hoher Umsatz interessiert die Vertragsparteien rein aus Eigeninteresse, losgelöst vom Gewinn des anderen.[566] Gleichfalls fehlt beim Tankstellenvertrag das Minimum an der Vereinigung der Interessen, sodass von keinem gemeinsamen Zweck gesprochen werden kann.

Denn die Abrechnung unter den Vertragsteilen beschränkt sich auf die Abführung von Verkaufserlösen abzüglich Provision und Verzinsung für etwaige Finanzierungshilfen oder Inbestandgabe.[567] Daher liegt auch keine Gesellschaft bürgerlichen Rechts vor. Die überwiegende Lehre in Österreich verlangt als deren Voraussetzung einen wirtschaftlichen Zweck als gemeinsamen Nutzen oder teilweise eine Gemeinschaftsorganisation.[568] In einem älteren Judikat hatte der OGH die Frage der Innengesellschaft bei einer Tankstelle zu beantworten.[569] In dem zu prüfenden Fall war der Tankstellenhalter anscheinend beim Verkauf von Treibstoffen Arbeitnehmer der Mineralölgesellschaft, im Folgemarktbereich hingegen Eigenhändler. Der OGH hat das Vorhandensein einer Gesellschaft bürgerlichen Rechts verneint, da die Mineralölgesellschaft keinerlei Einwirkungsmöglichkeiten auf das Folgemarktgeschäft gehabt hat, weiters fehle es auch an einer gemeinsamen Wirtschaftsorganisation.

Mag die Begründung des OGH auch nicht vollkommen treffend wirken, so ist ihm im Resultat recht zu geben. Maßgebliches Kriterium, ob eine Gesellschaft bürgerlichen Rechts vorliegt oder nicht, muss aber immer der Gesellschaftszweck sein. An einem solchen gemeinsamen Zweck fehlt es aber bei Vertriebsverträgen, zu denen auch der Tankstellenvertrag gehört, regelmäßig. Auch eine gemeinsame Wirtschaftsorganisation ist meines Erachtens zu verneinen, denn die wirtschaftlichen Kosten der Erhaltung der Tankstelle fallen dem Halter zur Last. Ein Tankstellenvertrag gründet daher keine Gesellschaft bürgerlichen Rechts.

---

565 *Ebenroth*, Absatzmittlungsverträge im Spannungsverhältnis von Kartell- und Zivilrecht (1980), 35; *Martinek*, Aktuelle Fragen des Vertriebsrechts² (1989), 36.

566 Eine Ausnahme von diesem Grundsatz kann höchstens beim Koalitions-Franchising gelten. Bei diesem fehlen die Elemente der Geschäftsbesorgung für jemand anderen und die Partner stehen sich „gleichrangig" gegenüber; siehe *Martinek* in *Martinek/Semler*, Handbuch des Vertriebsrechts (1996), 416 Rn 95.

567 *Duden*, Kündigung von Tankstellenverträgen nach § 624 BGB, NJW 1962, 1328.

568 *Strasser* in *Rummel*, Kommentar zum Allgemeinen bürgerlichen Gesetzbuch II² (1992), § 1175 Rn 7; *Feil*, ABC des Gesellschaftsrechts I (2001), 60.

569 OGH 13.9.1973, 2 Ob 106/73, EvBl 1974, Nr 51.

2.3.4. Tankstellenvertrag als „eigener" Vertrag

Aus dem bisher gesagten ergibt sich, dass der Tankstellenvertrag keinem gesetzlich bestehendem Vertragstyp eindeutig zuordenbar ist. Mag der Partner beim Verkauf von Treibstoffen auch regelmäßig als Handelsvertreter agieren, so reicht dies nicht zu dessen Qualifizierung aus.[570] Es handelt sich daher um einen Vertrag „sui generis", der Teile von verschiedenen Vertragsarten in sich vereint.[571] Der OGH hat die Rechtsnatur des Tankstellenvertrages in einigen Urteilen vollkommen richtig erkannt.[572] Seine Ausführungen aus welchen Vertragstypen sich der Tankstellenvertrag zusammensetzt, sind aber mit Vorsicht zu genießen. Es wird regelmäßig ausgeführt, dass das Tankstellenabkommen Elemente von freien Dienstverträgen, Bestandverträgen oder ähnlichen Verträgen enthält.[573] Dies ist nur insofern richtig als sich der Handelsvertretervertrag seinerseits aus dem freien Dienstvertrag und dem Auftragsvertrag zusammensetzt.[574] Wie im Abschnitt 2.2. gezeigt wurde, enthält der Tankstellenvertrag weder Elemente des Arbeits-, noch des freien Dienstvertrages. Bestandrechtliche Elemente sind de fakto nur beim Pachtvertrag vorhanden, da Bestimmungen, durch die Mietrecht Anwendung finden sollte, heute nicht mehr vorkommen.[575]

Grund für die Beurteilung des Tankstellenabkommens als Vertrag „eigener Art" ist die bestandmäßige Verknüpfung seiner Teile in Verbindung mit der Vermischung von Elementen mehrerer Obligationstypen. Wären nach dem Willen der Vertragsparteien, die einzelnen Gebiete des Abkommens voneinander unabhängig, sodass mehrere Personen die verschiedenen Geschäftsbereiche einer

---

570 Ein eindeutiges Überwiegen kann nicht festgestellt werden; vgl *Manderla* in *Martinek/Semler*, Handbuch des Vertriebsrechts (1996), 287 Rn 4.

571 Von denen der Vertragshändlervertrag wiederum ein „ungeregelter" Innominatkontrakte ist.

572 OGH 27.8.1997, 9 Ob A 207/97, JBl 1998, 60; OGH 27.6.1996, 8 Ob 2036/96, HS 27.331; OGH 22.12.1988, 8 Ob 667/88, RIS-Justiz/E16409; OGH 8.7.1986, 2 Ob 653/84„ RdW 1987, 11; OGH 28.5.1986, 1 Ob 537/86, JBl 1986, 721; OGH 25.6.1968, 4 Ob 33/68,.HS 6683.

573 Zuletzt OGH 27.8.1997, 9 Ob A 207/97, JBl 1998, 60. So teilweise auch die deutsche Rechtsprechung, siehe Fn 490 f. Auch in den gängigen zivilrechtlichen Werken werden die Elemente des Tankstellenvertrages nicht ganz richtig erkannt, wobei regelmäßig eine breit veröffentlichte Entscheidung zitiert wird; OGH 8.7.1986, 2 Ob 653/84, HS 16.662 = RdW 1987, 11 = ÖJZ 1987, 55. Vgl *Rummel* in *Rummel,* Kommentar zum Allgemeinen bürgerlichen Gesetzbuch I³ (2000), § 859 Rn 22; *Apathy* in *Schwimann,* Praxiskommentar zum ABGB II² (1997), § 859 Rn 15; *Koziol/Welser,* Grundriss des bürgerlichen Rechts I¹¹ (2000), 12.

574 *Schima,* Gibt es einen „freien" Handelsvertreter?, RdW 1987, 16 f.

575 Der Stationärsvertrag hat in Österreich seine praktischer Bedeutung weitgehend verloren. Dies ist die Konsequenz aus einem Urteil des OGH, bei dem die Anwendung von Mietrecht auf Stationärsverträge verneint wurde; OGH 22.12.1988, 8 Ob 667/88, RIS-Justiz/E16409.

Tankstelle parallel führen könnten, so lägen rechtlich getrennte Verträge vor.[576] Dies ist aber nicht gegeben. Die Parteien vereinbaren ausdrücklich oder stillschweigend eine bestandmäßige Kombination der einzelnen Teile. Für beide Partner ist klar, dass ein „gesamtes" Vertragswerk vorliegt, unabhängig davon, ob ein einziges Dokument oder mehrere Abkommen unterschrieben werden.[577] Daher liegt zumindest eine sogenannte schlichte „Vertragsverbindung" oder Vertragkoppelung vor. Zwei oder mehrere Verträge werden verbunden, ohne dass hierbei ihr juristisches Wesen geändert wird.[578] Voraussetzung ist hierfür, dass die Verträge in einzelner Form denkbar sind, meist handelt es sich um gesetzliche Vertragstypen. Auch hier wirken sich Leistungsstörungen eines Bereichs auf den anderen aus.[579]

Im Gegensatz zur schlichten Vertragsverbindung, vermengt ein gemischter Vertrag die einzelnen Teile nicht in *„mechanischer, sondern in chemischer Weise."*[580] Es liegt daher ein „einheitlicher" gemischter Vertrag vor, wenn Leistungen mehrerer Vertragstypen miteinander juristisch „verschmolzen" werden. Dieser Vergleich hilft dem Rechtsanwender nur in beschränkter Weise. Bei juristischen Verträgen kann unter einer „chemischen" Verbindung wohl nur die formale Ausgestaltung des Textes verstanden werden. Ist dieser derart konzipiert, dass er nicht mehr in einzelne Bereiche unterteilt werden kann, sodass eine „saubere" Zuordnung zu bestehenden Vertragstypen nur schwer möglich ist, so läge demnach ein gemischter Vertrag vor. Wenn aber ein Vertrag klar und systematisch in einzelne Regelungsabschnitte unterteilt wird, würde eher ein gekoppelter Vertrag gegeben sein. Es zeigt sich, dass die Abgrenzung im Einzelfall äußerst schwierig ist. *Rummel* behauptet, dass der Parteiwille nicht nur bei der Beurteilung der Vertragskoppelung, sondern auch zur Beantwortung der

---

[576] ZB wenn eine Person den Verkauf von Treibstoffen als Handelsvertreter übernimmt und eine andere den Folgemarktbereich als Vertragshändler bewirtschaftet.

[577] AA ist anscheinend *Canaris,* Handelsrecht[23] (2000), 346 Rn 95. Dieser will den Tankstellenstationär bei Beendigung seines Handelsvertreterverhältnisses verpflichten, sein Grundstück weiterhin der Mineralölgesellschaft zu belassen. Eine derartige gespaltene Kündigungsmöglichkeit der Gesellschaft ist abzulehnen und wird in der Regel vom Willen der Vertragsparteien nicht umfasst sein.

[578] *Gschnitzer* in *Klang/Gschnitzer,* Kommentar zum Allgemeinen bürgerlichen Gesetzbuch IV/1[2] (1968), 16 ff. Als Beispiel führt *Gschnitzer* den Bierbezugsvertrag, als einen Liefervertrag, der mit einem Darlehen gekoppelt wird, an. Das gleiche Beispiel verwendet *Rummel* in *Rummel,* Kommentar zum Allgemeinen bürgerlichen Gesetzbuch I[3] (2000), § 859 Rn 22.

[579] *Rummel* in *Rummel,* Kommentar zum Allgemeinen bürgerlichen Gesetzbuch I[3] (2000), § 859 Rn 22; *Löwisch* in *Staudinger,* Kommentar zum Bürgerlichen Gesetzbuch[13] (1995), § 305 Rn 44; *Söllner* in *Rebmann/Säcker,* Münchner Kommentar zum Bürgerlichen Gesetzbuch II[2] (1985), § 305 Rn 40.

[580] *Gschnitzer* in *Klang/Gschnitzer,* Kommentar zum Allgemeinen bürgerlichen Gesetzbuch IV/1[2] (1968), 17 ff. Der anschauliche Vergleich geht auf *Ehrenzweig* zurück.

Frage, ob ein gemischter Vertrag vorliegt herangezogen werden soll.[581] Es ist zurecht unzulässig, einen einheitlichen Vertrag in seine Bestandteile aufzulösen. Die sogenannte „Einheitstheorie“ respektiert daher den Willen der Parteien, weshalb sie zu bevorzugen ist.[582]

Richtigerweise ist zur Unterscheidung auch zu beachten, ob die verschiedenen Vertragstypen derart miteinander verbunden sind, dass sie nur in ihrer Gesamtheit ein sinnvolles Ganzes ergeben.[583] Dieser Gesichtspunkt vereinigt somit in gleicher Weise den Parteiwillen, als auch objektive Gesichtspunkte. Deswegen sind auch wirtschaftliche Aspekte miteinzubeziehen. Ein Vertrag, der für eine oder mehrere Parteien nur in seiner Gesamtheit wirtschaftlich Sinn macht, ist ein „einheitlicher“ gemischter Vertrag.

Im Laufe der Jahre sind neue Vertragsarten entstanden, die sich aus anderen Vertragstypen zusammensetzen[584] und durch die Rechtsprechung gleichsam „kodifiziert“ werden. Zu diesen zählt auch der Tankstellenvertrag. Nicht zuzustimmen ist großen Teilen der Lehre in Deutschland.[585] Exemplarisch ist die Meinung *Gitters,* der den „Stationärsvertrag“ als gemischten Vertrag sehen will, ansonsten aber einen reinen Pacht- oder Handelsvertretervertrag annimmt.[586] Dies kann schon deshalb nicht richtig sein, als es auch Tankstellenpächter gibt, die als Handelsvertreter agieren. Der Tankstellenvertrag ist in allen seinen unterschiedlichen Ausgestaltungsformen ein gemischter Vertrag. Es treten einander Hauptleistungen verschiedener Typen als Gegenleistung gegenüber, weshalb er als einheitliche Vereinbarung „sui generis“ zu qualifizieren ist.

Wie gezeigt wurde dominiert der Handelsvertretervertrag den Tankstellenvertrag, hinzukommen aber auch andere Elemente. Meines Erachtens liegt das Charakteristikum der modernen Tankstelle an der Kombination vom Shop- bzw Folgemarktbereich, der im eigenen Namen und auf eigene Rechnung erbracht wird, und dem klassischen Treibstoffgeschäft, das in der Regel im

---

[581] *Rummel* in *Rummel,* Kommentar zum Allgemeinen bürgerlichen Gesetzbuch I³ (2000), § 859 Rn 22

[582] Diese Theorie wird sowohl bei *Rummel,* als auch bei *Gschnitzer* betont. Zum Nachweis siehe Fn oben.

[583] *Pallandt,* Bürgerliches Gesetzbuch⁵⁶ (1997), Einführung von § 305 Rn 19; *Gitter,* Gebrauchsüberlassungsverträge (1988), 172.

[584] Im Gegensatz zu den atypischen Verträgen im engeren Sinn, deren Inhalt keinem bestehenden Vertragstyp entspricht. Vgl *Löwisch* in *Staudinger,* Kommentar zum Bürgerlichen Gesetzbuch¹³ (1995), § 305 Rn 24.

[585] Siehe 2.3.1.2.

[586] *Gitter,* Gebrauchsüberlassungsverträge (1988), 264 f; so auch *Voelskow* in *Rebmann/Säcker,* Münchner Kommentar zum Bürgerlichen Gesetzbuch III³ (1995), Vorbemerkungen zu § 535 Rn 33; zum Nachweis von einzelnen Rechtsmeinungen zu der Frage siehe bereits 2.3.1.2.

Agenturverhältnis betrieben wird. Es darf nicht übersehen werden, dass der Tankstellenhalter im Folgemarktbereich regelmäßig als Vertragshändler auftritt. Ca 70% seines Einkommens werden in diesem Bereich erwirtschaftet.[587] Daher kommt dem Folgemarktbereich für die Einkommenssituation des Tankstellenhalters und gesamte wirtschaftliche Betrachtung des Vertrages überragende Bedeutung zu. Der Abschluss eines „reinen" Handelsvertretervertrags, der sich nur auf den Verkauf von Treibstoff bezieht, macht daher heute wirtschaftlich keinen Sinn. Der Tankstellenhalter wäre finanziell nicht überlebensfähig.[588] Bei der Beurteilung der Bedeutung des Folgemarktbereichs kann nur auf dessen Anteil am Einkommen des Tankstellenhalters geblickt werden, reine Umsatzziffern sind absolut bedeutungslos.[589]

Weiters darf die Wechselwirkung der zwei Bereiche nicht übersehen werden. Die Investitionen und deren Auswirkungen in den Handelsvertreter- und den Eigenhändlerbereich sind nicht voneinander trennbar, da beide Tätigkeiten in den gleichen Räumlichkeiten erbracht werden. Die zwei Gebiete eröffnen einander erst gegenseitig einen nachhaltigen wirtschaftlichen Erfolg.[590] Deshalb kann kein „reiner" Handelsvertretervertrag vorliegen.[591] Der Verkauf von Kraftstoffen, als auch der Folgemarktbereich beeinflussen den Vertrag in gleicher Weise, weshalb der Tankstellenhalter eine Doppelstellung zwischen einem Handelsvertreter und Vertragshändler einnimmt.

---

[587] Siehe bereits 2.2.3.3. Die wirtschaftliche Bedeutung des Folgemarktbereichs hat *Kummer* bereits im Jahre 1980 erkannt und ausgeführt, dass der Tankstellenhalter ca 50% seines Einkommens in diesem Gebiet erzielt; *Kummer* in *Soergel,* Kommentar zum Bürgerlichen Gesetzbuch III[11] (1980), Vorbemerkung zu § 535 Rn 94.

[588] Siehe bereits OGH 28.1.1986, 4 Ob 141/84, RIS-Justiz/E07491; Ebenso *Gitter,* Gebrauchsüberlassungsverträge (1988), 263; *Paritätischer Ausschuss für Kartellangelegenheiten,* Gutachten über die Wettbewerbslage in der Mineralölwirtschaft, ABl der österreichischen Justizverwaltung 1990, 45.

[589] Trotz eines hohen Umsatzes kann eine Firma einen Verlust machen, daher ist diese Kennziffer alleine ohne jeden Aussagewert. Leider hat der OGH in einem jungen kartellrechtlichen Urteil, bei dem die Einordnung des Tankstellenvertrages analysiert wurde, nur das Verhältnis der Umsatzdaten zwischen Kern- und Folgemarktbereich betrachtet und so die für das gesamte Kartellrecht bedeutsame und in § 1 KartG verankerte „wirtschaftlichen Betrachtungsweise" vernachlässigt; OGH 22.2.2001, 6 Ob 322/00 – Tankstellenbelieferungs- und Vertriebsübereinkommen – WBl 2001, 445, RdW 2001, 399 = RIS-Justiz/ E60949.

[590] Diese Entwicklung wird sich in Zukunft verstärken oder zumindest gleich bleiben. Die Mineralölgesellschaften drängen auf eine Erweiterung der gesetzlichen Begrenzungen des Shopangebotes und machen sogar den Benzinpreis von der Lösung dieser Frage abhängig. Zusätzlich sind in manchen Staaten Supermarktketten in das Tankstellengeschäft eingedrungen. Es kommt somit durch die Entwicklung eines „Convenience-Shops" zu einer teilweisen Verschmelzung dieser beiden Gebiete. Siehe *Europäische Kommission,* Grünbuch zur EG-Wettbewerbspolitik gegenüber vertikalen Wettbewerbsbeschränkungen, KOM (1996) 721, 15.

[591] Siehe bereits Abschnitt 2.3.1.2.

Seine Tätigkeit steht somit zwischen der Abschlussvermittlung für die Mineralölgesellschaft und seinen unternehmerischen Verkaufshandlungen im eigenen Namen. Zum überwiegenden Teil wird er auch im Shopbereich als Vertragshändler der Mineralölgesellschaft tätig.[592] In beiden Gebieten ist die Geschäftsbesorgung im Interesse der Mineralölfirma zentraler Bestandteil des Vertrages.[593] Betrachtet man die gesamte Ausgestaltung der Vereinbarung, so erfüllt der Tankstellenhalter auch „als Handelsvertreter" die Aufgabe des sachgebundenen Warenumschlags so wie dies bei einem Vertragshändler der Fall ist und nicht die bloße Makler- oder Abstimmungsfunktion.[594] Daher vermischen sich beim Tankstellenvertrag beide Vertragsformen nicht nur in der formalen juristischen Gestaltung, sondern auch in ihrer wirtschaftlichen Funktion.[595]

Dennoch liegt nicht nur ein doppelt geprägter gemischter Vertrag vor. Denn daneben ist der Partner auch für die Ausführung des abgeschlossenen Geschäfts sowie für die Verwahrung der angelieferten Waren verantwortlich und erledigt im Vorfeld zahlreiche Funktionen, die normalerweise kein Handelsvertreter durchführt. Bei den „verwaltenden" Pflichten handelt er aber nicht in persönlicher Abhängigkeit, sodass keine arbeitsrechtlichen Elemente vorhanden sind, sondern in Betätigung seiner unternehmerischen Funktion.[596]

Auch auf der Gegenseite treten Elemente verschiedener Vertragstypen in Erscheinung, wobei keine klare Trennung möglich ist. Der Tankstellenvertrag beinhaltet regelmäßig Bestimmungen, welche die Errichtung der Anlage regeln, sodass Bestandteile eines Finanzierungsvertrags vorliegen können.[597] Die Mineralölgesellschaft beliefert den Tankstellenhalter mit Waren, stellt ihre Marke

---

[592] *Semmler,* Die Rechtsstellung des Tankstellenhalters zwischen Handelsvertreter und Vertragshändler (1995), 140. Die von *Semmler* getroffene Unterscheidung zwischen partner- und gesellschaftseigenen Tankstellen ist aber ohne eigenständigen Aussagewert. Zur Definition als Vertragshändler hat das Eigentum am Grundstück keine Bedeutung. Es kommt allein darauf an, ob auch der Folgemarktbereich der Wahrnehmung von Interessen der Mineralölgesellschaft dient.

[593] Obwohl die Geschäftsbesorgungsdoktrin beim Vertragshändler oftmals überbewertet wird; siehe *Martinek* in *Martinek/Semler,* Handbuch des Vertriebsrechts (1996), 10 Rn 19.

[594] Siehe 3.4.

[595] So auch *Gitter,* Gebrauchsüberlassungsverträge (1988), 272. Ohne Begründung führt dieser aber aus, dass das Bild des Handelsvertreters maßgebend ist.

[596] Wer die einzelnen Handlungen durchführt ist absolut bedeutungslos, der Tankstellenhalter ist richtigerweise nur für die Organisation des Ablaufs verantwortlich.

[597] Vertragsteile, welche die Errichtung der Tankstelle betreffen, beinhalten nur selten Elemente des Werkvertrags. Nur wenn der Tankstellenhalter die Anlage zugunsten der Mineralölgesellschaft errichtet, kann darin ein Werkvertrag erblickt werden. Nicht aber, wenn die Tankstelle auf einem Grundstück des Partners errichtet wird und in dessen Eigentum übergeht; so aber anscheinend *Koeble,* Die kartellrechtliche Beurteilung von Preis- und Ausschließlichkeitsbindungen in Handelsvertreter- und Vertragshändlerverträgen am Beispiel der Tankstellenverträge (1973), 23 ff; *Duden,* Kündigung von Tankstellenverträgen nach § 624 BGB, NJW 1962, 1328.

zur Verfügung, etc. Daher sind auch Elemente des Lizenzvertrages enthalten. Hinzu kommen mitunter bestandrechtliche Klauseln. Je nach der Gestaltung des Einzelfalles können auch andere Vertragstypen in den Tankstellenvertrag einfließen. Richtigerweise kann unter gewissen Umständen eine arbeitnehmerähnliche Stellung des Tankstellenhalters zu bejahen sein. Die einzelnen Bereiche ergeben erst in ihrer Gesamtheit einen Sinn. Der Tankstellenvertrag ist daher keine schlichte Vertragsverbindung, sondern ein einheitlicher gemischter Vertrag.[598]

Agiert der Tankstellenhalter als Wiederverkäufer von Treibstoffen so ist der Tankstellenvertrag ein typischer Vertragshändlervertrag, der mit Elementen eines Bestand- oder Finanzierungsvertrages gemischt sein kann. Zusätzlich ist im diesem Falle das Element des Alleinbezugs ein maßgeblicher Inhalt der Vereinbarung. Insofern sind auch kaufrechtliche Elemente enthalten.[599] Während der Preis bereits regelmäßig festgelegt ist, besteht noch eine Unbestimmtheit hinsichtlich der Gesamtmenge. *Aicher* führt aus, dass sich die Kaufqualifikation mit wiederholter Wahlbefugnis bzw -verpflichtung und die Existenz eines Dauerschuldverhältnisses nicht ausschließen.[600] Dem ist zuzustimmen, weshalb ein Dauerschuldverhältnis mit kaufrechtlichen Elementen, aber kein Sukzessivlieferungs- oder Vorvertrag vorliegt. Ansonsten ist der Tankstellenvertrag so wie die meisten anderen Vertriebsverträge als Rahmenvertrag zu sehen. Als Zugangsschranke zwischen Mineralölgesellschaften und Kunden kommt dem Verbot seinen Bedarf anderweitig zu decken besondere Bedeutung zu.[601]

---

[598] So auch *Runggaldier,* Der Tankstelleninhaber, unveröffentlichtes Gutachten (1986), 49. *„Die genauere Analyse der Tankstellenverträge ergibt, dass diese als einheitliche Verträge qualifiziert werden müssen, da eine Loslösung der in ihnen vereinigten einzelnen Vertragstypen dem zwischen den Parteien getroffenen Interessenreglement zuwiderliefe und der Zerteilung eines organisch gewachsenen und aus der sozialen Realität nicht wegzudenkenden Vertragsgebildes in für sich nicht lebensfähige Bestandteile gleichkäme."*

[599] *Ulmer,* Der Vertragshändler (1969), 341, verneint die Frage, ob ein Vertragshändlervertrag kaufrechtliche Elemente enthält und sieht den Vertragshändlervertrag als reinen Geschäftsbesorgungsvertrag und nicht als gemischten Vertrag. Es wird ihm aber zurecht vorgeworfen, dass seine Analyse fernab der wirtschaftlichen Realität getroffen wurde und daher eine „Utopie" darstellt. Siehe *Martinek* in *Martinek/Semler,* Handbuch des Vertriebsrechts (1996), 10 Rn 19. Richtigerweise ist in der Regel jeder Vertriebsvertrag als Typenkombinationsvertrag konzipiert und als Einheit zu sehen, unabhängig, ob ein oder mehrere Vertragsdokumente errichtet werden; so auch *Martinek,* Aktuelle Fragen des Vertriebsrechts^2 (1989), 29 ff.

[600] *Aicher* in *Rummel,* Kommentar zum Allgemeinen bürgerlichen Gesetzbuch I^3 (2000), § 1053 Rn 47.

[601] Die gleiche Ausschließlichkeitsbindung trifft den Tankstellenhalter als Handelsvertreter, da er nur Geschäfte für eine einzige Mineralölgesellschaft abschließen darf. Siehe 5.2.

Er liegt primär ein doppelt geprägtes Vertragsverhältnis vor, das aber auch Elemente von anderen Vertragstypen beinhalten kann.[602] Je nach der einzelnen Ausgestaltung des Vertrages kann ein zweiseitiger „Typenkombinationsvertrag", bei dem die Gesamtleistung einer Seite aus verschiedenen Leistungen zusammengesetzt ist, von denen jede die charakteristische Leistung eines anderen Vertragstypus ist und im Gesamtbild einen Eigenwert beansprucht, gegeben sein. Beim Tankstellenvertrag treten in der Regel auf beiden Seiten mehrere Vertragstypen in Erscheinung. Eine nähere Unterscheidung, welche Art eines gemischten Vertrags vorliegt, wird an dieser Stelle nicht mehr getroffen.[603] Diese Frage ist allein schon durch die verschiedenen Formen des Tankstellenvertrages und auch da sie selbst wissenschaftlich schwer zu treffen ist,[604] nahezu unbeantwortbar und ohne praktische Relevanz. Klar ist aber, dass der Tankstellenvertrag kein Vertrag ist, bei dem eine einzelne Leistung die Hauptleistung des Vertrages ist und die anderen Verpflichtungen nur Nebenleistungen sind. Bereits aus wirtschaftlicher Sicht sind das Kern- und das Nebengeschäft des Tankstellenhalters zumindest gleichrangig. Der Tankstellenvertrag ist aber kein eigener Typus wie zB der Dienstvertrag.[605] Der Begriff wird für komplett unterschiedlich ausgestaltete Verträge verwendet, sodass sein Wesen und sein Inhalt nicht genau definiert werden kann. Ohne Zweifel muss der Vertrag aber als ein ganzes gesehen und in seinen wesentlichen Merkmalen erkannt werden, weshalb hier eine Determinierung versucht wird.

Zusammenfassend kann gesagt werden, dass folgende Elemente zum typischen Inhalt eines Tankstellenvertrages gehören:

- auf Dauer gerichtete vertragliche Verbindung
- Verpflichtung des Tankstellenhalters zum Vertrieb und zur Absatzförderung von Mineralölprodukten der Gesellschaft, somit zur Geschäftsbesorgung im Interesse der Mineralölfirma
- Eingliederung in die Vertriebspolitik des Lieferanten und Auftreten des Tankstellenhalters unter den Kennzeichen der Mineralölgesellschaft
- Abschlussvollmacht des Partners zum Verkauf von Mineralölprodukten im Namen der Gesellschaft bzw Abgabe im eigenen Namen
- Pflicht des Tankstellenhalters zur Erhaltung eines Auslieferungslagers
- Ausschließlichkeitsbindung des Partners beim Bezug von Treibstoffen

---

[602] Die Mischung der Verhältnisse kann zu zahlreichen Problemen führen; *Jaletzke* in *Stumpf/Jaletzke/Schultze*, Der Vertragshändlervertrag[3] (1997), 29 Rn 24.

[603] Zu den verschiedenen Typen siehe *Löwisch* in *Staudinger*, Kommentar zum Bürgerlichen Gesetzbuch[13] (1995), § 305 Rn 33 ff.

[604] Vgl *Gschnitzer* in *Klang/Gschnitzer*, Kommentar zum Allgemeinen bürgerlichen Gesetzbuch IV/1[2] (1968), 17 f.

[605] Zustimmend *Runggaldier*, Der Tankstelleninhaber, unveröffentlichtes Gutachten (1986), 49.

2.3.4.1. Interessenwahrungsvertrag

Welche Rechtsfolgen sich aus der getroffenen Einordnung als gemischter Vertrag ergeben, dh welche Normen auf den Tankstellenvertrag anwendbar sind, ist schwierig zu beantworten. Während die Absorptionstheorie ausschließlich die Regeln des überwiegenden Vertrags anwenden will, versucht die Kombinationstheorie eine parallele Anwendung der verschiedenen Normen.[606] Dies kann nur gelingen, wenn die zwei Bereiche miteinander reibungslos verbunden werden können.[607] Die Theorie der analogen Rechtsanwendung[608] will Normen auf gemischte Verträge nur analog anwenden, da derartige Verträge vom Gesetzeswortlaut ausdrücklich nicht erfasst sind. Mitunter könnten auch nur die Regeln des allgemeinen Schuldrechts auf derartige Vereinbarungen anwendbar sein. Nach herrschender Meinung ist die Theorie der analogen Rechtsanwendung aufgrund deren größerer Flexibilität zu bevorzugen. Die aufgezählten Theorien können nur sehr beschränkt bei Beantwortung einzelner Probleme helfen.

In concreto hängt die Beantwortung der Frage, ob eine bestimmte Norm anwendbar ist oder nicht, davon ab, welchem Vertragstyp der fragliche Bereich zuordenbar ist. Handelt es sich um eine Angelegenheit, die den Verkauf von Treibstoffen betrifft, so wird in der Regel Handelsvertreterrecht analog anwendbar sein.[609] Dies ergibt sich schon aus der Leitbildfunktion die der Handelsvertreter auf die Entwicklung des gesamten Absatzmittlerrechts hatte. *Manderla* weist zurecht auf die zahlreichen Probleme hin, die sich aus einer Doppelstellung zwischen Handelsvertreter und Vertragshändler ergeben.[610] Die zwei Vertragsarten können nicht reibungslos miteinander verbunden werden. Dies zeigt sich vor allem bei zwingenden Rechtsvorschriften. So ist die Frage des vertikalen Preisbindungsverbots von großem Interesse. Bei Handelsvertreterverträgen kann der Geschäftsherr unter Umständen die Endverbraucherpreise festlegen, beim typischen Vertragshändlervertrag ist dies ausgeschlossen.[611] Voraussetzung hierfür ist aber eine eindeutige Risikoverteilung zulasten des Geschäftsherrn.

---

[606] *Rummel* in *Rummel,* Kommentar zum Allgemeinen bürgerlichen Gesetzbuch I^3 (2000), § 859 Rn 22; *Gschnitzer* in *Klang/Gschnitzer,* Kommentar zum Allgemeinen bürgerlichen Gesetzbuch IV/1^2 (1968), 18 f.

[607] Die gleichzeitige Anwendung von Handelsvertreter- und Arbeitsrecht ist unmöglich, da die zwei Gebiete einander widersprechende Regelungszwecke und Inhalte haben.

[608] Die der Kombinationstheorie weitgehend entspricht; siehe *Bydlinski,* Juristische Methodenlehre und Rechtsbegriff^2 (1991), 552.

[609] Die jeweiligen einzelnen Vertragsbestandteile sind somit nach den Normen ihrer Vertriebsart zu beurteilen; so zum „doppelt geprägten" Vertrag *Jaletzke* in *Stumpf/Jaletzke/Schultze,* Der Vertragshändlervertrag^3 (1997), 29 Rn 24.

[610] *Manderla* in *Martinek/Semler,* Handbuch des Vertriebsrechts (1996), 287 Rn 4 ff.

[611] Siehe zB *Emmerich* in *Immenga/Mestmäcker,* Gesetz gegen Wettbewerbsbeschränkungen^3 (2001), § 14 Rn 27 ff.

Die gleiche Problematik stellt sich bei Wettbewerbsverboten. Während Wettbewerbsverbote in Handelsvertreterverträgen mit der Immanenztheorie und den institutionellen Gegebenheiten des Handelsvertreterverhältnisses als weitgehend kartellrechtsneutral angesehen werden,[612] sind die gleichen Verbote bei einem Vertragshändler grundsätzlich unzulässig.[613] Daher begibt sich der beratende Jurist auf ein äußerst glattes Parkett, wenn der Vertrag mehrfach geprägt ist. Dies umso mehr wenn die zwei Gebiete nicht isoliert gesehen werden können und eine Umgehungsabsicht zu vermuten ist.[614]

Im Zuge dieser Dissertation wird auf die vielfältigen privatrechtlichen Probleme, die sich aus der Rechtsnatur des Tankstellenvertrags ergeben, keine Antwort gegeben. An dieser Stelle sei nur auf die Arbeit von *Runggaldier* verwiesen, die als einzige in Österreich versucht einzelne Vertragsklauseln zu beurteilen.[615] Thema dieser Untersuchung sind die kartellrechtlichen Probleme des Tankstellenvertrags. Hier werden nur kurz einzelne Pflichten der Vertragsparteien gegenübergestellt und die interessante Frage des Ausgleichsanspruchs des Tankstellenhalters behandelt. Dennoch sei ausdrücklich darauf hingewiesen, dass das gesamte Vertriebsrecht in einem permanenten Spannungsverhältnis zwischen Kartell- und Privatrecht steht.[616] Eine vertragliche Nichtigkeit kann sich bereits aus der Sittenwidrigkeit von Bestimmungen ergeben, eine Kündigung kann auch durch einen wichtigen Grund[617] oder den Wegfall der Geschäftsgrundlage gerechtfertigt sein, sodass der Rechtsanwender immer beide Perspektiven zu durchleuchten hat, bevor ein Urteil gefällt wird.[618] Falls vorschnell ein Problem nur von einer Seite gesehen wird, führt das meistens zu einer falschen Diagnose.[619]

---

612 Zu deren richtiger Beurteilung siehe 4.3.1.3.2.

613 *Harrer,* Wettbewerbsverbote im Recht der Vertragshändler, FS Krejci (2001), 154.

614 So schreibt *Emmerich,* dass der Vertrieb von Benzin über Handelsvertreter eine ernstzunehmende Gefahr ist; *Emmerich,* Kartellrecht^7 (1994), 152. In der 8. Auflage ist diese Aussage nicht mehr enthalten.

615 *Runggaldier,* Der Tankstelleninhaber, unveröffentlichtes Gutachten (1986), 57 ff.

616 Weshalb sich das Absatzmittlungs- oder Vertriebsrecht zu einem eigenen Rechtsgebiet entwickelt hat, das beide Gesichtspunkte vereint. Vgl *Martinek* in *Martinek/Semler,* Handbuch des Vertriebsrechts (1996), 7 Rn 13 f.

617 Dass der Tankstellenvertrag als Dauerschuldverhältnis aus wichtigem Grund mit sofortiger Wirkung von beiden Seiten auflösbar ist auch wenn dies vertraglich ausgeschlossen wird, unterliegt keinerlei Zweifel und ergibt sich bereits aus den allgemeinen Rechtsgrundsätzen. Zustimmend *Runggaldier,* Der Tankstelleninhaber, unveröffentlichtes Gutachten (1986), 95 f.

618 Siehe *Martinek,* Aktuelle Fragen des Vertriebsrechts^2 (1989), 57.

619 Für einen Überblick über die zivilrechtliche Zulässigkeit der Gestaltung eines Vertriebsvertrages siehe *Liebmann,* Vertriebsverträge in der EU (1998), 104 ff.

Die Vertragsparteien erfüllen ihre Pflichten auf Basis der Gegenseitigkeit. Daher ist der Tankstellenvertrag ein synallagmatischer Vertrag.[620] Die synallagmatische Verknüpfung betrifft in erster Linie die Hauptpflichten, aber auch Nebenpflichten können miteinbezogen werden, wenn ihnen nach dem Parteiwillen ein entsprechender Teil der Gegenleistung gegenübersteht.[621] In einem typischen Austauschverhältnis stehen folgende Vertragspflichten:

- Mineralölgesellschaft: Lieferung der Produkte für den Wiederverkauf, Zurverfügungstellung der Unternehmenskennzeichen, etc, unter Umständen Gebrauchsüberlassung der Tankstelle bzw von Anlageteilen sowie die Gewährung einer Investitionshilfe.[622]
- Tankstellenhalter: Vermittlung und Durchführung von Geschäften für die Mineralölgesellschaft und Organisation aller dazu erforderlichen Handlungen, Verwaltung und Abführung der Einnahmen aus dem Agenturverkauf, allenfalls Bezahlung des Pachtzinses und der Betriebskosten bei einer gesellschaftseigenen Tankstelle.

Wie bereits oft erwähnt wurde, ist der Tankstellenvertrag ein Dauerschuldverhältnis, demnach richten sich die Leistungen nach der Dauer des Vertrages und nicht umgekehrt. Da Inhalt des Tankstellenvertrages die dauernde Geschäftsvermittlung und –besorgung für einen anderen ist, handelt es sich um ein „Interessenwahrungsverhältnis".[623] Der Tankstellenvertrag ist nichts anderes als ein typischer vertikaler Vertriebsvertrag.[624] Das gesamte Absatzmittlungsrecht beschäftigt sich mit der Problematik der kaufmännischen Geschäftsbesorgung für jemand anderen.[625] Der Tankstellenhalter hat ebenso wie den Handelsvertreter die Pflicht die Interessen des Geschäftsherren mit der Sorgfalt des ordentlichen Kaufmanns wahrzunehmen.[626] Im Gegenzug trifft die Mineralölgesellschaft eine besondere Treuepflicht gegenüber dem Tankstellenhalter.[627] Die Mineralölgesellschaft muss dazu beitragen, dass der Partner wirtschaftlich lebensfähig ist

---

[620] Zum Begriff siehe *Rummel* in *Rummel,* Kommentar zum Allgemeinen bürgerlichen Gesetzbuch I^3 (2000), § 859 Rn 6 ff.

[621] Diese Frage ist insbesondere für die Frage der Reichweite der Einrede des nichterfüllten Vertrages gemäß § 1052 ABGB von Bedeutung.

[622] Die Weitergabe von betrieblichem Wissen, Durchführung von Werbemaßnahmen und Schulungen gehört nicht dazu, da der Tankstellenhalter in keinem der geprüften Verträge einen Rechtsanspruch auf derartige Leistungen hat.

[623] *Runggaldier,* Der Tankstelleninhaber, unveröffentlichtes Gutachten (1986), 54.

[624] In einem deutschen Fall wurde ein Tankstellenvertrag ausdrücklich unter der Bezeichnung „Vertriebsvertrag" abgeschlossen; OLG Düsseldorf 5.3.1991, U 31/90, WuW 1991, 755.

[625] *Martinek* in *Martinek/Semler,* Handbuch des Vertriebsrechts (1996), 9 Rn 15 ff; *Martinek,* Franchising (1987), 201 ff.

[626] Vgl § 5 HVertrG; *Liebscher/Heinrich/Petsche,* Vertriebsverträge^2 (2001), 8 f.

[627] Vgl § 6 HVertrG.

und im Wettbewerb bestehen kann. Schon daraus resultiert eine „Gleichbehandlungspflicht" der Mineralölgesellschaft gegenüber ihren Partnern. Die Gleichbehandlung ist in der Regel auch durch § 35 Abs 1 Z 3 KartG begründbar.[628] Aufgrund der Treuepflicht und wegen Zumutbarkeiterwägungen kann der Tankstellenhalter den Vertrag kündigen, wenn die Tankstelle klar unwirtschaftlich ist, ohne dass eine Pflichtverletzung der Mineralölgesellschaft vorliegen muss. Da der Tankstellenvertrag ein „Interessenwahrungsvertrag" ist, sind beide Vertragsparteien verpflichtet aufeinander in erhöhtem Maße Rücksicht zu nehmen.[629]

2.3.4.2. Ausgleichsanspruch

Im Jahre 1989 hat sich der OGH erstmals der ständigen Rechtsprechung des BGH angeschlossen und den Ausgleichsanspruch eines Vertragshändlers bejaht. In diesem Urteil hat der OGH überzeugend ausgeführt, dass Grund des Ausgleichsanspruchs die typische „Äquivalenzstörung" zwischen Geschäftsherrn und Handelsvertreter ist. Der Geschäftsherr profitiere von den durch den Handelsvertreter zugefügten Kunden nach Beendigung des Vertrages weiter, während der Handelsvertreter keine Provisionen mehr erhält. Der Ausgleichsanspruch will daher die mit Vertragsende auftretende Äquivalenzverschiebung zugunsten des Geschäftsherrn, der ja den „vermittelten" Kundenstamm weiter nützen kann, korrigieren.[630] Deshalb kommt die Entschädigung des Ausgleichsanspruchs auch dem Vertragshändler zu, wenn das Innenverhältnis zum Hersteller oder Zwischenhändler dem eines Handelsvertreters angenähert und der Vertragshändler in das Vertriebsnetz eingegliedert ist.[631] Der OGH hat auch beim Franchisenehmer den Ausgleichsanspruch bejaht und hierbei auf die Parallelität zum Vertragshändler verwiesen.[632] Bereits früher hat die Rechtsprechung Ansätze zur analogen Anwendung von Handelsvertreterrecht auf

---

[628] Bejaht man die Unternehmereigenschaft des Tankstellenhalters, so ergibt sich die Marktbeherrschung der Mineralölgesellschaft in der Regel durch § 34 Abs 2 KartG.

[629] *Martinek* in *Martinek/Semler,* Handbuch des Vertriebsrechts (1996), 65 Rn 9 f.

[630] Der Ausgleichsanspruch zielt ohne Zweifel auf einen Wertausgleich ab; *Tschuk,* Der Ausgleichsanspruch bei Beendigung des Handelsvertreterverhältnisses (1994), 8 ff. Dennoch ist er aber keine „reine" nachträgliche Vergütung für geleistete Dienste, sondern eine zwingende Schutzvorschrift zugunsten des Handelsvertreters; siehe § 27 Abs 1 HVertrG; *Semler* in *Martinek/Semler,* Handbuch des Vertriebsrechts (1996) 240 Rn 1. Dies verkennt *Huber,* Der Ausgleichsanspruch des Vertragshändlers, RdW 1989, 294. Dieser lehnt die analoge Anwendung des Ausgleichsanspruchs ab, und will die Problematik bereicherungsrechtlich lösen.

[631] OGH 29.11.1989, 1 Ob 692/89, SZ 62/184.

[632] *„Die Rechtstellung eines Franchisenehmers ist jener eines Vertragshändlers durchaus vergleichbar."* OGH 10.4.1991, 9 Ob A 8-9/91, RdW 1991, 323. Kritisch zu diesem Urteil äußert sich *Liebscher,* Die analoge Anwendung von § 25 HVG auf Franchiseverträge, WBl 1992, 105. Dieser lehnt den Ausgleichsanspruch des Franchisenehmers ab, da die betriebswirtschaftliche Risikoverteilung im Vergleich zum Handelsvertreter eine ganz andere sei. Der Franchisenehmer partizipiere an den Gewinnen und Verlusten der Geschäfte, weshalb ihm kein eigener Entschädigungsanspruch für die Vermittlungsleistung zustehe.

Vertragshändler- und Franchiseverträge gezeigt.[633] In der Begründung der einzelnen Urteile zum Ausgleichsanspruch ist weitgehend auf die deutsche Lehre und Judikatur zu § 89b dHGB verwiesen worden. Seit diesem Zeitpunkt gedeiht die juristische Beschäftigung mit dem Problem des Ausgleichsanspruchs in Österreich, es finden sich zahlreiche Stellungnahmen zu dem Problemkreis.[634] Im Jahre 1993 trat ein neues HVertrG in Geltung,[635] das die europäische Handelsvertreter-Richtlinie[636] umsetzte. Obwohl noch zahlreiche Fragen unklar sind, hat sich die Judikatur weiterentwickelt und die Anspruchsvoraussetzungen sowie Berechnungsarten des Ausgleichsanspruchs konkretisiert. Nunmehr ist gefestigte Rechtsprechung des OGH, dass sowohl dem Vertragshändler, als auch dem Franchisenehmer unter gewissen Voraussetzungen ein Ausgleichsanspruch zusteht. An dieser Stelle sei nur auf die zahlreichen Urteile aus jüngster Vergangenheit verwiesen.[637]

Trotz der vielen Judikate und Besprechungen hat sich in Österreich noch niemand eingehend mit dem Problem des Ausgleichsanspruchs des Tankstellenhalters beschäftigt. Es gibt auch, soweit dies ersichtlich ist, keine einschlägige Rechtsprechung zu dem Problem. Nur *Runggaldier* hat sich mit der Frage zum alten Handelsvertreterrecht auseinandergesetzt.[638] Dieser bejaht den Ausgleichsanspruch des Tankstellenhalters, verweist aber auf die zahlreichen Probleme der Praxis. Nur Stammkunden können als „ausgleichsfähige" Kundschaft angesehen

---

[633] OGH 24.10.1973, 5 Ob 157/73, SZ 46/109; OGH 21.10.1987, 1 Ob 641/87, RdW 1988, 88.

[634] Kritisch *Jabornegg*, Zur analogen Anwendung des § 25 HVG auf einen Vertragshändler, WBl 1991, 67. Eingehend *Tschuk*, Der Ausgleichsanspruch bei Beendigung des Handelsvertreterverhältnisses (1994), 11 ff. Aktuelle Meinungen finden sich bei *Liebscher/Heinrich/Petsche*, Vertriebsverträge[2] (2001), 26 ff; *Harrer*, Neue Vertragstypen im Handelsrecht (2001), 16 f.

[635] Das die bisherige Lehre mit einigen Veränderungen fortführte. So steht nun auch ein Ausgleichsanspruch bei einvernehmlicher Vertragsauflösung oder Beendigung durch Fristablauf zu. Die Bedingungen des Verlusts des Anspruchs wurden in § 24 Abs 2 HVertrG ausdrücklich geregelt, ebenso wurde eine neue Obergrenze der Entschädigung von einer Jahresvergütung eingeführt. Zu weiteren Änderungen siehe *Schima*, Bunt gemischtes aus dem neuen HVertrG, ecolex 1993, 231 f.

[636] Richtlinie 86/653/EWG des Rates vom 18.12.1986 zur Koordinierung der Rechtsvorschriften der Mitgliedsstaaten betreffend die selbständigen Handelsvertreter, ABl L 382 vom 31.12.1986, 17. Diese schreibt gemäß Art 16 zwingend vor, dass der Handelsvertreter bei Beendigung seines Vertreterverhältnisses unter bestimmten Voraussetzungen Anspruch auf eine Entschädigung hat. Die einzelnen Mitgliedsländer können dabei zwischen einer Ausgleichs- und einer Schadenersatzlösung wählen. Österreich ist Deutschland gefolgt und hat sich für den Ausgleichsanspruch entschieden.

[637] OGH 14.12.2000, 6 Ob 260/00, RdW 2001, 279; OGH 23.10.2000, 8 Ob 74/00, RdW 2001, 151; OGH 26.7.2000, 7 Ob 161/00, RdW 2001, 119; OGH 25.5.2000, 8 Ob 295/99, RdW 2000, 652; OGH 25.1.2000, 1 Ob 359/99, WBl 2001, 88; OGH 9.9.1999, 8 Ob S 183/99, RdA 2000, 41; OGH 25.8.1999, 3 Ob 10/98, RdW 1999, 786; OGH 17.12.1997, 9 Ob 2065/96, ecolex 1998, 489.

[638] *Runggaldier*, Der Tankstelleninhaber, unveröffentlichtes Gutachten (1986), 144 ff.

werden, da bloß sie der Mineralölgesellschaft auch nach Vertragsbeendigung Profite bringen werden. Eine Abgrenzung zur „Laufkundschaft" dürfte aber schwierig sein. Weiters muss der Stammkunde einer Tankstelle nicht „neu" für die Mineralölgesellschaft sein, sodass de fakto der Partner keinen Kunden geworben hat. Er führt aber auch aus, dass die Probleme beim Tankstellenhalter genereller Natur sind. Der Ausgleichsanspruch passt nicht auf den Absatz von Waren und Dienstleistungen an Endverbraucher, wenn diese als Vertragspartner eines Bargeschäftes nur ausnahmsweise aus der Anonymität hervortreten. Diesen Überlegungen ist auch zum neuen HVertrG vorbehaltlos zuzustimmen. Nur hat die österreichische Rechtsprechung diese Fragen nunmehr endgültig entschieden und den Anspruch grundsätzlich bejaht. Beim Tankstellenhalter treten bei der Ermittlung des Ausgleichsanspruchs dieselben Probleme wie beim Vertragshändler oder Franchisenehmer auf, dies kann aber nicht dazu führen, dass diesem kein eigener Anspruch zusteht. Wie gezeigt wurde, beinhaltet der Tankstellenvertrag wesentliche Elemente des Handelsvertretervertrags und wird daher in Deutschland auch als solcher behandelt.[639] Da sich der OGH in seinen Urteilen voll auf die Begründungen des BGH stützt, muss unabhängig von dessen dogmatischer Richtigkeit,[640] die deutsche Rechtsprechung zum Tankstellenhalter berücksichtigt werden. Die Europäische Kommission[641] empfiehlt den Mitgliedstaaten, die sich für das Ausgleichssystem entschieden haben, sogar, sich an der deutschen Rechtsprechung zu § 89b dHGB zu orientieren. Daher ist die vom OGH begonnene Verwertung von Argumenten des BGH im Sinne einer einheitlichen Auslegung der EG-Richtlinie zu begrüßen.[642]

Der BGH hat bereits im Jahre 1984 ausgesprochen, dass auch der Betreiber einer Selbstbedienungstankstelle ein ausgleichsberechtigter Handelsvertreter ist.[643] Vor kurzem erging ein Grundsatzurteil zur Problematik des Tankstellenhalters,[644] in dem der BGH anerkannte, dass aufgrund der faktischen Berechnungsschwierigkeiten der Stammkundenumsatz nach den Verhältnissen während der Vertragszeit zu schätzen ist, wenn kein anderes verlässliches Datenmaterial vorhanden ist. Hierbei kann auch statistisches Material verwendet werden, wobei

---

[639] Siehe 2.3.1.

[640] *Knyrim,* Ausgewählte Fragen des Vertragshändlerrechts in Österreich und der EU, Diss Univ Wien (1998), 86, bezeichnet dies als „Analogie der Analogie."

[641] *Europäische Kommission,* Bericht über die Anwendung von Art 17 der Richtlinie des Rates zur Koordinierung der Rechtsvorschriften der Mitgliedstaaten betreffend die selbständigen Handelsvertreter (86/653/EWG) vom 23.7.1996, KOM (1996) 364, 2.

[642] Bekannterweise stützt sicher der OGH nicht nur beim Ausgleichsanspruch des Handelsvertreters auf die Rechtsprechung des BGH.

[643] BGH 29.11.1984, I ZR 149/82, NJW 1985, 862.

[644] BGH 6.8.1997, VIII ZR 150/96, WRP 1998, 57 = BB 1997, 2607.

es immer nur auf eine Prognose ankommt.[645] Nur Stammkunden können bei der Berechnung berücksichtigt werden, da nur mit diesen Kunden eine Geschäftsverbindung iSd § 89b Abs 1 dHGB besteht. Dies sind bereits alle Mehrfachkunden, dh Kunden, die in einem überschaubaren Zeitraum üblicherweise nachbestellen. Das Offenhalten der Tankstelle reicht bereits aus, um als eine werbende Handlung des Partners qualifiziert zu werden.[646] Beim Tankstellenhalter gehört auch die Lagerhaltung und Auslieferung zur werbenden und nicht zur verwaltenden Tätigkeit, da im Gegensatz zum „normalen" Handelsvertreter nur durch diese Aktionen ein Kundenstamm geschaffen werden kann. Daraus folgt, dass auch Provisionsanteile, die die Lagerhaltung oder Auslieferung betreffen, bei der Berechnung des Ausgleichsanspruchs zu berücksichtigen sind. Weiters sind die Provisionen entsprechend dem tatsächlichem Verhältnis zwischen werbenden (vermittelnden) und verwaltenden Handlungen zu berücksichtigen.[647]

Ohne Zweifel muss auch in Österreich § 24 HVertrG auf den Tankstellenvertrag analog angewendet werden. Auf den ersten Blick erscheint die Anwendung des Ausgleichsanspruchs auf den Tankstellenvertrag unpassend. Jedoch ist die Wahl der Kunden eine Tankstelle aufzusuchen nicht allein von der Lage, den Preisen oder der Werbung der Mineralölgesellschaft abhängig, ein zuverlässiges und kompetentes Service kann sehr wohl Kunden anlocken und diese auch längerfristig binden. Insofern kann der Tankstellenhalter einen Kundenstamm schaffen, von dem die Mineralölgesellschaft nach Vertragsbeendigung weiter profitiert.[648] Dies haben auch die Mineralölkonzerne erkannt und versuchen, durch Klauseln in denen sie zB festlegen, dass die Provisionen des Tankstellenhalters zu 50% für „verwaltende" Tätigkeit gebühren, die Höhe des Anspruchs zu mindern. Derartige Klauseln können aufgrund der zwingenden Natur des Ausgleichsanspruchs diesen nicht verringern, sodass sich die österreichische Rechtsprechung wie bisher am BGH orientieren sollte.[649] Die

---

[645] Nach dem BGH kann der Stammkundenanteil bis zu 90% betragen. Eine Aralstudie aus dem Jahr 1987 kommt zu dem Ergebnis, dass in der Regel 62% der Kunden Stammklientel sind; siehe die Nachweise bei *Rittner,* Der Ausgleichsanspruch des Handelsvertreters und die jüngste BGH-Rechtsprechung, DB 1998, 459. Dieser kritisiert den BGH ungewöhnlich scharf, scheint sich aber mehr auf die Tragweite der Spruchpraxis, als auf rechtliche Argumente zu beziehen.

[646] Siehe 2.3.1.1.

[647] Da das Verhältnis der Arbeitsleistung Fakten darstellt, können diese nicht durch eine vertragliche Vereinbarung abgeändert werden. Die Berechnung des Ausgleichsanspruchs kann als zwingende Rechtsnorm somit nicht beliebig abgeändert werden.

[648] Weil sie durch die gute Meinung der Klientel und das positiven Image, das der Tankstellenhalter geschaffen hat, weiterhin Geschäfte mit dem einzelnen Kunden abschließen wird.

[649] Ein Berechnungsbeispiel zur alten Rechtsprechung des BGH findet sich bei *Brüggemann* in *Martinek/Semler,* Handbuch des Vertriebsrechts (1996) 1100 Rn 36 ff.

vertraglich festgelegten Anteile dürfen nicht kritiklos übernommen werden, da der verwaltende Anteil von der Mineralölgesellschaft meistens zu hoch angesetzt wird.[650] *Semmler* führt nach genauer Prüfung aus, dass der Provisionsanteil der verwaltenden Tätigkeiten bei einer Selbstbedienungstankstelle ca 15 bis 20% der Gesamtvergütung ausmacht.[651] Richtigerweise ist eine Tankstelle ohne Tanklager undenkbar, weshalb auch die Lager- und Abschlusstätigkeit in den Ausgleichsanspruch einfließen muss. Nur durch diese Tätigkeiten ist es dem Partner möglich der Mineralölgesellschaft neue Kunden zuzuführen bzw bestehende Geschäftsverbindungen zu erweitern.[652] Eine genaue Trennung, welcher Anteil der Provision nun werbend und welcher verwaltend ist, scheint geradezu unmöglich. Auch hier kann nur mit Schätzwerten der Praxis operiert werden.[653]

Dem Tankstellenhalter gebührt daher grundsätzlich ein Ausgleichsanspruch, sowohl bei einem Agentur-, als auch bei einem Eigenhändlervertrag.[654] Dass die Rechtsnatur des Tankstellenvertrages in Österreich im Gegensatz zu Deutschland überwiegend als gemischter Vertrag beurteilt wird, kann an der grundsätzlichen Anwendbarkeit des Ausgleichsanspruchs nichts ändern. Denn der Tankstellenvertrag ist primär ein von einem Handelsvertreter und Vertragshändler doppelt geprägter Vertrag und auf beide Vertragstypen ist § 24 HVertrG anwendbar. Weiters kommt ihm auch für den Folgemarktbereich ein Ausgleichsanspruch zu,

---

[650] *Küstner/von Manteuffel/Evers,* Handbuch des gesamten Außendienstrechts II[6] (1995), 328 Rn 864.

[651] *Semmler,* Die Rechtsstellung des Tankstellenhalters zwischen Handelsvertreter und Vertragshändler (1995), 178.

[652] Nach dem BGH sind verwaltende Tätigkeiten nur solche, die für den Begriff des Handelsvertreterverhältnisses nicht wesentlich sind und für die Werbung des Kundenstamms keine entscheidende Rolle spielen. *Koeble* geht davon aus, dass den Tankstellenhalter überhaupt keine Verwaltungsaufgaben treffen, sondern dieser höchstens „Handreichungen" zu leisten hat; *Koeble,* Die kartellrechtliche Beurteilung von Preis- und Ausschließlichkeitsbindungen in Handelsvertreter- und Vertragshändlerverträgen am Beispiel der Tankstellenverträge (1973), 40.

[653] In der Regel werden der Ansicht von *Semmler* folgend ca 20% des Provisionsanteils auf verwaltende Tätigkeit entfallen. Die deutsche Rechtsprechung ist sehr uneinheitlich, nimmt aber normalerweise zwischen 25 und 50% an. Siehe weitere Nachweise bei *Semmler,* Die Rechtsstellung des Tankstellenhalters zwischen Handelsvertreter und Vertragshändler (1995), 174 ff. In seinem letzten Grundsatzurteil hat der BGH einen Verwaltungsanteil von nur <u>10%</u> angenommen! BGH 6.8.1997, VIII ZR 150/96, WRP 1998, 57 = BB 1997, 2607.

[654] Zustimmend *Runggaldier,* Der Tankstelleninhaber, unveröffentlichtes Gutachten (1986), 152. Der BGH 20.2.1981, I ZR 59/79, DB 1981, 1819, hat den Ausgleichsanspruch eines Tankstellenhalters, der Treibstoffe als Eigenhändler verkauft, vollkommen richtig bejaht. Auch *Bacovsky* bejaht den Ausgleichsanspruch eines Kommissionsagenten; *Bacovsky* in *Graf von Westphalen,* Handbuch des Handelsvertreterrechts in EU-Staaten und der Schweiz (1995), 900 Rn 21; ebenso *Canaris,* Handelsrecht[23] (2000), 360 Rn 13; *Thume* in *Küstner/Thume,* Handbuch des gesamten Außendienstrechts III[2] (1998), 416 Rn 1568. AA anscheinend *Jabornegg,* der den Ausgleichsanspruch eines Kommissionsagenten nur bei Vorliegen der Arbeitnehmerähnlichkeit bejahen will; *Jabornegg,* Handelsvertreter und Maklerrecht (1987), 67.

insofern er hier als Vertragshändler oder Franchisenehmer der Mineralölgesellschaft agiert.[655] Fraglich ist hingegen, ob der OGH seine Rechtsprechung zum Ersatzteilgeschäft des Kfz-Vertragshändlers auch auf den Folgemarktbereich des Tankstellenhalters überträgt. Hier führt er aus, dass durch die höheren Handelsspannen beim Ersatzteilgeschäft, die Vorteile nicht beim Importeur, sondern beim Werkstättenunternehmer verbleiben. Auch weil dadurch bereits eine Mitabgeltung des „good will" erfolgt, kommt dem Kfz-Vertragshändler für das Ersatzteilgeschäft kein Ausgleichsanspruch zu.[656] Im Folgemarktbereich erzielt der Tankstellenhalter relativ hohe Handelsspannen, sodass ähnlich argumentiert werden könnte. Richtigerweise stellt sich hier nur das grundsätzliche Problem, inwiefern Händlerspannen oder Rabatte einer Vermittlungsprovision gleichkommen. Hohe Händlerspannen können aber nicht automatisch als eine komplette Abgeltung angesehen werden. Vielmehr sind die Anteile die Risiken betreffen, die ein typischer Handelsvertreter nicht tragen muss,[657] herauszurechnen. Erst anschließend ist die Händlerspanne eines Vertragshändlers mit der Provision eines Handelsvertreters vergleichbar.[658] Daher kann dem Tankstellenhalter im Folgemarktbereich ein analoger Ausgleichsanspruch zukommen, wenn der Mineralölgesellschaft auch in diesem Bereich nach Vertragbeendigung Stammkunden verbleiben.[659] Zu dessen Berechnung sollten bereits aus praktischen Erwägungen statistische Daten aus dem Treibstoffverkauf verwendet werden, weil angenommen werden kann, dass das Kundenverhalten in beiden Bereichen weitgehend deckungsgleich ist.[660]

Der Tankstellenvertrag ist ohne Zweifel den Wesensmerkmalen eines Handelsvertretervertrags so sehr angenähert, dass die Verwehrung des Ausgleichsanspruchs den Zielsetzungen des Gesetzes entgegen laufen würde. Der

---

[655] So auch *Semmler,* Die Rechtsstellung des Tankstellenhalters zwischen Handelsvertreter und Vertragshändler (1995), 127 ff; *Stötter,* Das Recht der Handelsvertreter[5] (2000), 233.

[656] OGH 23.10.2000, 8 Ob 74/00, RdW 2001, 151; OGH 26.7.2000, 7 Ob 161/00, RdW 2001, 119; OGH 25.1.2000, 1 Ob 359/99, WBl 2001, 88. Nach der Rechtsprechung des BGH ist das Ersatzteilgeschäft nur zu berücksichtigen, wenn der Ersatzteilverkauf erheblich über den Eigenbedarf für die Werkstätte hinausgehe und für den Verkauf werblicher Aufwand betrieben wurde. Der BGH führt regelmäßig aus, dass das Ersatzteilgeschäft nicht das Ergebnis der werbenden Tätigkeit, sondern ein Nebenprodukt des Werkstättenbetriebs sei. In der „Teyrowsky" Entscheidung hat der OGH das Ersatzteilgeschäft bei Berechnung des Ausgleichsanspruchs noch berücksichtigt; OGH 17.12.1997, 9 Ob 2065/96, ecolex 1998, 489.

[657] Wie das Absatz, Lager- und Preisrisiko.

[658] *Semmler,* Die Rechtsstellung des Tankstellenhalters zwischen Handelsvertreter und Vertragshändler (1995), 208.

[659] Der BGH hat die Frage der analogen Anwendung des Ausgleichsanspruchs im Folgemarktbereich offen gelassen, da es der Kläger unterlassen hat, seinen Anspruch der Höhe nach schlüssig darzustellen; BGH 6.8.1997, VIII ZR 150/96, WRP 1998, 57.

[660] *Semmler,* Die Rechtsstellung des Tankstellenhalters zwischen Handelsvertreter und Vertragshändler (1995), 206.

Vertrag erfüllt alle Kriterien, die der OGH in seiner Rechtsprechung aufgestellt hat.[661] Der Tankstellenhalter ist zu einer eigenen Lagerhaltung verpflichtet und fördert den Warenabsatz zugunsten der Mineralölgesellschaft. Hierbei ist er in die Vertriebskette der Gesellschaft eingegliedert, verwendet deren Unternehmenskennzeichen und ihn treffen für Handelsvertreter typische Wettbewerbsverbote.[662] Dem Mineralölkonzern kommen beschränkte Weisungsrechte zu und er kann in die Bücher des Partners jederzeit Einsicht nehmen. Weiters kann die Gesellschaft den vom Tankstellenhalter aufgebauten Kundenstamm auch nach Vertragsbeendigung nützen und hat insofern fortbestehende Vorteile. Keinesfalls kann behauptet werden, dass die oftmals geringen Provisionen im Treibstoffverkauf, die Werterhöhung des „good will" der Mineralölgesellschaft berücksichtigten. Orientiert sich der OGH daher an seiner eigenen Rechtsprechung und lehnt sich wie bisher an die Argumente des BGH an,[663] besteht kein Zweifel daran, dass dem Tankstellenhalter der finanziell bedeutende Anspruch des § 24 HVertrG analog zusteht. Es bleibt spannend abzuwarten, wie der OGH den Ausgleichsanspruch des Tankstellenhalters entscheiden wird.[664] Zuletzt hat sich der OGH am Rande zum Ausgleichsanspruch des Tankstellenhalters geäußert. Dabei führt er an, dass der Tankstellenhalter, den er im Fall als Vertragshändler beurteilt, nicht wie ein Handelsvertreter in die Absatzorganisation des Unternehmers eingebunden und nicht zur Überlassung eines Kundenstammes verpflichtet ist. Dadurch soll dem Geschäftsherrn kein ein das Vertragsverhältnis überdauernder Vorteil entstehen.[665] Diese eher verneinende Stellungnahme hat sich aber nicht intensiv mit der Problematik auseinandergesetzt. Aufgrund eines vertraglichen Aufrechnungsverbotes zulasten des Tankstellenhalters musste der OGH über den Ausgleichsanspruch nicht entscheiden. Daher besteht noch keine grundlegende Judikatur des OGH über die Anwendung des § 24 HVertrG auf Tankstellenverträge.

---

[661] OGH 25.8.1999, 3 Ob 10/98, RdW 1999, 786; siehe auch die Voraussetzungen bei *Liebscher/Heinrich/Petsche,* Vertriebsverträge[2] (2001), 26 ff.

[662] *Harrer* kritisiert zu recht, dass Wettbewerbsverbote keine Kriterien des Handelsvertreterbegriffs sind. Daher ist für den Ausgleichsanspruch entgegen der Rechtsprechung des OGH vollkommen gleichgültig, ob Wettbewerbsverbote bestanden haben. *Harrer,* Neue Vertragstypen im Handelsrecht (2001), 17.

[663] Zuletzt hat der OGH ausgeführt, dass § 24 Abs 1 Z 1 bis 3 HVertrG und § 89b Abs 1 dHGB nur insofern von einander abweichen, als der Eintritt von Provisionsverlusten, nicht als eigene Anspruchsvoraussetzung, sondern im Rahmen der Billigkeitserwägungen zu berücksichtigen ist. OGH 14.12.2000, 6 Ob 260/00, RdW 2001, 279.

[664] Für weitergehende Fragen sei auf die Publikation von *Semmler,* Die Rechtsstellung des Tankstellenhalters zwischen Handelsvertreter und Vertragshändler (1995), verwiesen, die sich hauptsächlich auf den Ausgleichsanspruch des Tankstellenhalters konzentriert. Auch *Küstner/von Manteuffel/Evers,* Handbuch des gesamten Außendienstrechts II[6] (1995), behandeln die Problematik des Tankstellenhalters ausführlich. Zusammenfassend *Stötter,* Das Recht der Handelsvertreter[5] (2000), 229 ff.

[665] OGH 7.12.2001, 7 Ob 265/01 – Tankstellenvertrag – RIS-Justiz/E64050. Siehe auch 4.3.2.2.4.

3. Risikoverteilung zwischen Tankstellenhalter und Mineralölgesellschaft

Für die kartellrechtliche Beurteilung des Tankstellenvertrages ist von immanenter Bedeutung, wie dieser die Geschäftsrisiken verteilt. Trägt der Tankstellenhalter auch Risiken, die mit dem vermittelten Geschäft sprich dem Verkauf von Treibstoffen zusammenhängen oder nicht. Eine Untersuchung der Risikoverteilung im Folgemarktbereich kann unterbleiben, weil bereits festgestellt wurde, dass der Partner hier immer als Eigenhändler oder Dienstleister, meistens in der Form des Vertragshändlers auftritt.[666] Für einen Vertragshändler oder normalen Dienstleister gibt es keinen kartellrechtlichen Sonderstatus.[667] Jede Vereinbarung, die wettbewerbsbeschränkenden Charakter hat, muss daher voll nach dem geltenden Europäischem und Österreichischem Kartellrecht geprüft werden.

Im Gegensatz dazu können Vereinbarungen mit Handelsvertretern unter bestimmten Voraussetzungen „kartellrechtsneutral" sein.[668] Als wichtigste kann vorab genannt werden, dass der Geschäftsherr alle wesentlichen Risiken, die mit dem vermittelten Geschäft verbunden sind, alleine trägt.[669] Auch dem Kommissionsagenten kann die kartellrechtliche Stellung des Handelsvertreters zukommen. Die Besonderheiten des Innenverhältnisses zwischen Kommissionsagenten und Kommittenten, die eine Verlagerung der Geschäftsrisiken auf den Kommittenten bewirken, verlangen nach einem kartellrechtlichem Ausgleich.[670] Die Frage ist aber umstritten und äußerst schwierig zu beantworten.[671] Entgegen zahlreichen Stellungnahmen besteht auch wirtschaftlich ein wesentlicher Unterschied des Kommissionsagenten zum Handelsvertreter. Da der Kommissionsagent im Außenverhältnis alleine auftritt, haftet er für die Erfüllung des abgeschlossenen Vertrages und trägt deshalb auch wirtschaftlich ein größeres

---

666 Siehe 2.3.2.3.

667 *Koppensteiner*, Österreichisches und Europäisches Wettbewerbsrecht³ (1997), 340 Rn 29; *Klosterfelde/Metzlaff* in *Langen/Bunte*, Kommentar zum deutschen und europäischen Kartellrecht I⁹ (2001), 338 Rn 68 f (§ 14 GWB). *Emmerich* in *Immenga/Mestmäcker*, Gesetz gegen Wettbewerbsbeschränkungen³ (2001), § 14 Rn 32; *Emmerich*, Kartellrecht⁸ (1999), 115; *Harrer*, Neue Vertragstypen im Handelsrecht (2001), 18; *Reich-Rohrwig/Zehetner*, Kartellrecht I (2000), 200 Rn E.7a). Dies kann damit begründet werden, dass diesen die auf den Umsatz gerichteten Vertriebsfunktionen und –risiken voll obliegen, sodass kein Grund für eine Sonderstellung gegeben ist; *Martinek* in *Martinek/Semler*, Handbuch des Vertriebsrechts (1996), 50 Rn 8.

668 Im Europäischen Recht regelt dies die vGVO, die die sogenannte „Weihnachtsbekanntmachung" der Europäischen Kommission über Alleinvertriebsverträge mit Handelsvertretern, ABl 139 vom 24.12.1962, 2921, abgelöst hat.

669 Siehe *Roninger*, Das neue Vertriebskartellrecht (2000), 27 ff.

670 *Ulmer/Habersack*, Handelsvertreterverträge und Art 85 Abs 1 EGV, ZHR 1995, 114 f.

671 *Flohr* in *Martinek/Semler*, Handbuch des Vertriebsrechts (1996), 546 Rn 71 f.

Risiko.[672] Richtigerweise kann nur einem „echten" Kommissionsagenten die Begünstigung zugute kommen.[673] Jedoch wird bereits zur Definition des Begriffs des Kommissionsagenten die Risikoverteilung als ein entscheidendes Kriterium angesehen.[674] Daher besteht, wenn nicht ausschließlich auf Rechnung und somit auch auf Risiko des Kommittent gehandelt wird, in Wirklichkeit gar keine Kommissionsagentur, sondern allenfalls ein Vertragshändlervertrag.[675]

An dem Maßstab der eindeutigen Risikoverteilung zu Lasten der Mineralölfirma ist daher zu prüfen, ob der Tankstellenhalter wie ein Kommissionsagent handelt, wenn er in einem Dauerschuldverhältnis im eigenen Namen Kraftstoffe der Mineralölgesellschaft verkauft. Falls ihn aber Risiken treffen, die ein Handelsvertreter üblicherweise nicht zu verantworten hat, liegt eben kein „echtes" Kommissionsagenturverhältnis vor. Bei richtiger Betrachtung ist dann gar kein Kommissionsagenturverhältnis gegeben. Der gleiche Ansatz gilt beim Handelsvertreter. Trifft den Tankstellenhalter beim Verkauf von Treibstoffen im Agenturverhältnis, ein mit der Durchführung des Geschäfts verbundenes Risiko, besteht kein „echtes" Handelsvertreterverhältnis. Dennoch besteht im Gegensatz zur Kommissionsagentur weiterhin ein Handelsvertreterverhältnis, da die interne Risikoverteilung kein Definitionskriterium des Handelsvertreters ist.

---

672 Die unterschiedlichen Risiken des Außenverhältnisses wirken sich auch auf das Innenverhältnis aus. Eine kartellrechtliche Begünstigung kann nur in Betracht gezogen werden, wenn der auf dessen Rechnung gehandelt wird zumindest im Innenverhältnis alle Erfüllungsrisiken übernimmt; vgl *Ulmer,* Der Vertragshändler (1969), 208 Fn 1.

673 Wenn die Umstellung von Eigenhändlern auf Kommissionsagenten nur deshalb erfolgt, damit eine Preisbindung durchgesetzt werden kann, werden in der Regel keine „echten" Kommissionsverträge vorliegen.

674 *Ebenroth,* Absatzmittlungsverträge im Spannungsverhältnis von Kartell- und Zivilrecht (1980), 29 ff; In einer viel zitierten Grundsatzentscheidung stellt auch der Bundesgerichtshof zur Frage, ob eine Preisbindung zulässig ist, auf die Risikoverteilung des Vertrages ab; BGH 15.4.1986, KVR 3/85 – EH-Partner-Vertrag – BGHZ 97, 317. Eine ausführliche Analyse der Entscheidung findet sich bei *Völcker,* Handelsvertretervertrieb und EG-Kartellrecht (1994), 124 ff.

675 Denn die Risikoverteilung ist ausschlaggebendes Element der Definition der Kommissionsagentur, siehe 2.3.2.3. Die komplizierte Einordnungsfrage wird von *Emmerich* und *Klosterfelde/ Metzlaff* falsch beurteilt. Diese führen aus, dass ein Vertragshändler-, der im Innenverhältnis wie ein Handelsvertretervertrag konzipiert ist, kartellrechtlich freigestellt werden kann; *Klosterfelde/ Metzlaff* in *Langen/Bunte,* Kommentar zum deutschen und europäischen Kartellrecht I[9] (2001), 338 Rn 68 f (§ 14 GWB); *Emmerich* in *Immenga/Mestmäcker,* Gesetz gegen Wettbewerbsbeschränkungen[3] (2001), § 14 Rn 32. Richtigerweise würde es sich bei einer derartigen Gestaltung um einen Kommissionsagenten und keinen Vertragshändler handeln.

3.1. Funktionen und Risiken des selbständigen Warenhandels

Grundfunktion jedes Handels ist der Warenumsatz, der Umschlag von Gütern vom Hersteller zum Letztverbraucher. Bis ein Produkt den Konsumenten erreicht, müssen zahlreiche Divergenzen überbrückt werden. Die einzelnen Funktionen und Risiken des Handels können in folgende Aufgaben eingeteilt werden:[676]

- Die Überbrückungsfunktionen sollen das räumliche und zeitliche Auseinanderfallen von Angebot und Nachfrage ausgleichen. Hierzu zählen der Transport in räumlicher oder Lagerung und Vorausdisposition in zeitlicher Hinsicht. Auch der Ausgleich von Preisschwankungen und die Finanzierung des Leistungsaustausches durch Kredite gehören zu diesem Bereich. Letztere schließt die Lücke zwischen der Zeit des Kaufs und der Zahlung.
- Der Warenfunktion obliegt der Ausgleich zwischen angebotener und nachgefragter Menge und Beschaffenheit (Quantität und Qualität) sowie die Zusammenstellung des Warenangebotes. Der Händler versucht ein Sortiment zu erwerben, das den Wünschen seiner Käufer entspricht.
- Die Maklerfunktionen betreffen die Markterschließung. Die attraktive Gestaltung des Verkaufsbereichs und -ablaufs sowie der Informationsfluss an die Produktion gehört ebenso dazu, wie die Verkaufsberatung der Kunden. Somit betreffen die Maklerfunktionen die Aufgaben des Handels bei der Information und Beratung von Lieferanten und Kunden.

Parallel zu den Gewinnchancen, die mit der Wahrnehmung der Handelsfunktionen verbunden sind, bestehen auch entsprechende Risiken. Ziel eines jeden Herstellers ist es, ein Vertriebssystem aufzubauen, das möglichst kosten- und risikofrei ist. Von besonderer Wichtigkeit ist die Einsparung von Personalkosten, die mit einem Filialsystem verbunden sind.[677] Die erforderlichen Aufgaben sollen von Vertriebsmittlern in seinem Interesse durchgeführt werden.[678] Im günstigsten Fall wird der Händler in die einheitliche Vertriebsorganisation des Herstellers einbezogen,[679] und bekommt die Absatz-, Lager- und Kreditrisiken übertragen. Dadurch kann der Lieferant in die Handelssphäre einwirken ohne die damit

---

[676] *Ulmer,* Der Vertragshändler (1969), 144 ff; *Semmler,* Die Rechtsstellung des Tankstellenhalters zwischen Handelsvertreter und Vertragshändler (1995), 108 ff.

[677] *Martinek* in *Martinek/Semler,* Handbuch des Vertriebsrechts (1996) 18 Rn 6.

[678] *Martinek,* Aktuelle Fragen des Vertriebsrechts^2 (1989), 11 ff.

[679] Es kommt zu einer „Quasi-Filialisierung“, da der Verkauf des Händlers nach Vorgaben des Herstellers oder Zwischenhändlers gestaltet wird. Dieses rein äußerliche Kriterium wird als „Eingliederung“ bezeichnet. In neuerer Zeit wird auch der Begriff „vertikale Gruppenkooperation“ verwendet; *Martinek* in *Martinek/Semler,* Handbuch des Vertriebsrechts (1996), 29 Rn 28 ff.

verbundenen Risiken tragen zu müssen.[680] Oftmaliges Kennzeichen eines Vertriebsvertrages ist somit, dass der Geschäftsbetrieb des Absatzmittlers weitgehend vom Lieferanten beeinflusst wird, während die verbundenen Risken dem Vertriebspartner verbleiben.[681] Diese Situation wird mitunter als „Versagen der Privatautonomie" bezeichnet, wenn dadurch eine wirtschaftlich unausgewogene Situation entsteht.[682]

3.2. Idealtypische Risikoverteilung

Die folgenden Ausführungen betreffen den idealtypischen Inhalt eines Handelsvertretervertrags, Kommissionsagentur- und Vertragshändlervertrags. Alle wissenschaftlichen Beiträge oder Überlegungen gehen aufgrund deren zwingender Abstraktheit von einer charakteristischen Gestaltungsform aus. Ein rechtlicher Fachausdruck wie der eines speziellen Vertrages kann durch einen Typus oder klassifikatorischen Begriff definiert werden.[683] Ob die einzelnen Verträge ein geschlossener Terminus oder offener Typus sind, ist ohne Belang. Hier interessiert nur, deren ideelle Ausgestaltung.[684] Diese wird mit der Risikoverteilung des Tankstellenvertrages verglichen. Denn nur die typische Konstruktion eines Handelsvertreter- oder Kommissionsagenturvertrages, die den Absatzmittler weitgehend von wirtschaftlichen Risiken befreit, ist Grund der kartellrechtlichen Begünstigung.

3.2.1. Handelsvertreter

Der Handelsvertreter ist als „Prototyp" des Absatzmittlers mit der Vermittlung oder dem Abschluss von Geschäften im Interesse des Geschäftsherrn betraut.[685] Daher trifft den Handelsvertreter die Maklerfunktion und hinsichtlich der Warenfunktion die Abstimmung zwischen Handel und Kunde. Dies umfasst neben der

---

680 Eine derartige Gestaltung ist typisches Ziel des Vertragshändler- oder Franchisevertrages; vgl *Ulmer,* Der Vertragshändler (1969), 143; *Ebenroth,* Absatzmittlungsverträge im Spannungsverhältnis von Kartell- und Zivilrecht (1980), 39 ff.

681 *Jaletzke* relativiert diese Bedenken und führt an, dass sich ein Vertragshändler als Unternehmer seiner Investitionen und Ertragschancen bewusst ist; *Jaletzke* in *Stumpf/Jaletzke/Schultze,* Der Vertragshändlervertrag³ (1997), 28 Rn 18 f.

682 Zu den Grenzen der Privatautonomie siehe *Aicher* in *Rummel,* Kommentar zum Allgemeinen bürgerlichen Gesetzbuch I³ (2000) § 16 Rn 30; *Krejci* in *Rummel,* Kommentar zum Allgemeinen bürgerlichen Gesetzbuch I³ (2000), § 879 Rn 1 ff.

683 Zur „Typuskonzeption" siehe *Bydlinski,* Juristische Methodenlehre und Rechtsbegriff² (1991), 543.

684 In der Praxis existieren freilich häufig Mischformen, die die Geschäftsrisiken anders verteilen. Derartige Mischformen können zwar privatrechtlich zulässig, aber nach Kartellrecht verboten sein, falls sie wettbewerbsbeschränkende Klauseln beinhalten.

685 Zur begrifflichen Definition siehe 2.3.1.

Einführung von neuen Produkten, insbesondere die Kontaktpflege zu beiden Marktseiten. Der Handelsvertreter dient somit als Schnittstelle der Marktinformation und berät die vertretenen Unternehmer über Entwicklungen am Markt und die Bedürfnisse der Kundschaft. Gute Kontakte zu potentiellen Abnehmern sind sein wirtschaftliches Erfolgskapital.

Der idealtypische Handelsvertreter ist im Gegensatz zum freien Umsatzhändler von jeglichen Funktionen und Risiken des Warenumschlags entbunden. Er trägt insbesondere nicht das Transport-, Lager- und Vorausdispositionsrisiko (sachgebundene Handelsaufgaben).[686] Durch diese Befreiung ist er auch vom Absatzrisiko entbunden. Verluste, die infolge der Lagerhaltung oder falscher Vorausdisposition entstehen können, hat er nicht zu befürchten. Selbst wenn der Handelsvertreter ein Auslieferungslager unterhält, übernimmt er damit kein eigenes Risiko. Die Lagerkosten hat allein der Geschäftsherr zu tragen. Klarerweise wird er auch mit keinen Kosten, die den Warenumsatz in irgendeiner Form betreffen, belastet. Er finanziert keine Verkaufsstellen des Geschäftsherrn oder trägt deren Betriebskosten. Daher trifft den Handelsvertreter kein eigenes Investitionsrisiko und die Durchführung des vermittelten Geschäfts findet nur zu Lasten des Vertretenen statt. Da der Vertrag zwischen dem vertretenen Unternehmer und dem Kunden direkt zustande kommt, trifft den Handelsvertreter auch kein Erfüllungs- oder Haftungsrisiko, das mit dem abgeschlossenen Vertrag verbunden ist.[687]

Diese wesentlichen Entlastungen verringern seine Funktionsbreite und ermöglichen eine Vertiefung in seinen verbleibenden Aufgaben.[688] Der Handelsvertreter konzentriert sich auf die händlerischen Abstimmungsaufgaben, die Markterschließungs-, Marktbeobachtungs- und Kundenberatungsfunktion. Den idealtypischen Handelsvertreter trifft somit ein einziges Risiko für den Geschäftserfolg, die Verminderung oder der Entfall seiner Provisionseinnahmen. Alle anderen geschäftlichen Risiken gehen alleine zu Lasten des Vertretenen.[689] In der Regel übernimmt der Handelsvertreter zusätzlich nur das Delkredere Risiko des Ausfalls einer Forderung. Da den idealtypischen Handelsvertreter somit kein unternehmerisches Risiko, das mit dem vermittelten Geschäft verbunden ist, trägt,

---

686 *Martinek*, Franchising (1987), 202 f; *Ebenroth*, Absatzmittlungsverträge im Spannungsverhältnis von Kartell- und Zivilrecht (1980), 25.

687 Zu idealtypischen Ausgestaltungsform des Handelsvertreters siehe *Martinek* in *Martinek/Semler*, Handbuch des Vertriebsrechts (1996), 52 Rn 13 f.

688 *Semmler*, Die Rechtsstellung des Tankstellenhalters zwischen Handelsvertreter und Vertragshändler (1995), 109. Daher wird er auch als „Verbindungsmann an schwachen Märkten" bezeichnet; *Ulmer*, Der Vertragshändler (1969), 212; *Ebenroth*, Absatzmittlungsverträge im Spannungsverhältnis von Kartell- und Zivilrecht (1980), 26.

689 *Martinek* in *Martinek/Semler*, Handbuch des Vertriebsrechts (1996), 52 Rn 13; *Ebenroth*, Absatzmittlungsverträge im Spannungsverhältnis von Kartell- und Zivilrecht (1980), 28.

wird er teilweise auch als „kaufmännische Hilfsperson", die Stabsaufgaben des Geschäftsherrn wahrnimmt, bezeichnet.[690] Da er in Bezug auf das vermittelte Geschäft selbst keinerlei Gewinn oder Verlust haben kann, wird auch behauptet, der Handelsvertreter sei keine selbständige Stufe des Absatzgefüges.[691]

3.2.2. Kommissionsagent

Der gesetzlich ungeregelte Kommissionsagenturvertrag, erfüllt wirtschaftlich die gleiche Funktion wie der Handelsvertretervertrag. Er hat in der Praxis bereits am Anfang des 20. Jahrhunderts wesentliche Bedeutung erfahren, da ein Bedürfnis nach permanenter „verdeckter" Geschäftsbesorgung besteht.[692] Konsequenz der verdeckten Stellvertretung ist das „Auseinanderfallen" von Außen- und Innenverhältnis. Im Außenverhältnis ist der Kommissionsagent dem Dritten rechtlich voll verantwortlich, da er im eigenen Namen tätig wird. Er trägt nach außen alle mit dem abgeschlossenen Geschäft verbundenen Erfüllungs- und Haftungsrisiken. Hingegen übernimmt im Innenverhältnis der Unternehmer, auf dessen Rechnung gehandelt wird, alle Geschäftsrisiken. Der Kommissionsagent ist daher wie der Handelsvertreter vom Absatz-, Transport-, Lagerhaltungs-, Vordispositions-, Gewährleistungs-, Garantie- und Kreditrisiko vollständig entlastet.[693]

Deshalb trifft ihn außer beim Delkredere kein unternehmerisches Risiko, das mit dem abgeschlossenen Geschäft verbunden ist. Der Kommissionsagent hat nur zu befürchten, dass er seinen Provisionsanspruch verliert. Folglich wird auch bei ihm behauptet, dass er nicht auf einer selbständigen Wirtschaftsstufe tätig wird, sondern funktional derjenigen seines Lieferanten zugeordnet ist.[694] Da der Kommissionsagent ausschließlich auf Rechnung seines Absatzherrn handelt, kommt es anders als beim Vertragshändler nicht zu der typischen Diskrepanz zwischen der Unterordnung unter die Vertriebspolitik eines anderen und der Übernahme des vollen Risikos aus der Erfüllung dieser Funktion.[695]

---

690 So auch *Liebmann*, Vertriebsverträge in der EU (1998), 116 ff.

691 *Martinek*, Aktuelle Fragen des Vertriebsrechts² (1989), 21; *Martinek* in *Martinek/Semler*, Handbuch des Vertriebsrechts (1996), 52 Rn 13.

692 *Martinek* in *Martinek/Semler*, Handbuch des Vertriebsrechts (1996), 51 Rn 11; *Ebenroth*, Absatzmittlungsverträge im Spannungsverhältnis von Kartell- und Zivilrecht (1980), 29 ff.

693 *Thume* in *Küstner/Thume*, Handbuch des gesamten Außendienstrechts III² (1998), 414 Rn 1555; *Martinek*, Franchising (1987), 204; *Ebenroth*, Absatzmittlungsverträge im Spannungsverhältnis von Kartell- und Zivilrecht (1980). 30.

694 *Martinek* in *Martinek/Semler*, Handbuch des Vertriebsrechts (1996), 52 Rn 12.

695 *Ulmer*, Der Vertragshändler (1969), 195; *Ulmer/Habersack*, Handelsvertreterverträge und Art 85 Abs 1 EGV, ZHR 1995, 114.

3.2.3. Vertragshändler

Der Vertragshändler steht unbestrittenen auf einer eigenen Wirtschaftsstufe und tritt als selbständiges Absatzorgan auf.[696] Er ist nach gängiger Formulierung zur Erfüllung seiner Aufgaben in die Organisation des Herstellers bzw Zwischenhändlers eingegliedert, was ihn vom freien Händler unterscheidet und weist insofern Ähnlichkeiten zum Handelsvertreter auf. Wie dieser fungiert er somit als verlängerter Arm des Geschäftsherrn.[697]

Im wesentlichen Unterschied zum Handelsvertreter obliegt dem Vertragshändler die volle Funktion des sachgebundenen Warenumschlags. Er muss daher auf eigene Kosten ein Lager unterhalten, mitunter eine Servicefunktion für den Kunden durchführen, den Transport, die Vorausdisposition, die Verteilung der Waren und die Finanzierung übernehmen. Zusätzlich trifft ihn das Absatz- und Kreditrisiko und er haftet für die Erfüllung des Vertrages mit dem Letztverbraucher, da ja mit ihm der Vertrag zustandekommt.[698] Die aufgezählten Risiken obliegen dem Vertragshändler zwar voll, dennoch muss er seine Aufgaben je nach der Vertragsgestaltung nach Maßgabe von Weisungen des Herstellers ausüben. Dadurch kommt es zur typischen Diskrepanz zwischen Entscheidungsgewalt und Risiko, welche eine kartellrechtliche Unbedenklichkeit verbietet.[699]

Zugleich treten die Abstimmungsaufgaben, die einem normalen Händler obliegen, in den Hintergrund oder fallen komplett weg. Die Maklerfunktion der Marktbeobachtung und Erschließung erfolgt in erster Linie durch den Hersteller. Dieser ist somit uneingeschränkter Marketing-Führer und der Vertragshändler wird als sein ausführendes Organ tätig. Dennoch trägt der Vertragshändler durch die Übernahme der Umschlagsfunktion ein großes eigenunternehmerisches Risiko, seine Gewinnchancen hängen jedoch wesentlich von der Politik des Lieferanten ab. Es erfolgt daher eine Funktionsverlagerung zugunsten des Herstellers, aber eine Risikoverlagerung zu Lasten des Vertragshändlers.[700] Die typische „Quasi-Filialisierung" nimmt aber nicht die Form eines Franchisevertrages an, worin sich diese zwei Verträge auch unterscheiden, da die hierfür typische Tiefe der vertikalen Integration nicht erreicht wird. Trotzdem erscheint beim Kunden der Eindruck es handle sich um eine Verkaufsstelle des Herstellers. Der typische Vertragshändler kann auch im Interesse von mehreren Firmen agieren und so zB

---

[696] Zur Definition des Vertragshändlers und seiner Gestaltungsform siehe *Ulmer,* Der Vertragshändler (1969), 183 ff. Neuere Ansätze finden sich bei *Thume* in *Küstner/Thume,* Handbuch des gesamten Außendienstrechts III² (1998), 301 ff.

[697] *Martinek* in *Martinek/Semler,* Handbuch des Vertriebsrechts (1996), 50 Rn 6.

[698] *Liebmann,* Vertriebsverträge in der EU (1998), 120 f.

[699] Vgl *Ebenroth,* Absatzmittlungsverträge im Spannungsverhältnis von Kartell- und Zivilrecht (1980), 33 ff.

[700] *Martinek,* Aktuelle Fragen des Vertriebsrechts² (1989), 24.

Produkte von unterschiedlichen Herstellern verkaufen.[701] In der Praxis treten äußerst unterschiedliche Formen des Vertragshandels auf, sodass unterschieden werden muss. Fachhandelsverträge im Einzelhandel, Alleinvertriebsverträge auf Großhandelsstufe, Händlerverträge im Kfz-Vertrieb oder Alleinbezugsverträge im Gaststättenbereich, gehören alle zur Gruppe der Vertragshändlerverträge, weisen aber sehr verschiedene Inhalte auf.[702] Auch ist es für einen Vertragshändler nicht zwingend, dass er ein Lager aufweist[703] oder erhebliche Investitionen in seinen Vertriebsbereich tätigen muss. Daher können den Vertragshändler teilweise auch nur geringe Risiken treffen.[704] Kennzeichnend ist der Aufbau einer stetigen Verbindung zwischen Hersteller bzw Zwischen-händler und Vertragshändler. Daher kann der Vertragshändler auch in agentur-artiger Vertretung der Interessen des Lieferanten tätig werden.[705]

3.3. Risikoverteilung des Tankstellenhalters beim Verkauf von Treibstoffen

Wie bereits festgestellt wurde, agiert der Tankstellenhalter beim Verkauf von Kraftstoffen im Interesse der Mineralölgesellschaft. Daher könnte der Tankstellenhalter beim Verkauf im fremden Namen die Funktion eines Handelsvertreters bzw im eigenen Namen möglicherweise die eines Kommissionsagenten einnehmen. Insofern müsste die Risikoverteilung dieses Bereiches auch dem typischen Handelsvertretervertrag entsprechen, wenn ihm auch dessen kartellrechtliche Privilegierung zugute kommen sollte. Im folgenden werden die wichtigsten Funktionen und Risiken einzeln behandelt.

3.3.1. Transportrisiko

Da die Mineralölgesellschaften den Transport der Treibstoffe auf eigene Kosten durchführen, obliegt dem Partner kein entsprechendes Risiko. Nur ausnahmsweise finden sich Bestimmungen, die Kosten des Transports auf den Tankstellenhalter abwälzen. Teilweise wird auch vereinbart, dass dieser den Transport über bestimmte Strecken selbst zu organisieren hat, zB die Abholung vom Bahnhof. Da die Produkte während der Lieferung im Eigentum der Gesellschaft stehen, erfolgt kein Gefahrübergang auf den Tankstellenhalter. Dieser trägt daher im Normalfall kein Transportrisiko.[706]

---

[701] So wie dies zB in der Elektronikbranche regelmäßig der Fall ist.

[702] *Jaletzke* in *Stumpf/Jaletzke/Schultze,* Der Vertragshändlervertrag³ (1997), 27 Rn 13.

[703] Wie dies oft bei großen Produkten der Fall ist, zB in der Kfz- oder Möbelbranche.

[704] Zustimmend *Jaletzke* in *Stumpf/Jaletzke/Schultze,* Der Vertragshändlervertrag³ (1997), 28.

[705] *Martinek* in *Martinek/Semler,* Handbuch des Vertriebsrechts (1996), 71 Rn 23.

[706] So auch *Semmler,* Die Rechtsstellung des Tankstellenhalters zwischen Handelsvertreter und Vertragshändler (1995), 110; *Koeble,* Die kartellrechtliche Beurteilung von Preis- und

3.3.2. Vordispositionsrisiko

Der Tankstellenhalter ist verpflichtet die Menge, der für den Verkauf benötigten Mineralölprodukte, rechtzeitig zu melden. Er muss den zu erwartenden Bedarf abschätzen und der Mineralölgesellschaft verbindlich mitteilen. Falls der Partner über keine Treibstoffe verfügt, liegt sein gesamter Betrieb still. Kein Kunde wird eine Tankstelle aufsuchen, die nicht über den benötigten Treibstoff verfügt. In dieser Zeit ist de fakto auch der Folgemarktbereich lahmgelegt.[707] Der Tankstellenhalter kann daher ohne einen Lagerbestand kein Einkommen erzielen. Insofern obliegt ihm sehr wohl ein gewisses Vordispositionsrisiko. *Runggaldier* geht daher davon aus, dass der Tankstellenhalter zu umfangreichen Vorausdispositionen genötigt ist.[708] Die Vereinbarung, dass die Mineralölgesellschaften berechtigt sind, auch ohne erfolgter Nachbestellung Waren anzuliefern, vermag dem Tankstellenhalter das Risiko nicht abzunehmen, schmälert dieses aber beträchtlich.[709] Auch die Fürsorgepflicht der Mineralölgesellschaft begründet die Verpflichtung der Mineralölgesellschaft Produkte rechtzeitig nachzuliefern. Es obliegt daher beiden Vertragspartnern, dafür Sorge zu tragen, dass der Bestand nicht zu Ende geht.[710] Daher trifft den Tankstellenhalter nur in beschränktem Maße ein Vordispositionsrisiko.[711]

Weiters kann eine analoge Anwendung des § 12 HVertrG durchaus bejaht werden. Demnach gebührt dem Handelsvertreter eine Entschädigung, wenn er vom Unternehmer vertragswidrig daran gehindert wurde, Provisionen zu verdienen.[712] Dazu muss der Mineralölgesellschaft aber ein Verstoß ihrer Verpflichtungen nachgewiesen werden. Wenn der Tankstellenhalter zu spät oder zu wenig Produkte nachbestellt, kann der Gesellschaft insofern ein Vorwurf gemacht werden, als der baldige Fehlbestand für Sie erkennbar war. Dies wird bei einer elektronischen Vernetzung zwischen Tankstelle und Mineralölgesellschaft

---

Ausschließlichkeitsbindungen in Handelsvertreter- und Vertragshändlerverträgen am Beispiel der Tankstellenverträge (1973), 39.

707 Ein potentieller Kunde wird die Tankstelle vermutlich sofort verlassen und eine andere aufsuchen.

708 *Runggaldier*, Der Tankstelleninhaber, unveröffentlichtes Gutachten (1986), 42.

709 Siehe 2.1.2.2.

710 Die Mineralölgesellschaften sind vielfach durch die elektronische Vernetzung mit ihren Tankstellen über deren Umsatzziffern bestens informiert, sodass sie sich auf eine mangelnde Benachrichtigung durch den Tankstellenhalter nicht ausreden können.

711 Ebenso *Koeble*, Die kartellrechtliche Beurteilung von Preis- und Ausschließlichkeitsbindungen in Handelsvertreter- und Vertragshändlerverträgen am Beispiel der Tankstellenverträge (1973), 39 f. *Semmler* verneint das Risiko überhaupt, als er anscheinend nur eine unverbindliche Informationspflicht des Tankstellenhalters bejaht; *Semmler*, Die Rechtsstellung des Tankstellenhalters zwischen Handelsvertreter und Vertragshändler (1995), 111.

712 *Bacovsky* in *Graf von Westphalen*, Handbuch des Handelsvertreterrechts in EU-Staaten und der Schweiz (1995), 920 Rn 89 ff.

ausnahmslos zu bejahen sein.[713] Jedoch darf nicht vergessen werden, dass den Tankstellenhalter ein Mitverschulden treffen kann, dass seinen Entschädigungsanspruch entsprechend mindert.[714]

3.3.3. Lagerrisiko

Den Tankstellenhalter trifft vertraglich die Pflicht, die angelieferten Waren bis zu ihrem Verkauf zu lagern. Da entweder die gesamte Tankstelle im Eigentum des Partners steht oder er zur ihrer Benützung einen Zins zu entrichten hat bzw geringere Provisionen erhält, sind ihm das Lagergrundstück und die Lagereinrichtungen wirtschaftlich zuzuordnen. Daher ist er mit den vollen Kosten der Lagerung belastet.[715] Grundsätzlich geht der zufällige Untergang der angelieferten Produkte zu Lasten der Mineralölgesellschaft, da sie deren Eigentümer ist. So gut wie alle Tankstellenverträge beinhalten jedoch eine Haftungsklausel des Tankstellenhalters, insofern dieser nicht nachweisen kann, dass ihn oder sein Personal an dem Untergang oder der Beschädigung kein Verschulden trifft.[716] Durch diese Bestimmung haftet der Partner auch dort, wo ihn oder sein Personal keinerlei rechtliche Verantwortung für den Schadensfall trifft, er dies aber nicht beweisen kann.[717] Daher wird eine Haftungserweiterung zu Lasten des Partners bewirkt, was dazu führt, dass der Tankstellenhalter de fakto alle Kosten der Lagerung und die damit verbundenen Risiken trägt.[718] Oftmals wird der Tankstellenhalter auch verpflichtet eine Versicherung abzuschließen, die Lagerrisiken abdeckt.

Nur der sogenannte Kraftstoffschwund, der bei Anlieferung auftritt, geht zu Lasten der Mineralölgesellschaft. Dieser entsteht durch die Volumenverringerung des Treibstoffes bei Temperaturunterschieden, die bei der Einlagerung vorhanden sind. Jegliche Veränderungen des Lagerbestandes nach Anlieferung gehen aufgrund der „Beweislastumkehr" auf Kosten des Tankstellenhalters. Unabhängig

---

[713] Daher wird der Mineralölgesellschaft auch kein Schadenersatzanspruch gegen den Tankstellenhalter zukommen, falls dieser seine Meldepflicht vernachlässigt; so anscheinend auch *Koeble,* Die kartellrechtliche Beurteilung von Preis- und Ausschließlichkeitsbindungen in Handelsvertreter- und Vertragshändlerverträgen am Beispiel der Tankstellenverträge (1973), 52.

[714] Die Frage der Anwendbarkeit des § 12 HVertrG ist von der gewählten Vertriebsform unabhängig (Verkauf im eigenem oder fremdem Namen). Zustimmend *Runggaldier,* Der Tankstelleninhaber, unveröffentlichtes Gutachten (1986), 61 ff.

[715] *Semmler,* Die Rechtsstellung des Tankstellenhalters zwischen Handelsvertreter und Vertragshändler (1995), 110 f.

[716] Siehe 2.1.2.3.

[717] *Koeble,* Die kartellrechtliche Beurteilung von Preis- und Ausschließlichkeitsbindungen in Handelsvertreter- und Vertragshändlerverträgen am Beispiel der Tankstellenverträge (1973), 41.

[718] Ebenso *Stötter,* Das Recht der Handelsvertreter, Versicherungsvertreter, Bausparkassenvertreter, Tankstellenvertreter^3 (1985), 394.

vom bisher Gesagten, beinhalten manche Verträge auch weitergehendere Bestimmungen. So wird teilweise ausdrücklich festgelegt, dass das gesamte Lagerrisiko dem Tankstellenhalter obliegt.[719]

3.3.4. Absatz- und Preisrisiko

Dem Tankstellenhalter ist zwar die Aufgabe der Vordisposition weitgehend entzogen, jedoch bleiben ihm dennoch damit verbundene Risiken. Selbst wenn er den Abgabepreis nicht selbst bestimmt, wird er an verbunden Risiken beteiligt. Denn bei einem verlangsamten Warenumschlag, der in Folge eines höheren Preises entstehen kann, treffen ihn unverhältnismäßig hohe Lagerhaltungs- sowie andere fixe Kosten bei gleichzeitigem Sinken seiner Provision.[720] Daher reduziert sich sein Risiko des Geschäftserfolges nicht auf einen reinen Entfall der Provision, so wie dies typischerweise beim Handelsvertreter der Fall ist.[721] Falls ein Absatzrückgang unabhängig vom Provisionsverlust zu höheren Kosten führt,[722] ist der Tankstellenhalter am Risiko beteiligt.[723]

Die Provisionshöhe des Handelsvertreters darf durch Preisschwankungen der vermittelten Produkte nicht betroffen sein. Diese Regel gilt auch beim Tankstellenhalter.[724] Eine Benzinpreissenkung, die ganz oder teilweise mittels einer Selbstbeteiligung des Partners finanziert wird, ist unzulässig. Selbst, wenn dem Tankstellenhalter ein Wahlrecht eingeräumt wird, ob er bei der Senkung seiner eigenen Provision mitmacht, besteht ein Verstoß der Mineralölgesellschaft gegen ihre Treuepflicht.[725] Demnach hat der BGH vollkommen richtig klargestellt, dass die Kündigung eines Tankstellenvertrages durch eine Mineralölgesellschaft ein sittenwidriger Missbrauch einer vertraglichen Rechtsposition sein kann, wenn die Vertragsbeendigung nur als Sanktion für den Widerstand eines Tankstellenhalters gegen die Einführung eines Rabattsystems

---

[719] Siehe 2.1.2.3.

[720] *Semmler,* Die Rechtsstellung des Tankstellenhalters zwischen Handelsvertreter und Vertragshändler (1995), 112; *Koeble,* Die kartellrechtliche Beurteilung von Preis- und Ausschließlichkeitsbindungen in Handelsvertreter- und Vertragshändlerverträgen am Beispiel der Tankstellenverträge (1973), 50 ff.

[721] *Martinek* in *Martinek/Semler,* Handbuch des Vertriebsrechts (1996), 52 Rn 13.

[722] Diese Kosten müssen aber primär den Ausführungsbereich und somit den Gütermarkt betreffen. Dies ist bei einer Tankstelle ohne Zweifel der Fall.

[723] Völlig verfehlt zu dieser Frage OLG Hamburg 13.4.2000, 3 U 285/98 – Tankstellenverwalter – WuW 2000, 886.

[724] So ausdrücklich das Landesgericht Wiener Neustadt als Berufungsgericht in OGH 7.12.2001, 7 Ob 265/01 – Tankstellenvertrag – RIS-Justiz/E64050.

[725] LG Frankfurt am Main 25.4.1969, 3/2 O 25/29, BB 1969, 1326; *Küstner* in *Küstner/Thume,* Handbuch des gesamten Außendienstrechts I^3 (2000), 395 Rn 1090 ff. Anscheinend ebenso *Stötter,* Das Recht der Handelsvertreter, Versicherungsvertreter, Bausparkassenvertreter, Tankstellenvertreter[3] (1985), 395.

ist, das für ihn eine Provisionsminderung zur Folge hätte.[726] Deshalb steht der Mineralölgesellschaft das Recht, die Provision in Bezug auf die Abgabepreise zu Lasten des Tankstellenhalters abzuändern, nicht zu. Der Partner darf an Preissenkungen der Mineralölgesellschaft nicht beteiligt werden und muss insofern das Preisrisiko nicht mittragen.[727] Selbst wenn dies vereinbart wurde, ist ein einseitiges Änderungsrecht der Provisionshöhe nur in engen Grenzen zulässig.[728] Dieser Grundsatz kann natürlich nur bei einem „echten" Handelsvertretervertrag gelten, da ansonsten der Mineralölgesellschaft überhaupt kein Preisbestimmungsrecht zukommt.[729] Daher obliegt bei einem „unechten" Handelsvertretervertrag, und in der Regel ist der Tankstellenvertrag ein solcher, dem Partner das volle Preisrisiko.[730] Denn er hat das Recht und die Pflicht einen wirtschaftlich sinnvollen Abgabepreis zu verlangen.

Verkauft der Tankstellenhalter Treibstoffe im eigenen Namen, so wird im Tankstellenvertrag bereits die Höhe des Bezugspreises vereinbart. Vertraglich darf aber die Mineralölgesellschaft bei einer Änderung „preisbestimmender" Faktoren den Einkaufspreis des Partners abändern.[731] Ändert der Tankstellenhalter den Abgabepreis entsprechend, so verbleibt ihm die gleiche Handelsspanne, sodass die Situation mit dem Handelsvertreter vergleichbar ist, wobei er aber auch durch die Lager- und Betriebskosten am Preisrisiko beteiligt ist. Da aber wie hier gezeigt wird kein „echtes" Kommissionsagenturverhältnis vorliegt, obliegt dem Eigenhändler das Recht der freien Preisbestimmung und auch das volle Preisrisiko. Hingegen existiert beim Verkauf von Mineralölprodukten de fakto kein Absatzrisiko. Denn die Gefahr der Unverkäuflichkeit der Produkte kann angesichts der langfristigen Lagerfähigkeit der Ware nicht auftreten. Im Gegensatz zum Verkauf von anderen Waren, die Modeströmungen unterliegen oder rasch verderblich sind, besteht daher ein stark reduziertes Absatzrisiko.[732] Dies ändert aber nichts daran, dass der Tankstellenhalter durch die Betriebs- und Lagerkosten daran umso stärker beteiligt wird.

---

[726] BGH 26.2.1970, KZR 17/68, WuW 1970, 540. Siehe auch *Wolter* in *Glassen/ua*, Frankfurter Kommentar zum Kartellrecht I[3] (Stand 2000), § 16 Rn 147.

[727] Anders anscheinend *Semmler*, Die Rechtsstellung des Tankstellenhalters zwischen Handelsvertreter und Vertragshändler (1995), 64 und 114; *Koeble*, Die kartellrechtliche Beurteilung von Preis- und Ausschließlichkeitsbindungen in Handelsvertreter- und Vertragshändlerverträgen am Beispiel der Tankstellenverträge (1973), 52. Diese gehen aber auf Rechtsprobleme einer Provisionsänderung nicht ein und zitieren nur Vertragsbestimmungen.

[728] Vgl *Nocker*, Der Handelsvertretervertrag (2000), 72 Rn 265.

[729] Siehe 5.1.2.

[730] Dieses wird definiert als das Risiko eine erwartete Gewinnspanne zu realisieren. Siehe *Lange*, Handelsvertretervertrieb und EG-Kartellrecht, EWS 1997, 326.

[731] Siehe bereits 2.1.2.2.

[732] *Semmler*, Die Rechtsstellung des Tankstellenhalters zwischen Handelsvertreter und Vertragshändler (1995), 112.

3.3.5. Kreditrisiko

Im deutschen Recht wird das Einstehen des Handelsvertreters für die Erfüllung von Verbindlichkeiten des Dritten eigens geregelt. § 86b Abs 1 dHGB sieht sogar grundsätzlich eine eigene Provision des Handelsvertreters für die Übernahme einer Ausfallshaftung vor. Diese entfällt aber gemäß § 86b Abs 3 dHGB, wenn der Handelsvertreter eine Abschlussvollmacht inne hat, was beim Tankstellenhalter immer der Fall ist.[733] Im österreichischen HVertrG ist die Frage zwar nicht ausdrücklich geregelt,[734] dennoch ist die sogenannte Delkredere-Haftung zulässig. Jedoch muss dem Handelsvertreter auch hier eine entsprechende Vergütung zustehen, andernfalls der Vertrag sittenwidrig sein kann.[735]

In den meisten Tankstellenverträgen wird bestimmt, dass der Tankstellenhalter der Mineralölgesellschaft für die Einbringlichkeit der Forderung haftet, wenn er einem Kunden Kredit einräumt. Die Gewährung eines Kredits liegt aber im Ermessen des Partners, er wird nicht verpflichtet einem Dritten Kredit zu gewähren. Eine Kreditierung sollte aber der Ausnahmefall sein, das Tankstellengeschäft ist aufgrund der weitgehenden Anonymität der Kunden ein klassisches Bargeschäft. Falls der Partner aber Kredit gewährt, bekommt er hierfür keine eigenständige Gegenleistung und trägt das entsprechende Risiko.[736]

Falls der Kunde mittels einer Kredit- oder Kundenkarte bezahlt, gewährt ihm nicht der Tankstellenhalter, sondern die Kreditkartenfirma oder die Mineralölgesellschaft einen Zahlungsaufschub. In diesem Fall nimmt der Partner daher keine eigene Kreditfunktion war.[737] Bei der Bezahlung durch eine Kreditkarte muss der Tankstellenhalter freilich eine Gebühr an die Kreditkartengesellschaft zahlen, weiters entsteht ihm auch ein höherer Bearbeitungsaufwand. Darin kann aber nicht schon eine Beteiligung am Kreditrisiko gesehen werden. Voraussetzung ist aber, dass der Tankstellenhalter die Kreditkartengebühr auf den Kunden oder die Mineralölgesellschaft abwälzen kann. Andernfalls nimmt er an diesem Risiko über den verringerten Provisionssatz teil. Kreditkartengebühren sind nicht als

---

[733] Zur Regelung des § 86b dHGB siehe *Thume* in *Küstner/Thume*, Handbuch des gesamten Außendienstrechts I^3 (2000), 216 Rn 577 ff.

[734] § 3 Abs 2 HVertrG normiert nur, dass die Vollmacht zur Berechtigung zur Annahme von Zahlungen, den Handelsvertreter nicht berechtigt die Zahlungsbedingungen zu verändern.

[735] *Bacovsky* in *Graf von Westphalen*, Handbuch des Handelsvertreterrechts in EU-Staaten und der Schweiz (1995), 919 Rn 86 f; *Jabornegg*, Handelsvertreter und Maklerrecht (1987), 157.

[736] In Deutschland ist die Einräumung von Krediten grundsätzlich verboten wird aber de fakto zugelassen; *Koeble*, Die kartellrechtliche Beurteilung von Preis- und Ausschließlichkeitsbindungen in Handelsvertreter- und Vertragshändlerverträgen am Beispiel der Tankstellenverträge (1973), 39.

[737] *Semmler*, Die Rechtsstellung des Tankstellenhalters zwischen Handelsvertreter und Vertragshändler (1995), 113 f.

losgelöstes Entgelt für die Kreditierung, sondern als Teil des Warenpreises zu sehen. Daher unterliegen sie dem vertikalen Preisbindungsverbot des Kartellrechts.[738] Die Übernahme einer Delkredere-Haftung ist in den Leitlinien zur vGVO aufgrund von mehreren Stellungsnahmen aus dem deutschen Rechtsbereich ausdrücklich als freigestellt beurteilt worden und hat daher keine Auswirkungen auf die ansonsten streng zu prüfende Risikoverteilung.[739]

3.3.6. Erfüllungs- und Haftungsrisiko

Wenn der Tankstellenhalter im eigenen Namen auftritt, wie dies beim Verkauf von Treibstoffen teilweise und im Folgemarktbereich immer der Fall ist, so treffen ihn im Außenverhältnis gegenüber einem Dritten alle rechtlichen Risiken, die damit verbunden sind. Daher haftet der Partner dem Dritten in vollem Umfang für die Erfüllung des Vertrages und jegliche durch den Vertrag entstehende Schäden. Diese können insbesondere beim Betrieb einer Tankstelle erhebliche Ausmaße erreichen, da Mineralölprodukte freuer- und umweltgefährliche Stoffe sind. In keinem Vertrag findet sich eine Bestimmung, wonach die Mineralölgesellschaft dem Tankstellenhalter dieses immense wirtschaftliche Risiko abnimmt oder sich verpflichtet durch eine Versicherung das Haftungsrisiko abzudecken. Neben der Haftung des Tankstellenhalters kann auch die Mineralölgesellschaft vom Dritten in Anspruch genommen werden, jedoch meistens nur nach deliktischen Grundsätzen. Der Tankstellenvertrag ist in der Regel kein Vertrag mit Schutzwirkung zugunsten Dritter, da der Dritte gegenüber einem der Vertragspartner einen Anspruch aus einem von ihm selbst geschlossenen Vertrag hat.[740] Eine Haftung der Mineralölgesellschaft kann aber unter Umständen durch das Produkthaftungsgesetz zu bejahen sein.[741]

---

[738] So zum Tankstellenhalter OLG Düsseldorf 5.3.1991, U 31/90, WuW 1991, 755. Der Rest des Urteils ist aber vollkommen verfehlt. Hier wird das Kriterium der Risikoverteilung eines Agenturvertrages als unwesentlich betrachtet, somit würde eine reine Tätigkeit im Namen eines anderen für eine kartellrechtliche Immunität ausreichen. Weiters wird ausgeführt, dass sich das Preisbestimmungsrecht nicht aus dem Handelsvertreterverhältnis, sondern aus einer vereinbarten Vertragsbestimmung ergibt. Augenscheinlich sind derartige Ausführungen falsch und in keiner Weise zu rechtfertigen. Leider führen *Klosterfelde/Metzlaff* dieses Urteil als Beispiel für die Differenzierungsmöglichkeit der Preisbindung an; siehe *Klosterfelde/Metzlaff* in *Langen/Bunte,* Kommentar zum deutschen und europäischen Kartellrecht I^9 (2001), 338 Rn 65 (§ 14 GWB).

[739] Siehe Rn 16 letzter Unterpunkt der Mitteilung der Kommission, Leitlinien für vertikale Beschränkungen, ABl C 291 vom 13.10.2000, 5.

[740] Nur der Kaufvertrag des Kunden kann bezüglich anderer Personen ein solcher sein. Vgl *Koziol/Welser,* Grundriss des bürgerlichen Rechts II^{11} (2000), 125 mwN; OGH 26.3.1997, 3 Ob 71/97, ecolex 1997, 663. Zum Vertrag mit Schutzwirkung zugunsten Dritter siehe *Reischauer* in *Rummel,* Kommentar zum Allgemeinen bürgerlichen Gesetzbuch II^2 (1992), § 1295 Rn 30 ff.

[741] Zu deren Voraussetzungen vgl *Welser,* Das neue Produkthaftungsgesetz, WBl 1988, 165.

Tritt der Tankstellenhalter beim Verkauf von Mineralölprodukten im fremden Namen auf, so kann ihn trotzdem eine eigene vertragliche Haftung treffen. Grundsätzlich ist natürlich die Mineralölgesellschaft dem Dritten rechtlich verantwortlich, da ja mit ihr der vermittelte Vertrag zustandekommt. Jedoch besteht obwohl die „alte" weitreichende Haftung des § 2 HVG 1921 in das neue HVertrG 1993 nicht übernommen wurde, eine eigene Haftung des Handels-vertreters. Dieser ist dem Dritten nach den Grundsätzen der Vertragshaftung verantwortlich, wenn ihm am Geschäftsabschluss mit dem Dritten ein besonderes eigenes Interesse liegt, das über das Interesse am Entgelt von Seiten des Vertragspartners (Unternehmers) hinausgeht.[742] *Schima* bejaht diese Frage beim Tankstellenhalter ausdrücklich, da der Folgemarktbereich von einer hohen Fluktuation im klassischen Treibstoffgeschäft profitiert.[743] Auch *Runggaldier* geht davon aus, dass den Tankstellenhalter im Gegensatz zum „echten" Handels-vertreter eine eigene vertragliche Haftung trifft.[744]

Der Tankstellenhalter führt das abgeschlossene Vertragsverhältnis sofort durch, weshalb ihn alle mit dem Leistungsaustausch verbundenen Aufgaben treffen. Den zur Ausführung des Geschäfts erforderlichen Leistungsapparat hat er zur Verfügung zu stellen. Da der Tankstellenhalter für die Betriebskosten der Anlage und die Gehälter des Personals alleine aufzukommen hat, trägt er auch die mit der Abwicklung des Geschäfts verbundenen laufenden Kosten.[745] Der typische Handelsvertreter ist nicht mit der Durchführung des vermittelten Geschäfts betraut. Deshalb können ihm auch nicht derartig hohe Kosten entstehen. Er kann sich zwar auch zur Vermittlung eines Erfüllungsgehilfen bedienen bzw zahlt Büro oder Ausstattungsaufwendungen, muss aber nicht Sach- und Personalkosten, die primär mit der Durchführung des Geschäfts verbunden sind, tragen.

Den Tankstellenhalter treffen daher sehr wohl wesentliche Erfüllungs- und Haftungsrisiken, die mit dem vermittelten Geschäft verbunden sind. In der Vertragspraxis erfolgt aber statt der Entlastung von diesen Risiken das eindeutige Gegenteil. In vielen Verträgen findet sich eine Beweislastumkehr bezüglich der

---

[742] *Schima*, Haftung des Handelsvertreters, ecolex 1993, 448 mwN.

[743] Dies ist insofern richtig, als das Tankgeschäft heute in erster Linie zur Erreichung einer hohen Kundenfrequenz benützt wird; *Semmler*, Die Rechtsstellung des Tankstellenhalters zwischen Handelsvertreter und Vertragshändler (1995), 32.

[744] *Runggaldier*, Der Tankstelleninhaber, unveröffentlichtes Gutachten (1986), 82 ff. Richtigerweise ist die Zurechnung eines Schadensfalls zum Agentur- oder Eigenhändlergeschäft nahezu unmöglich. Dies ist zB der Fall, wenn der Wagen eines Kunden beschädigt wird und zugleich getankt, als auch Motoröl nachgefüllt wird.

[745] *Runggaldier*, Der Tankstelleninhaber, unveröffentlichtes Gutachten (1986), 45; *Semmler*, Die Rechtsstellung des Tankstellenhalters zwischen Handelsvertreter und Vertragshändler (1995), 116.

Haftung der Mineralölgesellschaft gegenüber Dritten.[746] Der Partner hat der Mineralölgesellschaft, falls diese von Dritten wegen einer Forderung, welcher Art auch immer, aus dem Betrieb der Tankstelle und Nebenanlage in Anspruch genommen wird, schad- und klaglos zu halten, falls er nicht nachweist, dass ihn und seine Hilfskräfte am Entstehen der Forderung kein Verschulden trifft. Daher wird die Haftung des Tankstellenhalters vertraglich erweitert und nicht verkleinert. Falls der Partner wie oftmals vorgeschrieben eine Versicherung abschließt, muss er auch deren Kosten alleine zahlen.[747] De fakto trifft den Tankstellenhalter daher das volle Risiko für Mängel und Fehler.[748]

3.3.7. Finanzierungsrisiko

Nicht übersehen werden darf, dass der Tankstellenhalter einen Großteil der Tankstellenanlage selbst finanziert. Bei einer partnereigenen Tankstelle stellt er zumindest das Grundstück zur Verfügung und hat somit je nach Lage, Größe und Widmung der Fläche extrem hohe Investitionen zu tragen. Dazu kommen je nach Ausgestaltung des Vertrages andere Investitionen des Partners. Teilweise finanziert er die gesamten technischen Einrichtungen und baulichen Anlagen aus eigener Hand.[749] Dies insbesondere, wenn bereits eine fertige Tankstelle des Partners besteht. Von der Mineralölgesellschaft gewährte Zuschüsse oder andere Finanzierungshilfen sind oftmals nur ein Tropfen auf den heißen Stein angesichts der enormen Kosten, die mit der Errichtung einer Tankstelle verbunden sind. Falsch ist das Argument, dass dem Tankstellenhalter nach Vertragsbeendigung ja das Grundstück samt Anlage zur Verfügung steht und seine Investitionen daher nicht zu berücksichtigen sind.[750] Erstens müssen die Opportunitätskosten einer möglichen wirtschaftlichen Verwertung des Grundstücks während der Vertragsdauer berücksichtigt werden, zweitens sinkt der Wert der Tankstellenanlage[751]

---

[746] Siehe bereits 2.1.2.3. Die zivilrechtliche Zulässigkeit derartiger Klauseln bejaht *Runggaldier* bereits durch die im Ergebnis nahezu gleiche gesetzlich Eigenhaftung des Tankstellenhalters; siehe *Runggaldier,* Der Tankstelleninhaber, unveröffentlichtes Gutachten (1986), 86.

[747] Außerdem ist mit dem Abschluss einer Versicherung leider noch lange nicht gewährt, dass diese auch im jedem Schadensfall leistungsbereit ist. Somit verbleibt selbst, wenn die Mineralölgesellschaft die Versicherungskosten zahlt, immer noch ein Restrisiko, das nicht unterschätzt werden darf.

[748] So wie dies für den Vertragshändler typisch ist; vgl *Liebmann,* Vertriebsverträge in der EU (1998), 121.

[749] Siehe 2.1.

[750] So aber OLG Hamburg 13.4.2000, 3 U 285/98 – Tankstellenverwalter – WuW 2000, 892. Dem Tankstellenhalter wurde zwar im Fall ein Teil der Provision auch für die Grundstücksbenützung im Interesse der Mineralölgesellschaft eingeräumt. Ob dieses Entgelt angemessen ist, muss aber bezweifelt werden.

[751] Die Abschreibungen hat der Tankstellenhalter alleine zu finanzieren. Es ist in keiner Weise gesichert, dass die Mineralölgesellschaft über einen einmaligen Zuschuss hinaus Summen gewährt.

und drittens ist der wirtschaftliche Restwert einer alten Tankstellenanlage angesichts der bevorstehenden Reduktion der Anzahl der Tankstellen sehr zu bezweifeln.[752] Die Leitlinien berücksichtigen diese Investitionen daher als für die Risikoverteilung maßgebliche „verlorene Aufwendungen".[753]

Eine Trennung der anfänglichen Investitionen in den klassischen Treibstoffverkauf und den Folgemarktbereich kann wegen deren räumlichen Verknüpfung nicht erfolgen.[754] Primär verursacht aber der Aufbau von Anlagen des Kernbereichs höhere Kosten. Dem Folgemarktbereich können höchstens Teile der Kosten der Verkaufsräumlichkeiten zugerechnet werden. Finanziell aufwendig sind jedoch die technischen Anlagen und Sicherheitseinrichtungen, die zum Verkauf von Treibstoffen notwendig sind, sowie die Grundstückskosten.

Auch durch die Entrichtung eines Pachtzinses oder geschmälerte Provisionssätze beteiligt sich der Tankstellenhalter an den Investitionskosten der Mineralölgesellschaft. Weshalb selbst, wenn Anlageteile im Eigentum der Mineralölgesellschaft stehen, dieser deren Kosten wirtschaftlich mitträgt.[755] Durch „Beweislastumkehrklauseln" im Falle eines Schadens wird auch hier erreicht, dass der Tankstellenhalter die Instandhaltungskosten von Anlageteilen trägt, die nicht in seinem Eigentum stehen.[756]

3.4. *Schlussfolgerungen*

Bereits *Ulmer* hat treffend festgestellt, dass die wirtschaftliche Realität von der idealtypischen Gestaltungsform des Handelsvertretervertrags abweicht. Das gilt insbesondere für den Tankstellenhalter in seiner Funktion als Verkäufer von Mineralölprodukten für die Gesellschaft. So existiert ein dem „idealtypischen Vertragshändler angenäherter Handelsvertreter."[757] Dies führt dazu, dass eine Austauschbarkeit der Rechtsform besteht, die sich ja nicht über die Risikoverteilung der Partner, sondern nach formal juristischen Kriterien definiert.[758]

---

[752] Im Gegensatz zu einem Wert werden vermutlich sogar hohe Kosten durch die Entsorgung und den Ausbau der Anlage entstehen, bevor das Grundstück wieder anderwärtig genutzt werden kann.

[753] Siehe 4.3.1.3.2.

[754] Vgl § 171 Abs 3 GewO. Eine räumliche Verknüpfung erfolgt aber auch deshalb, da die hohe Fluktuationsrate im Treibstoffverkauf nur dann genützt werden kann, wenn die Waren des Shopbereichs im gleichen Raum wie die Kassa zur Bezahlung des Treibstoffes positioniert sind.

[755] *Semmler*, Die Rechtsstellung des Tankstellenhalters zwischen Handelsvertreter und Vertragshändler (1995), 116.

[756] Siehe 2.1.2.3.

[757] *Ulmer*, Der Vertragshändler (1969), 230.

[758] Ausschließlich die Abgrenzung zum Kommissionsagenten vollzieht sich bereits mit Hilfe der Risikoverteilung.

So hat *Ulmer* vollkommen richtig folgenden Absatz formuliert, der eine Beschreibung des Tankstellenvertrages sein könnte:

> *„Die Übertragung typischer Vertragshändleraufgaben an einen Handelsvertreter lässt sich etwa dadurch erreichen, dass der Hersteller dem Handelsvertreter Ausschließlichkeitsbindungen auferlegt und Abschlussvollmacht erteilt, ihn mit der Errichtung repräsentativer Verkaufsräume, eines Auslieferungslagers und einer Kundendienstwerkstatt beauftragt, Sicherheitsleistungen für die Waren des Auslieferungslagers verlangt, dem Handelsvertreter Mindestumsatzverpflichtungen auferlegt, ihn mit der Ausführung der abgeschlossenen Geschäfte beauftragt und Finanzierungs-, Lager- und Kreditkosten auf ihn abwälzt. Es versteht sich, dass der Handelsvertreter zur Übernahme so weitgehender Pflichten nur bereit sein würde, wenn der Hersteller ihm dafür eine Provision zusagte, die die branchenübliche Handelsvertreterprovision erheblich überstiege und sich der Handelsspanne eines Vertragshändlers annäherte."*[759]

Nur der letzte Satz trifft auf den Tankstellenhalter nicht zu.[760] Vielmehr erhält er eine Provision in Form einer geringen Händlerspanne. Ein derartig konzipierter Handelsvertreter übernimmt daher auch sachgebundene Handelsfunktionen und trägt die entsprechenden Kosten. Dies ist insbesondere beim Einfirmenvertreter der Fall, der oftmals von seinem Geschäftsherrn wirtschaftlich abhängig ist.[761] Zusammenfassend kann daher gesagt werden, dass die Risikoverteilung des Tankstellenvertrages nicht mit der eines typischen Handelsvertreter- oder Kommissionsagenturvertrages vergleichbar ist. Es findet auch hier die für viele Absatzmittlerverträge kennzeichnende Verschiebung von Entscheidungsgewalt und Risiko statt.[762] Treffen den Tankstellenhalter teilweise im Vergleich zu einem Vertragshändler verringerte Risiken,[763] so ist dies Folge der Eigenart des Tankstellengeschäfts und nicht einer Entlastung durch die Mineralölgesellschaft. Die Risikoverteilung des Tankstellenvertrages ist somit der eines Vertragshändlervertrages angenähert, der Warenumschlag und nicht die Maklerfunktion steht im Vordergrund seiner wirtschaftlichen Tätigkeit.[764] Meines Erachtens besteht sogar die gleiche Risikoverteilung wie bei einem typischen Vertragshändler berück-

---

759 *Ulmer*, Der Vertragshändler (1969), 233 f.

760 Auch eine Mindestumsatzverpflichtung wird heute nicht mehr vereinbart. Eine solche ist beim Tankstellengeschäft de fakto bedeutungslos, da aufgrund der absoluten Austauschbarkeit der Ware zwischen konkurrenzierenden Unternehmen und der langfristigen Lagerfähigkeit keine Gefahr der Unverkäuflichkeit besteht.

761 *Ulmer*, Der Vertragshändler (1969), 230 f.

762 Siehe 3.1.

763 Wie das verringerte Absatz- und Vordispositionsrisiko.

764 Zustimmend *Koeble*, Die kartellrechtliche Beurteilung von Preis- und Ausschließlichkeitsbindungen in Handelsvertreter- und Vertragshändlerverträgen am Beispiel der Tankstellenverträge (1973), 50; *Gitter*, Gebrauchsüberlassungsverträge (1988), 271. *Gitter* geht sogar soweit, dass er es offen lässt, ob in Wirklichkeit nicht ein Vertragshändlervertrag und kein Handelsvertretervertrag vorliegt.

sichtigt man die Eigenarten des Tankstellengeschäfts.[765] Daher ist ein Tankstellenvertrag, wenn der Verkauf von Treibstoffen im eigenen Namen erfolgt, auch nicht als ein Kommissionsagenturverhältnis zu beurteilen, sondern als ein gemischter Vertrag, der sich im wesentlichen aus den Bestandteilen eines Vertragshändlervertrages zusammensetzt. In wirtschaftlicher Betrachtungsweise erfüllt der Tankstellenhalter die Funktion eines Umsatzhändlers und nicht die eines Handelsvertreters.[766] Dies zeigt sich schon dadurch, dass die Tankstellenverträge zwischen dem Verkauf im eigenen und fremden Namen reibungslos umgestellt werden können.[767] Der bloße Abschluss von Verträgen im Namen eines anderen, macht aber wirtschaftlich aus einem Vertragshändler noch lange keinen Handelsvertreter, obwohl eine derartige Gestaltung formal zulässig ist.[768]

Auch *Runggaldier* stellt beim Tankstellenhalter ein signifikantes Auseinanderfallen von Entscheidungsbefugnis und Risiko fest. *„Ein solches kennzeichnet zwar Absatzmittler, dh Personen, deren Aufgabe es ist, fremde Güter bzw Dienstleistungen zu vertreiben, ganz allgemein, nimmt aber im Falle des Tankstelleninhabers Ausmaße an, die erheblich über dem sonst zB bei Handelsvertretern oder Vertragshändlern üblichen Niveau liegen.“*[769]

---

765 Vgl *Jaletzke* in *Stumpf/Jaletzke/Schultze*, Der Vertragshändlervertrag^3 (1997), 28.

766 Die höchstgerichtliche Judikatur betont vollkommen richtig, dass die Beurteilung, wer das Unternehmerrisiko auf sich nimmt und somit auch in welcher Funktion jemand agiert, allein nach den wirtschaftlichen Gegebenheiten und nicht nach der äußeren rechtlichen Form zu beurteilen ist. OGH 28.10.1997, 4 Ob 316/97, ÖBl 1998, 186; VwGH 28.2.1995, 93/04/0047, WBl 1996, 255.

767 In der Praxis erfolgt hierbei nur ein kurzer Brief der Mineralölgesellschaft, in welchem dem Tankstellenhalter mitgeteilt wird, dass nun Treibstoffe im fremden anstatt im eigenen Namen zu verkaufen sind. Zustimmend *Koeble,* Die kartellrechtliche Beurteilung von Preis- und Ausschließlichkeitsbindungen in Handelsvertreter- und Vertragshändlerverträgen am Beispiel der Tankstellenverträge (1973), 51.

768 Dies ist eine Folge der Privatautonomie; vgl *Reischauer* in *Rummel,* Kommentar zum Allgemeinen bürgerlichen Gesetzbuch I^3 (2000), § 859 Rn 15 ff.

769 *Runggaldier,* Der Tankstelleninhaber, unveröffentlichtes Gutachten (1986), 173.

III. TEIL: EUROPÄISCHES KARTELLRECHT

4. Grundvoraussetzungen der Anwendung von Art 81 EGV

Im Jahre 1966 wurde die Frage der Anwendbarkeit von Art 81 EGV auf vertikale Wettbewerbsbeschränkungen endgültig entschieden.[770] Hier stellte der EuGH fest, dass sowohl der inter-brand, als auch der intra-brand Wettbewerb von Art 81 (aF 85) EGV geschützt sind. Selbst bei einer Verstärkung des Wettbewerbs zwischen den Herstellern, kann eine Verletzung des intra-brand Wettbewerbs gegeben sein.

> *„Der Wettbewerb zwischen Herstellern mag zwar im allgemeinen augenfälliger in Erscheinung treten als der zwischen Verteilern von Erzeugnissen einer und derselben Marke. Dies bedeutet aber nicht, dass eine Vereinbarung, die den Wettbewerb zwischen solchen Verteilern beschränkt, schon deswegen nicht unter das Verbot des Art 85 Abs 1 fiele, weil sie den Wettbewerb zwischen den Herstellern möglicherweise verstärkt."*[771]

Art 81 unterscheidet daher nicht zwischen horizontalen und vertikalen Vereinbarungen, auch Austausch- oder gesellschaftsähnliche Verträge sind von seinem Wortlaut erfasst.[772] Daher kommt Art 81 EGV für die rechtmäßige Ausgestaltung von Vertriebsverträgen erhebliche Bedeutung zu. In dem umfassenden Kartellverbot unterscheidet sich das EG-Kartellrecht von vielen nationalen Kartellrechtsordnungen, die für horizontale und vertikale Vereinbarungen verschiedene Regelungssysteme vorsehen.[773] Durch die Unterscheidung handeln sich die nationalen Kartellgesetze große Differenzierungsprobleme ein.[774] Verschärft stellt sich die Abgrenzungsfrage im Falle einer vertikalen Preisbindung dar, die wie eine horizontale Absprache unter den Letzterkäufern wirken kann, da

---

[770] Zur erstmaligen Anwendung von Art 81 auf vertikale Vereinbarungen siehe *Woods/Filipponi* in *Faull/Nikpay*, The EC Law of Competition (1999), 432 ff.

[771] EuGH 13.7.1966, Rs 56, 58/64 – Grundig und Consten – Slg 1966, 429.

[772] Siehe *Gleiss/Hirsch*, Kommentar zum EG-Kartellrecht I[4] (1993), 68 Rn 80; *Habermeier* in *Martinek/Semler*, Handbuch des Vertriebsrechts (1996), 754 Rn 36; *Völcker*, Handelsvertretervertrieb und EG-Kartellrecht (1994), 153 ff mwN zur Rechtsprechung.

[773] *Europäische Kommission*, Grünbuch zur EG-Wettbewerbspolitik gegenüber vertikalen Wettbewerbsbeschränkungen, KOM (1996) 721, 64. So auch das GWB und das KartG. Statt aller *Immenga* in *Immenga/Mestmäcker*, Kommentar zum EG-Wettbewerbsrecht I (1997), 46 Rn 18 ff.

[774] Die insbesondere bei unterschiedlichen Rechtsfolgen eintreten. Vgl *Koppensteiner*, Österreichisches und europäisches Kartellrecht[3] (1997), 113 f und 175 ff; *Schmidt*, Ausschließlichkeitsbindung, Kartellverbot und Immanenztheorie – Zum Verhältnis zwischen § 16 GWB und § 1 GWB, FS Sandrock (2000), 833.

im Endeffekt alle den gleichen Abgabepreis verlangen.[775] Daher ist meines Erachtens das Konzept eines einheitlichen Kartelltatbestandes gegenüber einer Differenzierung zu bevorzugen. Das Europäische Kartellrecht unterscheidet in seinem Verbot vorbildlicherweise nicht zwischen Zweck und Wirkung einer Wettbewerbsbeschränkung.[776]

Trotz des umfassenden Kartellverbotes ist durch Art 81 Abs 3 EGV sichergestellt, dass nicht jeder Vertriebsvertrag kartellrechtlich bedenklich ist. Denn auf Märkten, die einem normalen Wettbewerb ausgesetzt sind, treten in der Regel keine nachteiligen Wirkungen auf. Um die Antragsflut zur Freistellung von Vereinbarungen bei der Kommission einzudämmen, wurden GVOen beschlossen.[777] Diese regeln unter welchen Voraussetzungen ein Vertrag grundsätzlich wettbewerbsunschädlich ist und somit nicht eigens notifiziert werden muss. Im Zuge der Reform des Vertriebsrechts wurde mit der vGVO erstmals eine „Schirmverordnung" eingeführt, die fast alle vertikalen Vertriebsbindungen erfasst.[778] Auch das neue Kartellverfahrensrecht soll eine Arbeitsentlastung der Kommission bringen, indem in Zukunft nationale Behörden und Gerichte eine Freistellung gemäß Art 81 Abs 3 EGV selbst prüfen sollen.[779]

---

[775] Siehe bereits 1.5. Nach richtiger Auffassung können in diesem Falle beide Tatbestände miteinander konkurrieren.

[776] Nur hinsichtlich des Nachweises besteht ein wesentlicher Unterschied. Bei einer bezweckten Wettbewerbsbeschränkung muss keine wirtschaftliche Analyse erbracht werden, dass eine Wettbewerbsbeschränkung tatsächlich eingetreten ist. *Woods/Filipponi* in *Faull/Nikpay,* The EC Law of Competition (1999), 439 Rn 7.24. Im Gegensatz dazu unterscheidet das österreichische Kartellrecht in seinen Rechtsfolgen zwischen Absichts- und Wirkungskartellen. Siehe *Koppensteiner,* Österreichisches und europäisches Kartellrecht[3] (1997), 124. Dies wird zurecht sehr heftig kritisiert. Vgl *Schmidt,* Von der Kartellformenlehre zum Kartellverbot, WBl 1990, 121 ff.

[777] *Woods/Filipponi* in *Faull/Nikpay,* The EC Law of Competition (1999), 436.

[778] *Bechtold,* EG-Gruppenfreistellungsverordnungen, EWS 2001, 49; *Polley,* Die neue Gruppenfreistellung für Vertikalverträge Nr 2790/1999, WRP 2000, 1204. Weiterhin ausgenommen ist der Kfz-Vertrieb.

[779] Damit ändert sich das System von einem Anmelde- und Genehmigungsverfahren zur Legalausnahme. Bis jetzt konnten nationale Gerichte nur die Anwendung von Art 85 Abs 1 EGV feststellen, aber keine Freistellungen aussprechen. Zugleich soll das nationale Kartellrecht im Falle der Anwendbarkeit des EG-Kartellrecht vollständig zurücktreten. Bis jetzt wurde das Problem der möglichen parallelen Anwendung durch Urteile des EuGH gelöst. EuGH 13.2.1969, Rs 14/68 – Walt Wilhelm – Slg 1969, 1 = CELEX/61968J0014, Rn 4; zuletzt EuGH 14.12.2000, Rs C-344/98 – Masterfoods/HB Ice Cream Ltd – CELEX/619998J0344, Rn 45 ff; so auch KOG 15.12.1998, 16 Ok 7/98 – Verpackungs-Verwertungssystem – ÖBl 1999, 138. Vgl *Stillfried/Stockenhuber,* Der Entwurf einer neuen Verfahrensordnung zum EG-Kartellrecht, WBl 2001, 147 f. Kritisch *Gröning,* Die dezentrale Anwendung des EG-Kartellrechts gemäß dem Vorschlag der Kommission zur Ersetzung der VO 17/62, WRP 2001, 83. Ablehnend *Möschel,* Systemwechsel im Europäischen Wettbewerbsrecht, FS Koppensteiner (2001), 473.

Bevor auf die einzelnen Probleme eingegangen wird, sind kurz Überlegungen anzustellen, ob die verschiedenen Formen des Tankstellenvertrages eine unterschiedliche kartellrechtliche Behandlung erfordern. Ist somit zwischen gesellschafts- oder partnereigenen Tankstellen zu differenzieren? Diese Frage ist eindeutig zu verneinen. *Wolter* behauptet, dass weder das Eigentum einer Mineralölgesellschaft an einer Tankstellenanlage eine Ausschließlichkeits- oder Preisbindung rechtfertigt, noch wären solche bei einem Pachtvertrag immanent gegeben.[780] Dem ist zuzustimmen. Bei der Ausschließlichkeitsbindung ist aber zu berücksichtigen, dass nur partnereigene Tankstellen dem Markt als Vertriebsstellen zur Verfügung stehen, sollte der Vertrag beendigt werden.[781] Hinsichtlich der Preisbindung ist allein die gewählte Vertriebsstruktur in Verbindung mit der Verteilung der finanziellen Lasten entscheidend. Hierbei werden im Zuge der Überprüfung der Risikoverteilung klarerweise die Investitionen, die der Tankstellenhalter vornehmen muss, berücksichtigt. In dieser Arbeit werden alle Tankstellenverträge gemeinsam behandelt, bei der Ausschließlichkeitsbindung die Unterschiede aber erläutert.

Es kann nur darauf ankommen, ob der Tankstellenvertrag kartellrechtlich unbedenklich ist, als er in seiner wirtschaftlichen Funktion und Risikoverteilung einem typischen Handelsvertretervertrag gleicht. Dies berücksichtigt die neue vGVO in vorbildlicher Weise. *„Die Frage des Risikos muss im Einzelfall beantwortet werden, wobei auf die tatsächlichen und wirtschaftlichen Gegebenheiten und nicht auf die Rechtsform abzustellen ist.“*[782] Die „alte“ Rechtslage zum Tankstellenhalter als „Wiederverkäufer“ wird im Zuge dieser Arbeit nicht mehr behandelt, nur deren Anwendungsbereich wird kurz erläutert.[783] Sie gilt gemäß Art 12 Abs 2 der vGVO für Verträge, die bereits am 31.5.2000 in Kraft waren und zwar die Voraussetzungen der VO Nr 1984/83, aber nicht die der vGVO erfüllen, bis zum 31.12.2001. Es sei nur ausdrücklich darauf hingewiesen, dass vertikale Preisbindungen in Tankstellenverträgen auch nach der alten Rechtslage verboten sind und einen der schärfsten Verstöße gegen das Europäische Kartellrecht

---

[780] *Wolter* in *Glassen/ua*, Frankfurter Kommentar zum Kartellrecht I[3] (Stand 2000), § 18 Rn 145.

[781] Daher kann eine übermäßige Bindungsdauer eines Pachtvertrages keine wettbewerbsbeschränkende Wirkung entfalten. Zur vorzeitigen Kündigungsmöglichkeit siehe 2.2.3.2.4.

[782] Rn 16 Leitlinien.

[783] Siehe 4.2.2. GVO Nr 1984/83 vom 22.6.1983 über die Anwendung von Art 85 Abs 3 des Vertrages auf Gruppen von Alleinbezugsvereinbarungen, ABl L 173 vom 30.6.1983, 5. Zur näheren Erläuterung sei nur auf die umfangreichen Darstellungen verwiesen, *Gleiss/Hirsch*, Kommentar zum EG-Kartellrecht I[4] (1993), 561 Rn 1418 ff; *Wiedemann*, Kommentar zu den Gruppenfreistellungsverordnungen des EWG-Kartellrechts II (1990), 173 ff; *Bunte/Sauter*, EG-Gruppenfreistellungsverordnungen (1988), 296 ff; *Liebmann*, Vertriebsverträge in der EU (1998), 140 ff.

darstellen.[784] Insofern besteht überhaupt kein Unterschied zur vGVO.[785] Auch die Regelungen der vGVO über Handelsvertreter und deren Erläuterungen in den Leitlinien sind eine Fortführung der „Weihnachtsbekanntmachung“[786] und schreiben im Kern nur fest, was bei richtiger Betrachtung ohnehin schon lange gegolten hat.[787] Daher hat sich die Rechtslage zur Frage der vertikalen Preisbindung durch die vGVO nicht geändert. Vertikale Preisbindungen sind und waren auch in der Vergangenheit nach Art 81 EGV grundsätzlich absolut unzulässig und keine einzige GVO hat diese jemals freigestellt.[788] Nur bei einem Agenturverhältnis kann aufgrund der reinen Vermittlungsfunktion des Vertreters eine Preisbindung erlaubt sein. Diese Regel ist aber als Ausnahme von einem strengen Verbot grundsätzlich eng auszulegen.

4.1. Relevanter Markt

Die Bestimmung des relevanten Marktes ist für jedes kartellrechtliche Problem von grundlegender Bedeutung.[789] Im Rahmen des Kartellverbotes gemäß Art 81 EGV, um festzustellen, ob eine Vereinbarung auf einem Markt wettbewerbsbeschränkend wirkt oder ob eine GVO anwendbar ist.[790] Insbesondere Verfahren nach Art 82 EGV und der Fusionskontrollverordnung werden bereits durch die

---

[784] So ausdrücklich *Europäische Kommission,* Grünbuch zur EG-Wettbewerbspolitik gegenüber vertikalen Wettbewerbsbeschränkungen, KOM (1996) 721, 50 Rn 159; Auch für Tankstellenverträge gelten hier die allgemeinen Regeln siehe *Gleiss/Hirsch,* Kommentar zum EG-Kartellrecht I[4] (1993), 598 Rn 1539. Zur Unzulässigkeit von Preisbindungen vgl *Liebmann,* Vertriebsverträge in der EU (1998), 201.

[785] Nur hinsichtlich der zulässigen Dauer einer Alleinbezugsverpflichtung ergeben sich Unterschiede.

[786] Bekanntmachung der Europäischen Kommission über Alleinvertriebsverträge mit Handelsvertretern, ABl 139 vom 24.12.1962, 2921.

[787] Vgl zB *Liebmann,* Vertriebsverträge in der EU (1998), 118 und *Reich-Rohrwig/Zehetner,* Kartellrecht I (2000), 44 ff; *Liebscher/Heinrich/Petsche,* Vertriebsverträge[2] (2001), 79. Die Aussage, dass die vGVO und die Leitlinien „schärfer“ als die alte Bekanntmachung sind, trifft nur zu, wenn man das Wesen des Handelsvertretervertrages nicht richtig erkannt hat. Vielmehr liegt nunmehr höchstens eine detailliertere Kundmachung vor. Weshalb die unsachliche Kritik von *Rittner* verfehlt ist; *Rittner,* Die Handelsvertreterpraxis nach dem neuen EG-Kartellrecht für Vertikalvereinbarungen, DB 2000, 1211.

[788] *Europäische Kommission,* Grünbuch zur EG-Wettbewerbspolitik gegenüber vertikalen Wettbewerbsbeschränkungen, KOM (1996) 721, 49 ff. Die Europäische Kommission nimmt dieses Verbot zu recht sehr ernst. Siehe *Europäische Kommission,* Commission imposes a 30.96 million fine on Volkswagen AG for retail price maintenance measures on the German market, Pressemitteilung vom 30.5.2001, IP/01/760.

[789] Zu allgemeinen Fragen der Marktabgrenzung siehe die Bekanntmachung der Kommission über die Definition des relevanten Markts im Sinne des Wettbewerbsrechts der Gemeinschaft; ABl C 372 vom 9.12.1997, 5.

[790] Siehe Art 3 vGVO.

Festlegung des relevanten Marktes entschieden.[791] Je enger der Markt, desto eher wird ein Missbrauch bzw eine Wettbewerbsbeschränkung vorliegen. Im Zuge dieser Arbeit ist die Definition von nicht ausschlaggebender Bedeutung, da hier die Fragen der Preisbindung[792] und der Zulässigkeit einer Ausschließlichkeitsbindung untersucht werden. Diese sind als verbotene oder schwarze Bestimmungen unabhängig von der Höhe der Marktanteile verboten.[793]

4.1.1. Sachliche Abgrenzung

Der EuGH hatte bis jetzt noch keine Gelegenheit sich mit der Bestimmung des relevanten Marktes für Mineralölprodukte auseinanderzusetzen.[794] Die Kommission hingegen hatte bereits mehrmals Gelegenheit dazu Stellung zu nehmen.[795] So sind die großen Mineralölkonzerne auf mehreren unterschiedlichen Märkten tätig, die sachlich und nach unterschiedlichen Stufen abzugrenzen sind. Grundlegend ist zwischen Kraftstoffen, Erdgas, Schmierölprodukten und sonstigen chemischen Erzeugnissen zu unterscheiden. Weiters muss nach verschiedenen Stufen, zwischen der Lagerstättensuche, Förderung, Transport und Verarbeitung bis hin zum Kraftstoffeinzelhandel differenziert werden.[796]

---

[791] Vgl *Stockenhuber*, Europäisches Kartellrecht (1999), 86; *Emmerich* in *Immenga/Mestmäcker*, Kommentar zum EG-Wettbewerbsrecht I (1997), 179 Rn 217.

[792] Diese hat als eine der schwersten und offensichtlichsten Verstöße gegen das Kartellrecht per se eine wettbewerbsbeschränkende Wirkung; siehe *Woods/Filipponi* in *Faull/Nikpay*, The EC Law of Competition (1999), 447 f und zu den volkswirtschaftlichen Wirkungen bereits 1.5.

[793] Art 4a und 5a vGVO. Weshalb in einigen Urteilen, die sich mit den kartellrechtlichen Auswirkungen von einzelnen Tankstellenverträgen beschäftigen, überhaupt kein Markt definiert wird. Vgl OGH 22.2.2001, 6 Ob 322/00 – Tankstellenbelieferungs- und Vertriebsübereinkommen – WBl 2001, 445, RdW 2001, 399 = RIS-Justiz/ E60949; OLG Hamburg 13.4.2000, 3 U 285/98 – Tankstellenverwalter – WuW 2000, 886.

[794] In EuGH 19.6.1978, Rs 77/77 - Benzine en Petroleum Handelsmaatschappij BV – Slg 1978, 1513, hat er die zuvor ergangenen Kommissionsentscheidung aufgehoben und sich insofern mit Fragen der Marktabgrenzung nicht beschäftigt. In EuGH 7.12.2000, Rs C-214/99 – Neste Markkinointi Oy/Yötuuli Ky ua – CELEX/61999J0214 = WuW 2001, 79 und EuGH 10.11.1993, Rs C-39/92 – Petroleos de Portugal – Slg 1993, I-5659 = CELEX/61992J0039 wurde im Vorlageverfahren gemäß Art 234 EGV die Problematik nicht erläutert.

[795] Zuletzt in mehreren Fusionsverfahren, Exxon/Mobil, BP Amoco/Atlantic Richfield und Total/Elf Aquitaine; siehe *Europäische Kommission*, XXIX. Bericht über die Wettbewerbspolitik 1999 (2000), 68 Rn 154; *Europäische Kommission*, XXX. Bericht über die Wettbewerbspolitik 2000 (2001), 89 Rn 257 f.

[796] So entschied die Kommission im Fusionsfall Exxon/Mobil; siehe *Europäische Kommission*, XXIX. Bericht über die Wettbewerbspolitik 1999 (2000), 215 f; *Europäische Kommission*, Kommission genehmigt Zusammenschluss zwischen Exxon und Mobil (beide USA) mit Auflagen, Pressemitteilung vom 29.9.1999, IP/99/708. Das gleiche Konzept wurde auch bei anderen Fusionen angewendet. Vgl *Europäische Kommission*, Übernahme von Arco (USA) durch BP Amoco (UK) von EU-Kommission mit Auflagen genehmigt, Pressemitteilung vom 29.9.1999, IP/99/712.

Demnach bilden Treibstoffe einen eigenen Markt, der in die unterschiedlichen Handelsstufen, die vor- und nachgelagerte Märkte sind, aufzuteilen ist.[797] Dies behauptet auch *Möschel*: *„Vergaserstoff bildet einen eigenen Markt, der in den für Endverbraucher zugänglichen Markt der öffentlichen Tankstellen und die an Größtabnehmer anderweit abgesetzten Mengen aufzuteilen ist.“*[798] Dabei besteht zwischen Super- und Normalbenzin aufgrund deren einheitlicher Verwertbarkeit, da ja die unterschiedlichen Oktanzahlen die Benützbarkeit eines Benzinmotors nicht beeinträchtigen, ein einheitlicher Markt.[799] Folglich ist aber zwischen dem Markt für Diesel- und Benzintreibstoffe zu unterscheiden,[800] da ja die Austauschbarkeit aus der Sicht der Marktgegenseite zur Abgrenzung heranzuziehen ist.[801] Das BKartA stellte ausdrücklich fest, dass Marken und freie Tankstellen einander gleichartig sind, da sie für den Konsumenten die gleiche Funktion erfüllen.[802]

Die hier erfolgte Definition ist zweifelsohne richtig, wenn der Letztverbraucher nur Treibstoffe akquirieren will. Nicht jedoch falls dieser andere Produkte oder Dienstleistungen kauft. Dann müsste das Marktmodell aus der Sicht des Kunden erweitert werden. Eine Tankstelle steht daher bezüglich des Verkaufs von Zeitschriften auch mit einer nahen Trafik im Wettbewerb oder beim Verkauf von Lebensmitteln in einem Konkurrenzverhältnis zum nächsten Greißler oder Supermarkt.[803] Im Zuge dieser Arbeit wird aber gezielt die Wettbewerbssituation beim Verkauf von Mineralölprodukten untersucht, sodass hier nur diese Märkte relevant sind.

---

[797] Ebenso KG 12.3.1982, Kart 4/82, WuW 1982, 589. Zur Berechnung des Marktanteils auf der letzten Handelsstufe ist nur der für Letztverbraucher zugängliche Markt der öffentlichen Tankstellen und nicht der Gesamtmarkt für Vergaserkraftstoff heranzuziehen; KG 3.5.1982, Kart 11-14/82, WuW 1982, 593.

[798] *Möschel* in *Immenga/Mestmäcker*, Gesetz gegen Wettbewerbsbeschränkungen^3 (2001), § 19 Rn 34.

[799] Um eine optimale Motorleistung zu erzielen, müsste lediglich dessen Einstellung verändert werden. Siehe 77/727/EWG, A.B.G. gegen in den Niederlanden tätige Mineralölgesellschaften , ABl 1977, L 117/3, Rn D. *„Der relevante Markt ist der Markt für Super- und Normalbenzin zur Verbrennung in Viertaktmotoren.“*

[800] *Europäische Kommission*, Report on the competitive conditions of non-integrated independent companies in the motor fuel sector (2001), 11 Rn 26; so anscheinend auch EuGH 7.12.2000, Rs C-214/99 – Neste Markkinointi Oy/Yötuuli Ky ua – CELEX/61999J0214 Rn 29.

[801] Dies wird auch Nachfragemarktkonzept genannt; statt aller *Gleiss/Hirsch*, Kommentar zum EG-Kartellrecht I^4 (1993), 107 Rn 206.

[802] Sie stehen daher beide im Wettbewerb miteinander, es gibt keinen eigenen Markt für Marken- oder Diskonttankstellen. Auch, ob die Tankstellen im Agenturverhältnis oder vollständig als Eigenhändler betrieben werden, ist ohne Bedeutung. BKartA 2.5.1974, B8 221430 V 17/74, WuW 1974, 573. Dies folgt auch daraus, dass unterschiedliche Vertriebsformen in der Regel miteinander im Wettbewerb stehen. Vgl Rn 91 Leitlinien.

[803] Dies zeigt schon die Erweiterung des Angebotes zu einem „gemischten“ Betrieb zwischen Tankstelle und Supermarkt.

Wie bereits erwähnt, muss zwischen mehreren Handelsebenen unterschieden werden. Somit bestehen hinsichtlich des Vertriebs zwei verschiedene Märkte der Einzelhandels- (Tankstellen)[804] und Großhandelsmarkt (Raffinerie-Abgabe). Hierbei ist aber der Verkauf über Tankstellen ein nachgelagerter Markt, sodass Entwicklungen auf dem einen Markt nicht ohne Auswirkungen auf den anderen sind.[805] Die Unterscheidung zwischen verschiedenen Handelsstufen erfolgt auch in der vGVO.[806] Zur Definition des relevanten Marktes auf der Zwischenebene ist hierbei auf die Sichtweise des Tankstellenhalters abzustellen. Ist für diesen eine reine Beliefer-ung mit Treibstoffen wichtig,[807] so kommt für ihn jeder Großhändler oder eine Raffinerie als alternativer Lieferant in Frage, sodass diese Gruppe zu einem relevanten Markt gehört. Nicht jedoch, wenn der Tankstellenhalter Waren für den Shopbereich beziehen will, hier dehnt sich der Markt ähnlich wie beim Letztverbraucher auf eine größere Zahl von möglichen Lieferanten auf. Noch schwieriger wird die Frage, wenn man annimmt, dass der Tankstellenhalter ein einheitliches Betriebskonzept durchführen und unter der Marke eines Majors agieren will.[808] In diesem Fall wäre der relevante Markt auf solche Firmen einzuschränken, die ein derartiges Konzept anbieten.[809]

4.1.2. Räumliche Abgrenzung

Die räumliche Definition des relevanten Marktes für Treibstoffe bereitet erheblich größere Probleme, als dies bei der sachlichen Abgrenzung der Fall ist. Dies liegt an der zwangsläufig vorhandenen Mobilität der Autofahrer. Daher können keine vollkommen exakten Grenzen gezogen werden.[810] Im Endeffekt entscheidet das individuelle Verhalten der motorisierten Bevölkerung, in welchen regionalen Märkten sie sich bewegen und wie daher die Grenzen zu ziehen sind. Es kann daher bei der Marktfestlegung auch nach verschiedenen Verhaltensgruppen differenziert werden (zB nach Langstrecken- und reinen Stadtfahrten).

---

[804] Ein Großteil des Dieselkraftstoff- und nahezu der gesamte Absatz von Ottokraftstoff wird über Tankstellen abgewickelt. BkartA 19.12.2001, B8 130/01 – BP/E.ON – URL: http://www.bkarta.de/B8-130-01.pdf [21.2.2002], 12.

[805] Jegliche Handlung auf dem Zwischenmarkt ist daher zugleich auf deren Auswirkungen auf dem nachgelagerten Markt für Letztverbaucher zu überprüfen. So auch OLG Düsseldorf 13.11.2000, Kart 16/00 – Freie Tankstellen - WuW 2001, 169; Rn 96 Leitlinien.

[806] Siehe Art 9 vGVO und Rn 88 ff Leitlinien; vgl *Roninger,* Das neue Vertriebskartellrecht (2000), 70 ff.

[807] Wie dies bei freien Tankstellen regelmäßig der Fall sein wird.

[808] ZB da er sich dann einen größeren betrieblichen Erfolg erhofft.

[809] Siehe Rn 91 Leitlinien. Diese führen aus, dass zB hinsichtlich ganzer Produktpaletten ein eigener Markt bestehen kann, wenn aus der Sicht des Käufers nur diese Paletten und nicht die darin enthaltenen Einzelprodukte Substitute sind.

[810] So auch KG 10.12.1990, Kart 19/90 – Hamburger Benzinpreise – WuW 1990, 405; BKartA 9.8.2000, B8 77/00 – Freie Tankstellen – WuW 2000, 1011.

4.1.2.1. Regional

Die Kommission ist in einer Entscheidung über den Lieferstop von einer großen Mineralölgesellschaft an Vertriebsunternehmen für Letztverbraucher von einem einheitlichen nationalen Markt ausgegangen.[811] Wenn es daher um den Marktanteil von Lieferfirmen geht, sind grundsätzlich die nationalen Grenzen heranzuziehen, auf denen in der Regel einheitliche Wettbewerbsbedingungen unter den großen Mineralölgesellschaften herrschen.[812] Falls eine Raffinerie auch in ausländisches Gebiet lieferbereit ist, könnte der Markt über nationale Grenzen hinweg definiert werden. Hierbei müssen aber die Transportkosten berücksichtigt werden,[813] sodass nur im Grenzgebiet ein einheitlicher Markt bestehen kann.[814] In Österreich ist dies bereits aufgrund der relativ hohen Transportkosten von Treibstoffen eher zu verneinen.[815]

Für Letztverbraucher ist der Markt in unterschiedliche Regionen aufzuspalten.[816] Dies geschieht auch deshalb, da auf den einzelnen Teilmärkten unterschiedliche Wettbewerbsbedingungen herrschen.[817] Das BKartA hat kürzlich ausgeführt, dass alle Tankstellen im Umkreis von 25 Straßenkilometern miteinander in einem Wettbewerbsverhältnis stehen. Dabei wurde dieser Wert als zuverlässige Untergrenze definiert und festgestellt, dass regelmäßig auch bei weiteren Distanzen ein direktes Konkurrenzverhältnis bejaht werden muss.[818] Der

---

[811] *„Geographisch ist der relevante Markt der Markt der Niederlande, auf dem die Mitglieder von A.B.G. ihre ganze Vertriebstätigkeit ausüben."* 77/727/EWG, A.B.G. gegen in den Niederlanden tätige Mineralölgesellschaften, ABl 1977, L 117/3, Rn D.

[812] *Europäische Kommission,* Report on the competitive conditions of non-integrated independent companies in the motor fuel sector (2001), 13 Rn 31. Für gewerbliche Käufer wie Tankstellenhalter ist der Markt üblicherweise umfangreicher als der Markt, auf dem das Produkt an Letztverbraucher verkauft wird; vgl Rn 91 Leitlinien; *Bunte* in *Langen/Bunte,* Kommentar zum deutschen und europäischen Kartellrecht I[9] (2001), 1859 Rn 114.

[813] *Gleiss/Hirsch,* Kommentar zum EG-Kartellrecht I[4] (1993), 116 Rn 226.

[814] Hierzu ist aber erforderlich, dass keine Handelshemmnisse zwischen den Staaten und hinreichend homogene Wettbewerbsbedingungen bestehen.

[815] In diesem Sinn auch *Puwein/Würger,* Der Kraftstoffmarkt in Österreich (1999), 26 ff. So wurde mehrfach der Bau einer neuen Pipeline gefordert, der Österreich an ausländische Raffinerien anschließen soll. Dadurch könnte der Wettbewerbsdruck erhöht werden. Nur bezüglich der Raffinerie in Bratislava könnte ein Wettbewerbsverhältnis im Osten Österreichs bejaht werden.

[816] Zuletzt bestätigt durch 19.12.2001, BkartA B8 130/01 – BP/E.ON – URL: http://www.bkarta.de/B8-130-01.pdf [21.2.2002], 14 f.

[817] So besteht eine unterschiedliche Zahl und Art der Anbieter, was zu differenzierten Preisen führt.

[818] *„Der Ansatz eines Wertes von 25 km enthält insofern einen Sicherheitszuschlag, der hinreichend zuverlässig verhindert, dass die Verfügung in ihrer Umsetzung durch die Beteiligten auch auf Regionalmärkten Wirkungen entfaltet, wo diese nicht tätig sind. Da auch im Rahmen einer für alle Regionen durchgeführten regionalen Abgrenzungen Unschärfen unvermeidbar und somit zulässig wären, werden die Beteiligten durch diese Vorgangsweise der Beschlussabteilung nicht schlechtergestellt."* BKartA 9.8.2000, B8 77/00 – Freie Tankstellen – WuW 2000, 1011.

Beschluss wurde in diesen Teilen gerichtlich voll bestätigt[819] und ist auch inhaltlich zutreffend. Betont werden muss, dass wohl auch bei weit größeren Entfernungen zwischen einzelnen Tankstellen ein Wettbewerbsverhältnis bestehen kann. In der Praxis bilden daher einzelne Regionen und insbesondere städtische Ballungszentren einen eigenen Markt, so wurde bereits der Großraum Hamburg/Umgebung als ein relevanter Markt definiert.[820] Demnach kann auch Wien, Linz oder Innsbruck mit dem jeweiligen Umland ein eigener Markt sein. Es darf nicht vergessen werden, dass in Grenzregionen auch ausländische Tankstellen mit inländischen konkurrieren und somit auch über Landesgrenzen hinweg ein regionaler Markt bestehen kann.[821]

4.1.2.2. Autobahnen

Bei der Abgrenzung ist aber auch nach bestimmten Strassen zu differenzieren. Bei den Fusionsfällen Exxon/Mobil sowie TotalFina/Elf Aquitaine hat die Kommission einen eigenen sachlich relevanten Markt auf den gebührenpflichtigen Autobahnen in Frankreich angenommen.[822] Ein eigener Markt besteht, da die Möglichkeit eine Mautautobahn zu verlassen und bei einer Tankstelle auf einer anderen Strasse zu tanken stark eingeschränkt ist, die Abgabepreise auf Mautautobahnen höher sind und generell der Marktzutritt im Falle des Kraftstoffeinzelhandels schwieriger als normalerweise ist. Auch in Deutschland wurde die Frage der marktbeherrschenden Stellung einer Autobahntankstelle behandelt.[823] Im Kern wurde der Fall hier etwas zu eng beantwortet und die Möglichkeit eines Streckenmonopols nur für Nachtfahrer, die auf ihrer Reise zumindest eine Tankfüllung verbrauchen, somit ca 400 bis 500 km zurücklegen und daher tanken müssen, angenommen. Das Gericht ist meines Erachtens fälschlicherweise davon ausgegangen, dass ein erheblicher Teil der normalen Autobahnfahrer die Autobahn verlässt und eine Tankstelle abseits der Autobahn aufsucht, sollte diese günstiger sein.[824] Dies entspricht wohl kaum dem tatsächlichen Verhalten der Konsumenten. Um abseits bei einer günstigeren

---

[819] OLG Düsseldorf 13.11.2000, Kart 16/00 – Freie Tankstellen - WuW 2001, 170 f.

[820] KG 10.12.1990, Kart 19/90 – Hamburger Benzinpreise – WuW 1990, 405; KG 8.11.1990, Kart 19/90 – Hamburger Benzinpreise – WuW 1990, 236.

[821] Bei rund 30% der österreichischen Tankstellen sind Auswirkungen des Tanktourismus spürbar. Daher kann kein Zweifel daran bestehen, dass erstens regional grenzüberschreitende Teilmärkte bestehen und zweitens, dass weit über den Umkreis von 25 km hinaus Mengenverschiebungen eintreten. Siehe *Mayer/ua*, Der Tankstourismus und seine Wirkungen auf den österreichischen Treibstoffmarkt (1997), 6.

[822] *Europäische Kommission*, XXIX. Bericht über die Wettbewerbspolitik 1999 (2000), 69 Rn 155; *Europäische Kommission*, Kommission genehmigt Zusammenschluss zwischen Exxon und Mobil (beide USA) mit Auflagen, Pressemitteilung vom 29.9.1999, IP/99/708; *Europäische Kommission*, XXX. Bericht über die Wettbewerbspolitik 2000 (2001), 89 Rn 257.

[823] KG 22.12.1982, Kart 29/82 – BAT Am Biggenkopf Süd – WuW 1983, 793.

[824] Was nur nachts aufgrund der Öffnungszeiten nicht möglich sein soll.

Tankstelle zu halten, müsste dem Letztverbraucher dessen Lage und Preis bekannt sein, ansonsten kann er keine Autobahnabfahrt nehmen und nur auf gut Glück seine Suche beginnen. In der Regel werden über diese Informationen aber nur detailliert ortskundige Fahrer verfügen, aber nicht der durchschnittliche Autobahnfahrer. Für den individuellen Transit- und Reiseverkehr wird dies überhaupt nicht zutreffen. Weiters haltet ein wesentlicher Teil der Fahrer an einer Autobahnstation um zugleich zu rasten bzw etwas zu konsumieren und zu tanken. Es herrschen, wie die Kommission richtig ausführte, andere Wettbewerbsbedingungen und aus der Sicht der Konsumenten ist eine tendenziell mühsame Autobahnabfahrt, Tankstellensuche und wiederum Autobahnauffahrt mit einer normalen Autobahnstation nicht vergleichbar. Weiters versucht der Autobahnfahrer gezielt schnell voranzukommen, sodass nur die wenigsten Verkehrsteilnehmer bereit sind nur zum Tanken die Autobahn zu verlassen. Daher sind meines Erachtens Autobahnen durchwegs eigene relevante Treibstoffmärkte, wobei hier ein Wettbewerbsverhältnis zwischen den Tankstellen im Umkreis von ca 400 km angenommen werden kann.[825]

4.2. *Beeinträchtigung des Handels zwischen den Mitgliedstaaten*

Die Zwischenstaatlichkeitsklausel regelt als Kollisionsnorm sowohl die Zuständigkeit der eingreifenden Behörde, als auch den sachlichen Anwendungsbereich des EG-Kartellrechts.[826] Während bisher der Klausel durch deren weite Auslegung keine besondere Beachtung zukam,[827] wird sie in Zukunft große Bedeutung erlangen. Denn sie könnte über die ausschließliche Anwendbarkeit von Europäischem oder nationalem Kartellrecht entscheiden.

---

[825] Ebenso *Europäische Kommission,* Report on the competitive conditions of non-integrated independent companies in the motor fuel sector (2001), 11 Rn 27. Aufgrund des Durchzugsverkehrs ist hier regelmäßig auf die durchschnittlich mögliche Fahrdauer eines Tanks abzustellen. Dass diese Abgrenzung sachgemäß ist, zeigt eine Studie der Energieverwertungsagentur. Es wurde festgestellt, dass durch die Mineralölsteuererhöhung vom 1.5.1995 der Dieselabsatz auf der Brennerautobahn um 58% und der Inntalautobahn um 48% zurückging. Auf der Westautobahn war ein Rückgang um 36% zu verzeichnen. Kurze inländische Autobahnteilstücke stehen daher insbesonders mit den angrenzenden ausländischen Autobahnteilen in einem direkten Zusammenhang. *Mayer/ua,* Der Tankstourismus und seine Wirkungen auf den österreichischen Treibstoffmarkt (1997), 7.

[826] *Bunte* in *Langen/Bunte,* Kommentar zum deutschen und europäischen Kartellrecht I[9] (2001), 1861 Rn 117.

[827] *Gleiss/Hirsch,* Kommentar zum EG-Kartellrecht I[4] (1993), 119 Rn 233; *Emmerich,* Kartellrecht[8] (1999), 400.

4.2.1. Zwischenstaatlichkeitsklausel

Daher wird die Reform des Kartellverfahrensrechts vermutlich zu einem weitgehenden Abschied vom nationalen Kartellrecht führen.[828] Denn die Zwischenstaatlichkeitsklausel ist relativ leicht erfüllt. Bei ähnlichen Vertriebssystemen, die eine ganze Branche überziehen ist die Anwendung von EG-Kartellrecht nahezu selbstverständlich. Dass im Konfliktfall nur noch ein Kartellrecht gelten soll, ist sehr zu begrüßen. Dadurch werden schwierige jahrelang diskutierte Fragen über das Verhältnis zwischen Gemeinschaftskartellrecht und den nationalen Kartellrechtsordnungen endgültig gelöst und die Rechtslage maßgeblich vereinfacht.[829]

4.2.1.1. Potentielle Beeinträchtigungsgefahr

Ausschlaggebend soll sein, *„ob sich mit hinreichender Wahrscheinlichkeit voraussehen lässt, dass eine Absprache unmittelbar oder mittelbar, tatsächlich oder potentiell geeignet ist, den Warenverkehr zwischen den Mitgliedstaaten zu beeinflussen."*[830] Voraussetzung von Art 81 EGV ist somit die Eignung zur Beeinträchtigung des Handels zwischen Mitgliedstaaten.[831] Handel meint hierbei den gesamten Wirtschaftsverkehr zwischen den Mitgliedstaaten. Daher sind auch Dienstleistungen, die Niederlassungsfreiheit, die Wahrnehmung von Urheberrechten, etc erfasst. Es kommt nur auf die Gefahr der Beeinträchtigung durch eine Absprache an, eine tatsächliche Beeinflussung muss nicht erwiesen werden.[832] Ob positive oder negative Auswirkungen erzielt werden spielt keine Rolle. Bei einem Vertrag sind nur die Wirkungen der gesamten Vereinbarung entscheidend, auf einzelne wettbewerbsbeschränkende Bestimmungen kommt es nicht an.

Bei der Beurteilung sind immer zukünftige Umstände im Sinne einer Prognose zu berücksichtigen. Zu fragen ist primär, ob sich der zwischenstaatliche Handel durch eine Maßnahme anders entwickelt, als dies bei unverfälschtem Wettbewerb der Fall ist.[833] Dabei ist nicht erforderlich, dass die beteiligten Unternehmen ihren Sitz in unterschiedlichen Mitgliedstaaten haben. Auch Wettbewerbsbeschränkungen an denen nur Unternehmen aus einem Mitgliedstaat beteiligt sind,

---

[828] Siehe Art 3 des Weißbuchs, *Europäische Kommission,* Vorschlag für eine Verordnung des Rates zur Durchführung der in den Art 81 und 82 EG-Vertrag niedergelegten Wettbewerbsregeln, KOM (2000) 582, 16.

[829] Zur derzeitigen Rechtslage *Bunte* in *Langen/Bunte,* Kommentar zum deutschen und europäischen Kartellrecht I[9] (2001), 1738 ff.

[830] *Habermeier* in *Martinek/Semler,* Handbuch des Vertriebsrechts (1996), 751 Rn 25 mwN.

[831] Zu einem Bierlieferungsvertrag zuletzt OGH 25.10.2000, 3 Ob 296/99, WBl 2001, 287.

[832] *Koppensteiner,* Österreichisches und europäisches Kartellrecht[3] (1997), 307 ff. Die rein abstrakte Prüfung ist eine Folge der Abgrenzungsproblematik.

[833] *Emmerich,* Kartellrecht[8] (1999), 401.

können die Zwischenstaatlichkeitsklausel erfüllen.[834] Die Praxis stellt primär auf die Marktabschottung von nationalen Märkten ab, die insbesondere durch langfristige Bezugsbindungen oder Wettbewerbsverbote im Vertriebssektor erreicht werden kann.[835] Die europäischen Gerichtshöfe haben bereits mehrmals festgestellt, dass die Eignung zur Beeinträchtigung des zwischenstaatlichen Handels immer gegeben ist, wenn sich die fragliche Absprache auf das gesamte Hoheitsgebiet eines Mitgliedstaates erstreckt.[836]

Solche Absprachen sind bereits ihrem Wesen nach geeignet, zur Isolierung von nationalen Märkten zu führen.[837] Für Vertriebsverträge wie dem Tankstellenvertrag ist vor allem die sogenannte Bündeltheorie bedeutsam.[838] Sie führt dazu, dass ein einzelner Vertriebsvertrag kartellrechtswidrig sein kann, da er in seinen Wirkungen im Zusammenhang mit allen bestehenden gleichartigen Verträgen gesehen werden muss und somit die Zwischenstaatlichkeitsklausel erfüllt.[839]

Klarerweise beeinträchtigen Vereinbarungen, die unabhängig von einer möglichen Abschottungswirkung zu einer Verhinderung, Minimierung oder Regulierung grenzüberschreitender Verkäufe und Lieferungen führen eindeutig den Handel zwischen den Mitgliedstaaten.[840] Daraus folgt, dass bei einer tatsächlichen Beeinflussung der Handelsströme jeglicher Nachweis entfällt. Sollte daher bereits statistisches Material vorhanden sein, das einen direkten und starken Zusammenhang belegt, so ist die Frage der Zwischenstaatlichkeitsklausel eindeutig entschieden. In einem solchen Falle bestehen richtigerweise bereits grenzüberschreitende Märkte.

---

834 EuGH 28.1.1986, Rs 161/84 – Pronuptia – Slg 1986, 353 = CELEX/61984J0161, Rn 26.

835 Vgl bereits 1.5.

836 Zuletzt EuG 8.6.1995, Rs T-7/93 – Langnese – Slg 1995, II-1533 = CELEX/61993A007, Rn 115 ff.

837 EuGH 18.6.1998, Rs C-35/96 – Kommission/Italien – Slg 1998, I-3898 Rn 48; EuGH 26.11.1975, Rs 73/74 – Belgische Tapetenhersteller – Slg 1975, 1515 Rn 25/27; EuGH 17.10.1972, Rs 8/72 – Vereeniging van Cementhardelaren – Slg 1972, 991 Rn 28/30; *Gleiss/Hirsch*, Kommentar zum EG-Kartellrecht I[4] (1993), 125 Rn 248; *Bunte* in *Langen/Bunte*, Kommentar zum deutschen und europäischen Kartellrecht I[9] (2001), 1867 Rn 129 mit weiteren reichhaltigen Nachweisen zur europäischen Rechtsprechung.

838 *Habermeier* in *Martinek/Semler*, Handbuch des Vertriebsrechts (1996), 752 Rn 28.

839 Zur Bündeltheorie siehe 5.2.3.

840 Zustimmend *Bunte* in *Langen/Bunte*, Kommentar zum deutschen und europäischen Kartellrecht I[9] (2001), 1866 Rn 127.

4.2.1.2. Spürbarkeit der Handelsbeeinträchtigung

Das Spürbarkeitskriterium tritt sowohl bei Analyse der Zwischenstaatlichkeitsklausel, als auch bei der Wirkung einer Wettbewerbsbeschränkung auf. Der EuGH verwendet den Prüfstein auf beiden Ebenen, um Fälle von minderer Bedeutung auszuscheiden.[841] Generell muss eine Absprache ein bestimmtes Maß überschreiten, damit das Europäische Kartellrecht anwendbar ist. Dabei wird zwischen bezweckten und rein bewirkten Wettbewerbsbeschränkungen unterschieden.[842] Bezweckt eine Absprache eine Beschränkung des Wettbewerbs, so wird diese strenger beurteilt, da der Nachweis einer eingetretenen Beeinträchtigung nicht mehr erforderlich ist. Die Praxis zieht aber nicht immer eine klare Trennlinie zwischen den beiden Möglichkeiten.

Klarerweise bestehen Unsicherheiten darüber, wo die Spürbarkeitsgrenze zu ziehen ist.[843] So hat der EuGH ausgesprochen, dass ein vertikales Vertriebssystem, dessen Lieferant einen unbedeutenden Anteil am relevanten Markt hält, nicht unter Art 81 EGV fällt.[844] Dabei hat er es vermieden einen genauen Wert zu nennen, vielmehr kommt es darauf an, welche Stellung der bindende Unternehmer auf dem Markt der fraglichen Erzeugnisse einnimmt. Der Lieferant hatte aber einen Marktanteil von unter 1%, sodass selbst, obwohl der Fall einen absoluten Gebietsschutz betraf, der Handel zwischen den Mitglied-staaten nicht beeinträchtigt sein kann. In einem anderen Fall wurde Art 81 angewendet, da das involvierte Unternehmen einen Anteil von ca 5-6% hielt.[845] Dabei kann es aber immer nur darauf ankommen, ob tatsächlich die Gefahr der Beeinträchtigung des Handels zwischen den Mitgliedstaaten besteht.[846] Daraus hat das EuG den Schluss gezogen, dass auch bei geringem Umfang des Handels zwischen den Mitgliedstaaten eine Beeinträchtigung möglich ist.[847] Der EuGH hat bereits zuvor einen Marktanteil von 3% bei der Beurteilung eines vertikalen Vertriebssystems als ausreichend angesehen, um den gemeinschaftlichen Handel spürbar zu

---

[841] Im Endeffekt fällt die Prüfung auf beiden Ebenen oft zusammen, sodass die Spürbarkeit nur einmal geprüft wird. *Emmerich* in *Dauses,* Handbuch des EU-Wirtschaftsrechts II (Stand 2000), 44 Rn 119; *Schröter* in *von der Groeben/Thiesing/Ehlermann,* Kommentar zum EU-/EG-Vertrag II^{5} (1999), 241 Rn 179.

[842] Vgl *Woods/Filipponi* in *Faull/Nikpay,* The EC Law of Competition (1999), 442 ff.

[843] Zur Spürbarkeit von Alleinbezugsverträgen siehe 5.2.3.1.

[844] EuGH 9.7.1969, Rs 5/69 – Völk/Vervaeke – Slg 1969, 295.

[845] EuGH 1.2.1978, Rs 19/77 – Miller International Schallplatten GmbH – Slg 1978, 149 Rn 9.

[846] So Rn 15 des Miller Urteils.

[847] EuG 21.2.1995, Rs T-29/92 – SPO – Slg 1995, II-367 Rn 235. *„Zur Spürbarkeit dieser Wirkung ist in Übereinstimmung mit der Kommission festzustellen, dass der Handel umso mehr von dem Kartell beeinträchtigt werden kann, je schwächer er ist."* Das Urteil wurde vom EuGH bestätigt, EuGH 25.3.1996, Rs C-137/95 – SPO – Slg 1996, I-1611.

beeinträchtigen.[848] Feste Schwellenwerte gibt es folglich nicht. Alle Faktoren sind zu berücksichtigen. Daher sind Inhalt der Bestimmung, Art und Menge der Produkte, Stellung und Bedeutung der Beteiligten auf dem Markt und allgemein alle rechtlichen und wirtschaftlichen Zusammenhänge entscheidend.[849] Der Bereich zwischen 1 und 5% Marktanteil kann als Graubereich bezeichnet werden, in dem die Lösung der Frage von den aufgezählten Kriterien abhängt.[850] Die Bagatellbe-kanntmachungen der Kommission konnten keine Klarheit schaffen. Die neue De Minimis Bekanntmachung beinhaltet eine eigene Klausel für Vereinbarungen, die im Lichte der Bündeltheorie zu sehen sind. Die Kommission geht davon aus, dass wenn einzelne Lieferanten oder Händler die Marktanteilsschwelle von 5% nicht überschreiten, sie keinen wesentlichen Beitrag zur Abschottungswirkung leisten.[851] Bei bezweckten Wettbewerbsbeschränkungen[852] empfiehlt die Kommission den Marktanteil der fraglichen Unternehmen überhaupt nicht zu berücksichtigen.[853] Aufgrund der enormen wirtschaftlichen Dimension der großen Mineralölgesellschaften muss nicht näher erläutert werden, dass die Begünstigung von kleinen und mittleren Unternehmen auf Tankstellenverträge in der Regel nicht anwendbar ist.[854]

4.2.2. Zwischenstaatliche Auswirkungen am österreichischen Mineralölmarkt

Die Handlungen und Vertriebsverträge der Majors erfassen das gesamte Hoheitsgebiet Österreichs. Beim Verkauf von Treibstoffen an den Letztverbraucher bilden die öffentlich zugänglichen Tankstellen eine eigene Handelsstufe.[855] Auf diesem Markt bestehen durch die hohen Kosten[856] und Schwierigkeiten bei der Errichtung von neuen Tankstellen extrem hohe

---

[848] EuGH 7.6.1983, Rs 100-103/80 – Musique Diffusion Francaise – Slg 1983, 1900 Rn 83.

[849] *Bunte* in *Langen/Bunte,* Kommentar zum deutschen und europäischen Kartellrecht I[9] (2001), 1864 Rn 124.

[850] *Woods/Filipponi* in *Faull/Nikpay,* The EC Law of Competition (1999), 443 Rn 7.33; *Emmerich* in *Dauses,* Handbuch des EU-Wirtschaftsrechts II (Stand 2000), 45 Rn 123.

[851] Bekanntmachung der Kommission über Vereinbarungen von geringer Bedeutung, die den Wettbewerb gemäß Art 81 Absatz 1 des Vertrages zur Gründung der Europäischen Gemeinschaft nicht spürbar beschränken (de minimis), ABl C 368 vom 22.12.2001, 13 Rn 8.

[852] Siehe 5.1.1.

[853] Bekanntmachung der Kommission über Vereinbarungen von geringer Bedeutung, die den Wettbewerb gemäß Art 81 Absatz 1 des Vertrages zur Gründung der Europäischen Gemeinschaft nicht spürbar beschränken (de minimis), ABl C 368 vom 22.12.2001, 13 Rn 11. Dies ist der Fall, wenn Wiederverkaufspreise festgesetzt oder ein absoluter Gebietsschutz eingeräumt wird.

[854] Vgl dazu *Reich-Rohrwig/Zehetner,* Kartellrecht I (2000), 40 ff.

[855] Siehe 4.1.1.

[856] Ebenfalls *Europäische Kommission,* Grünbuch zur EG-Wettbewerbspolitik gegenüber vertikalen Wettbewerbsbeschränkungen, KOM (1996) 721, 15.

Zugangsschranken.[857] Im Zusammenhang mit der in Österreich notwendigen Schließung von bestehenden Tankstellen[858] ist eine Errichtung von neuen Anlagen betriebswirtschaftlich sinnlos. Daher sind die bestehenden Tankstellen de fakto die einzigen Marktzugangsmöglichkeiten für neue in- und ausländische Mineralölfirmen. 74% der bestehenden Tankstellen stehen im Eigentum der Majors oder sind vertraglich an diese gebunden.[859]

Der EuG hat zum Vertrieb von „Kleineis" ausgeführt, dass bei einer bewirkten Wettbewerbsbeschränkung ein Bündel von 30% gleichartiger Verträge in einem Sektor in Verbindung mit erheblichen Marktzutrittsschranken[860] und einer starken Stellung der bindenden Unternehmen ausreicht, um einen nationalen Markt zu isolieren und somit die Zwischenstaatlichkeitsklausel erfüllt.[861] Es kann daher nach der europäischen Rechtsprechung an der möglichen Abschottungswirkung von Tankstellenverträgen nicht gezweifelt werden. Bereits deshalb ist die Zwischenstaatlichkeitsklausel ohne Zweifel erfüllt, sodass EG-Kartellrecht auf die Überprüfung der österreichischen Tankstellenverträge anwendbar ist.[862]

Es findet durch die bestehenden vertikalen Preisbindungen aber auch tatsächlich eine erhebliche Beeinträchtigung von Handelsflüssen statt. Die Auswirkungen des Tanktourismus belegen, dass zwischen den Mitgliedstaaten ein reger Strom an Autofahrern bei günstigeren ausländischen Tankstellen tankt. Aufgrund der hohen Exponiertheit Österreichs sind die Effekte kräftig spürbar, wobei eine stark regional ausgeprägte Betroffenheit besteht.[863] Rund 30% der gesamten österreichischen Tankstellen sind vom Tanktourismus betroffen, bei Preis-

---

857 So bereits *Biedenkopf*, Vertragliche Wettbewerbsbeschränkung und Wirtschaftsverfassung (1958), 82.
858 *Puwein/Würger*, Der Kraftstoffmarkt in Österreich (1999), 52.
859 *Puwein/Würger*, Der Kraftstoffmarkt in Österreich (1999), 38. Die großen Mineralölfirmen behaupten, sie hatten im Jahr 1997 einen Anteil am Tankstellennetz in der Höhe von 64,2%; *Fachverband der Erdölindustrie*, Fehlerbericht des Fachverbandes der Erdölindustrie Österreichs zur WIFO – Studie „Der Kraftstoffmarkt in Österreich" (1999), 6.
860 Was in diesem Fall bereits im Lebensmittelhandel bejaht wurden.
861 EuGH 8.6.1995, Rs T-7/93 – Langnese – Slg 1995, II-1533 = CELEX/61993A007, Rn 105 ff. Die genau gleichen Problematik behandelt das Urteil EuG 8.6.1995, Rs T-9/93 – Schöller – Slg 1995, II-1611 = CELEX/61993A009.
862 Zur Überprüfung des Missbrauchs einer marktbeherrschenden Stellung hat die Kommission die mögliche Beeinträchtigung eines Unternehmens, das 5% des Verbrauchs von Motorenbenzin in den Niederlanden deckt, als ausreichend angesehen, um die Zwischenstaatlichkeitsklausel zu erfüllen. Europäische Kommission 19.4.1977, 77/327/EWG – A.B.G. gegen in den Niederlanden tätige Mineralölgesellschaften – ABl L 117 vom 9.5.1977, 11 Rn C. Das Pariser Berufungsgericht hat im Jahre 1988 erkannt, dass das weitverbreitete System der Bindung von Tankstellenhaltern an große Mineralölgesellschaften den Handel zwischen den Mitgliedstaaten beeinträchtigt; *Europäische Kommission*, XVIII. Bericht über die Wettbewerbspolitik 1988, 35 Rn 22.
863 Dies zeigt dies die Zerlegung des Produktmarktes für Treibstoffe in einzelne regionale Teilmärkte sachgerecht ist.

differenzen zu Deutschland treten überdurchschnittlich hohe Mengenveränderungen auf.[864] Daher finden Verlagerungen nicht nur bei der EU-Außengrenze, sondern auch im Binnenmarkt statt. Dass in Österreich kein Preiswettbewerb stattfindet,[865] ist auch auf die starren Strukturen und die Organisation des Vertriebs zurückzuführen. Die potentielle Vergrößerung des Wettbewerbs, die durch eine höhere Anzahl an Konkurrenten erzielt werden kann, wird durch die Festlegung der Abgabepreise verhindert. Daher wird richtigerweise behauptet, dass die vertikale Preisbindung wie ein Herstellerkartell wirkt.[866] Der mangelnde Preiswettbewerb hat einen großen Anteil an den Ursachen des Tanktourismus und erhöht die negativen Auswirkungen auf die österreichische Volkswirtschaft. Daher besteht ein direkter Zusammenhang zwischen den vertikalen Preisbindungen in der Mineralölwirtschaft und dem Tanktourismus, sodass tatsächlich eine Beeinträchtigung des Handels zwischen den Mitgliedstaaten stattfindet.

Weiters sind bereits durch die Natur des Produkts zwischenstaatliche Handelsflüsse betroffen. Treibstoffe sind Grundvoraussetzung des Individualverkehrs und jeglicher Warentransporte durch Kraftfahrzeuge. Daher ist der Treibstoffpreis als Teil der Speditionskosten in den Transportkosten eines Produkts enthalten. In der Folge ist der gesamte europäische Warenverkehr von den Treibstoffkosten mehr oder weniger stark betroffen.[867] Die Auswirkungen sind auch für Transitreisende, die in einem Land tanken wollen oder müssen, spürbar.

Zusammenfassend kann daher daran, dass sich mit hinreichender Wahrscheinlichkeit voraussehen lässt, dass österreichische Tankstellenverträge unmittelbar oder mittelbar, tatsächlich oder potentiell geeignet sind, den Warenverkehr zwischen den Mitgliedstaaten spürbar zu beeinflussen, kein Zweifel bestehen. Denn die fraglichen Absprachen betreffen zumindest drei Viertel des gesamten Marktes, es bestehen grenzüberschreitende Treibstoffmärkte und Kraftstoffpreise sind Teil der Transportpreise von Waren.

---

864 *Mayer/ua,* Der Tankstourismus und seine Wirkungen auf den österreichischen Treibstoffmarkt (1997), 3 und 6.
865 Siehe 1.3.
866 Statt aller *Emmerich,* Kartellrecht[8] (1999), 107.
867 Je nach den Transportkosten des einzelnen Gutes. Diese hängen maßgeblich von dessen Gewicht und Größe sowie von der Wegstrecke ab.

4.3. Unternehmen im Sinne des EG-Kartellrechts

Der Unternehmensbegriff des EG-Kartellrechts ist sehr weit zu verstehen. Art 81 EGV richtet sich an *„Unternehmen oder Unternehmensvereinigungen"*, definiert diese Begriffe aber nicht näher. Vollkommen herrschende Ansicht ist, dass der Unternehmensbegriff funktional aus dem Sinn und Zweck der EG-Wettbewerbsregeln auszulegen ist.[868] Diese bezwecken einen umfassenden Schutz der Freiheiten des Gemeinschaftsmarktes, demnach wird die wirtschaftliche Betätigungsfreiheit der Unternehmer geschützt. In der Praxis spielt der Unternehmensbegriff oft gar keine Rolle, da die Eigenschaft als Unternehmen selbstverständlich ist.[869]

Der EuGH definiert in ständiger Rechtsprechung: *„Im Rahmen des Wettbewerbsrechts umfasst der Begriff des Unternehmens jede eine wirtschaftliche Tätigkeit ausübende Einheit, unabhängig von ihrer Rechtsform und der Art ihrer Finanzierung.*[870] *Eine wirtschaftliche Tätigkeit ist jede Tätigkeit, die darin besteht Güter oder Dienstleistungen auf einem Markt anzubieten."*[871] Wesentlich ist die Erbringung einer wirtschaftlichen Leistung gegen Entgelt, dabei ist die Absicht Gewinne zu erzielen, die Einstufung nach nationalem Recht oder die gewählte Rechtsform ohne jegliche Bedeutung.

Demnach sind jegliche Einheiten, die eine wirtschaftliche Tätigkeit entfalten, Unternehmen iSd EG-Kartellrechts. Auch staatliche Organisationen unterliegen dem EG-Kartellrecht, solange sie am Markt ohne die Ausübung von Hoheitsgewalt auftreten.[872] Arbeitnehmer sind vom Unternehmensbegriff nicht umfasst,

---

868 *Bunte* in *Langen/Bunte,* Kommentar zum deutschen und europäischen Kartellrecht I[9] (2001), 1795 Rn 5; *Emmerich* in *Immenga/Mestmäcker,* Kommentar zum EG-Wettbewerbsrecht I (1997), 128 Rn 16.

869 So *Gleiss/Hirsch,* Kommentar zum EG-Kartellrecht I[4] (1993), 42 Rn 2.

870 Grundlegend EuGH 23.4.1991, Rs C-41/90 – Höfner und Elser/Macrotron – Slg 1991, I-2016 Rn 21; EuGH 17.2.1993, Rs C-259, 160/91 – Poucet/AGF ua – Slg 1993, I-669 Rn 17; EuGH 19.1.1994, Rs C-364/92 – SAT Fluggesellschaft/Eurocontrol – Slg 1994, I-61 Rn 18.

871 EuGH 16.6.1987, Rs 118/85 – Kommission/Italien – Slg 1987, 2621 Rn 7; EuGH 18.6.1998, Rs C-35/96 – Kommission/Italien – Slg 1998, I-3896 Rn 36. Zuletzt beide Zitate EuGH 25.10.2001, Rs C-475/99 - Ambulanz Glöckner/Landkreis Südwestpfalz ua – Slg 2001, I-8089, Rn 19; EuGH 12.9.2000, Rs C-180, 184/98 – Pavlov ua/Stichting Pensioenfonds Medische Specialisten – Slg 2000, Slg. 2000, I-6451, Rn 74 f.

872 So wurde zB die deutsche Bundesanstalt für Arbeit als Unternehmen qualifiziert, insofern sie die Arbeitsvermittlung betreibt; EuGH 23.4.1991, Rs C-41/90 – Höfner und Elser/Macrotron – Slg 1991, I-2017 Rn 23. Die Abgrenzung zur öffentlichen Hand ist hier ohne Bedeutung, da sowohl Mineralölgesellschaften, als auch Tankstellenhalter keine öffentlichen Unternehmen sind.

sehr wohl hingegen Selbständige.[873] Die Abgrenzung zum Arbeitsrecht wurde bereits ausführlich untersucht. Der Tankstellenhalter ist eindeutig kein Arbeitnehmer.[874] Die unternehmerische Tätigkeit muss einer wirtschaftlichen Einheit zugerechnet werden können, damit von einem Unternehmen gesprochen werden kann. Dabei ist weder eine rechtliche, noch eine wirtschaftliche Selbständigkeit Voraussetzung, da gerade kein institutioneller, sondern ein rein funktioneller Unternehmensbegriff gilt.[875] Denn die Frage der Zurechnung wirtschaftlichen Handelns würde *„ihre normative Qualität verlieren und zur Disposition der wirtschaftlichen Tätigen stehen; dies widerspräche der Autonomie des Unternehmensbegriffs.“*[876] Meinungen, die auf eine wirtschaftliche Selbständigkeit abzielen, sind daher weder mit dem Terminus des Unternehmens, noch mit Sinn und Zweck eines Systems, das den Wettbewerb schützen soll, vereinbar.[877] Der EuGH hat vollkommen richtig ausgesprochen, dass die wirtschaftliche Abhängigkeit eines Absatzmittlers[878] den Unternehmensbegriff nicht beeinflusst.[879]

Nur bei einer Verbindung, bei der ein Unternehmen beherrschenden Einfluss auf ein anderes ausübt, kann zwischen dem Unternehmensbegriff im Außen- und Innenverhältnis unterschieden werden.[880] Bei verbundenen Unternehmen können interne Wettbewerbsbeschränkungen generell zulässig sein. Dabei stellt sich das komplexe Problem, ob nun einzelne Konzerngesellschaften, der ganze Konzern oder Teile des Konzerns eine wirtschaftliche Einheit bilden.[881] Die Frage muss hier nicht näher behandelt werden. Denn zwischen Tankstellenhalter und Mineralölgesellschaft wird ein typischer Vertriebsvertrag abgeschlossen. Kein

---

873 *Bunte* in *Langen/Bunte,* Kommentar zum deutschen und europäischen Kartellrecht I[9] (2001), 1796 Rn 7; *Gleiss/Hirsch,* Kommentar zum EG-Kartellrecht I[4] (1993), 46 Rn 19; *Faull/Nikpay* in *Faull/Nikpay,* The EC Law of Competition (1999), 68.

874 Zum Nachweis siehe 2.2.

875 So vollkommen richtig *Gleiss/Hirsch,* Kommentar zum EG-Kartellrecht I[4] (1993), 55 f; *Schröter* in *von der Groeben/Thiesing/Ehlermann,* Kommentar zum EU-/EG-Vertrag II[5] (1999), 70 Rn 31; siehe bereits Fn 868.

876 *Gleiss/Hirsch,* Kommentar zum EG-Kartellrecht I[4] (1993), 56 Rn 48.

877 Siehe zum KartG 6.1.1.

878 Die bei einem Vertriebsvertrag meistens gegeben ist und in Österreich von der Judikatur teilweise mit der wirtschaftliche Unselbständigkeit verwechselt wird. Siehe 2.2.3.2.

879 EuGH 12.7.1979, Rs 32, 36-82/78 – BMW Belgium SA – Slg 1979, 2478 Rn 36. Denn die primäre unternehmerische Entscheidungsbefugnis verbleibt dem Absatzmittler. So zB, ob ein Vertriebsvertrag abgeschlossen oder gekündigt wird.

880 *Schröter* in *von der Groeben/Thiesing/Ehlermann,* Kommentar zum EU-/EG-Vertrag II[5] (1999), 189 Rn 96 f. Grund hierfür ist, dass die Tochtergesellschaft keinen beschränkbaren Entscheidungsfreiraum hat. Auf die wirtschaftliche Selbständigkeit kommt es dabei nicht an. Siehe 6.1.1.4.

881 *Gleiss/Hirsch,* Kommentar zum EG-Kartellrecht I[4] (1993), 57 Rn 54. *Bunte* in *Langen/Bunte,* Kommentar zum deutschen und europäischen Kartellrecht I[9] (2001), 1798 Rn 10.

einziger typischer vertikaler Vertriebsvertrag wurde in der Rechtsprechung des EuGH jemals als eine Verbindung angesehen, die im Innenverhältnis deren eigenständige Unternehmenseigenschaft verhindert.[882] Würde der Tankstellenvertrag zu einem verbundenen Unternehmen führen, wären die eigenen Bestimmungen für Tankstellenverträge in der „alten" GVO unnötig.[883] Auch der EuGH hat in seinen zwei Urteilen, die sich mit Tankstellenverträgen beschäftigen, die Unternehmereigenschaft des Tankstellenhalters nicht bezweifelt.[884]

4.3.1. Handelsvertreter

Beim Handelsvertreter sind hingegen Zweifel aufgekommen, ob dieser eine eigenständige wirtschaftliche Einheit und somit Unternehmer ist.[885] Der idealtypische Handelsvertreter hat in Bezug auf das vermittelte Geschäft selbst keinerlei Gewinn oder Verlust.[886] Daher wird behauptet, der Handelsvertreter sei keine selbständige Stufe des Absatzgefüges.[887] Diese Sichtweise würde sich mit der kartellrechtlichen Unbedenklichkeit des Handelsvertreters decken. Da der Tankstellenhalter beim Verkauf von Treibstoffen in der Regel als Agent der Mineralölgesellschaft fungiert, könnte seine unternehmerische Qualifikation zu bezweifeln sein. Daher wird an dieser Stelle die kartellrechtliche Stellung des Handelsvertreters untersucht. Dennoch erscheint die vom EuGH früher geäußerte Ansicht, dass der Handelsvertreter nur unter bestimmten Voraussetzungen eine eigenständige wirtschaftliche Einheit sei,[888] mit seiner eigenen Rechtsprechung zum Unternehm-ensbegriff nicht vereinbar. Einerseits formuliert er eine extrem weite Definition des Unternehmers, andererseits verwendet er Kriterien, die eine eigene wirtschaftliche Betätigung von formalen Gesichtspunkten abhängig macht. Die zu enge Betrachtung des Handelsvertreters wurde aber vom EuGH bereits weitgehend richtiggestellt.[889] Dies findet seinen Niederschlag in den Leitlinien zur vGVO.

---

[882] Es liegt eben nicht die notwendige Beherrschung vor, die die Wirkungen eines Zusammenschlusses begründen würde.

[883] Ebenso wie für alle anderen Bezugsbindungen, die ohne Zweifel dem EG-Kartellrecht unterliegen. Vgl *Kirchhoff,* Die Beurteilung von Bezugsverträgen nach europäischem Kartellrecht, WuW 1995, 361 ff.

[884] EuGH 7.12.2000, Rs C-214/99 – Neste Markkinointi Oy/Yötuuli Ky ua – CELEX/61999J0214 = WuW 2001, 79; EuGH 10.11.1993, Rs C-39/92 – Petroleos de Portugal – Slg 1993, I-5659 = CELEX/61992J0039.

[885] Vgl *Völcker,* Handelsvertretervertrieb und EG-Kartellrecht (1994), 211 ff.

[886] Siehe 3.2.1.

[887] *Martinek,* Aktuelle Fragen des Vertriebsrechts[2] (1989), 21; *Martinek* in *Martinek/Semler,* Handbuch des Vertriebsrechts (1996), 52 Rn 13.

[888] So noch EuGH 13.7.1966, Rs 56, 58/64 – Grundig und Consten – Slg 1966, 322; EuGH 13.7.1966, Rs 32/65 – Kommission/Italien – Slg 1966, 457; EuGH 16.12.1975, Rs 40-48, 50, 54-56, 111, 113, 114/73 – Suiker Unie ua – Slg 1975, 1663.

[889] EuGH 24.10.19995, Rs C-266/93 – VW-Herstellerleasing – Slg 1995, I-3477.

Richtigerweise ist der Tankstellenhalter aber bereits aus zivilrechtlicher Sicht kein „echter" Handelsvertreter und nimmt eine Rechtstellung sui generis ein.[890] Daher kann bereits deshalb an seiner Eigenschaft als unternehmerische Einheit iSd Art 81 EGV kein Zweifel bestehen. Da die fälschlicherweise angenommene Handelsvertretereigenschaft des Tankstellenhalters aber als Rechtfertigung für eine Festsetzung des Treibstoffabgabepreises verwendet wird, erfolgt hier ein detaillierte Analyse. Entscheidend ist, dass die zivilrechtliche Einordnung für das EG-Kartellrecht überhaupt keine Rolle spielt.

4.3.1.1. Rechtsprechung des EuGH

Wie bereits *Völcker* treffend bemerkt, beschäftigt sich die Entscheidungspraxis des EuGH vornehmlich am Rande mit der Handelsvertreterproblematik. In einzelnen Urteilen wird die Frage aus einer bestimmten Sichtweise erörtert, aber nie umfassend behandelt.[891] Dadurch hat die Diskussion eine eigentümliche Dynamik bekommen, auch mehrere wissenschaftliche Beiträge sind von begrenztem Erkenntniswert, da vielfach relativ kritiklos einzelne Kriterien aufgezählt werden.

4.3.1.1.1. Grundig und Consten

In seiner ersten Erwähnung der Problematik führt der EuGH den Handelsvertreter nur als Abgrenzungsbeispiel an.[892] Er erörtert die Unterschiede zum Eigenhändler, da der Kläger Grundig behauptete, dass Wettbewerbsbeschränkungen eines Eigenhändlervertrages wie bei einem Handelsvertreter gerechtfertigt sind, da es sich in beiden Fällen um Interessenwahrungsverträge handelt. Dabei führt er die Eingliederung des Handelsvertreters in die Vertriebsorganisation des Geschäftsherrn als unterscheidendes Merkmal an, da es sich dann um ein einziges Unternehmen handelt.[893] Ausgehend von dieser Formulierung[894] sind viele Missverständnisse entstanden. Das Kriterium der Eingliederung ist aber wissenschaftlich nicht zu halten.

---

[890] Zum ausführlichen Nachweis siehe 2.3.4.

[891] *Völcker*, Handelsvertretervertrieb und EG-Kartellrecht (1994), 168 f.

[892] Siehe die wortgleiche Begründung bei EuGH 13.7.1966, Rs 56, 58/64 – Grundig und Consten – Slg 1966, 322 und EuGH 13.7.1966, Rs 32/65 – Kommission/Italien – Slg 1966, 457.

[893] EuGH 13.7.1966, Rs 56, 58/64 – Grundig und Consten – Slg 1966, 485 f.

[894] Die nur als eine reine Negativabgrenzung gedacht war und nicht zum Kern der Frage vordringt. Deshalb kann ihr auch kein besonderer Wert beigemessen werden. Die Zitierung dieser Urteile beinhaltet daher keinen großen Erkenntniswert. So aber zB *Roninger,* Das neue Vertriebskartellrecht (2000), 28; *Schuhmacher,* Zulässigkeit und Durchsetzung selektiver Vertriebssysteme (2001), 36.

4.3.1.1.2. Suiker Unie und die Lehre der „Doppelprägung“

Die Untersuchungen des europäischen Zuckermarktes führten schließlich zu einem umfangreichen Urteil des EuGH.[895] Im Sachverhalt wurde der Vertrieb durch Unternehmer organisiert, die als Handelsvertreter tätig waren, aber zugleich als Eigenhändler Zucker verkauften. Dasselbe Produkt wurde somit von einem Unternehmen wahlweise als Handelsvertreter oder als Eigenhändler, zur Denaturierung oder zum Export in Drittstaaten, vertrieben. Der EuGH hat die Meinung der Kommission bestätigt, dass in einem solchen Fall das Handelsvertreterprivileg nicht anwendbar sei. Erstmals hat er hier die Lehre zur „Doppelprägung“ des Handelsvertreterverhältnisses begründet, die finanzielle Risikoverteilung als ausschlaggebend beurteilt und die Eingliederung als Form der „wirtschaftlichen Einheit“ ähnlich einer konzerninternen Absprache gesehen.

> *„Wird ein solcher Absatzmittler für seinen Geschäftsherrn tätig, so kann er grundsätzlich als ein in dessen Unternehmen eingegliedertes Hilfsorgan angesehen werden, das den Weisungen des Geschäftsherrn zu folgen hat und sonach mit dem betroffenen Unternehmen ebenso wie ein Handlungsgehilfe eine wirtschaftliche Einheit bildet. Bei einer solchen Sachlage ergibt sich die Unvereinbarkeit mit Artikel 85 nicht aus der bloßen Tatsache, dass der Geschäftsherr einem solchen Hilfsorgan das Verbot auferlegt, ohne seine Zustimmung mit Waren zu handeln, die geeignet sind, seinen eigenen Waren Konkurrenz zu machen.*
> *Etwas anderes gilt, wenn dem Absatzmittler aufgrund der zwischen ihm und dem Geschäftsherrn getroffenen Abmachung, die die Vertragsparteien als „Handelsvertreter“-Vereinbarung bezeichnen, Aufgaben erwachsen oder verbleiben, die aus wirtschaftlicher Sicht insofern denen eines Eigenhändlers ähneln, als der Absatzmittler die finanziellen Risiken des Absatzes bzw der Abwicklung der mit dem Dritten geschlossenen Verträge zu tragen hat. Da in diesem Fall der Absatzmittler nicht als ein in das Unternehmen des Geschäftsherrn eingegliedertes Hilfsorgan anzusehen ist, kann ein zwischen beiden verabredetes Wettbewerbsverbot eine gemäß Artikel 85 untersagte Vereinbarung zwischen Unternehmen darstellen...*
> *Die Begründung eines derartigen Verhältnisses mit Doppelprägung, das einem Händler im Hinblick auf ein und dieselbe Ware Raum für eine selbständige Tätigkeit nur in den durch das Interesse seines Lieferanten gezogenen Grenzen lässt, kann nicht der Verbotsvorschrift des Artikel 85 entgehen, wie immer dieses Verhältnis nach nationalem Recht zu bewerten sein mag.“*[896]

Das Konzept der Eingliederung wurde somit im Urteil weiter verfeinert. Unklar blieb, wann genau eine Doppelprägung vorliegt und auf welchen Bereich sich das Kartellverbot erstreckt. Darauf, dass ein und dieselbe Ware verkauft wird, kann es nicht ankommen.[897] Dies ist nur eine Besonderheit des Falles. Daher ist diese

---

[895] EuGH 16.12.1975, Rs 40-48, 50, 54-56, 111, 113, 114/73 – Suiker Unie ua – Slg 1975, 1663.
[896] EuGH 16.12.1975, Rs 40-48, 50, 54-56, 111, 113, 114/73 – Suiker Unie ua – Slg 1975, 2024 Rn 538/540 ff, teilweise gleichlautend 2016 Rn 478/481 ff.
[897] Es findet sich keine Rechtfertigung, warum die Doppelprägung von der Produktidentität abhängt. Ausschlaggebend ist die Organisation des Vertriebs im Interesse eines anderen, nicht aber welche Produkte vertrieben werden sollen. Einer Eingliederung steht die Risikoverteilung des

Lehre auch anwendbar, wenn zugleich Treibstoffe und andere Waren im Interesse eines Geschäftsherrn vertrieben werden. Doch worauf erstreckt sich Artikel 81 EGV? Ist bei einer Doppelprägung nur der Bereich erfasst, in dem der Absatzmittler als Eigenhändler tätig wird oder auch der Handelsvertreterbereich? Nach dem Urteil ist ausdrücklich der Handelsvertreterbereich vom Kartellverbot betroffen, denn im Sachverhalt ist nicht ersichtlich, dass die Handelsvertreter bei ihrer Eigenhändlertätigkeit irgendwelchen Beschränkungen unterlagen.[898] Der EuGH hat daher die Auffassung der Kommission bestätigt, dass beim „doppeltgeprägten" Handelsvertreter gerade nicht zwischen Vertreter- und Eigenhändlertätigkeit zu unterscheiden ist, weshalb beide Bereiche kartellrechtlich zu überprüfen sind.[899] Gerade dies ist Sinn der Lehre der „Doppelprägung". Etwas anderes kann nur gelten, wenn beide Bereiche klar voneinander trennbar sind.[900] Beim Vertrieb eines einzigen Produkts ist dies de fakto auszuschließen, da die zwangsläufig gemischte Risikoverteilung in beide Bereiche wirkt.[901] Wenn zwei Verträge oder Teile vorliegen, die unabhängig voneinander wirtschaftlich sinnvoll und auch in ihren Auswirkungen spaltbar sind, ist eine kartellrechtlich einzelne Beurteilung möglich. In Wirklichkeit liegt dann gar keine „Doppelprägung" vor.

Begründbar ist die Lehre von der Doppelprägung mit der Risikoverteilung. Vertreibt ein Absatzmittler Waren für einen Unternehmer durch mehrere unterschiedliche Vertriebsformen, so ist eine klar getrennte Risikoverteilung der einzelnen Bereiche in der Regel nicht mehr möglich. Die zwei Gebiete werden aufeinander Auswirkungen haben, sodass eine versteckte Begünstigung des Geschäftsherrn zulasten des Handelsvertreters möglich wird. Dieser muss dann zwar durch die Querverbindungen Risiken mittragen und wird insofern auch auf dem Gütermarkt tätig, hat aber keinerlei Bestimmungsmöglichkeiten.

Eigenhändlers entgegen. So anscheinend auch *Völcker,* Handelsvertretervertrieb und EG-Kartellrecht (1994), 197 und *Lange,* Handelsvertretervertrieb und EG-Kartellrecht, EWS 1997, 330.

898 Vgl *Völcker,* Handelsvertretervertrieb und EG-Kartellrecht (1994), 184.

899 So *Völcker,* Handelsvertretervertrieb und EG-Kartellrecht (1994), 187 f. AA *Gleiss/Hirsch,* Kommentar zum EG-Kartellrecht I^4 (1993), 269 Rn 634 ff. Leider beurteilt die Kommission gleichgelagerte Sachverhalte unterschiedlich und wendet einmal Art 81 EGV auf beide Bereiche an, dann aber wieder nicht. Siehe *Lange,* Handelsvertretervertrieb und EG-Kartellrecht, EWS 1997, 329 ff.

900 *Liebscher/Heinrich/Petsche,* Vertriebsverträge^2 (2001), 80, wollen darauf abstellen ob eine Umgehung vorliegt. Im anderen Fall solle eine getrennte Betrachtung möglich sein. Der gleichen Ansicht ist *Liebmann,* Vertriebsverträge in der EU (1998), 119.

901 Dies hat der EuGH in seinem Zucker Urteil berücksichtigt und Art 81 EGV auch auf den Handelsvertreterbereich angewandt.

4.3.1.1.3. Vlaamse Reisebureaus/Sociale Dienst

Im Jahre 1987 hat sich der EuGH erstmals mit der Frage beschäftigt, ob ein Provisionsweitergabeverbot gegen Art 81 EGV verstößt und dabei die Eingliederungstheorie maßgeblich weiterentwickelt.[902] In dem Vorlageverfahren wurde die rechtliche Stellung eines Reisebüros erörtert. Die belgische Regierung hat argumentiert, dass ein Reisebüro als bloßer Vermittler ein Hilfsorgan des Reiseveranstalters ist. Dies hat der EuGH zurückgewiesen:

> *„Es ist jedoch zu bemerken, dass ein Reisevermittler, wie ihn das nationale Gericht beschrieben hat, als eine unabhängige Zwischenperson anzusehen ist, die eine selbständige Dienstleistungstätigkeit ausübt. Einerseits verkauft nämlich der Reisevermittler Reisen, die von sehr vielen Reiseveranstaltern organisiert werden, und andererseits verkauft ein Reiseveranstalter seine Reise über sehr viele Reisevermittler. Ein solcher Reisevermittler, kann daher nicht, wie die belgische Regierung meint, als ein in das Unternehmen dieses oder jenes Reiseveranstalters integriertes Hilfsorgan angesehen werden.“*[903]

Damit wurde klargestellt, dass die Eingliederungstheorie nicht anwendbar ist, wenn der Handelsvertreter zugleich für mehrere Geschäftsherrn tätig wird. Eine selbständige Dienstleistungstätigkeit erbringt aber jeder Handelsvertreter mag er auch nur für einen einzigen Unternehmer handeln. Auf dem Markt für Vermittlungsleistungen erbringt der Handelsvertreter eine wirtschaftliche Leistung gegen Entgelt. Insofern kann die Konsequenz aus diesem Urteil nur die Verwerfung der Eingliederungstheorie sein.

4.3.1.1.4. VW-Herstellerleasing

Im Volkswagen Leasing Fall[904] hat sich der EuGH erstmals von seiner eigenen Lehre entfernt. Die Händler von Volkswagen wurden beim Leasing von Autos an Kunden durch ausschließliche Agenturverträge im Namen der VAG Leasing GmbH tätig. Im Vorlageverfahren des Falles argumentierte Volkswagen, dass auch hier eine wirtschaftliche Einheit gegeben sei und es somit an einer Mehrheit von Unternehmen fehle. Der EuGH urteilte:

> *„Dieses Vorbringen ist zurückzuweisen. Vertreter können ihre Eigenschaft als selbständiger Wirtschaftsteilnehmer nur* ***verlieren****, wenn sie* ***keines*** *der Risiken aus den für den Geschäftsherrn vermittelten Geschäften tragen und als Hilfsorgan in das Unternehmen des Geschäftsherrn eingegliedert sind... Die deutschen V.A.G. Händler übernehmen jedoch zumindest teilweise die finanziellen Risiken aus den für die V.A.G. Leasing durchgeführten Geschäften, soweit sie von dieser die Fahrzeuge nach Ablauf der Leasingverträge zurück-*

---

902 EuGH 1.10.1987, Rs 311/85 – Vlaamse Reisebureaus/Sociale Dienst – Slg 1987, 3801.
903 EuGH 1.10.1987, Rs 311/85 – Vlaamse Reisebureaus/Sociale Dienst – Slg 1987, 3828 Rn 20.
904 EuGH 24.10.1995, Rs C-266/93 – VW-Herstellerleasing – Slg 1995, I-3477.

kaufen. Außerdem gehen sie in der Hauptsache weitgehend unabhängig einer Verkaufs- und Kundendiensttätigkeit im eigenen Namen und für eigene Rechnung nach.“[905]

Der EuGH hat somit anerkannt, dass ein Handelsvertreter grundsätzlich immer ein selbständiger Wirtschaftsteilnehmer und somit Unternehmer iSd Art 81 EGV ist.[906] Dem ist voll zuzustimmen. Nur ausnahmsweise, wenn alle Risiken des vermittelten Geschäfts beim Geschäftsherrn liegen, kann eine eigenständige wirtschaftliche Einheit verneint werden. Der Generalanwalt ist in seinem Schlussantrag noch weiter gegangen und hat richtigerweise die Eingliederungstheorie vollkommen abgelehnt.

„*Da ein Vermittler jedenfalls ein selbständiger Wirtschaftsteilnehmer ist, ist alles in allem davon auszugehen, dass ein Agenturvertrag auch immer zwischen zwei unterschiedlichen Unternehmen geschlossen wird, so dass er grundsätzlich die Wettbewerbsvorschriften einhalten muss. Daraus folgt, dass einzelne Vertragsbestimmungen von der Anwendung dieser Vorschriften nur befreit sind, soweit sie Wettbewerbsbeschränkungen weder bezwecken noch bewirken.*“[907]

Dem EuGH hat anscheinend der Mut gefehlt diesen Worten zu folgen und seine eigene Rechtsprechung zu verwerfen. Er hat aber durch seinen Spruch die Eingliederungstheorie weitgehend entschärft, da er klargestellt hat, dass nur Absatzmittler, die kein einziges mit dem vermittelten Geschäft verbundenes Risiko tragen, in den Genuss des Handelsvertreterprivilegs fallen können. Insofern wurde der Anwendungsbereich der Eingliederungstheorie auf ein Minimum zurückgeschraubt.

Zusammenfassend sind Handelsvertreterverhältnisse nach der bisherigen Rechtsprechung des EuGH wie folgt zu beurteilen:

- Der Vermittler darf kein einziges finanzielles Risiko, das mit dem vermittelten Geschäft verbunden ist, tragen und
- muss in das Unternehmen des Geschäftsherrn eingegliedert sein und somit als dessen untergeordnetes Hilfsorgan fungieren.[908]

Die Eingliederung ist aber zu verneinen, wenn eine „Doppelprägung“ gegeben ist oder der Handelsvertreter für mehrere Firmen zugleich Vermittlungsdienste ausübt. Dann ist der Handelsvertreter immer Unternehmer iSd EG-Kartellrechts.

---

[905] EuGH 24.10.1995, Rs C-266/93 – VW-Herstellerleasing – Slg 1995, I-3516 Rn 19 (Hervorhebungen durch den Verfasser).

[906] Bis jetzt galt umgekehrt, dass ein Handelsvertreter immer eine wirtschaftliche Einheit mit seinem Geschäftsherrn bildet, falls nicht ein „unechter“ Handelsvertretervertrag vorliegt.

[907] Schlussantrag von Generalanwalt Tesauro vom 8.6.1995, Slg 1995, I-3479, CELEX/61993C0266 Rn 19.

[908] So auch *Woods/Filipponi* in *Faull/Nikpay*, The EC Law of Competition (1999), 552 Rn 7.348.

4.3.1.2. Kritik an der Eingliederungstheorie

Der EuGH unterliegt der Versuchung Argumente die in den Bereich des dritten Absatzes des Art 81 EGV gehören, bereits bei erster Betrachtung zu verwerten. Insofern öffnete er sich bisher insbesondere bei Vertriebssystemen einer anglo-amerikanischen „rule of reason".[909] Dadurch ist eine Verschiebung der Kompetenz eingetreten. Das bisherige Auslegungsmonopol der Kommission über Freistellungen im Rahmen des Art 81 Abs 3 EGV zu entscheiden, wurde durch die Verwertung von Rechtfertigungsgründen in Art 81 Abs 1 EGV zu Gunsten von nationalen Gerichten aufgeweicht. Denn über den grundsätzlichen Anwendungsbereich des Kartellverbots konnten schon bisher nationale Organe entscheiden.[910]

Eine „rule of reason" im Europäischen Kartellrecht ist abzulehnen. Artikel 81 Abs 3 EGV kennt selbst Gründe, die eine Wettbewerbsbeschränkung rechtfertigen können, insofern ist eine Vorabwägung von Vor- und Nachteilen innerhalb des Abs 1 nicht erforderlich und widerspricht dem Wortlaut des EGV.[911] Die langjährige Frage, ob das EG-Kartellrecht eine „rule of reason" kennt, hat das EuG nun entschieden. Dabei wurde eine solche eindeutig verneint.

> *„It should, however, be observed, first of all, that contrary to the applicants' assertions the excistence of such a rule has not, as such been confirmed by the Community courts. Quite to the contrary, in various judgements the Court of Justice and the Court of First Instance have been at pains to indicate that the existence of a rule of reason in Community competition law is doubtful...*
> *It is only in the precise framework of that provision that the pro and anti-competitive aspects of a restriction may be weighed... Article 85 (3) of the Treaty would lose much of ist effectiveness if such an examination had to be carried out already under Article 85 (1) of the Treaty."*[912]

---

909 *Bechtold,* Vorrang und einheitliche Anwendung des Gemeinschaftskartellrechts, FS Lieberknecht (1997), 255; *Habermeier* in *Martinek/Semler,* Handbuch des Vertriebsrechts (1996), 758 Rn 50.

910 Daher hat die Diskussion mit dem Systemwechsel im EG-Kartellrecht neuen Schub gewonnen. Vgl *Eilmannsberger,* Reform des Vollzugs von Art 81 EG-V und Rule of Reason, FS Koppensteiner (2001), 317. Dieser schlägt als Alternative zur Aufhebung des Freistellungsmonopols die weitergehende Berücksichtigung einer wettbewerbsbezogenen „rule of Reason" vor.

911 Vgl *Emmerich* in *Dauses,* Handbuch des EU-Wirtschaftsrechts II (Stand 2000), 55 Rn 146; *Schröter* in *von der Groeben/Thiesing/Ehlermann,* Kommentar zum EU-/EG-Vertrag II^5 (1999), 177 Rn 82; *Völcker,* Handelsvertretervertrieb und EG-Kartellrecht (1994), 270 ff; *Ulmer,* Rule of Reason im Rahmen von Artikel 85 EWGV, RIW 1985, 517 ff.

912 EuG 18.9.2001, Rs T-112/99 – Métropole Télévision-M6 ua – URL: http://curia.eu.int/jurisp/cgi-bin/form.pl?lang=en&Submit=Submit&docrequire=judgements&numaff=T%25&datefs=&datefe=&nomusuel=&domaine=CONC&mots=&resmax=1000 [7.11.2001], Rn 72 ff. In Rn 76 führt das EuG klar aus, dass die bisherigen Urteile keine „rule of reason" begründen. Vielmehr zeigen sie nur einen Trend in der Judikatur, dass Art 81 Abs 1 EGV nicht rein abstrakt gesehen werden muss. *„In assessing the applicability of Article 85 (1) to an agreement, account*

Daher existiert keine „rule of reason“ unter Art 81 Abs 1 EGV.[913] Eine wertende Betrachtung macht wenn überhaupt, nur bei der Frage der Wettbewerbsbeschränkung Sinn, nicht aber bei Beurteilung der Subjekteigenschaft des Art 81 EGV. Der Handelsvertreter ist ein Paradebeispiel dieser Entwicklung. Die Eingliederungstheorie hat dazu geführt, dass bei Prüfung des Unternehmensbegriffs Argumente verwendet werden, die an anderer Stelle durchdacht werden sollten.[914] Dies hat zu zahlreichen Verwirrungen geführt, die durch die Rechtsprechung des EuGH entstanden sind.[915] Dennoch hat das Konzept der „wirtschaftlichen Einheit“ keine Kompetenzverschiebung bewirkt.[916]

Die Eingliederungstheorie liegt bereits in ihrem Ansatz falsch. Der Handelsvertreter agiert auf dem Markt für Handelsvertreterdienstleistungen immer als eigener Unternehmer und nicht als ein Hilfsorgan des Geschäftsherrn.[917] Nur auf dem Gütermarkt des vermittelten Geschäfts kann ihm eine solche Stellung zukommen. Daher muss bei einzelnen Arten von Bindungen unterschieden werden, welchen Bereich sie betreffen.[918] Daraus folgt aber auch, dass der Handelsvertreter immer ein Unternehmer iSd EG-Kartellrechts ist, unabhängig ob eingegliedert oder nicht und welche Risikoverteilung vorliegt. Dies hat *Ebenroth* bereits im Jahre 1980 erkannt.[919] Die Eingliederungstheorie führt im Kern nur zu einer Unterscheidung zwischen wirtschaftlich abhängigen Handelsvertretern und eher freier agierenden.

---

should be taken of the actual conditions in which it functions, in particular the economic context in which the undertakings operate, the products or services covered by the agreement and the actual structure of the market concerned.“

913 Im gleichen Urteil wurde auch das Konzept der „ancillary restrictions“ weiterentwickelt und genau definiert. Siehe Rn 104 ff des Urteils.

914 Vgl *Emmerich* in *Immenga/Mestmäcker*, Kommentar zum EG-Wettbewerbsrecht I (1997), 190 Rn 257 ff; *Emmerich* in *Dauses*, Handbuch des EU-Wirtschaftsrechts II (Stand 2000), 55 Rn 147 ff *Emmerich*, Kartellrecht[8] (1999), 422.

915 Siehe *Kapp*, EG-kartellrechtliche Fehlentwicklung bei Handelsvertreterverträgen?, WuW 1990, 814 ff.

916 Denn die Risikoverteilung sollte dazu dienen zu überprüfen, ob eine Wettbewerbsbeschränkung bezweckt oder bewirkt wird bzw ob überhaupt eine schutzwürdige Gestaltungsfreiheit des Handelsvertreters vorliegt. Diese Frage ist genauso wie der Unternehmensbegriff im Rahmen des Art 81 Abs 1 EGV zu erörtern.

917 Dies hat bereits die „Weihnachtsbekanntmachung“ der Europäischen Kommission über Alleinvertriebsverträge mit Handelsvertretern, ABl 139 vom 24.12.1962, 2921 (vorletzter Absatz) berücksichtigt.

918 *Ulmer/Habersack*, Handelsvertreterverträge und Art 85 Abs 1 EGV, ZHR 1995, 123.

919 *Ebenroth*, Absatzmittlungsverträge im Spannungsverhältnis von Kartell- und Zivilrecht (1980), 126.

In einer älteren Entscheidung[920] hat die Kommission die wirtschaftliche Abhängigkeit des Absatzmittlers als Voraussetzung der Ausübung einer Hilfsfunktion angesehen, welche sie anscheinend mit der Eingliederung gleichsetzt. Dem ist nicht zuzustimmen.[921] Die vertikale Integration in das Unternehmen eines anderen, ist der Kerninhalt der Eingliederungstheorie. Meines Erachtens ist davon die Prüfung der Risikoverteilung zu unterscheiden, die mit dem äußeren Anschein, der Erledigung von Handlungen im Interesse eines anderen, keine inhaltliche Verbindung hat.[922] Je höher die Integration, die in einer Einfirmenvertretung und völliger Gestaltung der Tätigkeit nach den Vorgaben des Geschäftsherrn münden kann, desto höher ist die wirtschaftliche Abhängigkeit des gebundenen Unternehmers. Die wirtschaftliche Abhängigkeit[923] ändert aber nichts an der Unternehmereigenschaft des Absatzmittlers.[924]

Andernfalls müsste auch bei Vertragshändlern oder Franchisenehmern, die Lehre von der wirtschaftlichen Einheit Anwendung finden.[925] Diese sind aber ohne Zweifel Unternehmer,[926] obwohl deren wirtschaftliche Abhängigkeit teilweise weit höher als bei Handelsvertretern ist. Weiters gilt im EG-Kartellrecht gerade kein institutioneller, sondern ein rein funktioneller Unternehmensbegriff.[927] Ein weiterer Einwand ist, dass eine Wettbewerbsbeschränkung, zB die Preisbindung, durch eine andere, das die Eingliederung sichernde Wettbewerbsverbot, gerechtfertigt wird.[928] Durch Bindungen wird die Eingliederung erreicht und plötzlich sind diese nicht mehr kartellrechtlich überprüfbar.

---

920 23.11.1972, 72/403/EWG – Pittsburgh Corning Europe – ABl L 272 vom 5.12.1972, 35 = CELEX/31972D0403.

921 Siehe die Kritik bei *Völcker,* Handelsvertretervertrieb und EG-Kartellrecht (1994), 179 f.

922 In diesem Sinne *Bechtold,* EWG-rechtliche Beurteilung vertikaler Vertriebssysteme, RIW 1987, 811 f; Schlussantrag von Generalanwalt Tesauro vom 8.6.1995, Rs C-266/93 – VW-Herstellerleasing – Slg 1995, I-3479, CELEX/61993C0266 Rn 17.

923 Die in Österreich teilweise fälschlicherweise mit der wirtschaftlichen Unselbständigkeit der Arbeitnehmerähnlichkeit gleichgesetzt wird, siehe 2.2.3.2.

924 So ausdrücklich EuGH 12.7.1979, Rs 32, 36-82/78 – BMW Belgium SA – Slg 1979, 2478 Rn 36; vgl *Ebenroth,* Absatzmittlungsverträge im Spannungsverhältnis von Kartell- und Zivilrecht (1980), 125 mwN.

925 Welche im Endeffekt dazu führt, dass Vertriebsverträge im Hinblick auf Art 81 EGV generell unangreifbar wären. Siehe Schlussantrag von Generalanwalt Tesauro vom 8.6.1995, Rs C-266/93 – VW-Herstellerleasing – Slg 1995, I-3479, CELEX/61993C0266 Rn 18; *Koch/Marenco,* L'article 85 au Traite CEE et les contrats d'agence, Cahiers de Droit Européen 1987, 603 ff.

926 Siehe EuGH 13.7.1966, Rs 56, 58/64 – Grundig und Consten – Slg 1966, 485 f; EuGH 28.1.1986, Rs 161/84 – Pronuptia – Slg 1986, 353 = CELEX/61984J0161 Rn 13 ff.

927 Statt aller *Gleiss/Hirsch,* Kommentar zum EG-Kartellrecht I[4] (1993), 55 f. Sie bereits 4.3.

928 *Koch/Marenco,* L'article 85 au Traite CEE et les contrats d'agence, Cahiers de Droit Européen 1987, 615; *Völcker,* Handelsvertretervertrieb und EG-Kartellrecht (1994), 222.

Die Parallelität der Lehre der „wirtschaftlichen Einheit“ zu konzerninternen Wettbewerbsbeschränkungen ist verfehlt. Denn im Gegensatz zur Ausübung eines beherrschenden Einflusses, bindet sich der Absatzmittler an einen Hersteller oder Zwischenhändler nur auf Zeit. Dabei bleibt er jedoch ein eigener Unternehmer, der einen Vertriebsvertrag nach eigenem Willen auflösen oder fortführen kann. Insofern verbleibt ihm eine wesentliche unternehmerische Entscheidungsdisposition und Teilautonomie, die bei einem beherrschenden Einfluss ausgeschlossen wird.[929]

Das Eingebundensein in das Vertriebssystem eines anderen ist tatsächlich ein rein formelles Kriterium, das auf die wirtschaftliche Abhängigkeit abstellt, und deshalb nicht geeignet, irgendeine Wettbewerbsbeschränkung zu rechtfertigen.[930]

Die Risikoverteilung mag zwar ein sachgerechtes Instrument sein, um die Preis- und Konditionenbindung zu untersuchen, hat aber keinerlei Verbindung zur Unternehmereigenschaft des Handelsvertreters, sondern grenzt nur ab, auf welchem Markt er tätig wird. Da er auf dem Vermittlungsmarkt immer als Unternehmer auftritt, erübrigt sich die Prüfung der Risikoverteilung auf dieser Ebene. Daher ist der Handelsvertreter immer Unternehmer iSd EG-Kartellrechts, unabhängig auf welchem Markt, bei welcher internen Risikoverteilung und einer wie auch immer gelagerten Eingliederung er tätig wird.[931] Das weite Verständnis des Unternehmensbegriffs durch den EuGH bedingt die Unternehmenseigenschaft des Handelsvertreters.

---

[929] Zustimmend *Freund,* Handelsvertreterverträge und EG-Kartellrecht, EuZW 1992, 409.

[930] *Lange,* Handelsvertretervertrieb und EG-Kartellrecht, EWS 1997, 330; *Gleiss/Hirsch,* Kommentar zum EG-Kartellrecht I[4] (1993), 268 Rn 632; *Freund,* Handelsvertreterverträge und EG-Kartellrecht, EuZW 1992, 409 f; *Kapp,* Der Mehrfirmen-Handelsvertreter in der neuen Handelsvertreterbekanntmachung der EG-Kommission, RIW 1992, 235 ff; *Wissel/Scherer,* Handelsvertreterverträge: Neue Bekanntmachung der EG-Kommission in Vorbereitung, DB 1991, 1661 f.

[931] Erstmals und grundlegend *Ebenroth,* Absatzmittlungsverträge im Spannungsverhältnis von Kartell- und Zivilrecht (1980), 125 f; Zustimmend *Völcker,* Handelsvertretervertrieb und EG-Kartellrecht (1994), 219 ff. Diese umfangreiche Arbeit erläutert dieses Resultat ausführlich. Ebenso *Bunte* in *Langen/Bunte,* Kommentar zum deutschen und europäischen Kartellrecht I[9] (2001), 1796 Rn 6; *Emmerich* in *Dauses,* Handbuch des EU-Wirtschaftsrechts II (Stand 2000), 25 Rn 61; *Schröter* in *von der Groeben/Thiesing/Ehlermann,* Kommentar zum EU-/EG-Vertrag II[5] (1999), 70 Rn 30 und 157 Rn 52; *Emmerich* in *Immenga/Mestmäcker,* Kommentar zum EG-Wettbewerbsrecht I (1997), 130 Rn 24 und 191 Rn 261; *Gleiss/Hirsch,* Kommentar zum EG-Kartellrecht I[4] (1993), 56 Rn 51; *Schröter* in *Baudenbacher,* Neueste Entwicklungen im europäischen und internationalen Kartellrecht (2000), 32; *Rittner,* Die EG-Kommission und das Handelsvertreterrecht – Zum geplanten EG-Recht über Vertikalverträge, DB 1999, 2099 Fn 22; *Ulmer/Habersack,* Handelsvertreterverträge und Art 85 Abs 1 EGV, ZHR 1995, 134. AA *Schuhmacher,* Zulässigkeit und Durchsetzung selektiver Vertriebssysteme (2001), 36 ff.

Die Kritik am Eingliederungskonzept hat der Generalanwalt Tesauro erstmals 1995 übernommen.[932] Obwohl ihm der EuGH nicht vollkommen gefolgt ist, kann in seinem Urteil[933] doch ein weites Abgehen von der Eingliederungstheorie erblickt werden, da sie nur noch als Folge einer eindeutigen Risikoverteilung zu Lasten des Geschäftsherrn zu prüfen ist. Die Europäische Kommission hat den richtigen Ansatz bereits aufgegriffen und in einer Entscheidung verwertet.[934]

4.3.1.3. Handelsvertreter nach der vGVO

Die vGVO und deren Leitlinien hatten hinsichtlich der Handelsvertreter in erster Linie das Ziel, die bisherigen Veränderungen zusammenzufassen und dem Rechtsanwender ein verlässliches Konzept anzubieten, das mit der derzeitigen Rechtsprechung übereinstimmt.[935] Dieser Versuch kann als durchaus gelungen betrachtet werden. In den Leitlinien wird der vom EuGH aufgestellte Grundsatz, dass der Handelsvertreter an keinem einzigen „eigenhändlerischen" Risiko des Geschäftsherrn beteiligt sein darf,[936] wenn ihm eine kartellrechtliche Privilegierung zugute kommen soll, nur näher erläutert.[937] Bereits deshalb sind die Leitlinien von jedem Rechtsanwender zu beachten.

Bekanntmachungen der Europäischen Kommission haben keine normative Kraft. Sie sind daher nicht bindend.[938] Trotzdem sind sie von großer Bedeutung, allein schon deshalb, weil sie im Bußgeldverfahren den Parteien vollen Vertrauensschutz gewähren.[939] Ihnen kommt die Wirkung eines Negativattest gemäß Art 2 VO 17/62[940] zu, weshalb sie auch als „Gruppen-Negativattest" bezeichnet werden.[941] Grundsätzlich binden sie die Kommission selbst, aufgrund des verwaltungsrechtlichen Grundsatzes der Selbstbindung.[942] Da aber Negativatteste nur auf Antrag erteilt werden und Bekanntmachungen nur generelle Rechtsmeinungen wiedergeben, tritt keine endgültige Bindung der Kommission

---

[932] Schlussantrag von Generalanwalt Tesauro vom 8.6.1995, Rs C-266/93 – VW-Herstellerleasing – Slg 1995, I-3479, CELEX/61993C0266 Rn 17 ff.
[933] EuGH 24.10.1995, Rs C-266/93 – VW-Herstellerleasing – Slg 1995, I-3477.
[934] Siehe 4.3.1.4.
[935] Die Verbote der vGVO kodifizieren weitgehend die geltende Rechtsprechung. *Europäische Kommission*, XXIX. Bericht über die Wettbewerbspolitik 1999 (2000), 26 Rn 14.
[936] Dies ist die ausdrückliche Rechtsprechung des EuGH. Siehe EuGH 24.10.1995, Rs C-266/93 – VW-Herstellerleasing – Slg 1995, I-3516 Rn 19.
[937] Vgl Rn 12 ff Leitlinien.
[938] Weder staatliche Gerichte, noch Kartellbehörden sind an Bekanntmachungen der Europäischen Kommission gebunden.
[939] *Gleiss/Hirsch*, Kommentar zum EG-Kartellrecht I^4 (1993), 36 Rn 77.
[940] Verordnung Nr 17 des Rates vom 6.2.1962, erste Durchführungsverordnung zu den Artikeln 85 und 86 des Vertrages, ABl 13 vom 21.2.1962, 204.
[941] *Lange*, Handelsvertretervertrieb und EG-Kartellrecht, EWS 1997, 328; *Bunte/Sauter*, EG-Gruppenfreistellungsverordnungen (1988), 200 Rn 72.
[942] *Bunte/Sauter*, EG-Gruppenfreistellungsverordnungen (1988), 199 Rn 71.

ein. Im Einzelfall kann diese aus berechtigten Gründen davon abweichen.[943] Wie *Bunte/Sauter* anführen wird durch eine Bekanntmachung *„ein für die nationalen Gerichte zu berücksichtigender tatsächlicher Umstand geschaffen."*[944] Tatsächlich geht von den Leitlinien eine große Bindungswirkung aus. Im Sinne eines Kompendiums besitzen sie eine Wirkung, die der rechtlichen Bindung von GVOen nahe kommt.[945]

4.3.1.3.1. Vorgeschichte des Handelsvertreterabschnitts

Die „Weihnachtsbekanntmachung",[946] die Unternehmen eine gewisse Rechtssicherheit bieten sollte, war bereits nach den ersten Urteilen des EuGH überholt und wurde von Anfang an missverstanden.[947] Diese hat zwar sachgerecht darauf abgestellt, welche Funktion der Handelsvertreter hat. Nach der Bekanntmachung darf er kein weitergehendes Risiko, das mit dem vermittelten Geschäft verbunden ist, als das übliche Delkredere-Risiko übernehmen. Die Eingliederungstheorie des EuGH hat die Rechtslage aber maßgeblich verändert, indem sie den in der Bekanntmachung nicht bezweifelten Unternehmensstatus in Frage stellte.[948] Auch die europäische Handelsvertreterrichtlinie[949] hat eine Überarbeitung der alten Bekanntmachung dringend notwendig gemacht. Eine neue Veröffentlichung war gleichfalls erforderlich, da sich das Wirtschaftsleben geändert hat.[950] Daher wurde die Handelsvertreterbekanntmachung durchforstet, um sie auf aktuellen Stand zu bringen. Bereits im Jahre 1990 begannen erste Arbeiten an einer Neufassung, die ursprünglich noch 1991 verabschiedet werden

---

[943] *Lange,* Handelsvertretervertrieb nach den neuen Leitlinien der Kommission, EWS 2001, 19; *Lange,* Handelsvertretervertrieb und EG-Kartellrecht, EWS 1997, 328; *Gleiss/Hirsch,* Kommentar zum EG-Kartellrecht I[4] (1993), 36 Rn 78.

[944] *Bunte/Sauter,* EG-Gruppenfreistellungsverordnungen (1988), 200 Rn 72.

[945] *Bechtold,* EG-Gruppenfreistellungsverordnungen, EWS 2001, 53 f.

[946] Bekanntmachung der Europäischen Kommission über Alleinvertriebsverträge mit Handelsvertretern, ABl 139 vom 24.12.1962, 2921.

[947] Denn sie beschäftigt sich nur mit dem ausschließlichen Gebietsvertreter, der den Alleinvertrieb von Waren übernimmt. Nicht erfasst ist der Mehrfirmenvertreter und der Vertrieb von Dienstleistungen. Schon allein deshalb hat sie keine umfassende Klarstellung der Materie bewirkt. *Lange,* Handelsvertretervertrieb und EG-Kartellrecht, EWS 1997, 328.

[948] Vgl *Lange,* Handelsvertretervertrieb und EG-Kartellrecht, EWS 1997, 329.

[949] Richtlinie des Rates vom 18.12.1986 (86/653/EWG) zur Koordinierung der Rechtsvorschriften der Mitgliedstaaten betreffend die selbständigen Handelsvertreter, ABl L 382/17 vom 31.12.1986, 18.

[950] Vgl *Woods/Filipponi* in *Faull/Nikpay,* The EC Law of Competition (1999), 548. Modere betriebswirtschaftliche Konzepte können Handelsrisiken des Umschlagshändlers reduzieren und führen so zu einer geänderten kartellrechtlichen Beurteilung. Beim Tankstellenhalter ist aber keinerlei Veränderung eingetreten. Ein Auslieferungslager ist beim Verkauf von Treibstoffen an Letztverbraucher nicht möglich.

sollte.[951] Diese sollte die Übernahme der vom EuGH aufgestellten Grundsätze bringen und hat versucht die Eingliederungstheorie zu konkretisieren. Dabei hat die Kommission aber beim Versuch einer Interpretation den Boden gesicherter Rechtsprechung verlassen und es nicht geschafft die Eingliederungstheorie dogmatisch zu rechtfertigen. In dem Vorentwurf wurde offengelassen, ob die Kartellrechtsneutralität auf der fehlenden Unternehmenseigenschaft beruht, oder überhaupt keine Wettbewerbsbeschränkung vorliegt.[952] Der Entwurf war aufgrund seiner Berücksichtigung und Weiterentwicklung des äußerst fraglichen Eingliederungskonzepts für die Praxis nicht geeignet, wurde einhellig abgelehnt und sehr scharf kritisiert.[953] Daher wurde er nicht umgesetzt.

Im Grünbuch zu vertikalen Wettbewerbsbeschränkungen wurde noch erwähnt, dass Handelsvertreter Gegenstand einer eigenen Untersuchung sind.[954] Dem Ruf der Praxis und Wissenschaft folgend,[955] wurde aber bald klar, dass ein Kapitel der Leitlinien die alte „Weihnachtsbekanntmachung“ ersetzen wird.[956] Dies ist schließlich erfolgt. Rn 12 der Leitlinien legt ausdrücklich fest, dass die alte Handelsvertreterbekanntmachung aus dem Jahre 1962 durch die Leitlinien abgelöst wird.

4.3.1.3.2. Kernpunkte der vGVO und deren Leitlinien

Gemäß Art 1g vGVO ist Käufer *„auch ein Unternehmen, das auf der Grundlage einer unter Artikel 81 Absatz 1 des Vertrages fallenden Vereinbarung Waren oder Dienstleistungen für Rechnung eines anderen Unternehmens verkauft.“* Obwohl diese Definition nur bedingt auf Handelsvertreter passt,[957] ist eindeutige Lehre

---

[951] Siehe *Kapp*, EG-kartellrechtliche Fehlentwicklung bei Handelsvertreterverträgen?, WuW 1990, 815; *Lange*, Handelsvertretervertrieb nach den neuen Leitlinien der Kommission, EWS 2001, 18.

[952] Weiters wurde die Eingliederung als *„eine besonders enge Verbindung“* definiert und erfolglos versucht auch Mehrfirmenvertreter zu erfassen. Vgl *Völcker*, Handelsvertretervertrieb und EG-Kartellrecht (1994), 202 f.

[953] *Wissel/Scherer*, Handelsvertreterverträge: Neue Bekanntmachung der EG-Kommission in Vorbereitung, DB 1991, 1662; *Kapp*, Der Mehrfirmen-Handelsvertreter in der neuen Handelsvertreterbekanntmachung der EG-Kommission, RIW 1992, 236; *Freund*, Handelsvertreterverträge und EG-Kartellrecht, EuZW 1992, 409 ff. *Ulmer/Habersack*, Handelsvertreterverträge und Art 85 Abs 1 EGV, ZHR 1995, 119 f; *Lange*, Handelsvertretervertrieb und EG-Kartellrecht, EWS 1997, 328.

[954] *Europäische Kommission*, Grünbuch zur EG-Wettbewerbspolitik gegenüber vertikalen Wettbewerbsbeschränkungen, KOM (1996) 721, Fn 2. Vgl *Rittner*, Die EG-Kommission und das Handelsvertreterrecht – Zum geplanten EG-Recht über Vertikalverträge, DB 1999, 2097.

[955] Statt aller *Lange*, Handelsvertretervertrieb und EG-Kartellrecht, EWS 1997, 334.

[956] Siehe *Woods/Filipponi* in *Faull/Nikpay*, The EC Law of Competition (1999), 549 Rn 7.339.

[957] Sondern eng ausgelegt nur Kommissionäre erfasst, da ja Handelsvertreter nur vermitteln. Siehe *Rittner*, Die Handelsvertreterpraxis nach dem neuen EG-Kartellrecht für Vertikalvereinbarungen,

und Praxis, dass Handelsvertreterverhältnisse von der vGVO umfasst sind.[958] Durch das neue Konzept einer Schirm-GVO sind somit alle vertikalen Vertriebsformen abgedeckt.[959] Voraussetzung ist aber, dass die Handelsvertreterverträge unter Art 81 EGV fallen. Daher sind nur sogenannte „unechte" Handelsvertreter erfasst.[960] Demnach bedient sich die vGVO der alten Rechtsprechung und insofern einer „rule of reason", als sie die grundsätzliche Anwendung des EG-Kartellrechts in Frage stellt. Dies ist verfehlt, da im Zuge dieser Arbeit bereits nachgewiesen wurde, dass Handelsvertreter immer Unternehmer iSd Art 81 EGV sind.[961] Richtigerweise ist der Zusatz auf *„Grundlage einer unter Artikel 81 Absatz 1 des Vertrages fallenden Vereinbarung"* überflüssig und inhaltsleer. Denn jede Vereinbarung zwischen zwei oder mehreren Unternehmern ist am Maßstab des Art 81 EGV zu prüfen. Es bleibt somit dem EuGH freigestellt, seine Eingliederungstheorie fortzuführen oder endlich auszusprechen, dass alle Handelsvertreter Unternehmer iSd EG-Kartellrechts sind.

Die vGVO und deren Leitlinien erwähnen aber mit keinem einzigen Wort das Eingliederungskonzept, was zu begrüßen ist. Die Leitlinien sind im Gegenteil eine klare Absage an die Lehre von der „wirtschaftlichen Einheit". Es wird ausdrücklich erwähnt, dass alle Handelsvertreter eigenständige Unternehmer sind.[962] Weiters wird angeführt, dass es unwesentlich sei, ob der Vertreter für einen oder mehrere Auftraggeber handelt.[963] Folglich wird sich die Kommission

---

DB 2000, 1211; *Lange,* Handelsvertretervertrieb nach den neuen Leitlinien der Kommission, EWS 2001, 22.

[958] *Schröter* in *Baudenbacher,* Neueste Entwicklungen im europäischen und internationalen Kartellrecht (2000), 31 ff; *Roninger,* Das neue Vertriebskartellrecht (2000), 58 Rn 22; *Polley,* Die neue Gruppenfreistellung für Vertikalverträge Nr 2790/1999, WRP 2000, 1208; *Liebscher/Heinrich/Petsche,* Vertriebsverträge[2] (2001), 79 f; *Liebscher/Petsche,* EG-Kartellrecht: Die neue Gruppenfreistellungsverordnung ist beschlossen, ecolex 2000, 293; *Liebscher/Petsche,* Umfassende Reform des Vertriebsrechts in der EU, SWK 2000, 33 ff; *Pukall,* Neue EU-Gruppenfreistellungsverordnung für Vertriebsbindungen, NJW 2000, 1377; *Ackermann,* Die neuen EG-Wettbewerbsregeln für vertikale Beschränkungen, EuZW 1999, 745 f; *Mutz,* Vertikale Vertriebssysteme: Ein neuer Anlauf, RdW 2000, 232 ff; *Reich-Rohrwig/Zehetner,* Kartellrecht I (2000), 44. Kritisch *Lange,* Handelsvertretervertrieb nach den neuen Leitlinien der Kommission, EWS 2001, 18. AA nur *Rittner,* Die Handelsvertreterpraxis nach dem neuen EG-Kartellrecht für Vertikalvereinbarungen, DB 2000, 1211 ff.

[959] Nur hinsichtlich der gemäß Art 4 vGVO verbotenen Preis- und Konditionenbindung sind Handelsvertreterverhältnisse freigestellt, wenn sie „echte" Handelsvertreter sind. So ausdrücklich Rn 18 Leitlinien.

[960] Siehe Rn 13 Leitlinien.

[961] Siehe 4.3.1.2.

[962] Rn 15 Leitlinien, siehe unten.

[963] Rn 13 Leitlinien; vgl auch *Bechtold,* EG-Gruppenfreistellungsverordnungen, EWS 2001, 53.

in Zukunft nur noch an der Risikoverteilung orientieren.[964] Dies ermöglicht eine sachgerechte Lösung der Handelsvertreterproblematik.[965] Die Begutachtung der Risikoverteilung wird „vorgezogen", um bei „echten" Handelsvertretern einige Bestimmungen der vGVO nicht anzuwenden. Obwohl dies dem systematischen Aufbau des Art 81 EGV nicht entspricht, entstehen im Resultat keine Unterschiede. Sachgerecht ist die vorgezogene Prüfung insofern, als die vGVO primär auf ein Käufer/Verkäuferverhältnis abstellt.

Damit wird von Anfang an klargestellt, dass die vGVO den Inhalt von „echten" Handelsvertreterverträgen nicht beeinträchtigen will.[966] Deshalb ist das privatrechtliche Institut des Handelsvertreters durch das Kartellrecht nicht bedroht.[967] Es sind nur die Rechtsverhältnisse vollständig erfasst, die zwar der Form eines Handelsvertreters entsprechen, aber wirtschaftlich wie Eigenhändler agieren und daher wie solche zu behandeln sind.[968] Andernfalls ist der Gütermarkt ohne kartellrechtliche Bedeutung, da in seinem Bereich eine Wettbewerbsbeschränkung weder bezweckt, noch bewirkt wird.[969]

Die Definition der Rn 12 Leitlinien umfasst sowohl den Handelsvertreter, als auch den Kommissionsagenten, die eine Vermittlungs- oder Abschlusstätigkeit bei Ein-

---

964 Diese wird selbst von Kritikern als maßgebliches Abgrenzungskriterium anerkannt; vgl *Rittner,* Die Handelsvertreterpraxis nach dem neuen EG-Kartellrecht für Vertikalvereinbarungen, DB 2000, 1213. Nur an der Risikoverteilung hat sich die Kommission bereits im DaimlerChrysler Fall orientiert; *Europäische Kommission,* XXXI. Report on competition policy 2001 (2002), 42 Rn 184.

965 Auch der EuGH hat sich von seiner Eingliederungstheorie weitgehend entfernt und sieht nun primär die Risikoverteilung als ausschlaggebend an; Siehe Fn 905.

966 Der Handelsvertreter trägt ja kein einziges mit dem vermittelten Geschäft verbundenes Risiko und ist deshalb auf dem Gütermarkt kartellrechtsneutral. Vgl *Martinek,* Franchising (1987), 202 f; *Ebenroth,* Absatzmittlungsverträge im Spannungsverhältnis von Kartell- und Zivilrecht (1980), 25; *Martinek* in *Martinek/Semler,* Handbuch des Vertriebsrechts (1996), 52 Rn 13 f.

967 So aber *Rittner,* Die Handelsvertreterpraxis nach dem neuen EG-Kartellrecht für Vertikalvereinbarungen, DB 2000, 1211 ff; Ähnlich *Lange,* Handelsvertretervertrieb nach den neuen Leitlinien der Kommission, EWS 2001, 22 f.

968 Die Kritik von *Rittner,* dass die vGVO zu einer *„Umgestaltung des Vertragsverhältnisses"* führt oder *Lange,* dass die Beschränkungen in die Vertragsautonomie der Parteien eingreift, ist deshalb ohne jegliche Fundierung. Eine Abänderung eines Handelsvertreterverhältnisses liegt vor, wenn ein Handelsvertreter die Risikoverteilung eines Eigenhändlers aufweist und nicht wenn dies kartellrechtlich erfasst wird. *Rittner,* Die Handelsvertreterpraxis nach dem neuen EG-Kartellrecht für Vertikalvereinbarungen, DB 2000, 1212; *Lange,* Handelsvertretervertrieb nach den neuen Leitlinien der Kommission, EWS 2001, 23. Siehe unten.

969 Denn ein „echter" Handelsvertreter agiert lediglich als Hilfsorgan des Geschäftsherrn, um auf dem Gütermarkt Erzeugnisse abzusetzen oder zu erwerben. Das Resultat kann über die mangelnde Gestaltungsfreiheit des Handelsvertreters begründet werden; so *Völcker,* Handelsvertretervertrieb und EG-Kartellrecht (1994), 253.

oder Verkauf von Waren oder Dienstleistungen ausüben.[970] Die Leitlinien ziehen folgende Anwendungsgrenzen des Art 81 EGV:

> *„Ein Handelsvertretervertrag ist ein echter Handelsvertretervertrag und fällt nicht unter Artikel 81 Absatz 1, wenn der Vertreter keine oder nur unbedeutende Risiken in bezug auf die im Auftrag geschlossenen und/oder ausgehandelten Verträge und in bezug auf die geschäftsspezifischen Investitionen für das betreffende Geschäftsfeld trägt. In einem solchen Fall sind die Verkaufs- und die Kauffunktion Bestandteil der Tätigkeit des Auftraggebers, obwohl es sich bei dem Vertreter um ein eigenständiges Unternehmen handelt. Dabei trägt der Auftraggeber sämtliche damit verbundenen finanziellen und geschäftlichen Risiken und übt der Vertreter keine unabhängige Wirtschaftstätigkeit in bezug auf die Aufgaben aus, deren Wahrnehmung ihm vom Auftraggeber übertragen wurde.“*[971]

Die Leitlinien führen sehr detailliert an, welche Risiken der Handelsvertreter nicht tragen darf.[972] Es sind dies Transportkosten und -risiken, Investitionen in die Absatzförderung, Kosten oder Risiken der Lagerung, Aufbau und Betrieb eines Kunden- und Wartungsdienstes, Kosten in geschäftsspezifische Ausrüstungen, Räumlichkeiten oder Mitarbeiterschulungen, Übernahme einer Schadenshaftung gegenüber dem Dritten und Übernahme der Haftung für die Vertragserfüllung des Kunden mit Ausnahme der Delkrederehaftung.[973] Die Investition eines Tankstellenhalters in einen Kraftstofftank wird ausdrücklich als Beispiel für eine unzulässige Risikoverteilung angeführt.[974] Dieser Katalog sollte aber nicht zu eng gesehen werden. Die Kommission führt nur Beispiele an, die der Praxis helfen sollen.[975] Klarerweise müssen typische Vermittlerrisiken, wie der Entfall der Provision, außer Betracht bleiben. Die geschäftsspezifischen Investitionen für das betreffende Geschäftsfeld definiert die Kommission unscharf.[976] Meint aber damit

---

970 *Roninger,* Das neue Vertriebskartellrecht (2000), 30.

971 Rn 15 Leitlinien.

972 Siehe Rn 16 Leitlinien.

973 Vgl *Roninger,* Das neue Vertriebskartellrecht (2000), 110; *Polley,* Die neue Gruppenfreistellung für Vertikalverträge Nr 2790/1999, WRP 2000, 1208.

974 Siehe Rn 16 fünfter Spiegelstrich Leitlinien. Dies ist aber keine Neuerung. Die Kommission und französische Gerichte haben bereits im Jahre 1988 erkannt, dass mit einem Kraftstofftank erhebliche finanzielle Aufwendungen verbunden sind. Daher können einzelne Klauseln, die den Tank betreffen, gegen das Kartellrecht verstoßen. *Europäische Kommission,* XVIII. Bericht über die Wettbewerbspolitik 1988, 34 Rn 22; *Gleiss/Hirsch,* Kommentar zum EG-Kartellrecht I[4] (1993), 592 Rn 1517.

975 Eine zu enge Interpretation dieses Kataloges könnte den Anwendungsbereich des Kartellrechts auf Handelsvertreterverhältnisse erweitern. Wie die Kommission aber selbst in Rn 15 Leitlinien anführt, darf der Handelsvertreter unbedeutende Risiken tragen. Allgemeine Investitionen in Geschäftsräume oder Personal sind irrelevant, solange sie nur den Vermittlungsbereich und nicht die Durchführung des vermittelten Geschäfts betreffen.

976 In einer engen Auslegung macht dieses Kriterium aber durchaus Sinn. Vgl *Rittner,* Die Handelsvertreterpraxis nach dem neuen EG-Kartellrecht für Vertikalvereinbarungen, DB 2000, 1214. Im Grunde ist die Problematik Bestandteil der Risikoverteilung. Denn die Frage des Investitionsrisikos des Gütermarktes, ist ein Teilbereich der Risikoverteilung.

anscheinend nur sogenannte „sunk-costs" (verlorene Aufwendungen)[977] des Vermittlungsbereichs[978] bzw klarerweise Investitionen, die nicht primär der Vermittlung, sondern der Ausführung des abgeschlossenen Geschäfts und somit dem Gütermarkt dienen.[979] Die Berücksichtigung von Investitionen des Handelsvertreters ist sachgerecht, da dieser nicht dazu missbraucht werden darf, Verkaufsstellen des Geschäftsherrn oder deren Betriebskosten zu finanzieren.[980] Dies ist vor allem dann der Fall, wenn er als Einfirmenvertreter tätig wird und somit unter dem Deckmantel der „Vermittlungsstelle" eine Verkaufsniederlassung des Geschäftsherrn errichtet.

Rittner kritisiert die angeführte Liste heftig. Die Handelsvertreterrichtlinie[981] sei zu wenig berücksichtigt worden, denn die Leitlinien widersprechen dem Europäischen Handelsvertreterrecht.[982] Diese Stellungnahme berücksichtigt nicht das Hierarchieverhältnis des Gemeinschaftsrechts. Die Richtlinie ist nur Sekundärrecht und kann Primärrecht wie Art 81 EGV nicht abändern.[983] Weiters meint er, dass das Problem der „Scheinagentur" überhaupt nicht auftreten kann. Denn ein Handelsvertretervertrag, bei dem der Vermittler das Risiko des vermittelten Geschäfts tragen muss, wäre mit Art 3 und 5 der Handelsvertreterrichtlinie und § 86 Abs 4 dHGB nicht vereinbar und somit nichtig.[984] Dieser Aussage kann nicht zugestimmt werden. Weder erwähnt die Handelsvertreterrichtlinie in irgendeiner Bestimmung die Problematik der Risikoverteilung, noch wird diese im nationalen Handelsvertreterrecht problematisiert.[985] Warum eine „gemischte" Risikoverteilung mit der Interessen-

---

[977] Rn 14 Leitlinien. Damit sind nur Kosten, die zum Abschluss und/oder Aushandeln des Vertrages erforderlich sind, gemeint. Diese sollen maßgeblich sein, wenn der Handelsvertreter die Sachanlagen nach Aufgabe des Geschäftsfelds nicht mehr nützen oder nur mit erheblichem Verlust veräußern kann.

[978] „Normale" Investitionen in Geschäftsräume, und Personal sind unbedenklich, vgl Rn 15 Leitlinien.

[979] Wie eben die technischen Anlagen einer Tankstelle, idS auch Rn 16 Leitlinien.

[980] Vgl 3.2.1.

[981] Richtlinie 86/653/EWG des Rates vom 18.12.1986 zur Koordinierung der Rechtsvorschriften der Mitgliedsstaaten betreffend die selbständigen Handelsvertreter, ABl L 382 vom 31.12.1986, 17.

[982] *Rittner,* Die EG-Kommission und das Handelsvertreterrecht – Zum geplanten EG-Recht über Vertikalverträge, DB 1999, 2098 ff; so auch *Lange,* Handelsvertretervertrieb nach den neuen Leitlinien der Kommission, EWS 2001, 20.

[983] Außerdem lässt die Richtlinie erheblichen Interpretationsspielraum. Ein den Wettbewerbsvorschriften widersprechendes Verhalten darf nicht vorgeschrieben oder von nationalen Gesetzgebern eingeführt werden. Siehe *Völcker,* Handelsvertretervertrieb und EG-Kartellrecht (1994), 239 f.

[984] *Rittner,* Die Handelsvertreterpraxis nach dem neuen EG-Kartellrecht für Vertikalvereinbarungen, DB 2000, 1213.

[985] Siehe 2.3.1. Nur im Kartellrecht spielt sie eine Rolle.

wahrungspflicht des Handelsvertreters unvereinbar sein soll, bleibt im Dunkeln.[986] Im Gegensatz dazu hat *Ulmer* erkannt, dass Vertragshändler- und Handelsvertretervertrag aufgrund der durch die Privatautonomie gewährte Rechtsformenwahl frei austauschbar sind und mit beiden Verträgen wirtschaftlich gleiche Resultate erzielt werden können.[987] Daher ist ein Handelsvertretervertrag, der Risiken des Gütermarktes auf den Vermittler überträgt, nicht automatisch vollständig nichtig, sondern unterliegt nur den Beschränkungen des Kartellrechts.[988] Dies berücksichtigen die Leitlinien.[989] Daher besteht sehr wohl das Problem, dass der Handelsvertreter zur Umgehung des Preisbindungsverbots benützt wird.[990] Bei rein wirtschaftlicher Betrachtungsweise kann keine Grenze zwischen „unechten" Handelsvertretern und Eigenhändlern gezogen werden.[991] Besorgt der Absatzmittler nicht nur ein fremdes Geschäft, sondern trägt er auch das wirtschaftliche Risiko daraus, so nimmt er am Gütermarkt selbständig am Wettbewerb teil und bedarf des Schutzes des Kartellrechts.[992]

---

[986] Eine Reduzierung der geschäftlichen Risiken ist ja im Interesse des Prinzipals, siehe bereits 3.1. Ein Verstoß könnte nur gegen die Treuepflicht des Geschäftsherrn vorliegen. Bis jetzt wurde aber, soweit dies ersichtlich ist, weder in Deutschland, noch in Österreich ein Verstoß gegen die Treuepflicht festgestellt, wenn der Handelsvertreter teilweise Risiken des vermittelten Geschäfts trägt. Ein Verstoß könnte höchstens dann bejaht werden, wenn die Übernahme von Risiken finanziell nicht entsprechend abgegolten wird. Zur Treuepflicht siehe *Nocker,* Der Handelsvertretervertrag (2000), 48 ff.

[987] *Ulmer,* Der Vertragshändler (1969), 229 ff. Siehe 3.4. Zum Tankstellenvertrag ausdrücklich zustimmend *Koeble,* Die kartellrechtliche Beurteilung von Preis- und Ausschließlichkeitsbindungen in Handelsvertreter- und Vertragshändlerverträgen am Beispiel der Tankstellenverträge (1973), 49 ff.

[988] Nur einzelne wettbewerbsbeschränkende Klauseln, die es Absatzmittlern verbieten ihre Preise- und Geschäftsbedingungen zu bestimmen, würden gegen Art 81 EGV verstoßen und wären somit nichtig, nicht aber die „gemischte" Risikoverteilung und somit der gesamte Vertrag an sich. IdS auch BGH 15.4.1986, KVR 3/85 – EH-Partner-Vertrag – BGHZ 97, 323. Wenn der bindende Unternehmer den Absatzmittler zwingt bestimmte Preise zu verlangen, hat dieser die Möglichkeit auf Schadenersatz zu klagen, so ausdrücklich BGH 22.2.1999, KZR 11/97 – Sixt – DB 1999, 842.

[989] Die sich ja klarerweise nicht darauf verlassen können, dass alle nationalen Rechtsordnungen „unechte" Handelsvertreterverträge als absolut unzulässig beurteilen.

[990] Statt aller *Emmerich,* Kartellrecht[7] (1994), 152. Dieser sieht den Vertrieb von Benzin durch Handelsvertreter als ernstzunehmende Gefahr. In der 8. Auflage seines Lehrbuchs findet sich diese Aussage nicht mehr.

[991] Vgl *Federlin* in *Martinek/Semler,* Handbuch des Vertriebsrechts (1996), 880 Rn 58. Weshalb „unechte" Handelsvertreter in wettbewerbsrechtlicher Hinsicht wie Eigenhändler behandelt werden müssen.

[992] So bereits *Ebenroth,* Absatzmittlungsverträge im Spannungsverhältnis von Kartell- und Zivilrecht (1980), 83. Diesen überzeugenden Ansatz verfolgen die Leitlinien in Rn 15: *„In diesem Fall trägt der Handelsvertreter die genannten Risiken und ist wie ein unabhängiger Vertragshändler zu behandeln, der bei der Festlegung seiner Marketingstrategie freie Hand haben muss, um seine vertrags- oder geschäftsspezifischen Investitionen zu decken."*

Die Risikoverteilung ist aber nicht immer zu prüfen. In den Rn 19 und 20 der Leitlinien erfolgt eine wesentliche Erweiterung des Anwendungsbereichs. Selbst wenn der Geschäftsherr alle finanziellen Risiken des vermittelten Geschäfts trägt, kann Art 81 EGV anwendbar sein. Dies soll bei Alleinvertreterklauseln[993] oder Wettbewerbsverboten der Fall sein, weiters wenn horizontale Wirkungen eintreten.[994]

Damit ist eindeutig festgelegt, was ohnehin schon gegolten hat.[995] Hinsichtlich des Gütermarktes ist der Handelsvertreter auf jeden Fall Unternehmer.[996] Daher sind alle Beschränkungen der Handlungsfreiheit des Handelsvertreters auf dem Gütermarkt unabhängig von der Risikoverteilung im Hinblick auf Art 81 EGV zu überprüfen.[997] Dies wurde bereits in der „Weihnachtsbekanntmachung" niedergeschrieben. Doch hat die Kommission damals das Wettbewerbsverbot des Alleinvertreters als Ausfluss der Treuepflicht gesehen und deshalb keine Beschränkung des Wettbewerbs angenommen. Nun hat die Kommission ausdrücklich festgehalten, dass nicht alle Wettbewerbsverbote des Handelsvertreters sachgerecht sind, führen diese zu einer Marktabschottung für Vermittlungsdienste, fallen sie unter Art 81 EGV.[998] Richtigerweise waren bereits bisher Wettbewerbsverbote hinsichtlich ihrer Erforderlichkeit und Auswirkungen zu überprüfen.[999] Die Immanenztheorie und institutionelle Gegebenheiten des Handelsvertreters begründen keineswegs, dass das Wettbewerbsverbot des Handelsvertreters immer kartellrechtsneutral ist.[1000] Dies ist nur insofern der Fall als sich das Verbot auf die wirklich erforderlichen Beschränkungen konzentriert.[1001] Die Fallpraxis zeigt, dass Handelsvertreter in einigen Bereichen für mehrere Geschäftsherrn zugleich tätig werden können, ohne hierbei ihre

---

[993] Die regelmäßig wettbewerbsrechtlich harmlos sind, siehe Rn 19 Leitlinien.

[994] *Polley,* Die neue Gruppenfreistellung für Vertikalverträge Nr 2790/1999, WRP 2000, 1209.

[995] Zustimmend *Emmerich* in *Dauses,* Handbuch des EU-Wirtschaftsrechts II (Stand 2000), 56 Rn 149. Auch dieser ist der Meinung, dass durch die Leitlinien keine Neuerungen eingetreten sind.

[996] So auch Rn 15 Leitlinien.

[997] So *Völcker,* Handelsvertretervertrieb und EG-Kartellrecht (1994), 290; *Lange,* Handelsvertretervertrieb und EG-Kartellrecht, EWS 1997, 333; *Ulmer/Habersack,* Handelsvertreterverträge und Art 85 Abs 1 EGV, ZHR 1995, 122 f.

[998] *Ackermann,* Die neuen EG-Wettbewerbsregeln für vertikale Beschränkungen, EuZW 1999, 746.

[999] *Lange,* Handelsvertretervertrieb und EG-Kartellrecht, EWS 1997, 333.

[1000] Daher ist keine Änderung der Rechtslage eingetreten. AA *Liebscher/Petsche,* EG-Kartellrecht: Die neue Gruppenfreistellungsverordnung ist beschlossen, ecolex 2000, 293; *Polley,* Die neue Gruppenfreistellung für Vertikalverträge Nr 2790/1999, WRP 2000, 1209.

[1001] Vgl *Harrer,* Wettbewerbsverbote im Recht der Vertragshändler, FS Krejci (2001), 152; *Graf von Westphalen* in *Graf von Westphalen,* Handbuch des Handelsvertreterrechts in EU-Staaten und der Schweiz (1995), 6 Rn 16.

Interessenwahrungspflicht zu verletzen.[1002] Eine Einfirmenklausel ist nicht systemnotwendig für den Handelsvertretervertrieb.[1003] Große Teile der deutschen Lehre beurteilen das „immanente" Wettbewerbsverbot zu eng. Weit verbreitet ist die Meinung, dass institutionelle Gegebenheiten des Handelsvertreters bestimmte Wettbewerbsbeschränkungen rechtfertigen.[1004] Die „zivilrechtliche" Immanenztheorie wird von deren Verfechtern noch immer dazu benützt, nahezu jegliche Wettbewerbsbeschränkung aus handels- und zivilrechtlichen Gründen zu rechtfertigen.[1005] Dieser Meinung ist nicht zuzustimmen. Dem liegt das Verständnis zugrunde, dass das Wettbewerbsrecht dem Privatrecht nachgeordnet wäre und zumindest wesentliche Ausgestaltungsformen in ihren Idealformen berücksichtigt hat. Im Zusammenhang mit übergeordnetem Europäischem Kartellrecht, das die unterschiedlichsten nationalen Zivilrechtssysteme berücksichtigen muss, erscheint diese Theorie verfehlt. Doch selbst bei nationalen Kartellgesetzen ist dem nicht so. Vielmehr muss es immer auf die Beurteilung des Einzelfalles ankommen, um Umgehungsmöglichkeiten hintan zu halten.[1006] Grundlegend ist zu bedenken, dass ja gerade das zwingende Kartellrecht auf dispositives Zivil- und Handelsrechts einwirkt und nicht umgekehrt.

Eine weitgehende Berücksichtigung zivilrechtlicher Leitbilder führt unweigerlich zu Zirkelschlüssen, bei denen eine Wettbewerbsbeschränkung durch eine andere gerechtfertigt wird.[1007] Die Immanenztheorie ist daher allenfalls eine „Daumenregel", die bei der Auslegung hilft, aber niemals alleine eine Wettbewerbsbeschränkung rechtfertigen kann. Grundproblem der Immanenztheorie im Absatzmittlungsrecht ist ihre Differenzierung nach der einzelnen Absatzform, sodass

---

[1002] So zB ein Reisebüro, siehe EuGH 1.10.1987, Rs 311/85 – Vlaamse Reisebureaus/Sociale Dienst – Slg 1987, 3801.

[1003] Ausführlich *Völcker*, Handelsvertretervertrieb und EG-Kartellrecht (1994), 297; *Lange*, Handelsvertretervertrieb und EG-Kartellrecht, EWS 1997, 333.

[1004] So *Ulmer/Habersack*, Handelsvertreterverträge und Art 85 Abs 1 EGV, ZHR 1995, 125 ff; *Kapp*, EG-kartellrechtliche Fehlentwicklung bei Handelsvertreterverträgen?, WuW 1990, 820; *Rittner*, Die Handelsvertreterpraxis nach dem neuen EG-Kartellrecht für Vertikalvereinbarungen, DB 2000, 1212. Deren Argumente wurden bereits 1967 weitgehend widerlegt; siehe *Kreis*, Ausschließlichkeitsbindungen in Tankstellenverträgen, BB 1967, 944.

[1005] Siehe *Rittner*, Das Handelsvertreterverhältnis im (GWB- und EG-) Kartellrecht und die Figur der unternehmensbedingten Abhängigkeit, WuW 1993, 591 ff.

[1006] *„Es kommt in jedem Einzelfall darauf an, dass die wettbewerbsbeschränkende Nebenbestimmung eine wettbewerbsfördernde Wirkung im Einzelfall hat."* *Zimmer* in *Immenga/Mestmäcker*, Gesetz gegen Wettbewerbsbeschränkungen³ (2001), § 1 Rn 274. So verstanden ist die Immanenztheorie aber eine „rule of reason", die das EuG auch im Zusammenhang einer Immanenztheorie bereits eindeutig abgelehnt hat. Vgl EuG 18.9.2001, Rs T-112/99 – Métropole Télévision-M6 ua – URL: http://curia.eu.int/jurisp/cgi-bin/form.pl?lang=en&Submit=Submit&docrequire=judgements&numaff=T%25&datefs=&datefe=&nomusuel=&domaine=CONC&mots=&resmax=1000 [7.11.2001], Rn 107.

[1007] So eingehend *Völcker*, Handelsvertretervertrieb und EG-Kartellrecht (1994), 237 ff.

keine Lösung für alle Vertriebsformen angeboten wird.[1008] Die hier vertretene Ansicht wurde von der Rechtsprechung bereits bestätigt.[1009]

Daher liegt kein Grund vor die Interessenwahrungspflicht des Handelsvertreters anders als die eines Vertragshändlers zu beurteilen.[1010] Es kommt darauf an, ob die Einfirmenklausel aufgrund der Art der vertriebenen Waren oder Dienstleistungen, zB zum Schutz des guten Rufs des Geschäftsherrn bzw des Know-hows oder zur Durchsetzung eines effektiven Systems, wirklich erforderlich ist und ob sie nur im angemessenen Umfang vereinbart wird.[1011]

Beim Eintritt von horizontalen Wirkungen durch eine Vermittlervereinbarung, kann die vGVO, die ja nur Vertikalvereinbarungen freistellen will, nicht allein ausschlaggebend sein. Daher ist ausdrücklich festgelegt, dass dann der Handelsvertreter immer als Unternehmer zu behandeln ist. Dies sollte ohnehin klar sein, da bei horizontalen Effekten, das Verhältnis zwischen Geschäftsherrn und Handelsvertreter nicht maßgeblich sein darf. Dennoch ist unklar, worin eine Förderung von abgestimmten Verhaltensweisen gesehen werden kann.[1012] In der Praxis wird ein Mehrfirmen-Handelsvertreter wohl kaum zur Abstimmung unter seinen Geschäftsherrn beitragen.[1013]

[1008] Grundlegend und mit allen wesentlichen Argumenten *Ebenroth*, Absatzmittlungsverträge im Spannungsverhältnis von Kartell- und Zivilrecht (1980), 82 f.

[1009] EuG 18.9.2001, Rs T-112/99 – Métropole Télévision-M6 ua – URL: http://curia.eu.int/jurisp/cgi-bin/form.pl?lang=en&Submit=Submit&docrequire=judgements&numaff=T%25&datefs=&datefe=&nomusuel=&domaine=CONC&mots=&resmax=1000 [7.11.2001], Rn 105 ff. Demnach muss eine Beschränkung zur Durchsetzung eines Zieles objektiv unerlässlich sein und zweitens nur in den engen Grenzen angemessenen Umfangs vereinbart werden. Daher kommt es bei Wettbewerbsverboten auch auf deren Dauer an. Mit einem zivilrechtlichen Leitbild hat das Konzept der „ancillary restriction" jedoch keine Verbindung. Zum Wettbewerbsverbot des Handelsvertreters siehe zuletzt EuGH 24.10.1995, Rs C-266/93 – VW-Herstellerleasing – Slg 1995, I-3518 Rn 24.

[1010] Generell liegt fast allen Absatzmittlungssystemen eine Interessenwahrungspflicht zugrunde. *Martinek* in *Martinek/Semler*, Handbuch des Vertriebsrechts (1996), 9 Rn 16. Daher kann dieses Kriterium keine Sonderstellung des Handelsvertreters begründen.

[1011] Vgl *Völcker*, Handelsvertretervertrieb und EG-Kartellrecht (1994), 296 ff. Durch Art 5b vGVO sind Wettbewerbsverbote für die Dauer von 5 Jahren grundsätzlich freigestellt worden, wenn die Vereinbarung die restlichen Voraussetzungen der vGVO erfüllt.

[1012] Der horizontale Effekt einer Preisbindung, siehe 1.5., kann nur bei einem „unechten" Handelsvertreter von Relevanz sein. Andernfalls ist ja gerade diese Preisbindung freigestellt, da der Handelsvertreter am Gütermarkt nicht Teil nimmt.

[1013] *Rittner*, Die EG-Kommission und das Handelsvertreterrecht – Zum geplanten EG-Recht über Vertikalverträge, DB 1999, 2101; *Lange*, Handelsvertretervertrieb nach den neuen Leitlinien der Kommission, EWS 2001, 22. Im berühmten „Zucker"-Fall erfolgte auf der horizontalen Ebene eine Absprache der Zuckerhersteller zur Abschottung der nationalen Märkte, siehe *Völcker*, Handelsvertretervertrieb und EG-Kartellrecht (1994), 182 ff.

Zusammenfassend berücksichtigen die neuen Leitlinien die Erfordernisse der Praxis.[1014] Vorgaben des Geschäftsherrn auf dem Gütermarkt sind zulässig, solange der Handelsvertreter nicht „eigenhändlerische" Risiken tragen muss und somit als Umschlagshändler fungiert. Beschränkungen der Tätigkeit des Handelsvertreters auf dem Vermittlungsmarkt sind auf ihre Sachlichkeit zu überprüfen.[1015]

4.3.1.4. Kommissionsentscheidung DaimlerChrysler

Einen wesentlichen Fortschritt zur Erkenntnis der Handelsvertreterproblematik stellt eine der jüngsten Entscheidungen der Europäischen Kommission dar.[1016] Die hier aufgezeigten Theorien werden darin erstmals in der Praxis ausdrücklich bestätigt. Die Kommission folgt in der Entscheidung den zahlreichen Stellungnahmen der Lehre[1017] und beendet die Missverständnisse zum Handelsvertreter. Im Fall brachte DaimlerChrysler ihre Ansicht vor, dass die Vertreter, die als Absatzmittler für Kraftfahrzeuge agieren, in das Unternehmen eingegliedert und deshalb echte Handelsvertreter sind. Dies ergäbe sich bereits daraus, dass die Vertreter als Einfirmenvertreter auftreten. Somit wären sie kartellrechtlich unbedenklich und eine Preis- und Konditionenbindung wäre zulässig. Diesen Einwand weist die Kommission scharf zurück.

> *„Das Merkmal der Eingliederung ist neben der Risikoverteilung kein eigenständiges Merkmal zur Abgrenzung eines Handelsvertreters von einem Eigenhändler...*
> *Die zwischen Mercedes-Benz und ihren Vertretern in Deutschland abgeschlossenen Verträge sind Vereinbarungen zwischen Unternehmen."*[1018]

Damit ist endgültig klar festgeschrieben, dass der Handelsvertreter immer ein Unternehmer ist, unabhängig von einer Eingliederung oder Risikoverteilung.[1019] Vollkommen richtig stellt die Kommission fest, dass die Eingliederungstheorie

---

[1014] Indem sie die bestehende Rechtslage, die von großen Missverständnissen geprägt ist, zusammenfassen und somit auch Rechtsanwendern, die nicht die Zeit haben, sich umfassend in die Handelsvertreterproblematik einzulesen, ein verlässliches Konzept zur Verfügung stellen. Der Aufschrei, wo das eigentliche Kriterium „die Eingliederung" geblieben ist, ist daher verfehlt. Fallen nun Handelsvertreterverhältnisse wie der Tankstellenhalter eindeutig unter Art 81 EGV, so zeigt dies nur wie unklar die bisherige Rechtslage war. Siehe 4.3.2.2.

[1015] Zur Beurteilung einzelner Vertragsklauseln vgl *Lange,* Handelsvertretervertrieb und EG-Kartellrecht, EWS 1997, 331 ff.

[1016] Europäische Kommission 10.10.2001, COMP/F-2/36.264 – DaimlerChrysler – bisher unveröffentlicht, siehe Pressemitteilung vom 10.10.2001, IP/01/1394; *Europäische Kommission,* XXXI. Report on competition policy 2001 (2002), 41 Rn 184.

[1017] Siehe Fn 931.

[1018] Europäische Kommission 10.10.2001, COMP/F-2/36.264 – DaimlerChrysler – bisher unveröffentlicht, Rn 134 und 140.

[1019] So auch Rn 123 ff der Entscheidung. Selbst DaimlerChrysler teilte die Ansicht, dass die Vertreter selbständige Unternehmer sind.

überholt ist und keinen Ansatzpunkt für eine Differenzierung bietet. Dabei führt sie aus, dass Vertragshändler genauso wie Handelsvertreter in das Unternehmen eingegliedert sind. *„Diese Merkmale sind somit kein geeignetes Kriterium zur Abgrenzung eines Handelsvertreters von einem Eigenhändler."*[1020] Zur Begründung führt die Kommission das VW-Herstellerleasing Urteil an. Zweifelsohne kann dieses Urteil als Abkehr von der alten Rechtsprechung verstanden werden,[1021] die Kommission geht aber in ihrer sprachlichen Klarheit noch einen Schritt weiter. Dies ist zu begrüßen, da damit endgültig die Ungenauigkeiten der Vergangenheit beseitigt werden.

Damit ist sichergestellt, dass allein die Risikoverteilung das Korrelat zur Preis- und Konditionenbindung ist.[1022] Bezüglich dieser behauptete DaimlerChrysler, dass ihre Vertreter kein Risiko tragen, das mit dem Neuwagengeschäft verbunden ist.[1023] Dieses Argument weist die Kommission klar zurück. Vielmehr ist nach der Vertragsgestaltung der Vertreter am Preisrisiko beteiligt, trägt teilweise das Transport- und Transportkostenrisiko und muss insbesondere in erheblichem Umfang eigene Mittel zur Verkaufsförderung einsetzen. Beim Verkauf von Vorführwagen als Gebrauchtwagen hat der Vertreter das Absatzrisiko.[1024] Weiters muss er auf eigene Kosten eine Werkstatt und ein Ersatzteillager einrichten und einen Kundendienst anbieten. Dabei trifft ihn durch die Vertragsgestaltung auch eine Haftung für die Herstellergarantie.

Die Kommission weist drauf hin, dass aus wirtschaftlicher Sicht die Umsätze des Vertreters aus eigenunternehmerischer Tätigkeit jene aus der Vermittlung von Neuwagenkaufverträgen um ein Mehrfaches übersteigt. Gerade die vertragliche Verknüpfung zwischen Fahrzeugvermittlung einerseits und Kunden- und Ersatzteillager andererseits führt zu einer Übertragung von Risiken eines Eigenhändlers auf einen Handelsvertreter.[1025]

Die Situation des Falles ist mit der Lage der Tankstellenhalter evident vergleichbar. Auch diese sind ebenso wie die Vertriebsverträge von Daimler-Chrysler Mischverhältnisse.[1026] 70% der Einnahmen des Tankstellenhalters

---

[1020] Rn 136 der Entscheidung.

[1021] Siehe Abschnitt 4.3.1.1.4.

[1022] Vgl 5.1.2.

[1023] Wie etwa das Absatz-, Transport-, Lagerhaltungs-, Preis-, Gewährleistungs- oder Ausfallrisiko. Rn 125 der Entscheidung.

[1024] Über 20% des Umsatzes eines Vertreters werden durch Vorführwagen erzielt.

[1025] Europäische Kommission 10.10.2001, COMP/F-2/36.264 – DaimlerChrysler – bisher unveröffentlicht, Rn 130 und 138.

[1026] Vgl *Creutzig*, Der Investitionsschutz des Vertragshändlers bei ordentlicher Kündigung des Herstellers (2001), 17 Fn 101. Bezüglich der Vermittlung von Neufahrzeugen ist der Absatzmittler

kommen aus seiner Eigenhändlertätigkeit, er übernimmt teilweise Risiken des Umsatzhandels und muss ebenso wie ein Absatzmittler im Automobilhandel wesentliche finanzielle Mittel aufwenden, um seine Tätigkeit ausüben zu können. Da DaimlerChrysler gegen die Entscheidung bereits eine Berufung eingebracht hat,[1027] wird das EuG über die Handelsvertreterproblematik entscheiden.

4.3.2. Tankstellenhalter

Agiert der Tankstellenhalter ausschließlich als Eigenhändler, so steht seine unternehmerische Qualität nicht zur Disposition. Er ist auf jeden Fall Unternehmer iSd EG-Kartellrechts. Richtigerweise handelt es sich beim Tankstellenhalter, auch wenn er Treibstoffe im fremden Namen verkauft, nicht um einen Handelsvertreter.[1028] Er nimmt eine primär doppeltgeprägte Position zwischen Handelsvertreter und Vertragshändler ein, wobei die Risikoverteilung beim Verkauf von Treibstoffen der eines typischen Vertragshändlervertrages entspricht.[1029] Durch diese Rechtsposition „sui generis" ist er immer, sogar beim Verkauf von Treibstoffen, Unternehmer nach Art 81 EGV.

Doch selbst, wenn man den Tankstellenhalter fälschlicherweise als Handelsvertreter sieht,[1030] ist er ein eigenständiger Unternehmer iSd Kartellrechts.[1031] Der folgende Abschnitt dient dem Nachweis dieser Aussage. Noch immer wird in apodiktischen Ausführungen festgehalten, dass der Tankstellenhalter ja Handelsvertreter und als solcher kartellrechtlich unbedenklich bzw von Art 81 EGV nicht erfasst sei.[1032] Dabei trifft ein Missverständnis der Rechtsprechung zum Handelsvertreter auf eine falsche Einschätzung der wirtschaftlichen Funktion des Tankstellenhalters. Dies erklärt die vielen Irrtümer, die im Zusammenhang mit Tankstellenverträgen entstanden sind.

4.3.2.1. Anwendungsbereich der GVOen

Durch eine Überprüfung des Anwendungsbereichs der GVOen zu vertikalen Vertriebsbindungen, kann auch ein Rückschluss auf den Anwendungsbereich des EG-Kartellrechts gezogen werden. Stellt eine GVO den Tankstellenhalter frei, so

---

Vertreter, der Vertrieb von Ersatzteilen und der Kundendienst geschieht aber im eigenen Namen und auf eigene Rechnung.

1027 Siehe ABl C 68 vom 16.3.2002, 15.

1028 So bereits 2.3.

1029 Siehe 3.4.

1030 Wie dies Teile der Lehre und Rechtsprechung beurteilen, vgl 2.3.1.

1031 Dies würde sich bereits aus der bis jetzt erörterten Rechtslage zum Handelsvertreter ergeben, siehe oben.

1032 So *Brüggemann* in *Martinek/Semler,* Handbuch des Vertriebsrechts (1996), 1101 Rn 44; *Wiedemann,* Kommentar zu den Gruppenfreistellungsverordnungen des EWG-Kartellrechts II (1990), 110 Rn 23 und 171 Rn 1.

bedeutet dies, dass er grundsätzlich von Art 81 EGV erfasst ist. Andernfalls wäre seine Freistellung überflüssig. Denn nur, wer dem Kartellverbot unterliegt, muss freigestellt werden. Während in der alten GVO zu Bezugsbindungen Tankstellenverträge in einem eigenen Abschnitt normiert wurden,[1033] ist deren Freistellung nun in der branchenübergreifenden vGVO geregelt.[1034]

4.3.2.1.1. GVO Nr 1984/83

Diese bezieht sich ausschließlich auf Vereinbarungen, *„zum Zwecke des Wiederverkaufs in einer durch die Vereinbarung bezeichneten Abfüllstation“*, wobei sich der Lieferant *„zur Gewährung besonderer wirtschaftlicher oder finanzieller Vorteile verpflichtet“*.[1035] Nach richtiger Ansicht waren, wenn keine Investitionshilfe gewährt wurde,[1036] die allgemeinen Vorschriften des Titel I der GVO anwendbar.[1037] Bedauernswerterweise wurde das Element des Wiederverkaufs genauso wie in Art 1 der GVO ausgelegt und somit der Anwendungsbereich auf Eigenhändlervereinbarungen eingeschränkt. Dies würde bedeuten, dass ein Tankstellenhalter, der als Handelsvertreter auftritt, nicht von der GVO erfasst wäre.[1038]

Ziel der GVO war es eindeutig die Abschottungswirkung von langfristigen Vereinbarungen zu vermeiden und somit Marktzugangsschranken für neueintretende Konkurrenten zu vermeiden.[1039] Ausschlaggebendes Moment einer möglichen Abschottungswirkung ist aber nicht die gewählte Vertriebsform als Handelsvertreter oder Eigenhändler. Wettbewerbsrechtlich besteht zwischen der Wirkung eines Alleinbezugsvertrages und dem Wettbewerbsverbot eines Handelsvertreters kein Unterschied.[1040] In beiden Fällen steht der Absatzmittler

---

[1033] Titel III der GVO Nr 1984/83 vom 22.6.1983 über die Anwendung von Art 85 Abs 3 des Vertrages auf Gruppen von Alleinbezugsvereinbarungen, ABl L 173 vom 30.6.1983, 5.

[1034] Siehe *Woods/Filipponi* in *Faull/Nikpay,* The EC Law of Competition (1999), 533 Rn 7.277.

[1035] Art 10.

[1036] Auch Vorteile in geringer Höhe können ausreichen, um das Tatbestandsmerkmal zu erfüllen, wenn nach der Verkehrauffassung eines Landes keine hohe Ausstattung von Abfüllstationen üblich ist. *Wiedemann,* Kommentar zu den Gruppenfreistellungsverordnungen des EWG-Kartellrechts II (1990), 177 Rn 10.

[1037] So *Gleiss/Hirsch,* Kommentar zum EG-Kartellrecht I^4 (1993), 561 Rn 1419. Demnach war die zulässige Vertragsdauer eines derartigen Vertrages gemäß Art 3d auf 5 Jahre beschränkt.

[1038] So *Wiedemann,* Kommentar zu den Gruppenfreistellungsverordnungen des EWG-Kartellrechts II (1990), 119 Rn 6 und 174 Rn 2; *Bunte/Sauter,* EG-Gruppenfreistellungsverordnungen (1988), 284 und 297.

[1039] *Bunte/Sauter,* EG-Gruppenfreistellungsverordnungen (1988), 275 Rn 9; *Europäische Kommission,* Grünbuch zur EG-Wettbewerbspolitik gegenüber vertikalen Wettbewerbsbeschränkungen, KOM (1996) 721, 40 Rn 126.

[1040] Bereits unter 4.3.1.3.2. wurde nachgewiesen, dass das Wettbewerbsverbot des Handelsvertreters keineswegs kartellrechtsneutral ist. Eigenhändler und Handelsvertreter sind idS gleich zu behandeln. Denn durch die kumulative Wirkung von gleichartigen Verträgen kann der

dem neuen Lieferanten für eine bestimmte Zeit nicht zur Verfügung. Es kommt daher für die Wirkung eines einzelnen Vertrages ausschließlich auf die Länge der Vertragsdauer und nicht auf die gewählte Rechtsform an. Konsequenz daraus ist, dass der Tankstellenhalter auch, wenn er als Handelsvertreter auftritt, vom Anwendungsbereich der GVO 1984/83 umfasst ist. Das Wort „Wiederverkäufer" in Art 10 muss ähnlich wie nun „Käufer" durch Art 1g vGVO interpretiert werden, um nicht eine einfache Umgehungsmöglichkeit der zulässigen Bezugsbindungsdauer zu schaffen. Dieses Problem hat die Europäische Kommission richtig erkannt und anscheinend auch so gehandhabt.[1041]

> *„In some Member States, service station operators act as agents for the purpose of the sale of petrol, and in some cases, lubricants, and as independent resellers for the sale of other products. Despite the fact the operators act partly as agents, the contracts have been considered to be subject to the rules in Title III of Regulation 1984/83. If these provisions were not applicable, it would not be possible to impose a maximum duration on the contracts with the effect of making it difficult for new operators to enter the market."*[1042]

Vollkommen richtig wird ausgeführt, dass Tankstellenhalter nur teilweise in fremdem Namen handeln. Die Europäische Kommission hat daher Tankstellenhalter immer als Unternehmer iSd EG-Kartellrechts angesehen und nicht danach differenziert in welcher Vertriebsform diese auftreten.

4.3.2.1.2. GVO Nr 2790/99

Nach dem Konzept der vGVO unterliegt der Tankstellenvertrag wiederum ohne Ausnahme dem Maßstab des Art 81 EGV. In den Leitlinien ist sogar erstmals ausdrücklich erwähnt, dass ein Handelsvertreter immer Unternehmer ist,[1043] und Art 1g vGVO sieht vor, dass auf „unechte" Handelsvertreterverhältnisse alle Bestimmungen der vGVO anwendbar sind.[1044] Daher ist eine Beschränkung der Subjekt-Eigenschaft des Tankstellenhalters, da er teilweise wie ein Handelsvertreter agiert, nicht zutreffend. Dies gilt auch deshalb, da der Anwendungsbereich der GVO Nr 1984/83 voll in die vGVO übergeleitet wurde.[1045] Es wird wohl niemand bestreiten, dass Tankstellenverträge als typische vertikale Vertriebsver-

---

Eintritt von neuen Wettbewerbern durch einen hohen Anteil derartiger Vereinbarungen entscheidend behindert sein. Dabei ist gleichgültig, um welche Vertriebsform es sich handelt.

[1041] Der *Faull/Nikpay* Kommentar ist ausschließlich von Angehörigen der Wettbewerbsabteilung (DG Competition) der Europäischen Kommission verfasst. Siehe *Faull/Nikpay*, The EC Law of Competition (1999), vii f. Daher kann davon ausgegangen werden, dass die dort vertretenen Rechtsmeinungen in der Praxis umgesetzt wurden.

[1042] *Woods/Filipponi* in *Faull/Nikpay*, The EC Law of Competition (1999), 534 Rn 7.280.

[1043] Siehe Rn 15 Leitlinien.

[1044] Das Preis- und Konditionenbindungsverbot des Art 4a vGVO ist auf „echte" Handelsvertreter nicht anwendbar, die restlichen Bestimmungen schon.

[1045] Einschließlich der Tankstellenverträge. *Bunte* in *Langen/Bunte*, Kommentar zum deutschen und europäischen Kartellrecht I[9] (2001), 2056 Rn 503.

träge vom weiten Anwendungsbereich der vGVO erfasst sind. Zusammenfassend regeln sowohl die GVO 1984/83, als auch die vGVO den Tankstellenhalter in allen seinen unterschiedlichen Ausgestaltungsformen. Daraus kann der Schluss gezogen werden, dass er Unternehmer iSd EG-Kartellrechts ist.

4.3.2.2. Rechtsprechung

Leitentscheidungen des EuGH oder der Europäischen Kommission liegen zu Tankstellenverträgen nicht vor.[1046] Dies erklärt sich daraus, dass die Kommission der Ansicht ist, dass Verstöße im Mineralölsektor primär von den nationalen Kartellbehörden verfolgt werden sollen.[1047] So existieren nur zwei einschlägige Urteile des EuGH, welche die zulässige Dauer einer Ausschließlichkeitsbindung betreffen. In diesen Urteilen wurde die Stellung des Tankstellenhalters als Unternehmer nicht weiter problematisiert, sondern automatisch angenommen.[1048] Nach bisheriger Europäischer Rechtsprechung ist der Tankstellenhalter immer Unternehmer iSd EG-Kartellrechts.[1049]

Nur auf nationaler Ebene haben Gerichte die Unternehmereigenschaft des Tankstellenhalters bezweifelt, da er in diesen Judikaten Handelsvertreter sei. Daher erfolgt hier eine Analyse nationaler Urteile zur Stellung des Tankstellenhalters im Kartellrecht. Diese beschäftigen sich durchwegs mit der Problematik des Art 81 EGV. Die kürzlich in Schweden und Italien festgestellten Treibstoff-Kartelle[1050] wurden primär auf horizontaler Ebene gebildet und sind daher für diese Frage nicht relevant.[1051]

[1046] *Liebmann,* Vertriebsverträge in der EU (1998), 140; *Bunte/Sauter,* EG-Gruppenfreistellungsverordnungen (1988), 268 Rn 3; *Wiedemann,* Kommentar zu den Gruppenfreistellungsverordnungen des EWG-Kartellrechts II (1990), 110 Rn 23. Die Kommission hat 1999 im Zuge eines Schreibens an einen spanischen Gerichtshof die Problematik des Tankstellenhalters als Handelsvertreter erörtert. *Europäische Kommission,* XXIX. Bericht über die Wettbewerbspolitik 1999 (2000), 405.

[1047] Siehe Fn 141. Ebenso Antwort von Kommissar van Miert am 11.12.1997 auf eine parlamentarische Anfrage von Riccardo Garosci an die Kommission E-3619/97, ABl C 174 E vom 8.6.1998, 88; sowie Antwort von Kommissar Monti am 2.8.2000 auf eine parlamentarische Anfrage von Mariá Sornosa Martínez und Luis Berenguer Fuster an die Kommission E-2149/00, ABl C 103 E vom 3.4.2001, 74.

[1048] EuGH 7.12.2000, Rs C-214/99 – Neste Markkinointi Oy/Yötuuli Ky ua – CELEX/61999J0214 = WuW 2001, 79; EuGH 10.11.1993, Rs C-39/92 – Petroleos de Portugal – Slg 1993, I-5659 = CELEX/61992J0039. So wie dies bei einem Großteil der kartellrechtlichen Urteile geschieht; siehe bereits 4.3.

[1049] Diese Erkenntnis kann auch aus den GVOen gewonnen werden, vgl 4.3.2.1.

[1050] Siehe Fn 16.

[1051] *Konkurrensverket (Swedish Competition Authority),* A Swedish petrol cartel, URL: http://www.kkv.se/eng_indexns.htm [9.11.2001]; *Autorita garante della Concorrenza e del Mercato (Italian Competition Authority),* Annual Report (2000), URL: http://www.agcm.it/eng/tema031.htm [9.11.2001].

4.3.2.2.1. Deutsche Urteile

Tankstellenverträge hatten in Deutschland einen großen Anteil an der Erörterung von Rechtsfragen zum Handelsvertreter. Der BGH hat im bekannten Urteil „Shell-Tankstelle" ausgesprochen, dass § 14 (§ 15 aF) GWB auf Handelsvertreterverhältnisse nicht anwendbar sei und die Frage nach § 16 (§ 18 aF) GWB offen gelassen.[1052] Daraufhin hat eine umfassende Diskussion zur Ausschließlichkeitsbindung des Tankstellenhalters begonnen.[1053] Nach nunmehr eindeutig herrschender Lehre und Rechtsprechung ist § 16 auf Interessenwahrungsverträge wie dem Handelsvertreter voll anwendbar.[1054] Dies hat die Judikatur zum Tankstellenvertrag bestätigt.[1055] Das Preisbindungsverbot gilt wie im europäischen Recht,[1056] sobald der Absatzmittler Risiken des vermittelten Geschäfts trägt.[1057] „Tankstellenrabatte", die als Provisionskürzungen nur den Tankstellenhalter betreffen und von ihm finanziert werden, sind das Pendant zur Provisionsweitergabe des Handelsvertreters.[1058] Diese unterliegen daher voll dem § 14 GWB. Folglich dürfen Mineralölgesellschaften „Tankstellenrabatte" weder

---

1052 Dabei hat der BGH zwar bereits erkannt, dass Tankstellenverträge nicht nur Handelsvertreterverhältnisse sind, dies aber nicht weiter problematisiert. *„Es ist zwar nicht zu verkennen, dass die vertraglichen Beziehungen zwischen den Parteien auch noch Elemente anderer Vertragsteile enthalten. Darauf braucht hier aber nicht weiter eingegangen werden. Der Schwerpunkt beruht jedenfalls auf dem Verkauf von Treib- und Schmierstoffen..."* BGH 15.12.1967, KZR 6/66 – Shell-Tankstelle – WuW 1968, 299 und 302 f.

1053 Für die Anwendung von § 16 *Kreis,* Ausschließlichkeitsbindungen in Tankstellenverträgen, BB 1967, 942; *Schmidt/Thiele,* Die Ausschließlichkeitsbindung des Tankstellenhalters für Treib- und Schmierstoffe, BB 1968, 886. AA *Riesenkampff,* Die Ausschließlichkeitsbindung des Tankstellenhalters für Treib- und Schmierstoffe, BB 1968, 732; Das BKartA hat für den Folgemarktbereich in dem der Tankstellenhalter als Eigenhändler auftritt, die Anwendung des § 16 bereits im Jahre 1968 bejaht. BKartA 22.5.1968, RT 46/67 – Kraftfahrzeugpflegemittel – BB 1968, 723 = WuW 1968, 697. Dabei hat das BKartA ausgeführt, dass es der Meinung sei, dass Handelsvertreterverhältnisse der Missbrauchsaufsicht nach § 16 GWB unterliegen; siehe WuW 1968, 700.

1054 Statt aller *Emmerich* in *Immenga/Mestmäcker,* Gesetz gegen Wettbewerbsbeschränkungen^3 (2001), § 16 Rn 29 f. Grundlegend BGH 25.9.1990, KVR 2/89 – Pauschalreisen-Vermittlung – BGHZ 112, 221 f. AA *Rittner,* Das Wettbewerbsverbot des Handelsvertreters und § 18 GWB, DB 1989, 2587 ff.

1055 BGH 13.3.1997, I ZR 215/94, NJW 1998, 159; BGH 3.11.1999, VIII ZR 269/98, NJW 2000, 1110 = DB 2000, 814. Hier ist die Frage der zulässigen Dauer einer Ausschließlichkeitsbindung jedoch über die privatrechtliche Schiene gelöst worden. Kartellrechtliche Fragen werden nur oberflächlich behandelt, weshalb diese Urteile nicht näher erörtert werden.

1056 Siehe 5.1.2.

1057 Zuletzt BGH 22.2.1999, KZR 11/97 – Sixt – DB 1999, 842, 844.

1058 Zur kartellrechtlichen Unzulässigkeit des vom Geschäftsherrn auferlegten Provisionsweitergabeverbots eingehend *Völcker,* Handelsvertretervertrieb und EG-Kartellrecht (1994), 258 ff.

erzwingen, noch verbieten.[1059] In einem Urteil wurde es für die Privilegierung des Handelsvertreters als unwesentlich angesehen, dass der Tankstellenhalter für die Kreditkartengebühr alleine aufkommen muss und so in Bezug auf das vermittelte Geschäft Risiken übernimmt.[1060] Diese Aussage steht im Gegensatz zur europäischen Rechtsprechung.[1061] Weiters wurde festgehalten, dass sich die Zulässigkeit der Preisbindung aus der vertraglichen Vereinbarung ergibt. Dass dieser Begründung nicht zuzustimmen ist, muss wohl nicht näher kommentiert werden.

Zum Kern der Frage der Stellung des Tankstellenhalters und der Anwendung von Art 81 EGV dringt ein gegenwärtig beim BGH anhängiges Verfahren vor. Bis jetzt sind mehrere Urteile des LG Hamburg als Erstinstanz 1998 und ebenso mehrere Berufungsurteile des OLG Hamburg im Jahr 2000 ergangen.[1062] In ihren Begründungen sind die Urteile nahezu gleichlautend, sodass sie hier je nach der Instanz gemeinsam behandelt werden.

Im Jahr 1995 schlossen eine Mineralölgesellschaft und ein Ehepaar einen auf 20 Jahre angelegten Vertrag zum Betrieb einer Tankstelle ab. Dabei sollte eine Tankstelle auf einem Grundstück des Ehepaares errichtet und auch von dieser finanziert werden. Laut Sachverhalt fiel auf das Ehepaar ein Gesamtaufwand von 3,3 Millionen DM, die Mineralölgesellschaft erstattete 700.000 DM als zinslose Vorauszahlung für das zu zahlende Nutzungsentgelt und 550.000 DM zuzüglich Umsatzsteuern als Zinszuschuss zu den Investitionen des Ehepaares. Der Tank wurde von der Mineralölgesellschaft eingebaut, dessen Kosten von 339.825 DM zwar vorfinanziert, aber mit späteren Zahlungen der Mineralölgesellschaft gegenverrechnet. Im Endeffekt hat daher das Ehepaar nur eine Summe von 550.000 DM erhalten, der Rest ist eine reine Kreditierung. Die Mineralölgesellschaft verpflichtet sich jährlich einen Betrag von 14.775 DM netto als „Nutzungsentgelt" zusätzlich zu den Provisionen[1063] zu entrichten. Vor Vertragsabschluss

---

[1059] So bereits *Kreis,* Tankstellenrabatte in kartellrechtlicher Sicht, BB 1969, 73 ff. LG Frankfurt am Main 25.4.1969, 3/2 O 25/29, BB 1969, 1326; BGH 26.2.1970, KZR 17/68, WuW 1970, 540. Siehe 3.3.4.

[1060] OLG Düsseldorf 5.3.1991, U 31/90, WuW 1991, 756 f.

[1061] Siehe 4.3.1.1.

[1062] *Europäische Kommission,* XXIX. Bericht über die Wettbewerbspolitik 1999 (2000), 396 f; OLG Hamburg 13.4.2000, 3 U 285/98 – Tankstellenverwalter – WuW 2000, 886. Auch im Berufungsverfahren ergingen mehrere gleichlautende Urteile; *Schultz/Wagemann,* Kartellrechtspraxis und Kartellrechtsprechung 2000/01 (2001), 57 Rn 120; *Europäische Kommission,* XXX. Bericht über die Wettbewerbspolitik 2000 (2001), 375 f.

[1063] Maximal 4,60 Pfennig pro verkauftem Liter Kraftstoff und zusätzlich 1,50 Pfennig pro Liter als Entgelt für den ausschließlichen Verkauf von Produkten der Mineralölgesellschaft. Diese Beträge verringern sich jedoch drastisch je mehr Kraftstoffe verkauft werden, auf minimal 1,50 Pfennig pro verkauftem Liter und einer Obergrenze von 82.500 DM für die Ausschließlichkeitsbindung.

verfasste ein vor der Mineralölgesellschaft empfohlener Sachverständiger ein Gutachten zur „persönlichen Existenzberatung". Darin wurde dem Ehepaar ein jährlicher Reingewinn zwischen 130.000 und 200.000 DM in Aussicht gestellt. Die erwarteten Umsätze blieben aus, der Tankstellenhalter erwirtschaftete nur Verluste. Dabei machte der Anteil des Ladengeschäfts mehr als 70% des Gesamtumsatzes aus. Daher wurde der Vertrag vom Tankstellenhalter wegen kartellrechtlicher Nichtigkeit, arglistiger Täuschung und Verstoß gegen die Treuepflichten angefochten. Die Mineralölgesellschaft beantragte festzustellen, dass der Vertrag aufrecht sei.[1064]

Das LG Hamburg ist bemerkenswerter Weise zum richtigen Ergebnis gekommen, während das OLG Hamburg, die Rechtslage vollkommen anders interpretiert.

Das LG Hamburg stellte fest, dass der Tankstellenvertrag gegen Art 81 Abs 1 EGV verstoße und keine Gruppen- oder Einzelfreistellung eingreife. Dabei wendet das Gericht die Delemitis-Formel,[1065] die zuvor vom BGH zu Bierlieferungsverträgen bestätigt wurde, richtig an und kommt so zum Ergebnis, dass EG-Kartellrecht anwendbar ist.[1066] Die GVO Nr 1984/83 sei gleich aufgrund von mehreren Gründen nicht anwendbar. Aufgrund der Vertragsdauer von 20 Jahren und weil eine Bezugspflicht auch im Folgemarktbereich (sogenannte Shop-Waren) vereinbart wurde. Nach weiterer Prüfung kommt das LG Hamburg zum Ergebnis, dass Art 81 Abs 1 EGV aus mehreren Gründen verletzt wird.[1067] Da im Vertrag vereinbart wurde, dass auch Betriebserweiterungen und Erwerbungen von seinem Inhalt erfasst sind, werde die *„wirtschaftliche Bewegungsfreiheit und unternehmerische Planungsfreiheit"* in einer durch Art 81 EGV nicht gedeckten Weise behindert. Die zahlreichen Verstöße würden keine Teilnichtigkeit möglich machen. Nach dem Ziel des Art 81 EGV und dem anwendbaren § 139 BGB, erfasse die Nichtigkeit den gesamten Vertrag. Denn *„nur der Verbund der Regelungen lässt das Geschäft für die Klägerin rentabel erscheinen."*

[1064] Der hier geschilderte Sachverhalt liegt dem einzig veröffentlichen Urteil der Verfahren zugrunde; OLG Hamburg 13.4.2000, 3 U 285/98 – Tankstellenverwalter – WuW 2000, 886. Alle Sachverhalte sind aber sehr ähnlich. Die kartellrechtlich relevanten Fakten sind gleichgelagert. Dem Verfasser liegt ein unveröffentlichtes Urteil der Erstinstanz vor. LG Hamburg 13.11.1998, 416 O 79/98 – Tankstellenverwalter – unveröffentlichtes Urteil. Von diesem ausgehend wird die Begründung des LG Hamburg erforscht.

[1065] Siehe 5.2.3.1.

[1066] *„Mit einer Vielzahl von Verträgen, wie dem vorliegenden, ergibt sich ein nahezu vollständiger Abschluss des Marktes, der nur in einzelnen Fällen bei optimaler Lage die Etablierung Dritter zulässt... Mit dieser komplexen Bindung wird eine gravierende Einschränkung der wirtschaftlichen Betätigung der Beklagten erzeugt. Diese wirkt sich unmittelbar auf die Wettbewerbssituation Dritter aus."*

[1067] Unfang der Bezugspflicht und ihre Dauer verstoßen gegen Art 81 EGV, weiters wird auch durch andere Klauseln die Handlungsfreiheit des Tankstellenhalters in unzulässiger Weise eingeschränkt.

Zur angeblichen Handelsvertretereigenschaft findet das Gericht klare Worte, zitiert die alte Handelsvertreterbekanntmachung korrekt und sieht diese im Lichte ihrer Bedeutung in der Gegenwart.

> *„Wer als Handelsvertreter einzustufen ist, richtet sich nach der tatsächlichen Ausgestaltung der Vertragsbeziehungen, nicht nach der Deklaration im Vertrag...*
> *Beim Tankstellenvertrag der Parteien steht der Inhalt des Tanklagers formell im Eigentum der Klägerin und nicht in dem des Betreibers. Eine formale Übereignung des Tankinhaltes erfolgt nicht. Die Abrechnung wird nach dem Abverkauf vorgenommen. Diese Gestaltung erweist sich bei wirtschaftlicher Betrachtung, die im Rahmen des Art 85 EG-Vertrages anzustellen ist, als eine Konstruktion, die zwar den Buchstaben der Freistellungsverordnung,[1068] nicht aber ihren Geist erfüllt. Die laufende computermäßige Überwachung des Verbrauchs, die automatische Abführung der Erlöse durch das Lastenschriftverfahren und die Fiktion des Abverkaufs der Differenzmengen zwischen zwei Lieferungen verwischt den Unterschied zwischen einem angekauften und nur für einen Dritten verwalteten Tanklager. 1962, als die Bekanntmachung der Freistellungsverordnung erfolgte, war eine derart lückenlose Erfassung der Abverkäufe und abzuführenden Entgelte, die wirtschaftlich eine Situation schafft, die den Risiken des Eigenhändlers entspricht, technisch nicht machbar und wohl auch nicht vorstellbar. Die Voraussetzungen der Eigenhändlereigenschaft, soweit sie das Lager im Eigentum des Betreibers zum Gegenstand hat, ist nach den heutigen Umständen zu beurteilen. Diese zeigen, dass die Tankstellenverwalter der Klägerin ein Lager in selbständiger wirtschaftlicher Verantwortung vorhalten.“*[1069]

Ferner meint das Gericht, dass der Tankstellenhalter zusätzlich ein Verlustrisiko trägt und einen erheblichen unentgeltlichen Service auf eigene Kosten eingerichtet hat und unterhält. Dies erfülle er durch das Bereithalten von Einrichtungen, wie Fahrbahndienst, Wasserbehältern, Luftbehältern, Ölentsorgung, Staubsaugern und anderen Vorkehrungen. Denn die Kosten für die Unterhaltung der Tankstellenanlage trage der Tankstellenhalter selbst und diese Aufwendungen sind nicht zu vernachlässigen. Nach Schilderung eines typischen Handelsvertreterverhältnisses, bei dem der Handelsvertreter nur ein Hilfsorgan zum Absatz der Erzeugnisse ist, kommt das LG Hamburg zum Ergebnis.

> *„Diese Situation ist im Verhältnis der Klägerin zu ihren Tankstellenpächtern wie der Beklagten nicht gegeben. Nicht nur liegen zwei der drei Kriterien der Bekanntmachung vom 24.12.1962 für die Annahme eines Eigenhändlervertrages vor, die Situation der Beklagten wird auch dadurch gekennzeichnet, dass die Stationen auf dem im Eigentum der Beklagten stehenden Grundstück errichtet wurden und dass dies auf Kosten der Beklagten und im – formalen – Auftrag der Beklagten geschah. Die finanziellen Aufwendungen hierfür sind für Handelsvertreterverhältnisse nicht selbstverständlich und eher denen eines Vertragshändlers vergleichbar, auch wenn sich die Klägerin an den Kosten beteiligt hat.“*[1070]

[1068] Das Gericht bezeichnet die „normale“ Bekanntmachung irrtümlich als GVO.
[1069] LG Hamburg 13.11.1998, 416 O 79/98 – Tankstellenverwalter – unveröffentlichtes Urteil.
[1070] LG Hamburg 13.11.1998, 416 O 79/98 – Tankstellenverwalter – unveröffentlichtes Urteil.

Das OLG Hamburg hat die Urteile der Erstinstanz komplett umgedreht. Das Gericht führt aus, der Tankstellenhalter handle im deutschen Recht als Handelsvertreter und auch im Gemeinschaftsrecht ist er als Handelsvertreter anzusehen. Aufgrund seiner „Eingliederung" erscheine er nicht als Nachfrager, weshalb der Vertrag den Handel zwischen den Mitgliedstaaten nicht beeinträchtige. Die Bedeutung des Eigenhandels des Tankstellenhalters für die „Eingliederungstheorie" wird aber trotz Antrags des Anwaltes ignoriert. Die Lehre der „Doppelprägung" wird nicht richtig erkannt und unter Verweis auf das „EH-Partnervertrag"-Urteil des BGH[1071] verneint. Zur der von der Handelsvertreterbekanntmachung vorgeschriebenen Prüfung der Risikoverteilung führt das Gericht an. *„So sachgerecht diese Kriterien sind, wäre es trotzdem nicht sinnvoll, die Vertragsklauseln schematisch unter sie subsumieren zu wollen. Zum einen dienen sie nur als Beispiel („insbesondere"), zum anderen muss sich hinter dem Kriterium nicht immer ein echtes finanzielles Risiko verbergen."*[1072]

In der Folge verstrickt sich das OLG Hamburg in eine Reihe von Folgerungen und Thesen, die abzulehnen sind. Der Anwalt des Tankstellenhalters hat richtigerweise, die Risikoverteilung beim Verkauf von Treibstoffen, insbesondere die hohen Investitionen des Ehepaares zur Begründung seines Antrages angeführt. Das OLG Hamburg verneint alle Risiken, die der Tankstellenhalter tatsächlich trägt.[1073] Weiters ergebe sich aus der neuen vGVO und den Leitlinien keine andere Lösung des Problems, behauptet das OLG.

> *„Die Station ist nicht „an den Lager- und Transportkosten durch Zurverfügungstellung der Grundstücksfläche und im Wege der Risikotragung beteiligt." Eine Risikobeteiligung lässt sich insoweit nicht feststellen, und der Beklagte erhält ein Entgelt dafür, dass er die Grundstücksfläche zur Verfügung stellt. Bei einer Selbstbedienungstankstelle kann nicht von Aufbau und Betrieb eines Kunden- und Wartungsdienstes gesprochen werden, sondern bestenfalls von einer Beteiligung daran... Da der Beklagte als Handelsvertreter aus dem Verbotsbereich des Art 85 EGV ausscheidet, kommt es auf alles Weitere, was die Parteien zu den wettbewerbsbeschränkenden Wirkungen des Vertrages anführen, nicht an."*[1074]

In gleichem Maße wie die Entscheidung des Erstgerichts zu begrüßen ist, ist die Berufungsentscheidung abzulehnen. Dass dem Urteil des OLG Hamburg nicht zuzustimmen ist, muss nach dem bisher gesagten, wohl nicht im Detail ausgeführt

---

[1071] BGH 15.4.1986, KVR 3/85 – EH-Partner-Vertrag – BGHZ 97, 317. Dieses Urteil beschäftigt sich keinesfalls mit der „Doppelprägung" oder einer europarechtlichen Frage, sondern nur mit der Bedeutung der Risikoverteilung für § 14 GWB.

[1072] OLG Hamburg 13.4.2000, 3 U 285/98 – Tankstellenverwalter – WuW 2000, 891.

[1073] Das Lagerrisiko wird nicht berücksichtigt, obwohl der Tankstellenhalter alle Kosten der Tankstelle trägt, etc.

[1074] OLG Hamburg 13.4.2000, 3 U 285/98 – Tankstellenverwalter – WuW 2000, 893.

werden.[1075] Der Handelsvertreter unterliegt immer Art 81 EGV, so die herrschende Lehre.[1076] Selbst bei Anwendung der „Eingliederungstheorie" hätte das Gericht, die eindeutige „Doppelprägung" des Tankstellenhalters berücksichtigen müssen. Demnach würde der Tankstellenhalter unter Art 81 EGV fallen. Die spezielle Ausgestaltung von Tankstellenverträgen, die mit dem klassischen Handelsvertreter wenig gemeinsam haben,[1077] bedingt dies nachdrücklich. Die in den zwei Urteilen komplett gegensätzliche Beurteilung der Risikoverteilung zeigt, wie schwierig diese zu bewerten ist. In der Praxis sollte ein betriebswirtschaftlicher Sachverständiger herangezogen werden. Wie das OLG Hamburg Investitionen des Tankstellenhalters in der Höhe von 3,3 Millionen DM und eine Ausschließlichkeitsbindung von 20 Jahren durch eine jährliches Nutzungsentgelt der Mineralölgesellschaft von DM 14.775 und einen einmaligen Zinszuschuss von DM 550.000 abgegolten sehen will, bleibt unbeantwortet. Unabhängig davon darf der Handelsvertreter nach Rechtsprechung des EuGH kein einziges Risiko des vermittelten Geschäfts übernehmen.[1078] Sehr großzügig hat das Gericht die neuen Leitlinien verstanden. Rn 16 fünfter Spiegelstrich der Leitlinien führt ausdrücklich die Investition des Tankstellenhalters in einen Kraftstofftank als negatives Beispiel an. Im Urteil des Gerichts wurde der Kraftstofftank von der Mineralölgesellschaft nur vorfinanziert, im Endeffekt zahlen muss ihn der Tankstellenhalter. Demnach wäre bereits dadurch der Tankstellenhalter wie ein Eigenhändler zu behandeln.

Gegen das Urteil ist Revision an den BGH eingelegt worden. Es bleibt zu hoffen, dass dieser die Chance nützt und die Rechtslage unter Berücksichtigung der neuesten Lehre und Rechtsprechung zum Handelsvertreter klarstellt. Der Anwalt des Tankstellenhalters hat bereits einen Vorlageantrag an den EuGH gestellt. Daher bestehen gute Chancen, dass der EuGH die Rechtslage zu Tankstellenverträgen endgültig klärt. Zugleich zeigt das Urteil deutlich wie falsch die Aussage ist, dass Tankstellenhalter ihr Unternehmen ohne nennenswerte Eigenmittel gründen.[1079]

[1075] Das Urteil ist nicht nur aus kartellrechtlichen Gründen, sondern bereits aufgrund von „klassischem" Handelsrecht verfehlt.

[1076] Ausführlich 4.3.1.2.

[1077] Siehe 2.3.1.2.

[1078] Vgl 4.3.1.1.

[1079] So *Rittner*, Die EG-Kommission und das Handelsvertreterrecht – Zum geplanten EG-Recht über Vertikalverträge, DB 1999, 2101.

4.3.2.2.2. Britisches Urteil

Vor kurzem ist das britische Supreme Court of Judicature in the Court of Appeal zum Ergebnis gelangt, dass Art 81 EGV auf Tankstellenverträge voll anwendbar ist.[1080] Dabei wurde die Stellung eines Tankstellenhalters als Handelsvertreter verneint, da der Halter einer Selbstbedienungstankstelle nicht in die Kaufentscheidung des Kunden eingebunden sei. Im Ergebnis ist der Verneinung der Handelsvertreteigenschaft zuzustimmen.[1081]

Vollkommen richtig hat das Gericht die Risikoverteilung beurteilt. Dabei wurde das Risiko der „Wirtschaftlichkeit" einer Tankstelle berücksichtigt. Entscheidend für die Rentabilität der Tankstelle ist das Erzielen von Umsatz durch den Verkauf von Treibstoffen. Dieses Risiko komme allein dem Tankstellenhalter zu.[1082] Das Gericht hat daher festgestellt, dass das Finanzierungsrisiko einer Tankstellenanlage allein der Tankstellenhalter trägt. Insofern ist er in seiner wirtschaftlichen Stellung von einem Eigenhändler nicht zu unterscheiden.

Die unterschiedlichen Berufungsurteile in Deutschland und England zeigen nur, wie dringend notwendig eine klärende Entscheidung des EuGH zum Tankstellenhalter als Handelsvertreter ist.

4.3.2.2.3. Spanische Urteile

Seit der Liberalisierung des spanischen Treibstoffmarktes kommt es immer wieder zu rechtlichen Unsicherheiten bei Vertriebsverträgen zwischen Tankstellenhaltern und Mineralölfirmen. Die Kernfragen sind nahezu andauernd Gegenstand von Gerichtsverfahren in Spanien. So sind allein im Jahre 2000 fünf Auskunftsverlangen von spanischen Gerichten bei der Europäischen Kommission eingelangt.[1083] Dabei geht es immer wieder um die Probleme, die Hauptgegenstand dieser Arbeit sind. Ist der Tankstellenhalter nun Handelsvertreter oder Vertragshändler, wie ist eine Preisbindung zu beurteilen und wie lange darf eine Ausschließlichkeitsbindung vereinbart werden.

[1080] Supreme Court of Judicature in the Court of Appeal 23.7.1999 – Gary Parks/Esso Petroleum Company Limited – *O'Brien/Sellhorst,* Britische Entscheidung zum Handelsvertreterrecht richtungsweisend für Art 81 EG-Vertrag und die neue GVO, WuW 2000, 1089; *Sellhorst,* Die Umsetzung der Handelsvertreterrichtlinie, EWS 2001, 481.

[1081] Dabei ist aber nicht der Einfluss der Kaufentscheidung, sondern die gesamte wirtschaftliche Situation und Stellung des Tankstellenhalters von Bedeutung. Siehe 2.3.1.1. und 2.3.4.

[1082] *O'Brien/Sellhorst,* Britische Entscheidung zum Handelsvertreterrecht richtungsweisend für Art 81 EG-Vertrag und die neue GVO, WuW 2000, 1091.

[1083] Siehe *Europäische Kommission,* XXX. Bericht über die Wettbewerbspolitik 2000 (2001), 385 ff.

Die Europäische Kommission hat bei Beantwortung der Auskunftsersuchen festgestellt, dass ihre Position in den Leitlinien umschrieben ist, sprich die Risikoverteilung ist das Abgrenzungsmerkmal zwischen Handelsvertreter und Eigenhändler. Weiters ist eine Festsetzung des Abgabepreises bei Tankstellen eine schwerwiegende Wettbewerbsbeschränkung, sodass eine Einzelfreistellung gemäß Art 81 Abs 3 EGV wenig wahrscheinlich ist.[1084]

Am 2.6.2000 hat die erste Kammer des Obersten Gerichts in Spanien ein relevantes Urteil über eine Alleinbezugsvereinbarung zwischen einer Mineralölfirma und einem Tankstellenhalter gefällt. Darin wurde entgegen den Rechtsmeinungen der Unterinstanzen festgestellt, dass der fragliche Vertrag in den Anwendungsbereich der GVO Nr 1984/83 fällt. Bei Analyse des Vertrages kommt das spanische Höchstgericht zum Ergebnis, dass die Voraussetzungen der GVO aber nicht erfüllt sind und aufgrund von offenkundigen Unvereinbarkeiten auch keine Einzelfreistellung in Betracht kommt. Daher ist der Vertrag gemäß Artikel 1 Abs 2 des Gesetzes zum Schutz des Wettbewerbs in Auslegung nach EG-Kartellrecht nichtig.[1085]

4.3.2.2.4. Österreichische Urteile

Der OGH hat sich mehrmals mit kartellrechtlichen Fragen des Tankstellenvertrages auseinandergesetzt. Dabei hat er mehrere Kernprobleme des österreichischen Kartellrechts erörtert. So wurde ausgesprochen, dass ein Tankstellenvertrag keinen beherrschenden Einfluss einer Mineralölgesellschaft auf den Tankstellenhalter begründet. Daher ist ein Tankstellenvertrag kein Zusammenschluss und verändert nicht die „wirtschaftliche Selbständigkeit“ des gebundenen Unternehmers. Denn die Ausübung einer Unternehmensfunktion ist durch die Einschränkungen eines Belieferungsvertrages nicht gehemmt.[1086] Diesen Urteilen ist voll zuzustimmen.[1087]

Zur Nichtigkeit nach EG-Kartellrecht hat sich der OGH 1996 geäußert.[1088] Bei einem „Autoschmiermittel“-Bezugsvertrag hat der OGH die bisherige Rechtslage zu Alleinbezugsverträgen sachgerecht zusammengefasst. Das Verfahren wurde, da noch weitere Feststellungen zu treffen waren, erneut an die Unterinstanz verwiesen. Grundsätzlich hat der OGH richtig erkannt, dass ein Bezugsvertrag, der nur in Österreich ansässige Parteien betrifft, nach EG-Kartellrecht nichtig sein

---

1084 *Europäische Kommission*, XXX. Bericht über die Wettbewerbspolitik 2000 (2001), 383 f.
1085 *Europäische Kommission*, XXX. Bericht über die Wettbewerbspolitik 2000 (2001), 380.
1086 KOG 6.6.1975, Okt 47/74 – Tankstellen-Belieferungsvertrag, SchöDi, 246; KOG 27.5.1974, Okt 21/74 – Tankstellenbetrieb – ÖBl 1974, 91 = SchöDi, 186; KOG 30.11.1973, Okt 22/73 – Tankstellenverpachtung – ÖBl 1974, 20.
1087 Ausführlicher 6.3.2.
1088 OGH 25.10.1996, 1 Ob 2362/96 – Autoschmiermittel – ÖBl 1997, 180 = SZ 69/238.

kann. Die Problematik, ob ein Tankstellenhalter nach EG-Kartellrecht als Handelsvertreter oder Vertragshändler zu sehen ist, behandelte die Judikatur vor kurzem.[1089] Dabei hat der OGH jedoch auf die entscheidenden Punkte keine Antwort gegeben.

Am 10.10.1984 wurde zwischen einer Mineralölgesellschaft und einem Tankstellenhalter ein „Tankstellenbelieferungs- und Vertriebsübereinkommen" abgeschlossen, das am 1.1.1985 in Geltung trat.[1090] Dieser Vertrag umfasste den typischen Inhalt eines Tankstellenvertrages.[1091] Der Vertrieb von Treibstoffen erfolgte auf Agenturbasis, daneben wurden Produkte als Eigenhändler umgesetzt. Die Mineralölgesellschaft gewährte als Gegenleistung für die Ausschließlichkeitsbindung einen finanziellen Zuschuss von S 650.000,--. Zusätzlich stellte sie einige Geräte zur Benützung auf der partnereigenen Tankstelle zur Verfügung. Der Partner verzichtet auf sein Kündigungsrecht bis 31.12.1995. Sollte er zum jeweils nächstmöglichen Termin nicht kündigen, verzichtet er auf sein Kündigungsrecht für weitere fünf Jahre. Die Mineralölgesellschaft bestimmt die Preise und Bedingungen des Verkaufs der Agenturware, deren Eigentümer sie bleibt. *„Für die in die Lagerbehälter der Station abgefüllten Treibstoffe leistet der Partner eine Sicherstellung durch unverzinsliche Barkaution anlässlich jeder Treibstoffanlieferung."* Andere Mengenabweichungen außer der Treibstoffschwund bei Befüllung des Lagertanks gehen zulasten des Partners. Weiters wird auch der Eigenhändlerbereich reguliert. *„Die Preise für die als Eigenhändler vertriebenen Waren werden der Klägerin nach ihren Allgemeinen Verkaufs- und Lieferbedingungen festgelegt."*[1092] Der Beklagte kündigte den Vertrag am 3.11.1995 per 31.12.1995 auf, woraufhin die Mineralölgesellschaft klagte.

Der Anwalt des Tankstellenhalters brachte ausdrücklich vor, dass dieser nicht Handelsvertreter, sondern als Eigenhändler anzusehen sei, da er über das Provisionsrisiko hinaus ein Absatzrisiko zu tragen habe. Außerdem sei der Tankstellenhalter in seiner Stellung „doppelgeprägt", da er seinen Umsatz auch als Eigenhändler mit anderen Waren erzielt. Zusätzlich betreibe er auch einen Kfz-Handel und vertreibe selbst Treibstoffe im eigenen Namen. Daher sei der Vertrag gemäß EG-Kartellrecht nichtig. Ein Drittel der Agenturware sei auf Lieferschein verkauft worden, wodurch der Tankstellenhalter das volle Risiko

---

[1089] OGH 22.2.2001, 6 Ob 322/00 – Tankstellenbelieferungs- und Vertriebsübereinkommen – WBl 2001, 445, RdW 2001, 399 = RIS-Justiz/ E60949.

[1090] Die folgenden Ausführungen beziehen sich auf die Veröffentlichung des gesamten Urteils im RIS-Justiz. Die Publikationen des Urteils geben einige wesentliche Punkte nicht wieder.

[1091] Siehe dazu 2.1.2.

[1092] Entscheidend ist, ob hierbei durch ein Redaktionsversehen, das Wort „von" vor „der Klägerin" vergessen wurde. Davon wird im folgenden ausgegangen, ansonsten würde der Satz keinen Sinn ergeben.

trug. *„Durch den Abzug einer Kaution nach Anlieferung des Treibstoffs sei der Beklagte mit dem Absatzrisiko belastet gewesen, genauso wie bei den Verkäufen gegen Lieferschein."* Die Klägerin replizierte, dass Alleinvertriebsverträge mit Handelsvertretern nicht unter das Kartellverbot fallen. Für die restlichen Waren fehle es der „Spürbarkeit".

Das Handelsgericht Wien beurteilte den Sachverhalt im wesentlichen dahin, dass ein Rechtsverhältnis zwischen einem Handelsvertreter und Geschäftsherrn vorliege. Der Tankstellenhalter sei in die Organisation der Mineralölgesellschaft eingegliedert und daher nur ein Hilfsorgan. Da die Agenturumsätze die Eigenhändlerumsätze um das 32- bis 47-fache übertroffen haben, liege auch kein Verhältnis mit Doppelprägung vor. Es fehlte am erheblichen Ausmaß der eigenhändlerischen Tätigkeit. Die Kündigungsverzichtsklausel ist jedoch nach § 879 nichtig, weil keine angemessene Gegenleistung erfolgte. Die Kündigung wurde jedoch verspätet eingebracht und ist daher erst zum 31.3.1996 wirksam geworden. Deshalb hat der Tankstellenhalter die vereinbarte Konventionalstrafe von S 97.000,-- zu zahlen.

Das Oberlandesgericht gab den Berufungen beider Parteien nicht Folge. Dabei führte es aus, dass der Tankstellenhalter nicht als Eigenhändler zu behandeln sei. Umsätze jenseits des Tankstellenvertrages sind für dessen Beurteilung irrelevant.

> *„Das Risiko des zufälligen Untergangs des Treibstoffs im Treibstofftank von 20.000 Litern sei im Vergleich zum jährlichen Treibstoffumsatz minimal. Die vereinbarte Barkaution sei als Sicherheitsleistung zu qualifizieren. Den Beklagten treffe insgesamt nach den Vertragsbestimmungen keine Risikohaftung, die zu einer Beurteilung als Eigenhändler führen müsse."*

Der OGH hat anscheinend erkannt, wie schwierig die Thematik ist. Der Anwalt des Tankstellenhalters hatte einen Vorlageantrag gemäß Art 234 EGV gestellt. Der OGH hat den Fall nicht über das Kartellrecht, sondern über die Sittenwidrigkeit gelöst. Nur allgemein zitiert er die Lehre zum Handelsvertreter. Dabei bedient er sich der „Eingliederungstheorie" und führt aus, *„nur Handelsvertreter ist derjenige der nur das Provisions- und allenfalls das Delkredere-Risiko trägt...".* Für die hier zu beurteilende Vertriebsvereinbarung sei die GVO Nr 1984/83 maßgeblich. Wäre der Tankstellenhalter somit Vertragshändler, wäre die zulässige Bindungsgrenze 10 Jahre. Daher wäre von der Nichtigkeit nach Art 81 EGV nur das 11. Vertragsjahr erfasst. Im Folgenden entscheidet sich der OGH wie die Unterinstanzen für die Sittenwidrigkeit der Kündigungsklausel, weshalb die Prüfung der Voraussetzungen, die für eine Bejahung eines Verstoßes gegen das Kartellverbot nach Art 81 EGV vorliegen müssen, nicht erforderlich sei.

Insgesamt wurde im Verfahren übersehen, dass der Vertrag bereits offensichtlich kartellrechtlich unzulässig ist. Die Festlegung von Preisen des Eigenhändlerbereichs durch die Mineralölgesellschaft ist ein schwerer Verstoß gegen Art 81 Abs 1 EGV und § 13 KartG.[1093] Denn im Folgemarktbereich agiert der Tankstellenhalter unbestrittenerweise als Eigenhändler. Verfehlt führt der OGH aus, dass nur das 11. Vertragsjahr von einer Nichtigkeit gemäß Art 81 EGV erfasst sein könnte. Denn aufgrund des „Alles oder Nichts“ Prinzips der GVO[1094] wäre die gesamte Vertragslaufzeit nach Art 81 EGV zu prüfen. Eine geltungserhaltende Reduktion kann nur anhand des Maßstabes des Art 81 EGV geprüft werden, nicht aber an der Freistellungsdauer der GVO Nr 1984/83, die ja einen Vertrag nur dann freistellt, wenn alle Voraussetzungen erfüllt sind.[1095] Daher ist im Fall der fragliche Tankstellenvertrag bereits viel früher als im 11. Vertragsjahr von einer Nichtigkeit bedroht.

Weitere kartellrechtliche Ausführungen der Unterinstanzen sind nicht zutreffend. Richtig ist die Meinung des OLG Wien, dass nur der Tankstellenvertrag zur Beurteilung relevant ist. Denn nur die Verhältnisse zwischen den Parteien können entscheiden, ob der Partner Handelsvertreter ist.[1096] Deutlich zeigt sich im Fall, dass das „Eingliederungskonzept“ keine sachgerecht Lösung der Problematik ist.[1097] Überdies wird es von den Gerichten irrig ausgelegt. Reine Umsatzziffern können nicht dazu verwendet werden, die Erheblichkeit des Eigenhändlerbereichs zu beurteilen. Nur der Anteil am Gewinn des Tankstellenhalters ist entscheidend. Erzielt der Tankstellenhalter so wie dies heute regelmäßig der Fall ist, bereits 70% seines Einkommens in diesem Bereich, so kann dieser zur Beurteilung des Vertrages nicht unerheblich sein.[1098] Deshalb war der Tankstellenhalter zumindest als „doppeltgeprägter“ Handelsvertreter zu beurteilen. Im Fall hat das OLG Wien erkannt, dass der Tankstellenhalter das volle Lagerrisiko trägt, aber das Risiko von 20.000 Liter Treibstoff als unwesentlich betrachtet. Dies widerspricht der

---

[1093] Statt aller *Gleiss/Hirsch*, Kommentar zum EG-Kartellrecht I[4] (1993), 138 ff; *Koppensteiner*, Österreichisches und europäisches Kartellrecht[3] (1997), 114.

[1094] Siehe *Eilmannsberger*, Die Bedeutung der Art 85 und 86 EG-V für das österreichische Zivilrecht, in *Koppensteiner*, Österreichisches und europäisches Wirtschaftsprivatrecht, Teil 6/1: Wettbewerbsrecht – Kartellrecht (1998), 62 ff.

[1095] Deshalb muss auf Art 81 EGV und somit auf die sogenannte „Delemitis“-Formel zurückgegriffen werden. Siehe 5.2.3.1.

[1096] Daher ist die Tätigkeit als Kfz-Händler ohne Relevanz.

[1097] Zur Ablehnung dieser Theorie sei auf 4.3.1.2. verwiesen. Prägnant die Kritik bei *Rittner:* *„Soweit man danach überhaupt von einer „Eingliederungstheorie“ des EuGH sprechen kann..., taugt sie überdies wie Freund... im einzelnen nachgewiesen hat, keineswegs um das Handelsvertreterverhältnis zu bestimmen und das Wettbewerbsverbot des Agenten vom Kartellverbot abzugrenzen.“* *Rittner,* Die EG-Kommission und das Handelsvertreterrecht – Zum geplanten EG-Recht über Vertikalverträge, DB 1999, 2099 Fn 22.

[1098] Siehe 2.3.4.

Rechtsprechung des EuGH,[1099] wonach die Übernahme eines einzigen Risikos die Stellung als Handelsvertreter beeinträchtigt. Die Barkaution des Tankstellenhalters dient zwar als Sicherstellung, hat aber wirtschaftlich die gleiche Funktion wie eine Barzahlung des Partners für die übernommene Ware.[1100] Da das Lagerrisiko grundsätzlich beim Geschäftsherrn bleiben muss, bedarf dieser hierfür auch keiner Absicherung. Auch die restliche Risikoverteilung eines Tankstellenhalters entspricht der eines Vertragshändlers.[1101]

Der Fall zeigt vielmehr deutlich wie das Rechtsinstitut des Handelsvertreters dazu missbraucht wird, kartellrechtliche Verbote zu umgehen. In seiner Stellung und seinen Risiken ist der Tankstellenhalter, der im fremden Namen Treibstoffe verkauft, von demjenigen, der ausschließlich als Eigenhändler tätig wird, nicht zu unterscheiden. Daher müssen beide gleich behandelt werden. Leider hat der EuGH im Verfahren keine Chance bekommen, zu dieser Frage Stellung zu nehmen.

Zuletzt hatte der OGH über zivilrechtliche Ansprüche bei Beendigung eines Tankstellenvertrages zu entscheiden.[1102] Auch in diesem Verfahren sind kartellrechtliche Fragen erörtert worden. Im Jahre 1997 wurde ein typischer Tankstellenvertrag mit einer automatischen Verlängerungsklausel auf 5 Jahre abgeschlossen. Dabei wurden fixe Handelsspannen vereinbart, die sich an den *„jeweils gültigen offiziellen Bedienungspreisen für Markentankstellen“* orientieren sollten, sowie ein vertragliches Aufrechnungsverbot zulasten des Tankstellenhalters. In Folge einer Verschlechterung der wirtschaftlichen Situation des Tankstellenhalters stritten sich die Parteien um die Höhe der Handelsspanne bzw darum, wer das Risiko des Rückganges des allgemeinen Preisniveaus zu vertreten hat. Im Jahr 1999 klagte die Mineralölgesellschaft Rückstände für bereits erfolgte Lieferungen ein und begehrte die Feststellung, das die Vereinbarung weiterhin aufrecht sei. Der Tankstellenhalter bestritt dies und begehrte eine Aufhebung des Vertrages wegen Irrtums bzw Wegfall der Geschäftsgrundlage. Weiters wendete er ein, dass der Vertrag gegen Gemeinschaftsrecht verstoße und somit rechtswidrig sei.

Das Erstgericht verneinte die Rechtswidrigkeit der Vereinbarung und bejahte dessen Fortbestand sowie das Bestehen der Klagsforderung. Das Berufungsgericht beurteilte den Sachverhalt als Agenturvertrag, auf den die Bestimmungen des HVertrG zumindest teilweise anwendbar sein. Dabei führt das Landesgericht aus, dass ein „Preiskrieg“ ein typisches unternehmerisches Risiko des Geschäftsherrn

---

[1099] Vgl 4.3.1.1.4.
[1100] Siehe die zutreffenden Ausführungen des LG Hamburg 4.3.2.2.1.
[1101] Zum Nachweis dieser These siehe 3.3.
[1102] OGH 7.12.2001, 7 Ob 265/01 – Tankstellenvertrag – RIS-Justiz/E64050.

ist. Die *„vollständige Verlagerung des unternehmerischen Risikos des regionalen Preisverfalls in einem auf längere Dauer geschlossenen, den Agenten ausschließlich an die Produkte des Geschäftsherrn bindenden Agenturvertrag, im konkreten Fall zwischen Mineralölfirma und Tankstelleninhaber, vom Geschäftsherrn auf den Agenten"* sei sittenwidrig und daher unzulässig. Im Fall habe die Klägerin die Provision der Beklagten ungebührlich geschmälert, weshalb der Tankstellenhalter berechtigt gewesen sei, den Vertrag ohne Einhaltung der Kündigungsfrist zu lösen. Das Zahlungsbegehren bestehe aber zurecht, der Beklagte kann jedoch allenfalls Schadensersatz geltend machen. Keinesfalls gehe jedoch das Recht der Preisfestsetzung auf den Agenten über.

Der OGH drehte die rechtliche Beurteilung komplett um. Er sieht die Vereinbarung als Vertragshändlervertrag, da der Tankstellenhalter im eigenen Namen und auf eigene Rechnung tätig wird. *„Obwohl der Vertragshändler ebenfalls in die Absatzorganisation des Unternehmers eingebunden ist, trägt er in der Regel doch das volle Unternehmerrisiko."* In der Folge verneint der OGH jedoch eine Einbindung in die Absatzorganisation des Geschäftsherrn und daher auch die analoge Anwendung von Bestimmungen des HVertrG. Weiters handle es sich um eine Alleinbezugsvereinbarung, auf welche die Grundsätze der Dauerschuldverhältnisse Anwendung finden. Dem Tankstellenhalter stehe daher keine Provision, sondern nur eine Handelsspanne zu, die auf Grundlage der jeweils gültigen Bedienungspreise für Markentankstellen berechnet wird. Es handle sich nicht um einen mit Nichtigkeit behafteten „Knebelungsvertrag" und die Vereinbarung sei vom Beklagten rechtsgültig aufgelöst worden. Die Anwendung von EU-Recht verneint der OGH, *„weil die Revisionswerberin selbst nicht auszuführen vermag, wieso durch ihr Vertragsverband mit der (im Vergleich zu sonstigen Treibstoffunternehmen äußerst kleinen) Klägerin, welche überdies genauso wie sie ihren Sitz im selben Mitgliedstaat, nämlich Österreich, hat, der Handel zwischen verschiedenen Mitgliedstaaten beeinträchtigt worden sein soll. Wird jedoch nur der Handelsverkehr innerhalb eines Mitgliedstaates beeinträchtigt, ist Art 85 EGV (nunmehr Art 81 EG) – und damit auch die Gruppenfreistellungsverordnung für Alleinbezugsvereinbarung 1984/83 – von vornherein nicht anwendbar; in diesen Fällen bleibt es bei der Beurteilung ausschließlich nach innerstaatlichem Recht, welches durch das Recht der Gemeinschaft insoweit nicht verdrängt wird (ausführlich SZ 69/238)."* In Folge wurde das Verfahren zur Feststellung von weiteren Sachverhalts-Elementen zur Bestimmung des Zahlungsbegehrens an die Erstinstanz verwiesen.

Hier zeigt sich deutlich, wie schwierig die Beurteilung der Rechtsnatur eines Tankstellenvertrages im Einzelfall sein kann.[1103] Dem OGH ist bei seiner Beurteilung als Vertragshändler- bzw Alleinbezugsvertrag zuzustimmen. Warum er jedoch die Eingliederung in die Absatzorganisation des Geschäftsherrn verneint, bleibt unbeantwortet. Ist doch eine Alleinbezugsvereinbarung an sich selbst ohne weitgehende Weisungs- und Kontrollrechte bereits eine sehr starke Verbindung zwischen den Parteien. Da die Eingliederung ein Merkmal des Vertragshändlers ist, hätte der OGH konsequenterweise diese Einordnung verneinen und einen anderen Vertragstyp annehmen müssen. Der OGH verneint die Anwendung von EG-Kartellrecht aufgrund von verfahrensrechtlichen Versäumnissen der Beklagten und verweist auf seine eigene Rechtsprechung zur Bündeltheorie.[1104] Demnach bestehen aber unter bestimmten Voraussetzungen keine Probleme Art 81 EGV auf rein nationale Verträge anzuwenden.[1105] Auf den Vertrag wäre EG-Kartellrecht bereits deshalb anzuwenden gewesen, da eine Festsetzung der Preise beim Verkauf an Dritte vereinbart wird. In diesem Fall liegt eine bezweckte Wettbewerbsbeschränkung vor, sodass auch bei geringen Marktanteilen das Gemeinschaftsrecht greift.[1106]

Nach EG-Kartellrecht wäre der Tankstellenvertrag eindeutig nichtig, da eine Preisbindung bei einem Vertragshändlervertrag vereinbart wird. Nur wenn man den Ausführungen der Berufungsinstanz folgt, könnte eine Preisbindung zulässig sein. Wie diese richtig ausführt, müsste aber dann das wirtschaftliche Risiko dem Geschäftsherrn und nicht wie im Fall dem Tankstellenhalter obliegen. Doch selbst nach nationalem Kartellrecht wäre der Vertrag aufgrund von § 13 KartG nichtig.[1107] Der OGH hat den Fall aber nicht kartellrechtlich geprüft, obwohl sich der Beklagte auf die Rechtswidrigkeit der Vereinbarung berufen hat.

4.3.3. Schlussfolgerungen

Der letzte Abschnitt hat eindeutig gezeigt, dass der Tankstellenhalter immer Unternehmer iSd EG-Kartellrechts unabhängig von einer Tätigkeit als Handelsvertreter oder Vertragshändler ist. Da bereits der Handelsvertreter ständig Subjekt des Art 81 EGV ist,[1108] muss dies auch für den Tankstellenhalter gelten. Sieht man den Tankstellenvertrag in einer Gesamtbetrachtung, so erscheint bereits

---

1103 Siehe bereits 2.3.4.

1104 OGH 25.10.1996, 1 Ob 2362/96 – Autoschmiermittel – ÖBl 1997, 180 = SZ 69/238.

1105 Siehe 4.2.

1106 Vgl nur Bekanntmachung der Kommission über Vereinbarungen von geringer Bedeutung, die den Wettbewerb gemäß Art 81 Absatz 1 des Vertrages zur Gründung der Europäischen Gemeinschaft nicht spürbar beschränken (de minimis), ABl C 368 vom 22.12.2001, 13 Rn 8 und 11 sowie bereits Abschnitt 4.2.1.2.

1107 Näheres zur Beurteilung von Preisbindungen nach dem KartG unter Abschnitt 8.

1108 Statt aller *Völcker*, Handelsvertretervertrieb und EG-Kartellrecht (1994), 224.

seine zivilrechtliche Einstufung als Handelsvertreter zweifelhaft.[1109] Für das Kartellrecht ist seine Einordnung nach nationalem Recht jedoch ohne Bedeutung.[1110] Doch selbst folgt man der alten Rechtsprechung des EuGH und somit dem „Eingliederungskonzept“, das eine kartellrechtliche Überprüfung einzelner Klauseln unmöglich macht, so unterliegt der Tankstellenhalter Art 81 EGV. In seiner typischen Gestaltungsform erwirtschaftet er mehr als zwei Drittel seines Einkommens als Eigenhändler. Dies steht seiner Eingliederung entgegen. Die vom EuGH im „Zucker“-Urteil[1111] begründete Theorie der „Doppelprägung“[1112] verhindert eine wirtschaftliche Integration in das Unternehmen der Mineralölgesellschaft.

Spätestens seit dem „VW-Herstellerleasing“-Urteil des EuGH[1113] und der „DaimlerChrysler“-Entscheidung der Kommission[1114] ist klargestellt,[1115] was in der Lehre ohnehin immer galt. Nicht die Eingliederung, sondern die Risikoverteilung ist entscheidend. Diese ist zwar für die Qualifizierung des Unternehmensbegriffs irrelevant, wird aber teilweise aus pragmatischen Gründen bereits auf dieser Ebene geprüft. Zum richtigen Ergebnis führt dies aber nur, wenn ausschließlich die Zulässigkeit der Preis- und Konditionenbindung kontrolliert wird. Dennoch findet dieses Konzept in den Leitlinien der Kommission Berücksichtigung. Wenn die Risikoverteilung des Tankstellenvertrages überprüft wird, zeigt sich deutlich, dass ein „unechter“ Handelsvertretervertrag vorliegt.[1116] Der Tankstellenhalter trägt das volle Lagerrisiko,[1117] investiert in Anlagen, die nicht der Vermittlung, sondern der Durchführung des Geschäfts dienen, in erheblichem Maße[1118] und trägt deren Betriebskosten,[1119] hat bereits gesetzlich eine Haftung

---

[1109] Denn wirtschaftlich kann ein Tankstellenhalter aus seinen Provisionen alleine kaum mehr überleben. Weiters sind der Eigenhändler- und Handelsvertreterbereich in ihren Auswirkungen nicht trennbar. Daher liegt ein gemischter Vertrag und keine schlichte Vertragsverbindung vor. Siehe ausführlich 2.3.4.

[1110] Statt aller *Bunte* in *Langen/Bunte*, Kommentar zum deutschen und europäischen Kartellrecht I[9] (2001), 1795 Rn 5; siehe bereits 4.3.

[1111] EuGH 16.12.1975, Rs 40-48, 50, 54-56, 111, 113, 114/73 – Suiker Unie ua – Slg 1975, 1663.

[1112] Zur näheren Erläuterung der Theorie siehe 4.3.1.1.

[1113] EuGH 24.10.1995, Rs C-266/93 – VW-Herstellerleasing – Slg 1995, I-3477.

[1114] Europäische Kommission 10.10.2001, COMP/F-2/36.264 – DaimlerChrysler – bisher unveröffentlicht, siehe Pressemitteilung vom 10.10.2001, IP/01/1394.

[1115] Vgl *Bechtold*, EG-Gruppenfreistellungsverordnungen, EWS 2001, 53.

[1116] Zur Begründung dieser These siehe 3.3. und 3.4.

[1117] So bereits 3.3.3.

[1118] Meistens handelt es sich um sehr hohe Beträge. Rn 16 fünfter Spiegelstrich Leitlinien sieht ausdrücklich eine Investition des Tankstellenhalters bei Anschaffung des Kraftstofftanks als Beispiel vor.

[1119] Falls es sich um eine gesellschaftseigene Tankstelle handelt, finanziert der Partner durch die verminderten Provisionssätze die Anlage der Mineralölgesellschaft. Im Zusammenhang mit den Betriebskosten handelt es sich um eine unzulässige Abwälzung der Kosten einer Verkaufsstelle auf den Handelsvertreter.

gegenüber Dritten und übernimmt in der Regel die Haftung der Mineralölgesellschaft. Weiters wird durch Kautionen des Tankstellenhalters für die angelieferten Treibstoffe, ein wirtschaftlicher Ersatz für die Bezahlung des Eigenhändlers geschaffen. Überprüft man den gesamten Vertrag, zeigt sich, dass der Tankstellenhalter die gleiche Risikoverteilung wie ein typischer Vertragshändler trägt.[1120] Abweichungen ergeben sich nur durch die Natur des Tankstellengeschäfts.[1121]

Daher ist der Tankstellenhalter, auch wenn die „Eingliederungstheorie" vertreten wird, Unternehmer iSd EG-Kartellrechts.[1122] Die Europäische Kommission hat die gesamte Problematik in einem Absatz deutlich und prägnant zusammengefasst:

> *„Die nationalen Behörden sollten sich ferner mit der Frage der „Agenturverträge" befassen, mit denen einige Mineralölunternehmen den von ihnen belieferten Tankstellen* ***fälschlicherweise*** *eine Art Verkaufsagenturstatus verleihen und sie somit zur Befolgung ihrer Preisvorgaben verpflichten. Damit wird der Einzelhändler nicht nur seiner Freiheit zur autonomen Festsetzung des Abgabepreises* ***beraubt****, sondern auch eine horizontale Angleichung der Preise in einer Branche mit hohem Konzentrationsgrad erleichtert."*[1123]

Diesen klaren Worten ist voll zuzustimmen. Die Kommission hat anscheinend nicht nur richtig erkannt, dass Tankstellenverträge mit dem Handelsvertreterstatus wenig gemeinsam haben und daher kartellrechtlich eindeutig Eigenhändler sind, sondern auch, dass die vertikale Preisfestsetzung in der Mineralölwirtschaft wie ein horizontales Preiskartell wirkt.

Da wohl niemand daran zweifeln wird, dass der Tankstellenvertrag bzw begleitende Abmachungen eine Vereinbarung iSd Art 81 Abs 1 EGV darstellen,[1124] wird nunmehr die Frage der Wettbewerbsbeschränkung untersucht. Folglich unterliegen Tankstellenverträge der Beurteilung nach Art 81 EGV.[1125]

[1120] Ausführlich 3.3.

[1121] Ein Tankstellenhalter, der als Handelsvertreter Treibstoffe verkauft, hat keine andersgelagerte Risikoverteilung wie ein als Eigenhändler agierender. Deshalb können die zwei Systeme auch reibungslos umgestellt werden. Vgl *Koeble,* Die kartellrechtliche Beurteilung von Preis- und Ausschließlichkeitsbindungen in Handelsvertreter- und Vertragshändlerverträgen am Beispiel der Tankstellenverträge (1973), 51.

[1122] Bei dem in Folge der Risikoverteilung zulasten des Tankstellenhalters das Preisbindungsverbot des Art 81 Abs 1 EGV anwendbar ist.

[1123] *Europäische Kommission,* Commissioner Monti and Directors-General of national competition authorities discuss competition policy in the motor fuel sector, Pressemitteilung vom 30.11.2000, IP/00/1391 (Hervorhebungen durch den Verfasser).

[1124] Ein jeder normale Vertrag erfüllt selbst, wenn er keine Wettbewerbsbeschränkung zum Ziel hat, dieses Kriterium. Auch Austauschverträge sind erfasst, *Emmerich* in *Immenga/Mestmäcker,* Kommentar zum EG-Wettbewerbsrecht I (1997), 143 Rn 73; *Schröter* in *von der Groeben/Thiesing/Ehlermann,* Kommentar zum EU-/EG-Vertrag II^5 (1999), 156 Rn 51 und 179 Rn 84; *Bunte* in *Langen/Bunte,* Kommentar zum deutschen und europäischen Kartellrecht I^9

5. Wettbewerbsbeschränkende Klauseln nach Art 81 EGV

In Tankstellenverträgen finden sich eine Reihe von Bestimmungen, die in ihren Auswirkungen auf den Wettbewerb zu prüfen sind. Die Liste von Klauseln, die unter bestimmten Umständen wettbewerbswidrig wirken können, scheint unbegrenzbar. Begonnen bei möglichen Treuerabatten und Meistbegünstigungsklauseln bis zu Wettbewerbsverboten und räumlichen Beschränkungen wäre theoretisch jede Bestimmung zu überprüfen, bevor ein endgültiges Urteil über die kartellrechtliche Zulässigkeit eines Vertriebsvertrages gefällt werden kann.[1126] Besondere Probleme ergeben sich, wenn der bindende Unternehmer ein marktbeherrschendes Unternehmen ist. Wenn ein solches Unternehmen seinem Vertragspartner unter missbräuchlichem Einsatz seiner Macht wettbewerbsbeschränkende Verpflichtungen auferlegt, sind sowohl Art 81, als auch Art 82 EGV nebeneinander anwendbar.[1127] Wesentlich ist, dass die großen Mineralölunternehmen miteinander oligopolistisch verbunden sind.[1128] Deshalb ist es fraglich, ob in Österreich nicht eine kollektive marktbeherrschende Stellung vorliegt.[1129] Die Europäische Kommission führt Österreich ausdrücklich als Beispiel eines Landes an, in dem eine solche vorliegen könnte.[1130]

(2001), 1804 Rn 17 ff; *Emmerich* in *Dauses,* Handbuch des EU-Wirtschaftsrechts II (Stand 2000), 30 Rn 73 ff; *Gleiss/Hirsch,* Kommentar zum EG-Kartellrecht I[4] (1993), 65 Rn 74. Ebenso *Völcker,* Handelsvertretervertrieb und EG-Kartellrecht (1994), 224 ff zu Kooperationsformen beim Handelsvertreter.

[1125] So auch *Wolter* in *Glassen/ua,* Frankfurter Kommentar zum Kartellrecht I[3] (Stand 2000), § 16 Rn 148. Dieser führt aber später aus, dass die GVO 1984/83 nur auf Eigenhändler und nicht auf Handelsvertreter anwendbar ist. Siehe jedoch 4.3.2.1.1.

[1126] Für einen ersten Überblick über mögliche wettbewerbsbeschränkende Klausel siehe *Kirchhoff,* Die Beurteilung von Bezugsverträgen nach europäischem Kartellrecht, WuW 1995, 361; *Europäische Kommission,* Grünbuch zur EG-Wettbewerbspolitik gegenüber vertikalen Wettbewerbsbeschränkungen, KOM (1996) 721, 43 ff.

[1127] Sie stehen somit in Idealkonkurrenz zueinander. Statt aller *Habermeier* in *Martinek/Semler,* Handbuch des Vertriebsrechts (1996), 765 Rn 73.

[1128] Siehe 1.2.1.

[1129] Zu den Voraussetzungen siehe *Lattenmayer,* Das Konzept der kollektiven Marktbeherrschung, RdW 2000, 718; *Aigner,* Oligopolistischer Preisparallelismus unter dem Regime des Art 82 EG, ÖBl 2002, 52; vertiefend *Aigner,* Kollektive Marktbeherrschung im EG-Vertrag (2001), 49 ff. Auch in der Rechtsprechung ist das Konzept anerkannt; siehe EuG 8.10.1996, Rs T-24-26, 28/93 – Compagnie Maritime Belge – Slg 1996, II-1201, insbesondere 1230 Rn 60; EuG 25.3.1999, Rs T-102/96 – Gencor Ltd – Slg 1999, II-838 Rn 276. *Wessely* bejaht die Möglichkeit einer oligopolistischen Marktbeherrschung auch im KartG; *Wessely,* Das Recht der Fusionskontrolle und Medienfusionskontrolle (1995), 177 f.

[1130] *„In those countries in which a collective dominance position may exist, such as... Austria..."* *Europäische Kommission,* Report on the competitive conditions of non-integrated independent companies in the motor fuel sector (2001), 58 Rn 269 und 275.

Daher kann unter Umständen die Erzwingung der Teilnahme des Tankstellenhalters an einem automatischen Buchungssystem ein Missbrauch einer marktbeherrschenden Stellung sein,[1131] ebenso wie mögliche Koppelungsgeschäfte oder die Diskriminierung eines Tankstellenhalters im Verhältnis zu einem anderen. Sogar der Abschluss eines Alleinbezugsvertrages an sich kann bereits missbräuchlich sein. Zur Überprüfung des Treibstoffabgabepreises taugt Art 82 EGV jedoch nur in begrenztem Maße.[1132]

Es zeigt sich, dass die problematische Marktstruktur und die zahlreichen Bestimmungen des Tankstellenvertrages in unterschiedlichster Weise wettbewerbsbeschränkend wirken können. Um den Umfang dieser Arbeit nicht zu sprengen, können nicht alle Bestimmungen des Tankstellenvertrages auf ihre Zulässigkeit untersucht werden. Hier werden nur exemplarisch die zwei in der Praxis am häufigsten untersuchten Klauseln begutachtet. Dies geschieht nur im Hinblick auf Art 81 EGV, da Thema dieser Arbeit die Zulässigkeit einer „normalen" vertikalen Vertriebsbindung ist. Da ein Gebietsschutz bei Tankstellen weder eingeräumt wird, noch tatsächlich möglich ist,[1133] sind Preis- und Ausschließlichkeitsbindungen die wesentlichsten Klauseln, die gegen Kartellrecht verstoßen können.

5.1. Preisbindungen

Die Einschränkung der Preisbildungsfreiheit eines Unternehmers gehört zu den schwersten Verstößen gegen das EG-Kartellrecht. Art 81 Abs 1 lit a EGV nennt ausdrücklich *„die unmittelbare oder mittelbare Festsetzung der An- oder Verkaufspreise oder sonstiger Geschäftsbedingungen."* Der Preis eines Produkts stellt das zentrale Wettbewerbselement dar.[1134] Dies gilt umso mehr bei zunehmender Homogenität der Produkte.[1135] Die Preisbindung ist der „klassische"

[1131] *Emmerich* in *Immenga/Mestmäcker,* Gesetz gegen Wettbewerbsbeschränkungen³ (2001), § 16 Rn 57; *Wolter* in *Glassen/ua,* Frankfurter Kommentar zum Kartellrecht I³ (Stand 2000), § 16 Rn 146.

[1132] Die „sogenannte" Trichterpreisbildung ist nur selten ein Missbrauch, da die Voraussetzungen des Preismissbrauchs nur schwer nachzuweisen sind. Siehe aber den „Benrather Tankstellen" Fall der die Trichterpreisbildung behandelt; *Emmerich,* Fälle zum Wettbewerbsrecht⁴ (2000), 5 ff. Zur missbräuchlichen Preisunterbietung siehe auch KOG 9.10.2000, 16 Ok 6/00 – Abonnementpreise – WBl 2001, 140 = ÖBl 2001, 133.

[1133] Siehe 2.3.1.2. So zur kartellrechtlichen Problematik ausdrücklich *Runggaldier,* Der Tankstelleninhaber, unveröffentlichtes Gutachten (1986), 81.

[1134] *Emmerich* in *Immenga/Mestmäcker,* Kommentar zum EG-Wettbewerbsrecht I (1997), 199 Rn 6; *Gleiss/Hirsch,* Kommentar zum EG-Kartellrecht I⁴ (1993), 138 Rn 280.

[1135] So hat der EuGH bereits ausgeführt, dass der Preis das zentrale Wettbewerbselement beim Verkauf von Treibstoffen darstellt. EuGH 29.1.1985, Rs 231/83 – Cullet - Slg 1985, 315 Rn 28.

Fall einer Wettbewerbsbeschränkung, die jeder nachvollziehen kann.[1136] Der Schutz der Preisbildungsfreiheit ermöglicht die Entfaltung des Wettbewerbs[1137] durch unternehmerische Aktivitäten. Jeder Wettbewerber muss das Recht haben „seinen" Preis festzulegen, um Investitionen zu amortisieren und Gewinne zu erzielen. Dabei soll er nur durch die Kräfte des Marktes beschränkt sein und nicht der Bestimmung durch andere Unternehmer unterliegen. Denn Wettbewerb kann nur stattfinden, wenn die Marktteilnehmer in der Lage sind, Wettbewerbshandlungen zu setzen.[1138]

5.1.1. Per-se Verstoß

Preisbindungen sind sogenannte „per-se" Verstöße[1139] gegen das Kartellrecht. Dies bedeutet, dass die wettbewerbsbeschränkende Wirkung einer Preisbindung im Einzelfall nicht geprüft werden muss. Denn aufgrund ihrer Natur können per-se Verstöße nicht mit wettbewerbsfördernden Wirkungen gerechtfertigt werden und sind demnach immer kartellrechtswidrig.[1140] Sobald die Zwischenstaatlichkeitsklausel mit deren Spürbarkeitsschranke erfüllt ist, verstößt jede einzelne Preisbindung gegen Art 81 EGV, ohne dass bei vertikalen Vertriebsverträgen die „Bündeltheorie" bemüht werden muss.[1141] Der EuGH verzichtet darauf, in einem solchen Fall die Auswirkungen des Verstoßes zu prüfen.[1142] Dies führt dazu, dass auch Unternehmen mit geringen Marktanteilen per-se Verstöße begehen können. Denn bei Prüfung der Spürbarkeit der Beeinträchtigung des gemeinschaftlichen

---

1136 Dabei sind aber wie bereits erörtert, nicht nur horizontale, sondern auch vertikale Preisbindungen vom Kartellverbot umfasst. Siehe bereits 4.

1137 *„Wettbewerb ist ein Interaktionsprozess, der aus der Wahrnehmung individueller Handlungsfreiheit erwächst." Möschel,* Systemwechsel im Europäischen Wettbewerbsrecht, JZ 2000, 67. Die Gewährung von Privatautonomie und Marktwirtschaft, die das gleiche Ordnungsprinzips wiederspiegeln, hat nur Sinn, wenn ein fairer Wettbewerb gesichert ist. Vgl *Koppensteiner,* Österreichisches und europäisches Kartellrecht³ (1997), 7 ff. Eine Wettbewerbsbeschränkung liegt aber nur vor, wenn die freiheitsbeschränkende Maßnahme geeignet ist, die Marktverhältnisse zu verändern. *Schröter* in *von der Groeben/Thiesing/Ehlermann,* Kommentar zum EU-/EG-Vertrag II⁵ (1999), 174 Rn 77.

1138 *Eilmannsberger,* Reform des Vollzugs von Art 81 EG-V und Rule of Reason, FS Koppensteiner (2001), 333.

1139 Diese Qualifizierung entspricht dem amerikanischen Antitrustrecht. Dieses unterscheidet zwischen per-se Sachverhalten, die quasi automatisch verboten sind, und rule of reason Sachverhalten, bei denen im Einzelfall eine Abwägung von Vor- und Nachteilen erfolgen kann. *Möschel,* Systemwechsel im Europäischen Wettbewerbsrecht, FS Koppensteiner (2001), 476.

1140 *Eilmannsberger,* Reform des Vollzugs von Art 81 EG-V und Rule of Reason, FS Koppensteiner (2001), 340. Zu diesen zählt weiters die Einräumung von absolutem Gebietsschutz sowie die Verhinderung von Parallelimporten/-exporten.

1141 Der Nachweis einer konkret eingetretenen Beeinträchtigung ist daher nicht mehr erforderlich.

1142 *Bunte* in *Langen/Bunte,* Kommentar zum deutschen und europäischen Kartellrecht I⁹ (2001), 1851 Rn 99; *Woods/Filipponi* in *Faull/Nikpay,* The EC Law of Competition (1999), 443 Rn 7.34; *Gleiss/Hirsch,* Kommentar zum EG-Kartellrecht I⁴ (1993), 91 Rn 153.

Handels ist bereits die Art des Verstoßes zu berücksichtigen.[1143] Der EuGH vertritt zwar regelmäßig die Auffassung, dass Preisbindungen per-se Verstöße sind,[1144] setzt aber in seinen Urteilen primär bei einem anderen Kriterium an. Er unterscheidet ebenso wie die Kommission zwischen bezweckten und bewirkten Verstößen.[1145] Dabei wendet er ein Zweistufenschema an. Zuerst ist zu prüfen, ob die Vereinbarung nach ihrem Zweck eine Beschränkung des Wettbewerbs zum Inhalt hat.[1146] Wenn ja, ist sie ohne weiters als verboten anzusehen, ohne dass es notwendig wäre ihre Auswirkungen zu überprüfen.[1147] Andernfalls muss in einem zweiten Schritt geprüft werden, welche Effekte die Vereinbarung im konkreten Fall auf den Wettbewerb hat. Demnach ist eine Absprache verboten, wenn sie geeignet ist, den Wettbewerb spürbar zu beeinträchtigen.[1148]

Die zwei Konzepte sind nichts anderes als Synonyme.[1149] Dies hat der EuGH bereits festgestellt.[1150] Denn, ob man bei bestimmten Klauseln annimmt, diese sind immer per-se Verstöße oder immer bezweckt, ist gleichgültig. Im Ergebnis führen beide Theorien dazu, dass die entsprechenden Vereinbarungen immer

---

[1143] Siehe bereits 4.2.1.2.

[1144] EuGH 3.7.1985, Rs 234/83 – Binon – Slg 1985, 2046 Rn 44. „*Provisions which fix the prices to be observed in contracts with third parties constitute, of themselves, a restriciton on competition within the meaning of Article 81 (1).*" In der deutschen Fassung wird diese per-se Definition nicht wiedergegeben. EuGH 29.10.1980, Rs 209-215, 218/78 – Heintz von Landewyck Sàrl ua – Slg 1980, 3257 Rn 110. Preisbindungen sind bereits „*auf den ersten Blick*" Wettbewerbsbeschränkungen.

[1145] *Woods/Filipponi* in *Faull/Nikpay,* The EC Law of Competition (1999), 440 Rn 7.27.

[1146] Wesentlich ist, dass „bezwecken" kein subjektives Tatbestandelement erordert. Auf Vorsatz oder Fahrlässigkeit kommt es somit nicht an. Auch muss die Wettbewerbsbeschränkung nicht der einzige oder Hauptzweck einer Vereinbarung sein. Bei vertikalen Vereinbarungen ist es unerheblich, ob eine Preisbindung unter Zwang oder freiwillig zustandegekommen ist. Es liegt immer eine „bezweckte" Beschränkung vor. Es kommt nur darauf an, die mit der Vereinbarung verfolgten Ziele in einem wirtschaftlichen Zusammenhang zu sehen. Daher liegt ein „Gefährdungstatbestand" vor. *Bunte* in *Langen/Bunte,* Kommentar zum deutschen und europäischen Kartellrecht I[9] (2001), 1850 Rn 97; *Schröter* in *von der Groeben/Thiesing/ Ehlermann,* Kommentar zum EU-/EG-Vertrag II[5] (1999), 198 Rn 111 f; *Gleiss/Hirsch,* Kommentar zum EG-Kartellrecht I[4] (1993), 90 f.

[1147] Zuletzt Europäische Kommission 29.6.2001, 2001/711/EWG – Volkswagen – ABl L 262 vom 2.10.2001, 28 Rn 74.

[1148] Schlussantrag von Generalanwalt Tesauro vom 16.6.1994, Rs C-250/92 – Götrup-Klim ua/DLG – Slg 1994, I-5654 Rn 16; *Lugard,* Vertical Restraints under EC Competition Law: A Horizontal Approach?, ECLR 1996, 167.

[1149] *Woods/Filipponi* in *Faull/Nikpay,* The EC Law of Competition (1999), 439 Rn 7.25. und 441 Rn 7.29.

[1150] So ausdrücklich EuGH 28.4.1998, Rs C-306/96 – Jacivo International und Javico AG/Yves Saint Laurant Parfums SA – Slg 1998, I-2003 Rn 14. Dieser setzt seine Judikatur, wonach bestimmte Klauseln bereits ihrer Natur dh per-se Verstöße sind, mit bezweckten Beschränkungen gleich. IdS auch Europäische Kommission 29.6.2001, 2001/711/EWG – Volkswagen – ABl L 262 vom 2.10.2001, vgl 28 Rn 74 und 34 Rn 107.

verboten sind. Denn beide Konzepte beinhalten die gleichen gesetzwidrigen Bestimmungen und stellen weder auf einen subjektiven Vorsatz, noch auf eine Wirkung ab.

5.1.2. Risikoverteilung als Anknüpfungspunkt

Nach einer Meinung soll der Handelsvertreter aufgrund von handelsrechtlichen Vorgaben keine Dispositionsfreiheit auf dem Gütermarkt besitzen. Der Handelsvertreter habe keine eigenständige Wettbewerbsstellung auf dem Gütermarkt und scheide daher bereits mangels eines Handlungsspielraums, der beschränkt werden könnte, aus der kartellrechtlichen Beurteilung aus.[1151] Auch *Völcker* sieht in der Preis- und Konditionenbestimmung des Geschäftsherrn keine für Art 81 EGV relevante Freiheitsbeschränkung und schon aus diesem Grunde keine Wettbewerbsbeschränkung.[1152] Nach dieser Lehre bedarf es keiner reduzierenden Interpretation von Art 81 Abs 1 EGV und somit keines Rückgriffs auf die „institutionellen Gegebenheiten" bzw der Immanenz- oder der Eingliederungstheorie.[1153] Dem ist zuzustimmen. Preis- und Konditionenbindungen[1154] des Gütermarktes sind kartellrechtlich irrelevant. Denn sie betreffen ausschließlich den Prinzipal und nicht den Handelsvertreter und sind Ausdruck der Privatautonomie des Geschäftsherrn.

Vielfach wird aber übersehen, dass diese Lehre kein „Persilschein" für den Handelsvertreter ist.[1155] Grundlage dafür, dass keine beschränkbare Handlungsfreiheit vorliegt, ist die eindeutige Risikoverteilung des vermittelten Geschäfts. Denn nur diese legt fest, auf welchem Markt der Handelsvertreter tätig wird und wo somit seine Freiheit einschränkbar ist. Wie *Ebenroth* vollkommen richtig ausführt, stehen nämlich der Inhalts- und Dispositionsfreiheit als Korrelat die dem Absatzmittler übertragenen Funktionen und Risiken gegenüber. Wer unabhängig von der Rechtsform und vor allem davon, ob im fremden oder

---

[1151] *Lange,* Handelsvertretervertrieb nach den neuen Leitlinien der Kommission, EWS 2001, 19; *Ulmer/Habersack,* Handelsvertreterverträge und Art 85 Abs 1 EGV, ZHR 1995, 122; *Rittner,* Handelsvertreterverhältnis und Preisbindungsverbot, DB 1985, 2545.

[1152] *Völcker,* Handelsvertretervertrieb und EG-Kartellrecht (1994), 253.

[1153] So *Ulmer/Habersack,* Handelsvertreterverträge und Art 85 Abs 1 EGV, ZHR 1995, 122; *Völcker,* Handelsvertretervertrieb und EG-Kartellrecht (1994), 253. AA *Rittner,* Das Handelsvertreterverhältnis im (GWB- und EG-) Kartellrecht und die Figur der unternehmensbedingten Abhängigkeit, WuW 1993, 594 ff; *Rittner,* Die EG-Kommission und das Handelsvertreterrecht – Zum geplanten EG-Recht über Vertikalverträge, DB 1999, 2097 ff. Dieser argumentiert mit der Immanenztheorie. Insbesondere führt er an, dass der Handelsvertreter als „Interessenwahrer" des Unternehmers eine Sonderstellung einnimmt. Jedoch ist auch der Vertragshändler- sowie jeder Absatzmittlervertrag ein Interessenwahrungsverhältnis, sodass dies für eine kartellrechtliche Sonderstellung nicht ausreicht. Siehe Fn 1010.

[1154] Sprich alle Bestimmungen, die den Inhalt des vermittelten Geschäfts regeln.

[1155] Vgl *Völcker,* Handelsvertretervertrieb und EG-Kartellrecht (1994), 253.

eigenen Namen handelt, sachgebundene Handelsfunktionen wahrnimmt und deren Risiken trägt, unterliegt dem Schutz der Dispositionsfreiheit selbständiger Marktbeteiligter.[1156] Weiters ist der Handlungsspielraum des Handelsvertreters durch das Innenverhältnis begrenzt. Dieses legt nicht zwangsläufig alle Bedingungen fest.[1157] Daher ist die Prüfung der Risikoverteilung sachgerecht. Das Anknüpfen an die Risikoverteilung des vermittelten Geschäfts stellt den herkömmlichen Ansatz dar. Dieses Konzept findet sich sowohl in der deutschen,[1158] als auch EG-Kartellrechtsprechung.[1159] In Österreich gibt es keine Leitentscheidungen zu Handelsvertretern, es wird aber auf die gängigen Rechtsmeinungen verwiesen.[1160]

Die Lehre der Risikoverteilung beantwortet zugleich zwei Fragen. Einerseits liefert sie die Erklärung für die kartellrechtliche Privilegierung von Handelsvertretern, andererseits erläutert sie, warum „atypische" oder „unechte" Handelsvertreter dem vertikalen Preisbindungsverbot unterliegen. Der Handelsvertreter tritt am Gütermarkt nicht als Teilnehmer auf, solange er kein einziges Risiko desselben trägt. Ausschließlich der Geschäftsherr ist vom vermittelten Geschäft betroffen, mit ihm kommt der Drittvertrag des Kunden zustande. Daher ist es rein logisch, dass der Prinzipal frei über die Inhalte des vermittelten Vertrages bestimmen kann. Ein Preisbestimmungsrecht des „echten" Handelsvertreters wäre ein unzulässiger Eingriff in ein fremdes Rechtsgeschäft.[1161] Der Funktionszusammenhang zwischen Privat- und Kartellrecht erklärt diese These. Die Pflicht des Handelsvertreters, Geschäfte nach Weisung des Prinzipals zu vermitteln, ist Kern seiner vertraglichen Verpflichtung. Würde dies kartellrechtlich in Frage gestellt, wäre dies ein Eingriff in die privatautonome Festlegung von Austauschmodalitäten.[1162] Das Preisweisungsrecht des Geschäftsherrn dient damit der Verwirklichung der Privatautonomie und nicht deren Beschränkung.

Vielfach wird richtig betont, dass das Weisungsrecht Folge der ausschließlichen Betroffenheit des Prinzipals vom vermittelten Geschäft ist. Der Risikoverteilung entspreche das Weisungsrecht des Geschäftsherrn, da es diesem ermögliche, das

---

1156 *Ebenroth,* Absatzmittlungsverträge im Spannungsverhältnis von Kartell- und Zivilrecht (1980), 82.

1157 Daher ist die Dispositionsfreiheit des Handelsvertreters nicht immer vollständig eingeschränkt. *Völcker,* Handelsvertretervertrieb und EG-Kartellrecht (1994), 235 ff.

1158 Grundlegend BGH 15.4.1986, KVR 3/85 – EH-Partner-Vertrag – BGHZ 97, 317; BGH 23.9.1975, KZR 14/74 – EDV-Zubehör – BB 1976, 6.

1159 Siehe 4.3.1.1.

1160 Vgl 6.2.2.

1161 Siehe *Völcker,* Handelsvertretervertrieb und EG-Kartellrecht (1994), 253; *Koch/Marenco,* L'article 85 au Traite CEE et les contrats d'agence, Cahiers de Droit Européen 1987, 609.

1162 Statt aller *Lange,* Handelsvertretervertrieb und EG-Kartellrecht, EWS 1997, 331.

Risiko zu steuern.[1163] Wesentlich ist, dass gar keine Wettbewerbsbeschränkung eintreten kann, da der „echte“ Handelsvertreter als kaufmännisches Hilfspersonal auftritt und keine eigenständige Absatzstufe einnimmt. Das vermittelte Geschäft betrifft nur den Prinzipal und den Dritten, weshalb diese ihren Vertragsinhalt allein regeln dürfen.

Wenn der Handelsvertreter aber Risiken des Gütermarktes übernimmt, verliert er zugleich seine Sonderstellung. In diesem Fall ist auch er von Auswirkungen des Gütermarktes jenseits seines Provisionsrisikos direkt betroffen, sodass er nicht mehr als rein untergeordnetes Hilfspersonal fungiert. Vielmehr kommt es dann zu der für Absatzmittler typischen Diskrepanz zwischen der Unterordnung der Funktionen unter die Vertriebspolitik des Unternehmers und dem Tragen der aus dem Vertrieb erwachsenen Risiken.[1164] Dann bedarf der „unechte“ Handelsvertreter, der in seiner wirtschaftlichen Stellung einem Eigenhändler gleichkommt, des kartellrechtlichen Schutzes.[1165]

Das Konzept wird dermaßen oft angewendet, dass es zur permanenten Formel wurde. *Möschel* sieht darin eine *„schon selbstverständliche These“*.[1166] Nur selten wird diese noch bezweifelt. *Emmerich* sieht das Konzept als verfehlt an. Er will auf das Gesamtbild der tatsächlichen Regelung und ihrer Handhabung abstellen, weil allein daran gesehen werden kann, ob der Handelsvertreter eigenunternehmerisch oder als Interessenwahrer auftritt. Nur dann kann einer älteren Auffassung des BKartA[1167] folgend die Preisbindung richtig beurteilt werden.[1168] Denn das beliebig regelbare Innenverhältnis könne nicht über die Anwendung des

---

[1163] Grundlegend *Ebenroth*, Absatzmittlungsverträge im Spannungsverhältnis von Kartell- und Zivilrecht (1980), 82 ff; *Harrer*, Wettbewerbsverbote im Recht der Vertragshändler, FS Krejci (2001), 153.

[1164] Vgl *Ulmer*, Der Vertragshändler (1969), 195.

[1165] *Ebenroth*, Absatzmittlungsverträge im Spannungsverhältnis von Kartell- und Zivilrecht (1980), 83. Siehe Rn 15 Leitlinien: *„In diesem Fall trägt der Handelsvertreter die genannten Risiken und ist wie ein unabhängiger Vertragshändler zu behandeln, der bei der Festlegung seiner Marketingstrategie freie Hand haben muss, um seine vertrags- oder geschäftsspezifischen Investitionen zu decken.“*

[1166] *Möschel*, Absatzmittler und vertikale Preisbindung, BB 1985, 1481.

[1167] Siehe BKartA 24.9.1983, P-56/83 – EH-Partner-Vertrag II – WuW 1984, 831; BKartA 11.11.1981, A 87/80 – EH-Partner-Vertrag – WuW 1982, 311.

[1168] Der BGH hat aber ausgesprochen, dass allein die Risikoverteilung entscheidend ist. BGH 15.4.1986, KVR 3/85 – EH-Partner-Vertrag – BGHZ 97, 317. Vgl *Kapp*, Umstellung des Vertriebs von Eigenhändler- auf Agentursystem: Ein Fall für § 26 Absatz 2 GWB?, DB 1990, 1121. Zur Diskussion siehe auch *Wolter* in *Glassen/ua*, Frankfurter Kommentar zum Kartellrecht I^3 (Stand 2000), § 14 Rn 47.

Verbotes entscheiden.[1169] Bei seiner Kritik stellt *Emmerich* aber auf Merkmale ab, die nicht quantifizierbar sind. Nicht der Gesamteindruck, sondern wirtschaftliche Fakten müssen entscheiden, auf welchen Märkten der Handelsvertreter direkt involviert ist. Dies kann am ehesten mit der Risikoverteilung bewerkstelligt werden. Folgt man der Meinung von *Emmerich* wäre bereits jeder Vertrieb eines Handelsvertreters, der rein äußerlich wie ein typischer Vertragshändler wirkt, rechtlich unmöglich.[1170] Diese Ansicht hat aber insofern einen Vorzug als gerade diese Fälle der Praxis erhebliche Probleme bereiten.[1171] Denn in der Regel ist die Preisbindung beim Vertrieb durch Einfirmenhandelsvertreter, die de fakto Verkaufsstellen der Geschäftsherrn finanzieren, unzulässig.

Völcker behauptet, dass sich die Risikoverteilung danach bestimmt, wer einzelne Risiken besser kontrollieren und somit bewirtschaften kann. Daher bestehe nur zwischen Risikotragung und Vergütung ein Zusammenhang, weshalb eine eindeutige Risikoverteilung zu Lasten des Geschäftsherrn nicht erforderlich sei.[1172] Diese Ansicht mag zwar auf den ersten Blick einleuchtend sein, ist aber von großen Anwendungsproblemen geprägt. Erstens ist die Risikoverteilung nach Sachzusammenhängen zwar erstrebenswert, aber ein rein wissenschaftliches Konstrukt.[1173] Zweitens ist die Quantifizierung von Risiken Gegenstand versicherungsmathematischer Berechnungen und kartellrechtlich nur schwer greifbar. Im Ergebnis würde dies bedeuten, dass der Geschäftsherr trotz „gemischter“ Risikoverteilung bestimmen darf, wenn er die erhöhten Risiken zusätzlich zur Provision entsprechend abgeltet. Ein derartiger Ansatz ist zu kompliziert, um in der Praxis berücksichtigt zu werden und müsste dann auch für Eigenhändlerverträge gelten. Im Endeffekt ist aber nicht einmal die Zahlung von Versicherungsprämien ausreichend. Denn damit ist noch lange nicht sichergestellt, dass die Versicherung im Schadensfall wirklich eintritt bzw alle möglichen Schäden abdeckt. Ein Restrisiko des Gütermarktes würde immer beim Handelsvertreter verbleiben, dieses kann nicht entsprechend abgegolten werden. Gerade beim Handel mit gefährlichen Gütern wie Treibstoffen zeigt sich, dass im Schadensfall ein großes Risiko beim Handelsvertreter verbleibt.

[1169] *Emmerich* in *Immenga/Mestmäcker,* Gesetz gegen Wettbewerbsbeschränkungen³ (2001), § 14 Rn 30; *Emmerich* in *Immenga/Mestmäcker,* Kommentar zum EG-Wettbewerbsrecht I (1997), 193 Rn 272; *Emmerich,* Kartellrecht⁸ (1999), 115.

[1170] Daher könnten Tankstellen oder Autoverkaufshäuser nicht durch Handelsvertreter betrieben werden.

[1171] Schwierige Probleme wären daher automatisch gelöst, Juristen müssten nicht mehr die rein wirtschaftliche Frage der Risikoverteilung entscheiden.

[1172] *Völcker,* Handelsvertretervertrieb und EG-Kartellrecht (1994), 246 ff.

[1173] Die Hersteller- und Zwischenhändler wollen ihre Risiken abwälzen und dennoch Einfluss nehmen. Auch dies ist Ziel des Aufbaus eines Vertriebssystems. Vgl *Ulmer,* Der Vertragshändler (1969), 143; *Ebenroth,* Absatzmittlungsverträge im Spannungsverhältnis von Kartell- und Zivilrecht (1980), 39 ff.

Dass der Handelsvertreter bereits über die Preispolitik des Geschäftsherrn in seinem eigenen Vermittlungsrisiko beeinträchtigt wird, ist richtig.[1174] Dennoch kann dies nicht als Begründung dafür dienen, dass er zulässigerweise Risiken des Gütermarktes übernimmt.[1175] Sonst wäre seine Stellung ja gleich der eines Eigenhändlers. Weiters führt *Völcker* an, dass das Kartellrecht nicht dazu dient, die aus einer gemischten Risikoverteilung resultierenden „Unbilligkeiten" zu korrigieren.[1176] Mag ein zivilrechtlicher Ausgleich nicht der primäre Zweck des Kartellrechts sein,[1177] so ist es dennoch nicht verboten, dass derartige Wirkungen erzielt werden. Denn eine Grundfunktion des Wettbewerbsrechts ist der Schutz der unternehmerischen Freiheit.[1178] Sobald der Handelsvertreter Risiken des Gütermarktes übernimmt, ist seine Autonomie auf diesem Markt zu erhalten. Auch dem Vertragshändler, der seinen Preis festsetzen will, kommt dieser Schutz zu. Warum sollte daher nicht auch der Handelsvertreter geschützt werden, sollte er in seiner wirtschaftlichen Funktion vergleichbar sein?[1179] Ein Handelsvertreter, der die Aufgaben und Risiken des sachgebunden Warenumschlags übernimmt, bedarf des kartellrechtlichen Schutzes. Daher besteht ein Systemzusammenhang zwischen der Risikotragung und dem Recht zur Preis- und Konditionengestaltung.

Unabhängig davon hat der EuGH die Frage bereits endgültig entschieden. Dieser hat ausdrücklich ausgesprochen, dass der Handelsvertreter *„keines der Risiken aus den für den Geschäftsherrn vermittelten Geschäften tragen"* darf.[1180] Die Leitlinien berücksichtigen dies und führen an, dass *„der Vertreter keine oder nur unbedeutende Risiken"* übernehmen darf.[1181] Daher sind nicht nur die wesentlichen, sondern alle relevanten Handelsrisiken entscheidend.[1182] IdS hat

---

1174 *Völcker,* Handelsvertretervertrieb und EG-Kartellrecht (1994), 250.

1175 Einen Ausgleich für seine wirtschaftliche Abhängigkeit zu regeln, ist Auftrag an das nationale Recht. Die Abhängigkeit des Einfirmenvertreters kann aber nicht begründen, „dass es dem, dem es ohnehin schlecht geht, noch schlechter gehen darf."

1176 *Völcker,* Handelsvertretervertrieb und EG-Kartellrecht (1994), 251.

1177 Der Schutz des Handelsvertreters könnte auch mit der Treuepflicht des Geschäftsherrn begründet werden. Für übernommene Risiken muss der Handelsvertreter entsprechend entlohnt werden.

1178 Statt aller *Bunte* in *Langen/Bunte,* Kommentar zum deutschen und europäischen Kartellrecht I^9 (2001), 1724 Rn 39. Zum Handelsvertreter idS *Zimmer* in *Immenga/Mestmäcker,* GWB Kommentar zum Kartellgesetz^3 (2001), § 1 Rn 56.

1179 Ein modernes Kartellrecht dient gerade dem Schutz der Marktgegenseite, dh dem Tankstellenhalter und den Konsumenten. *Schmidt,* Von der Kartellformenlehre zum Kartellverbot, WBl 1990, 123.

1180 EuGH 24.10.1995, Rs C-266/93 – VW-Herstellerleasing – Slg 1995, I-3516 Rn 19.

1181 Rn 15 Leitlinien.

1182 So zum Tankstellenvertrag bereits BKartA 22.5.1968, RT 46/67 – Kraftfahrzeugpflegemittel – WuW 1968, 700 (Hervorhebungen durch den Verfasser): *„Die von der X AG bejahte kartellrechtliche Privilegierung der Interessenwahrungsverhältnisse könnte – wenn überhaupt – nur im Rahmen der typischen Interessenlage dieser Interessenwahrungsverhältnisse angenommen werden. Das bedeutet vor allem, dass das **volle Risiko** bei der X AG liegen müsste."* AA *Völcker,*

auch die Kommission zuletzt entschieden.[1183] Dies erleichtert die Beurteilung einzelner Fälle und ist vollkommen sachgerecht. Denn die Privilegierung des Handelsvertreters ist Ausdruck einer Ausnahme von einem strengen Verbot und Folge seiner zivilrechtlichen Sonderstellung.

5.1.3. Folgerungen

Wie bereits erwähnt differenzieren die Leitlinien nach der Risikoverteilung. Bei Umgehungsfällen, den sogenannten „unechten" Handelsvertretern,[1184] ist Art 4a vGVO anwendbar. Eine Preisbindung ist die Fixierung des Preises der jeweiligen weiteren Handels- und Absatzstufen durch den Lieferanten.[1185] Jegliche Preisbindung ist nach Art 81 Abs 1 EGV streng verboten. Eine Preisbindung liegt nicht nur vor, wenn der Abgabepreis direkt festgelegt wird. Auch indirekte Preisbindungen, durch die Festlegung einer Handelsspanne[1186] oder eines Preisrahmens, einer Obergrenze für Rabatte,[1187] durch Empfehlungen, wenn diese nicht wirklich „unverbindlich" sind,[1188] etc sind erfasst. Selbst Höchstpreisbindungen unterliegen dem Kartellverbot, wenn sie so niedrig festgesetzt sind, dass sie praktisch nicht unterschritten werden können.[1189] Richtigerweise sind Höchstpreisbindungen immer eine Wettbewerbsbeschränkung, da auch sie die Preisbildungsfreiheit des gebundenen Unternehmers einschränken.[1190]

Handelsvertretervertrieb und EG-Kartellrecht (1994), 244 mit Nachweisen aus der deutschen Lehre zum GWB.

[1183] Europäische Kommission 10.10.2001, COMP/F-2/36.264 – DaimlerChrysler – bisher unveröffentlicht, Rn 124 ff.

[1184] Nach den Ergebnissen dieser Arbeit sind Tankstellenverträge „unechte" Handelsvertreterverhältnisse.

[1185] *von Stoephasius* in *Langen/Bunte*, Kommentar zum deutschen und europäischen Kartellrecht I[9] (2001), 1965 Rn 158.

[1186] EuGH 29.10.1980, Rs 209-215, 218/78 – Heintz von Landewyck Sàrl ua – Slg 1980, 3257 Rn 109 f.

[1187] Vgl *Gleiss/Hirsch*, Kommentar zum EG-Kartellrecht I[4] (1993), 146 Rn 299.

[1188] *von Stoephasius* in *Langen/Bunte*, Kommentar zum deutschen und europäischen Kartellrecht I[9] (2001), 1969 Rn 178 ff.

[1189] *Bunte* in *Langen/Bunte*, Kommentar zum deutschen und europäischen Kartellrecht I[9] (2001), 1841 Rn 80; *von Stoephasius* in *Langen/Bunte*, Kommentar zum deutschen und europäischen Kartellrecht I[9] (2001), 1967 Rn 168; *Gleiss/Hirsch*, Kommentar zum EG-Kartellrecht I[4] (1993), 140 Rn 286. Zu Art 30 EGV, EuGH 6.11.1979, Rs 16-20/79 – Danis – Slg 1979, 3338 Rn 6 f.

[1190] Darauf, ob es dadurch zu Nachteilen für Konsumenten kommt, kann es nicht ankommen. IdS *Emmerich* in *Dauses*, Handbuch des EU-Wirtschaftsrechts II (Stand 2000), 58 Rn 153 f; *Emmerich* in *Immenga/Mestmäcker*, Kommentar zum EG-Wettbewerbsrecht I (1997), 200 Rn 8 und 203 Rn 20; *Schröter* in *von der Groeben/Thiesing/Ehlermann*, Kommentar zum EU-/EG-Vertrag II[5] (1999), 209 Rn 131; *Bechtold*, EG-Gruppenfreistellungsverordnungen, EWS 2001, 52; *Liebmann*, Vertriebsverträge in der EU (1998), 200 ff.

Auch Art 4a vGVO verbietet jegliche Preisbindung. Nur Höchstpreisbestimmungen und Empfehlungen sind erlaubt. Diese dürfen aber nicht durch die Ausübung von Druck oder der Gewährung von Anreizen durch eine der Vertragsparteien tatsächlich wie Fest- oder Mindestverkaufspreise wirken.[1191] Daher sind nach der vGVO Höchstpreisbindungen oder Empfehlungen nicht generell freigestellt.[1192] Die vGVO schreibt nur die geltende Rechtsprechung des EuGH fest.[1193]

Preisbindungen in Tankstellenverträgen sind daher sowohl im Treibstoff-, als auch im Folgemarktbereich unabhängig davon, ob der Tankstellenhalter im eigenen oder fremden Namen agiert, verboten.[1194] Sie erfüllen, wenn die restlichen Voraussetzungen der Anwendung von EG-Kartellrecht zu bejahen sind, ohne Zweifel den Tatbestand des Art 81 Abs 1 EGV, sodass nur noch eine mögliche Freistellung nach Art 81 Abs 3 EGV in Frage kommt. Eine solche ist zwar theoretisch möglich,[1195] aber aufgrund von mehreren Ausführungen der Kommission geradezu denkunmöglich.[1196] In der Praxis verfolgt die Kommission eine sehr scharfe Politik gegen vertikale Preisbindungen,[1197] sodass keine Freistellung einer derartigen Klausel möglich scheint. Bei der Mineralölwirtschaft kommt noch deren oligopolistische Struktur erschwerend hinzu.[1198] Eine angemessene Beteiligung der Verbraucher an dem entstehenden Gewinn ist daher ebenso wie eine Verbesserung der Warenerzeugung oder –verteilung oder Förderung des technischen oder wirtschaftlichen Fortschritts unrealistisch.[1199]

1191 *Roninger,* Das neue Vertriebskartellrecht (2000), 77.

1192 So zu Höchstpreisbindungen aber *Bechtold,* EG-Gruppenfreistellungsverordnungen, EWS 2001, 52.

1193 Vgl *Europäische Kommission,* XXIX. Bericht über die Wettbewerbspolitik 1999 (2000), 26 Rn 14.

1194 So zur GVO 1984/83 ausdrücklich *Europäische Kommission,* Grünbuch zur EG-Wettbewerbspolitik gegenüber vertikalen Wettbewerbsbeschränkungen, KOM (1996) 721, 50 Rn 159. Der Tankstellenhalter darf weder Preisvorgaben, noch räumlichen Beschränkungen unterliegen. Zum Tankstellenhalter als Handelsvertreter ausdrücklich *Europäische Kommission,* Commissioner Monti and Directors-General of national competition authorities discuss competition policy in the motor fuel sector, Pressemitteilung vom 30.11.2000, IP/00/1391.

1195 EuGH 3.7.1985, Rs 234/83 – Binon – Slg 1985, 2046 Rn 47; *Woods/Filipponi* in *Faull/Nikpay,* The EC Law of Competition (1999), 451 Rn 7.59.

1196 Zuletzt Leitlinien Rn 46; *Europäische Kommission,* Grünbuch zur EG-Wettbewerbspolitik gegenüber vertikalen Wettbewerbsbeschränkungen, KOM (1996) 721, 81 Rn 276; Vgl *Liebmann,* Vertriebsverträge in der EU (1998), 202.

1197 Zuletzt Europäische Kommission 29.6.2001, 2001/711/EWG – Volkswagen – ABl L 262 vom 2.10.2001, 34 Rn 107.

1198 Doch selbst unter der Voraussetzung, dass ein reger Wettbewerb unter den Unternehmen herrscht, sind Preisbindungen nicht gerechtfertigt, da sie zu keinen angemessenen Effizienzsteigerung führen. Vgl *Ratay,* Franchisesysteme und Preisbindungsverbot nach deutschem und EG-Kartellrecht (1993), 287 f.

1199 Siehe Art 81 Abs 3 EGV.

Tatsächlich ist das Gegenteil der Fall, der Wettbewerb im Kraftstoffsektor wird durch Preisbindungen ausgeschaltet. Die Kommission hat daher zum Mineralölsektor festgestellt, dass sie eine vertikale Preisbindung nicht tolerieren wird.[1200] Daraus folgt, dass alle Klauseln, die Fest- oder Mindestverkaufspreise festlegen oder wie derartige Bestimmungen wirken, verboten und nicht freistellungsfähig sind. Dies gilt für die im Zuge dieser Arbeit untersuchten Preisklauseln, ebenso für die Festlegung von Handelsspannen. Die im Abschnitt 2.1.2.4. angeführten Bestimmungen sind gemäß Art 81 Abs 2 EGV nichtig.

Auch Höchstpreisregelungen, die zB bestimmen, dass ortsübliche Preise nicht überschritten werden dürfen, können verboten sein. Nach einer Meinung sind diese zwar grundsätzlich irrelevant. Dies trifft aber nicht zu, wenn Höchstpreisregelungen dazu dienen, weitere Interessenten von der Teilnahme an einem Markt abzuhalten, dh wenn die bisherigen Teilnehmer ihr „geschlossenes System" durch betriebswirtschaftlich für „Neulinge" zu niedrige Höchstpreise aufrecht zu erhalten versuchen.[1201] Dies ist bei Tankstellenverträgen der Fall. Durch solche Bestimmungen wird der Tankstellenhalter gezwungen, den Preis von Konkurrenten zu halten. Der Markteintritt für neue Tankstellenhalter wird äußerst schwierig, wenn bereits vorweg eine Pflicht der alten Tankstellenhalter besteht, mit neuen allenfalls etwas günstigeren Preisen mitzuziehen.[1202] Es ist daher rechtlich verboten eine derartige Einschränkung der Preisbildungsfreiheit vorzunehmen. Dies ändert nichts daran, dass bereits aus wirtschaftlichen Gründen ein Preiswettbewerb zwischen mehreren Anbietern stattfinden wird und dies auch erwünscht ist.

Die Frage, ob eine teilweise Nichtigkeit der einzelnen Klausel oder die Gesamtnichtigkeit des Vertrages eintritt, wird hier nicht im Einzelnen untersucht. Es kommt auf die Abtrennbarkeit der Bestimmung an. Diese ist eine Tatfrage, wobei Bedeutung und Funktion der Nichtigkeitssanktion zu beachten ist. Nicht die Vertragsgerechtigkeit, sondern die Wiederherstellung der wettbewerblichen Handlungsfreiheit der gebundenen Partei ist daher maßgeblich.[1203] Die Folgen der

---

[1200] *„Es sei ausdrücklich darauf hingewiesen, dass Einzelhändler nach dem Wettbewerbsrecht die Möglichkeit haben müssen, die Preise selbst festzusetzen." Europäische Kommission,* Commission and Member States discuss competition policy in the motor fuel sector, Pressemitteilung vom 29.9.2000, IP/00/1090.

[1201] KOG 9.12.1996, 16 Ok 5/96 – Entsorgungssystem für Kühlgeräte – RIS-Justiz/E44588.

[1202] In diesem Fall wirken daher die Höchstpreise wie Mindestpreise.

[1203] Ausführlich *Eilmannsberger,* Die Bedeutung der Art 85 und 86 EG-V für das österreichische Zivilrecht, in *Koppensteiner,* Österreichisches und europäisches Wirtschaftsprivatrecht, Teil 6/1: Wettbewerbsrecht – Kartellrecht (1998), 57. Dessen Werk wird in ständiger Rechtsprechung vom OGH zitiert. Zuletzt OGH 25.10.2000, 3 Ob 296/99, WBl 2001, 286.

zwingenden Nichtigkeit richten sich aber nach nationalem Recht.[1204] Die kartellrechtlich wettbewerbswidrige Klausel wird richtigerweise zu Lasten des bindenden Unternehmers ersatzlos gestrichen, ohne dass von diesem selbst übernommene Verpflichtungen hinfällig werden. Eine Teilnichtigkeit kann aber nur bei der Nichtigkeit abtrennbarer Nebenabreden bzw bei einer von mehreren Hauptleistungen vorliegen, ansonsten ist der gesamte Vertrag nichtig.[1205]

Zwar ist die Preisbindung nur eine Nebenabrede, dennoch ist es fraglich, ob die Mineralölgesellschaften den Tankstellenvertrag auch ohne diese Klausel abgeschlossen hätten.[1206] Dies ist im Einzelfall zu untersuchen.[1207] Regelmäßig bildet aber gerade die Preisbestimmung einen wichtigen Kern des Tankstellenvertrages. Denn der Preis ist das zentrale Wettbewerbselement beim Verkauf von Treibstoffen.[1208] Daher wird hier die Meinung vertreten, dass eine Gesamtnichtigkeit der Verträge anzunehmen ist.

Für das Zivilrecht ergeben sich in beiden Fällen große Probleme. Da vom Schutzbereich des Art 81 EGV nicht nur der Tankstellenhalter, sondern auch Verbraucher erfasst sind, könnten auch diese auf Schadenersatz klagen, wenn ihnen durch die Bezahlung überhöhter Preise ein Verlust entstanden ist.[1209] Der Tankstellenhalter könnte auf einen entgangenen Gewinn klagen, wenn er nachweist, dass er zB bei niedrigeren Preisen einen höheren Umsatz und dadurch einen höheren Gewinn erzielt hätte.[1210] Die Feststellung, ob tatsächlich ein Schaden eingetreten ist, wird aber Schwierigkeiten verursachen.[1211] Nach *Eilmannsberger* steht Mitbewerbern das UWG zur Verfügung, da Verstöße gegen Art 81 EGV auch sittenwidrig iSd § 1 UWG sind.[1212]

1204 Statt aller *Schmidt* in *Immenga/Mestmäcker,* Kommentar zum EG-Wettbewerbsrecht I (1997), 307 Rn 44.

1205 *Eilmannsberger,* Die Bedeutung der Art 85 und 86 EG-V für das österreichische Zivilrecht, in *Koppensteiner,* Österreichisches und europäisches Wirtschaftsprivatrecht, Teil 6/1: Wettbewerbsrecht – Kartellrecht (1998), 73 ff.

1206 Vgl *Eilmannsberger,* Die Bedeutung der Art 85 und 86 EG-V für das österreichische Zivilrecht, in *Koppensteiner,* Österreichisches und europäisches Wirtschaftsprivatrecht, Teil 6/1: Wettbewerbsrecht – Kartellrecht (1998), 98 f.

1207 Der hypothetische Parteiwille ist auf dieser Ebene heranzuziehen.

1208 Vgl EuGH 29.1.1985, Rs 231/83 – Cullet - Slg 1985, 315 Rn 28.

1209 Art 81 Abs 1 EGV ist ein Schutzgesetz nach nationalem Zivilrecht. Daher sind Schadenersatzklagen möglich, *Schmidt* in *Immenga/Mestmäcker,* Kommentar zum EG-Wettbewerbsrecht I (1997), 319 Rn 76.

1210 Vgl *Nowak,* EuGH: Verhältnis von Art 85 EGV zu englischem Wettbewerbsrecht, EuZW 2001, 718.

1211 Dazu müssten betriebs- oder volkswirtschaftliche Gutachten herangezogen werden. Vgl *Puwein/Würger,* Der Kraftstoffmarkt in Österreich (1999), 13 ff.

1212 Grundlegend *Eilmannsberger,* Die Bedeutung der Art 85 und 86 EG-V für das österreichische Zivilrecht, in *Koppensteiner,* Österreichisches und europäisches Wirtschaftsprivatrecht, Teil 6/1:

5.2. Ausschließlichkeitsbindungen

Bevor auf die Frage der Zulässigkeit einer Ausschließlichkeitsbindung eingegangen wird, ist zu klären, ob auch in diesem Abschnitt Handelsvertreter und Vertragshändler gleich behandelt werden können, oder, ob wesentliche Unterschiede bestehen, die eine juristische Differenzierung erfordern. Im Kern lautet die Frage, ob das Wettbewerbsverbot des Handelsvertreters[1213] mit der Ausschließlichkeitsbindung des Eigenhändlers vergleichbar ist. Bewirken beide denselben wirtschaftlichen Effekt, können sie gemeinsam behandelt werden.

Teilweise wird diskutiert, ob eine eigene Bezugsbindung des Handelsvertreters besteht und wie diese zu beurteilen ist.[1214] Im Endeffekt entsteht folgende Frage: Darf der Handelsvertreter parallel zu seiner Vermittlertätigkeit ohne Zustimmung des Geschäftsherrn als Eigenhändler für die gleichen oder zumindest gleichwertige Produkte auftreten? Denn für einen „echten" Handelsvertreter, der Geschäfte ja nur vermittelt und keine eigenhändlerischen Risiken übernimmt, stellt sich keine Bezugsproblematik. Nur wenn dieser selbst Handel treibt, kann sein Bezug fraglich sein. Aufgrund der Interessenwahrungspflicht des Handelsvertreters ist eine „Doppelfunktion" ohne Zustimmung des Geschäftsherrn unzulässig.[1215] Eine Erwerbstätigkeit, die die Interessen des Geschäftsherrn nicht beeinträchtigt, ist aber erlaubt.[1216]

Daher sind die Bezugsbindung des Eigenhändlers, von keinem anderen Lieferanten Waren zu beziehen, und das meistens zugleich auferlegte Verbot, auch keine anderen Waren der Produktgruppe in irgendeiner Form zu vertreiben,[1217] das Gegenstück zum Wettbewerbsverbot des Handelsvertreters, nur für einen Geschäftsherrn zu vermitteln. Beide bewirken eine ausschließliche Bindung des Absatzmittlers an den Hersteller und müssen daher gleich behandelt

---

Wettbewerbsrecht – Kartellrecht (1998), 141 ff, 162 und 199 ff. Dieser erläutert auf Seite 143 auch kurz den Schutzbereich bei einem Benzinpreiskartell. Bei Anwendung des UWG erfolgt durch dessen § 14 eine wesentliche Erweiterung der zur Einbringung von Unterlassungsbegehren berechtigten Personen.

1213 Dass dieses vom Kartellrecht grundsätzlich erfasst und daher überprüfbar ist, wurde bereits unter 4.3.1.3.2. nachgewiesen.

1214 Vgl *Lange*, Handelsvertretervertrieb und EG-Kartellrecht, EWS 1997, 334.

1215 Zustimmend *Lange*, Handelsvertretervertrieb und EG-Kartellrecht, EWS 1997, 334.

1216 *Küstner* in *Küstner/Thume*, Handbuch des gesamten Außendienstrechts I[3] (2000), 669 Rn 1944; *Ulmer/Habersack*, Handelsvertreterverträge und Art 85 Abs 1 EGV, ZHR 1995, 130 mwN.

1217 Beim Tankstellenhalter bedarf es bereits aufgrund von faktischen Gründen keines eigenen Wettbewerbsverbotes, da nur Kraftstoffe einer einzigen Marke vertrieben werden können. EuGH 7.12.2000, Rs C-214/99 – Neste Markkinointi Oy/Yötuuli Ky ua – CELEX/61999J0214, Rn 31. Siehe 5.2.3.1.3.

werden.[1218] Dies hat die vGVO erkannt, die beide unter Art 5 unter dem Schlagwort der „Wettbewerbsverbote" regelt.[1219] Beide Verbote bedingen aber auch, dass der Absatzmittler diese nicht durch Umstieg auf ein anderes Vertriebssystem umgeht, so wie dies der Fall wäre, würde ein Handelsvertreter gegen den Willen des Geschäftsherrn zugleich als Eigenhändler in der gleichen Produktpalette auftreten. Daher werden im Zuge dieser Arbeit beide Verbote erfasst und gleich behandelt.[1220]

5.2.1. Bewirkte Wettbewerbsbeschränkung

Anders als bei der Preisbindung ist die wettbewerbsbeschränkende Wirkung einer Ausschließlichkeitsbindung nicht sofort zu erfassen. Pointiert formuliert verletzt jede Austauschvereinbarung den Wettbewerb. *„Jeder Vertrag beschränkt den Wettbewerb in dem Sinne, dass der Gastwirt das Bier, das er mir gegen Bezahlung eingeschenkt hat, nicht auch noch anderen durstigen Interessenten verkaufen darf, ohne mir gegenüber vertragsbrüchig zu werden."*[1221] Klarerweise ist dies die natürliche Folge eines jeden Kaufvertrages und somit kartellrechtlich irrelevant.[1222]

Dennoch können bereits einfache Bezugsvereinbarungen[1223] wettbewerbsbeschränkend sein. Denn sie betreffen eben nicht nur ein einmaliges Geschäft, sondern verpflichten den gebundenen Vertragspartner bestimmte Waren auf Dauer zu beziehen.[1224] Durch eine Ausschließlichkeitsklausel wird die wettbewerbsbeschränkende Wirkung klarer erkenntlich. Der Abnehmer wird

---

[1218] So zum Tankstellenvertrag ausdrücklich *Woods/Filipponi* in *Faull/Nikpay,* The EC Law of Competition (1999), 534 Rn 7.280. Ebenso *Europäische Kommission,* Grünbuch zur EG-Wettbewerbspolitik gegenüber vertikalen Wettbewerbsbeschränkungen, KOM (1996) 721, 52 Rn 167. Hier wird die Ausschließlichkeitsbindung des Tankstellenhalters unter dem Stichwort des Wettbewerbsverbots behandelt. Zustimmend zur gleichen Wirkung von Wettbewerbsverboten und Ausschließlichkeitsbindungen *Emmerich* in *Dauses,* Handbuch des EU-Wirtschaftsrechts II (Stand 2000), 135 Rn 372.

[1219] Vgl die weite Definition von „Wettbewerbsverboten" in Art 1b. Diese muss im Zusammenhang mit Art 1g gesehen werden und erfasst daher auch Handelsvertreter.

[1220] Zur sprachlichen Einfachheit ist im folgenden aber nur von der Ausschließlichkeitsbindung die Rede. Dieser Begriff klärt aber auch die Rechtslage zum Wettbewerbsverbot des Handelsvertreters.

[1221] *Schluep,* Die kartellrechtlichen Aspekte des Alleinvertriebvertrages, SJZ 1975, 274.

[1222] Europäische Kommission 5.9.1979, 79/934/EWG – BP Kemi-DDSF – ABl L 286 vom 14.11.1979, 41 Rn 60; EuGH 25.11.1971, Rs 22/71 – Béguelin – Slg 1971, 962 Rn 31/32.

[1223] Diese sind in der Regel nur eine lockere Verbindung zwischen Lieferanten und Absatzmittler. *Martinek* in *Martinek/Semler,* Handbuch des Vertriebsrechts (1996), 48 Rn 3.

[1224] In Folge werden die Lieferbeziehungen eingefroren und die Funktion von Angebot und Nachfrage wird ausgeschaltet. Europäische Kommission 5.9.1979, 79/934/EWG – BP Kemi-DDSF – ABl L 286 vom 14.11.1979, 41 Rn 60.

gezwungen keine gleichartigen Güter von anderen Lieferanten zu akquirieren. Dadurch wird gleichzeitig ein außenstehender Dritter, der über den Absatzmittler Kundenkreise erschließen will, in seiner Handlungsfreiheit beeinträchtigt. Der gebundene Vertragspartner scheidet für Konkurrenten des Lieferanten als Abnehmer aus. Dies wird als Abschottungswirkung bezeichnet.[1225] Je höher Marktanteil und -macht eines Lieferanten sind, desto stärker ist dieser Effekt.[1226] Bedeutend beeinträchtigt wird der Wettbewerb durch langfristige Bezugsbindungen auf oligopolistischen Märkten.[1227] Wesentlicher Ansatzpunkt ist daher die Ausschlusswirkung gegenüber Dritten.[1228] Ziel ist es Märkte für neue Anbieter offenzuhalten, damit weiterhin Wettbewerb möglich ist. Dies gilt vor allem dann, wenn die bestehenden gebundenen Vertriebsstellen die einzige Möglichkeit sind, in einen Wettbewerb mit anderen Anbietern einzutreten.[1229]

Stärker verfestigt ist die Kooperation zwischen Lieferant und Absatzmittler beim Alleinbezugsvertrag.[1230] Durch GVOen wurden bisher nach Branchen geordnet Alleinbezugsvereinbarungen für einen bestimmten Zeitraum freigestellt. Der in

---

[1225] Je stärker die Abschottungswirkung ist, desto größer ist die Abhängigkeit des gebundenen Unternehmers vom Lieferanten. Dadurch wird die Ausübung von Druck zur vertikalen Preisfestsetzung erleichtert. So zur Situation von spanischen Tankstellen, Antwort von Kommissar Monti am 2.8.2000 auf eine parlamentarische Anfrage von Mariá Sornosa Martínez und Luis Berenguer Fuster an die Kommission E-2149/00, ABl C 103 E vom 3.4.2001, 74.

[1226] *Emmerich*, Langfristige Liefer- und Bezugsverträge im europäischen Kartellrecht, FS Koppensteiner (2001), 359 f; *Emmerich* in *Dauses*, Handbuch des EU-Wirtschaftsrechts II (Stand 2000), 135 Rn 371 f; *Kirchhoff*, Die Beurteilung von Bezugsverträgen nach europäischem Kartellrecht, WuW 1995, 361 f; *von Stoephasius* in *Langen/Bunte*, Kommentar zum deutschen und europäischen Kartellrecht I[9] (2001), 2010 Rn 334; *Jakob-Siebert/Jorna* in *von der Groeben/Thiesing/Ehlermann*, Kommentar zum EU-/EG-Vertrag II[5] (1999), 480 Rn 3 ff; *Gleiss/Hirsch*, Kommentar zum EG-Kartellrecht I[4] (1993), 552 Rn 1387; *Schluep*, Die kartellrechtlichen Aspekte des Alleinvertriebvertrages, SJZ 1975, 274 f.

[1227] *Lugard*, Vertical Restraints under EC Competition Law: A Horizontal Approach?, ECLR 1996, 171; Europäische Kommission 5.9.1979, 79/934/EWG – BP Kemi-DDSF – ABl L 286 vom 14.11.1979, 41 Rn 59 und 42 Rn 68.

[1228] Statt aller *Woods/Filipponi* in *Faull/Nikpay*, The EC Law of Competition (1999), 467 Rn 7.102.

[1229] ZB da die Errichtung neuer Vertriebsstellen betriebswirtschaftlich nicht sinnvoll ist oder zu lange dauert, wie dies bei Tankstellen der Fall ist.

[1230] Dieser unterschiedet sich von der einfachen Bezugsbindung durch die weitergehenden Förderungspflichten, die den Absatzmittler beim Vertrieb der Waren treffen. *von Stoephasius* in *Langen/Bunte*, Kommentar zum deutschen und europäischen Kartellrecht I[9] (2001), 2014 Rn 347. Vereinfacht gesagt handelt es sich um einen Vertragshändler, der ausschließlich im Interesse eines Lieferanten tätig wird. Vgl *Jakob-Siebert/Jorna* in *von der Groeben/Thiesing/Ehlermann*, Kommentar zum EU-/EG-Vertrag II[5] (1999), 480 Rn 1; *Martinek* in *Martinek/Semler*, Handbuch des Vertriebsrechts (1996), 51 Rn 10. Ausschließlichkeitsbindungen begründen daher eine Alleinbezugsvereinbarung. *Emmerich* in *Dauses*, Handbuch des EU-Wirtschaftsrechts II (Stand 2000), 99 Rn 271; *Emmerich* in *Immenga/Mestmäcker*, Kommentar zum EG-Wettbewerbsrecht I (1997), 239 Rn 170.

der GVO Nr 1984/83 in einem eigenen Abschnitt geregelte Tankstellenvertrag ist ein Musterbeispiel eines Alleinbezugsvertrags. Trotz der GVOen blieben weite Gebiete, bei denen langfristigen Bezugsverträge eingesetzt werden, ungeregelt. Die Grenze zwischen kurz-, die den Wettbewerb normalerweise nicht beschränken, und langfristigen Verträgen hat die Europäische Kommission bei zwei Jahren gezogen.[1231]

Die meisten Lieferverträge sind aber als selbstverständlicher Bestandteil der Wirtschaft wettbewerbsrechtlich unbedenklich.[1232] Bei langfristigen Vereinbarungen müssen auch deren positive Effekte berücksichtigt werden. Die feste Verbindung eines Alleinbezugsvertrages ermöglicht eine langfristige Planung, was zu einer Optimierung der einzelnen Bereiche des Vertriebs führt. Durch derartige Vereinbarungen wird die Warenproduktion und –verteilung verbessert, da einzelne Risiken begrenzbar werden und Marktschwankungen ausgeglichen werden können. Weiters wird die Absatzförderung und Markenpflege wesentlich erleichtert.[1233] Dadurch können sowohl die Vertragspartner, als auch Konsumenten profitieren. Daher sind Alleinbezugsvereinbarungen keine bezweckten Wettbewerbsbeschränkungen, doch können sie eine Verhinderung, Einschränkung oder Verfälschung des Wettbewerbs bewirken.[1234]

Bei Tankstellen wurden noch besondere Vorteile in den Finanzierungshilfen der Mineralölgesellschaften gesehen.[1235] Dadurch wird *„die Errichtung, die Modernisierung, die Erhaltung und der Betrieb von ... Tankstellen wesentlich erleichtert."*[1236] Auch ist zu bedenken, dass Investitionen der Mineralölgesellschaften amortisiert werden müssen. Ob Tankstellenverträge aber wirklich größere wirtschaftliche Vorteile als andere Alleinbezugsvereinbarungen mit sich bringen, kann bezweifelt werden. Daher war ihre kartellrechtliche Sonderstellung nur dann gerechtfertigt, wenn die Mineralölgesellschaft tatsächlich in erheblichem Ausmaß in die Tankstelle investiert hat.[1237]

[1231] *Reinert*, Industrial Supply Contracts under EC Competition Law, ECLR 1996, 11; *Emmerich*, Langfristige Liefer- und Bezugsverträge im europäischen Kartellrecht, FS Koppensteiner (2001), 360.

[1232] *Koppensteiner*, Österreichisches und europäisches Kartellrecht³ (1997), 360 Rn 77.

[1233] *Europäische Kommission*, Grünbuch zur EG-Wettbewerbspolitik gegenüber vertikalen Wettbewerbsbeschränkungen, KOM (1996) 721, 39 Rn 125.

[1234] So ausdrücklich EuGH 28.2.1991, Rs C-234/89 – Delemitis/Henninger Bräu – Slg 1991, I-935 = CELEX/61989J0234, Rn 13. Ebenso die herrschende Lehre statt aller *Schröter* in *von der Groeben/Thiesing/Ehlermann*, Kommentar zum EU-/EG-Vertrag II⁵ (1999), 201 Rn 115.

[1235] Vgl *Europäische Kommission*, Grünbuch zur EG-Wettbewerbspolitik gegenüber vertikalen Wettbewerbsbeschränkungen, KOM (1996) 721, 40 Rn 126.

[1236] Fünfzehnter Erwägungsgrund der Verordnung Nr 1984/83.

[1237] Kritisch zur kartellrechtlichen Sonderregulierung auch *Wiedemann*, Kommentar zu den Gruppenfreistellungsverordnungen des EWG-Kartellrechts II (1990), 174 Rn 1; *Liebmann*, Vertriebsverträge in der EU (1998), 140.

Voraussetzung für die positiven Wirkungen einer Alleinbezugsvereinbarung ist jedoch, dass der Marktzutritt von neuen Anbietern nicht unangemessen erschwert wird, sowie, dass ein reger inter-brand Wettbewerb zwischen den Anbietern besteht.[1238] Im Vordergrund muss daher der Zweck stehen, dass Märkte offenzuhalten sind.[1239]

5.2.2. GVO Nr 2790/99

Bevor auf die mögliche wettbewerbsbeschränkende Wirkung einzelner Vereinbarungen eingegangen wird, muss geprüft werden, welche Verträge von der vGVO freigestellt sind. Die neue vGVO hat im Gegensatz zur alten Regelung einen umfassenden Anwendungsbereich. Sie gilt grundlegend für alle vertikalen Vereinbarungen über den Kauf oder Verkauf von Waren oder Dienstleistungen. Dabei ist es gleichgültig, ob es sich um Letztverkäufer handelt, auch Zwischenhändler sind erfasst. Auch Vereinbarungen an denen mehrere Unternehmen beteiligt sind, sind durch die vGVO reguliert.[1240]

Bei Tankstellenverträgen besteht kein Zweifel, dass diese ausnahmslos der vGVO unterliegen.[1241] Denn diese sind Verträge zwischen Unternehmen, die zwecks Durchführung der Vereinbarung auf einer unterschiedlichen Produktions- oder Vertriebsstufe tätig sind, und welche die Bedingungen betreffen, zu denen die Parteien bestimmte Waren oder Dienstleistungen beziehen, verkaufen oder weiterverkaufen können.[1242] Weiters wurde der Anwendungsbereich der GVO Nr 1984/83 voll in die vGVO übernommen, einschließlich der Sonderregelung für Tankstellenverträge.[1243] Dass auch Handelsvertreterverträge von der vGVO erfasst sind, wurde bereits erörtert.[1244]

Erwähnenswert ist, dass Art 8 vGVO eine Ermächtigung der Kommission enthält, vertikale Vereinbarungen für einen bestimmten Markt vom Anwendungsbereich der GVO durch eine eigene Verordnung auszunehmen.[1245] Dies gilt in Fällen, in denen mehr als 50% des betroffenen Marktes von nebeneinander bestehenden

---

1238 Siehe 1.5.

1239 So ausdrücklich *Emmerich*, Langfristige Liefer- und Bezugsverträge im europäischen Kartellrecht, FS Koppensteiner (2001), 360; *Europäische Kommission*, Grünbuch zur EG-Wettbewerbspolitik gegenüber vertikalen Wettbewerbsbeschränkungen, KOM (1996) 721, 39 Rn 125.

1240 Weiterführend *Roninger*, Das neue Vertriebskartellrecht (2000), 59 ff.

1241 So bereits 4.3.2.1.2.

1242 Vgl Art 2 Abs 1 vGVO.

1243 *Bunte* in *Langen/Bunte*, Kommentar zum deutschen und europäischen Kartellrecht I[9] (2001), 2056 Rn 503.

1244 Siehe 4.3.1.3.2.

1245 Statt aller *Roninger*, Das neue Vertriebskartellrecht (2000), 92 ff.

Netzen gleichartiger vertikaler Beschränkungen erfasst werden.[1246] Weiters können sowohl die Kommission, als auch nationale Wettbewerbsbehörden im Einzelfall den Vorteil der Anwendung der vGVO entziehen, wenn die Wirkungen einer Vereinbarung mit Art 81 Abs 3 EGV unvereinbar sind, insbesondere bei einer hohen kumulativen Wirkung von Vertragsnetzwerken.[1247]

5.2.2.1. Umfang der Bezugspflicht

Grundlegend stellt sich die Frage, wie weit die Bezugspflicht des Tankstellenhalters reichen darf. Diese Problematik steht im Zusammenhang mit der Koppelungsbindung. Für welches Produktsortiment kann eine Ausschließlichkeitsbindung vereinbart werden ohne gegen EG-Kartellrecht zu verstoßen?

In Deutschland wurde bereits vor der Sonderregelung der GVO in einem Beschluss des BKartA ausgesprochen, dass keine Ausschließlichkeitsbindung oder einfache Verwendungsbeschränkung für Kraftfahrzeugpflegemittel vereinbart werden darf.[1248] Die alte GVO Nr 1984/83 hat die Frage ausdrücklich geregelt. Demnach durfte der Tankstellenhalter nur dazu verpflichtet werden, bestimmte Kraftstoffe für Motorfahrzeuge aus Mineralöl und in der Vereinbarung genannte Brennstoffe ausschließlich vom Lieferanten zu beziehen. Falls der Tankstellenhalter von der Mineralölgesellschaft zur Anschaffung einer Ölwechselanlage oder anderer Einrichtungen zum Abschmieren von Motorfahrzeugen finanziell unterstützt wurde, konnte ein Verwendungsverbot von anderen Schmierstoffen vereinbart werden. Der Tankstellenhalter durfte dann keine konkurrierenden Produkte bei seiner Dienstleistungstätigkeit, zB im Zuge einer Werkstatt, benutzen, weiterhin aber Motoröle anderer Wettbewerber vertreiben.[1249] Sonstige Ausschließlichkeitsbindungen für Waren oder Dienstleistungen waren bei sonstigem Entzug der Freistellung (schwarze Klausel) verboten.[1250] Einfache Bezugsbindungen konnten aber vereinbart werden.[1251] Die

---

[1246] Eine derartige Verordnung wurde bis jetzt noch nicht erlassen, obwohl in der Mineralölwirtschaft eine höhere Bindungsquote vorliegt.

[1247] Vgl Art 6 und 7 vGVO; *Roninger*, Das neue Vertriebskartellrecht (2000), 85 ff. Durch den im Zuge der Kartellgesetznovelle 2002 eingefügten § 42f Abs 1 KartG wird diese Befugnis für das österreichische Kartellgericht nun ausdrücklich normiert.

[1248] BKartA 22.5.1968, RT 46/67 – Kraftfahrzeugpflegemittel – BB 1968, 723 = WuW 1968, 697.

[1249] *Wiedemann*, Kommentar zu den Gruppenfreistellungsverordnungen des EWG-Kartellrechts II (1990), 181 Rn 4; *Bunte/Sauter*, EG-Gruppenfreistellungsverordnungen (1988), 298 Rn 40; *Gleiss/Hirsch*, Kommentar zum EG-Kartellrecht I[4] (1993), 574 Rn 1460 f; *Burkert*, Die Zulässigkeit von Koppelungsgeschäften aus wettbewerbsrechtlicher Sicht (1992), 358 f; *Europäische Kommission*, Grünbuch zur EG-Wettbewerbspolitik gegenüber vertikalen Wettbewerbsbeschränkungen, KOM (1996) 721, 48 Rn 151.

[1250] Siehe Art 12 Abs 1a der GVO Nr 1984/83.

[1251] *Wiedemann*, Kommentar zu den Gruppenfreistellungsverordnungen des EWG-Kartellrechts II (1990), 178 Rn 13; *Liebmann*, Vertriebsverträge in der EU (1998), 141.

Vertragspraxis hat sich teilweise nicht an diese Vorgaben gehalten und auch bezüglich der Schmierölprodukte oder Folgemarktprodukte eine Ausschließlichkeitsbindung vereinbart.

Die vGVO normiert die Problematik nun nicht mehr ausdrücklich.[1252] Art 81 Abs 1 lit e EGV erwähnt, die Koppelungsbindung aber. Dennoch ist eine Koppelung nicht grundsätzlich nach Art 81 EGV verboten. Der Tatbestand betrifft weitgehend nur die Absprache über das Marktverhalten, nicht aber die Durchführung einer einzelnen Koppelungsbindung. Diese erfüllt Art 81 Abs 1 EGV nur, wenn sie zu einer Abschottungswirkung auf dem Markt des gekoppelten Gutes führt.[1253] Die Leitlinien erwähnen nun ausdrücklich, dass eine Koppelung erlaubt sei. *„Die Koppelungsbindung ist nach der Gruppenfreistellungsverordnung vom Kartellverbot freigestellt, wenn der Lieferant weder beim Koppelungsprodukt noch beim gekoppelten Produkt einen Marktanteil von mehr als 30% hält.“*[1254] Nach der vGVO ist es daher grundsätzlich erlaubt, auch eine Ausschließlichkeitsbindung für Schmierölprodukte oder ganze Warensortiments im Folgemarktbereich zu vereinbaren.

Davor sei aber gewarnt. Die Koppelungsbindung ist auch durch Art 82 Abs 2 lit d EGV ausdrücklich verboten.[1255] Die oligopolistisch verbundenen großen Mineralölunternehmen könnten eine kollektive marktbeherrschende Stellung innehaben, sodass selbst wenn ein einzelnes Unternehmen die Marktanteilsschwelle von 30% nicht erreicht,[1256] der Missbrauchstatbestand des Art 82 EGV anwendbar sein kann.[1257] Ein Handelsbrauch, der eine Koppelung rechtfertigen würde, kann schon deshalb nicht bestehen, da eine Koppelung bisher verboten war.[1258] Ein sachlicher oder technischer Zusammenhang wurde vom BKartA für

---

[1252] Die Frage wird in der VO selbst nicht mehr aufgeworfen. Von der Koppelungsbindung ist in keinem Artikel die Rede.

[1253] *Bunte* in *Langen/Bunte*, Kommentar zum deutschen und europäischen Kartellrecht I[9] (2001), 1849 Rn 96; *Emmerich* in *Dauses*, Handbuch des EU-Wirtschaftsrechts II (Stand 2000), 63 Rn 170; Rn 215 Leitlinien.

[1254] Rn 218 Leitlinien.

[1255] Siehe *Mosso/Ryan* in *Faull/Nikpay*, The EC Law of Competition (1999), 165 ff; *Dirksen* in *Langen/Bunte*, Kommentar zum deutschen und europäischen Kartellrecht I[9] (2001), 2181 ff. Ebenso wie die Koppelungsbindung unterliegt bereits die Ausschließlichkeitsbindung, sowohl Art 81, als auch 82 EGV. Vgl *Emmerich*, Kartellrecht[8] (1999), 460.

[1256] Weshalb eine einzelne marktbeherrschende Stellung in der Regel nicht vorliegt. Zwar ist der Marktanteil nicht der einzige relevante Faktor, aber ein wesentliches Indiz. EuGH 13.2.1979, Rs 85/76 – Hoffmann-La Roche – Slg 1979, 461 Leitsatz 5. Bei einem Marktanteil von weniger als 30% ist es unwahrscheinlich, dass eine marktbeherrschende Stellung vorliegt. Siehe *Mosso/Ryan* in *Faull/Nikpay*, The EC Law of Competition (1999), 126 Rn 3.40.

[1257] Siehe Fn 1129 f.

[1258] Siehe die Unzulässigkeit der Koppelung bei Liberalisierung des spanischen Tankstellennetzes, *Europäische Kommission*, XXIII. Bericht über die Wettbewerbspolitik 1993, KOM (1994) 161,

Kraftfahrzeugpflegemittel verneint.[1259] Bei anderen Produktgruppen wie Lebensmitteln oder Trafikwaren wird ein Zusammenhang daher umso weniger vorliegen. Hinsichtlich von Schmierölprodukten zum reinen Verkauf scheint ein solcher noch am ehesten argumentierbar. *Klosterfelde/Metzlaff* sehen in der Verpflichtung des Tankstellenhalters von der Mineralölgesellschaft auch Schmier- und Pflegestoffe sowie Zubehör zu beziehen eine unzulässige Koppelung.[1260] Weiters bestehen bereits zivilrechtliche Hindernisse. Die Fürsorgepflicht des Mineralölunternehmers verlangt es, dem Tankstellenhalter zu ermöglichen bei seiner Dienstleistungstätigkeit auch andere Motoröle als die der Mineralölfirma zu verwenden.[1261] Daraus folgt auch, dass der Tankstellenhalter Motoröle konkurrierender Hersteller vertreiben darf, da es Kunden nicht zugemutet werden kann, die Marke ihres Motoröls zu wechseln.[1262]

Daher sollte weiterhin eine Ausschließlichkeitsbindung nur für Treibstoffe vereinbart werden und für andere Waren nur eine einfache Bezugsbindung, auch wenn dies durch die vGVO nicht mehr zwingend vorgeschrieben wird.

5.2.2.2. Bezugsdauer

Nach der alten GVO Nr 1984/83 war ein Tankstellenvertrag für einen Höchstzeitraum von 10 Jahren freigestellt, wenn der Lieferant besondere wirtschaftliche oder finanzielle Vorteile gewährte.[1263] Anderenfalls galt nach richtiger Auffassung nur die allgemeine Dauer von 5 Jahren.[1264] Ausgenommen

---

156 Rn 226; *Europäische Kommission,* XXIV. Bericht über die Wettbewerbspolitik 1994, KOM (1995) 142, 470 f; *Europäische Kommission,* XXVIII. Bericht über die Wettbewerbspolitik 1998 (1999), 395.

[1259] BKartA 22.5.1968, RT 46/67 – Kraftfahrzeugpflegemittel – WuW 1968, 704.

[1260] *Klosterfelde/Metzlaff* in *Langen/Bunte,* Kommentar zum deutschen und europäischen Kartellrecht I⁹ (2001), 429 Rn 131 (§ 16 GWB). Unabhängig von dem später europarechtlich klar vorgeschriebenem Verbot, war ein Verfahren des BKartA hinsichtlich der Ausschließlichkeitsbindung für Schmierölprodukte ohne Erfolg. Eine Wettbewerbsbeschränkung war nicht mit zumutbarem Aufwand nachzuweisen; siehe *Emmerich* in *Immenga/Mestmäcker,* Gesetz gegen Wettbewerbsbeschränkungen³ (2001), § 16 Rn 58.

[1261] So ausdrücklich BGH 15.12.1967, KZR 6/66 – Shell-Tankstelle – WuW 1968, 301. Um Empfehlungen der Autohersteller oder Wünsche des Kunden in seiner Werkstatt erfüllen zu können. Zustimmend *Emmerich* in *Immenga/Mestmäcker,* Gesetz gegen Wettbewerbsbeschränkungen³ (2001), § 16 Rn 57; *Klosterfelde/Metzlaff* in *Langen/Bunte,* Kommentar zum deutschen und europäischen Kartellrecht I⁹ (2001), 429 Rn 131 (§ 16 GWB).

[1262] In der Judikatur wurde die Bezugspflicht für Schmierölprodukte als von der Treuepflicht des Handelsvertreters nicht gedeckt angesehen. Siehe *Wolter* in *Glassen/ua,* Frankfurter Kommentar zum Kartellrecht I³ (Stand 2000), § 16 Rn 146.

[1263] *Bunte/Sauter,* EG-Gruppenfreistellungsverordnungen (1988), 298 Rn 41; *Wiedemann,* Kommentar zu den Gruppenfreistellungsverordnungen des EWG-Kartellrechts II (1990), 185 Rn 6.

[1264] Vgl *Gleiss/Hirsch,* Kommentar zum EG-Kartellrecht I⁴ (1993), 561 Rn 1419.

davon waren nur gesellschaftseigene Tankstellen. Hat die Mineralölgesellschaft die Abfüllstation dem Tankstellenhalter aufgrund eines Pachtvertrages oder aufgrund sonstiger Verhältnisse überlassen, so darf die Ausschließlichkeitsbindung für den gesamten Vertragszeitraum der Benützung der Tankstelle auferlegt werden.[1265] Dies ist sachgerecht, da ausschlaggebendes Moment für eine mögliche Abschottungswirkung die Verfügungsgewalt über eine Tankstellenanlage ist. Denn nur partnereigene Tankstellen stehen anderen Mineralölfirmen nach Vertragsbeendigung als Vertriebsstätten zur Verfügung.[1266]

Die vGVO hat die Sonderstellung der Tankstellenverträge beseitigt und sieht nun generell nur eine Freistellung für die Höchstdauer von 5 Jahren vor.[1267] Wie bereits nach der alten Regelung gilt dies aber nicht, wenn die Vertragswaren oder -dienstleistungen in Räumlichkeiten und auf Grundstücken verkauft werden, die Eigentum des Lieferanten oder unter seiner Verfügungsgewalt sind.[1268] Daher ist bei gesellschaftseigenen Tankstellen weiterhin eine längere Bindungsdauer erlaubt.

Tatsächlich hat sich selbst durch die vGVO materiell rechtlich nichts geändert. Denn früher galt die 10 Jahres Frist nur bei Investitionen der Mineralölgesellschaft, ansonsten waren nur 5 Jahre zulässig.[1269] Heute gelten generell 5 Jahre, bei erheblichen Investitionen kann eine längere Bindungsdauer aber gemäß Art 81 Abs 3 EGV gerechtfertigt sein.[1270] Formell besteht klarerweise durch die derzeit geltende Anmeldepflicht ein wesentlicher Unterschied.[1271]

Die Europäische Kommission sieht Vereinbarungen, die auf eine bestimmte Zeit abgeschlossen werden, sich aber bei Nichtkündigung automatisch für eine weitere Periode verlängern, als auf unbestimmte Zeit abgeschlossen an. Dies hat die

---

[1265] Siehe Art 12 Abs 2 GVO Nr 1984/83. Statt aller *Wiedemann,* Kommentar zu den Gruppenfreistellungsverordnungen des EWG-Kartellrechts II (1990), 187 Rn 11.

[1266] Ausgenommen man würde die „essential facilities" Doktrin des Art 82 EGV bemühen, um die Mineralölfirmen zu zwingen, einen Teil ihrer Tankstellen anderen Mineralölfirmen zu überlassen. Diese Meinung erscheint aber aufgrund deren engen Auslegung unvertretbar. Vgl *Mosso/Ryan* in *Faull/Nikpay,* The EC Law of Competition (1999), 159 ff.

[1267] *Roninger,* Das neue Vertriebskartellrecht (2000), 82 ff; *Europäische Kommission,* XXX. Bericht über die Wettbewerbspolitik 2000 (2001), 51 Rn 120.

[1268] Vgl Art 5a vGVO.

[1269] Die Praxis hat dieses Element aber aufgeweicht. Tatsächlich kamen alle Tankstellenverträge unabhängig davon, ob Investitionen der Mineralölgesellschaften erfolgt sind, in den Genuss der 10 jährigen Gruppenfreistellung.

[1270] Siehe Rn 155 Leitlinien.

[1271] Die Diskontanbieter sind skeptisch, ob es nur durch die Verkürzung zu einer tatsächlichen Öffnung des Marktes kommt. *Europäische Kommission,* Report on the competitive conditions of non-integrated independent companies in the motor fuel sector (2001), 49 Rn 226.

Rechtsprechung bestätigt.[1272] Nun ist dieser Grundsatz in Art 5a vGVO ausdrücklich verankert worden.

Obwohl dies rechtlich festgeschrieben ist, ist der Regelung nicht zuzustimmen. Vielmehr muss es darauf ankommen, ob ein neuer Wettbewerber die Chance hat in den Markt einzutreten, zB indem er dem Absatzmittler günstigere Vertragskonditionen anbietet. Entscheidend ist, ob der gebundene Vertriebspartner innerhalb kurzer Zeit die Möglichkeit hat, aus einem Vertrag auszusteigen. Denn dann besteht weiterhin ein Wettbewerbsverhältnis auf dem Markt, das ein „Einfrieren" der bestehenden Verhältnisse verhindert.[1273]

Folge der Regelung ist, dass viele Tankstellenverträge nicht von der vGVO profitieren können, denn sie werden regelmäßig auf unbestimmte Zeit abgeschlossen oder verlängern sich automatisch.[1274] Der Entzug der Freistellung durch eine GVO bedeutet aber nicht, dass die fraglichen Verträge gegen Art 81 Abs 1 EGV verstoßen.[1275] Vielmehr ist einzeln zu überprüfen, ob längere Vertragsbindungen eine Wettbewerbsbeschränkung darstellen. Dennoch erfolgt durch das „Alles oder Nichts" Prinzip der GVOen[1276] eine harmonisierende Vertragspraxis der relevanten Verkehrskreise. Denn falls ein Vertriebsvertrag nicht nach der vGVO ausgestaltet wird und somit eine „schwarze Klausel" Vertragsinhalt ist, riskieren die Vertragsparteien die Nichtigkeit ihrer Vereinbarung.

5.2.3. Bündeltheorie

Eine vertikale Vereinbarung kann einzeln betrachtet den Handel zwischen den Mitgliedstaaten nicht spürbar beeinträchtigen und fällt daher nicht in den Anwendungsbereich des Art 81 EGV. Dies bedeutet aber nicht, dass Vertriebsverträge keine Verhinderung, Einschränkung oder Verfälschung des Wettbewerbs bewirken können. Vielmehr sind Vertriebssysteme in ihrer Gesamtheit als Netzwerke zu betrachten, somit sind sie „gebündelt" oder kumulativ zu sehen. Alle wirtschaftlichen und rechtlichen Begleitumstände sind

---

[1272] EuG 8.6.1995, Rs T-9/93 – Schöller – Slg 1995, II-1611 = CELEX/61993A009, Leitsatz 5; EuG 8.6.1995, Rs T-7/93 – Langnese – Slg 1995, II-1533 = CELEX/61993A007, Leitsatz 7.

[1273] Zustimmend *Reinert*, Industrial Supply Contracts under EC Competition Law, ECLR 1996, 10.

[1274] Siehe 2.1.2.1.

[1275] So ausdrücklich zu Tankstellenverträgen; EuGH 10.11.1993, Rs C-39/92 – Petroleos de Portugal – Slg 1993, I-5659 = CELEX/61992J0039 Rn 8. Zum Verfahren siehe auch *Europäische Kommission*, XXIII. Bericht über die Wettbewerbspolitik 1993, KOM (1994) 161, 232 Rn 347

[1276] Vgl nur *Eilmannsberger*, Die Bedeutung der Art 85 und 86 EG-V für das österreichische Zivilrecht, in *Koppensteiner*, Österreichisches und europäisches Wirtschaftsprivatrecht, Teil 6/1: Wettbewerbsrecht – Kartellrecht (1998), 62 ff.

zu berücksichtigen. Daher müssen alle gleichartigen Vertriebsverträge von unterschiedlichen Unternehmen gesamt gesehen werden, um festzustellen, ob ein einzelner Vertrag wettbewerbsbeschränkende Wirkung entfalten kann. Die fragliche Vereinbarung darf niemals aus dem Gesamtzusammenhang herausgelöst werden, auch die Existenz gleichartiger Verträge zwischen den Beteiligten und/oder Dritten muss beachtet werden.[1277] Dieser Grundsatz findet sich sowohl in der europäischen,[1278] als auch deutschen[1279] Kartellrechtsprechung. Er gilt daher als allgemein anerkannt, sodass nicht mehr seine Notwendigkeit, sondern nur seine Ausgestaltung untersucht werden muss. In Österreich hat der OGH bei Prüfung des Art 81 EGV auf Alleinbezugsverträge die Bündeltheorie verwendet,[1280] aber auch im Rahmen des KartG ist eine Anwendung der Theorie möglich.[1281]

5.2.3.1. Rechtsprechung des EuGH

Erstmals hat der EuGH die Problematik der kumulativen Wirkung von gleichartigen Verträgen im Jahr 1966 erkannt. *„Die Beklagte hat bei ihrer Entscheidung zu Recht das von Grundig geschaffene Vertriebssystem in seiner Gesamtheit berücksichtigt. Um der Bedeutung einer vertraglichen Vereinbarung gerecht zu werden, ist es erforderlich, die wirtschaftlichen und rechtlichen Zusammenhänge zu betrachten, von denen die Vertragsschließenden ausgegangen sind.“*[1282] Genauso hat sich der EuGH bereits im Verfahren „Maschinenbau Ulm“ geäußert.[1283] Dabei ist aber nicht klar erkenntlich, ob er meint, dass alle gleichartigen Verträge oder nur die des fraglichen Vertriebssystems berücksichtigt werden müssen.

[1277] *Woods/Filipponi* in *Faull/Nikpay*, The EC Law of Competition (1999), 467 Rn 7.101; *Bunte* in *Langen/Bunte*, Kommentar zum deutschen und europäischen Kartellrecht I⁹ (2001), 1854 Rn 104; *Emmerich* in *Dauses*, Handbuch des EU-Wirtschaftsrechts II (Stand 2000), 52 Rn 141 f; *Emmerich* in *Immenga/Mestmäcker*, Kommentar zum EG-Wettbewerbsrecht I (1997), 188 Rn 251; *Schröter* in *von der Groeben/Thiesing/Ehlermann*, Kommentar zum EU-/EG-Vertrag II⁵ (1999), 243 Rn 182; *Wolter* in *Glassen/ua*, Frankfurter Kommentar zum Kartellrecht I³ (Stand 2000), § 16 Rn 152; *Gleiss/Hirsch*, Kommentar zum EG-Kartellrecht I⁴ (1993), 93 Rn 161 ff; *Koppensteiner*, Österreichisches und europäisches Kartellrecht³ (1997), 310 Rn 39 und 368 Rn 95; *Habermeier* in *Martinek/Semler*, Handbuch des Vertriebsrechts (1996), 780 Rn 12.

[1278] Siehe unten.

[1279] BGH 25.9.1990, KVR 2/89 – Pauschalreisen-Vermittlung – BGHZ 112, 218; BKartA 22.5.1968, RT 46/67 – Kraftfahrzeugpflegemittel – BB 1968, 723 = WuW 1968, 697. Vgl *Wolter* in *Glassen/ua*, Frankfurter Kommentar zum Kartellrecht I³ (Stand 2000), § 16 Rn 102.

[1280] OGH 25.10.1996, 1 Ob 2362/96 – Autoschmiermittel – ÖBl 1997, 180 = SZ 69/238; OGH 20.1.2000, 6 Ob 290/99, WBl 2000, 333.

[1281] § 30c Abs 1 Z 2 stellt zur volkswirtschaftlichen Rechtfertigung auf eine Abschottungswirkung des Marktes ab. Gerade diese wird mit Hilfe der Bündeltheorie überprüft. Es findet sich aber soweit ersichtlich keine Entscheidung, wo die Bündeltheorie berücksichtigt wurde.

[1282] EuGH 13.7.1966, Rs 56, 58/64 – Grundig und Consten – Slg 1966, 391.

[1283] EuGH 30.6.1966, Rs 56/65 – LTM/Maschinenbau Ulm – Slg 1966, 304 und 306.

Zum Kern der Frage ist der EuGH ein Jahr später vorgedrungen.[1284] In einem Vorlageverfahren wurde konkret gefragt, ob das Nebeneinanderbestehen zahlreicher gleichartiger Verträge oder lediglich die Auswirkungen der Verträge als einzelne relevant sind. Dabei handelte es sich so wie oft bei Entscheidungen zur Bündeltheorie um Bierlieferungsverträge. Der EuGH sprach aus, dass alle parallel bestehenden Vertriebsnetzwerke in ihrer Gesamtheit betrachtet werden müssen.

> *„Ferner ist daraus, dass die Vorschrift die Vereinbarung, Beschlüsse oder Verhaltensweisen nicht nur nach ihrem Zweck, sondern auch nach ihrer Wirkung auf den Wettbewerb dem Verbot unterwirft, zu schließen, dass diese Wirkungen in dem Rahmen zu betrachten sind, in dem sie auftreten, das heißt in dem wirtschaftlichen und rechtlichen Gesamtzusammenhang, in dem die Vereinbarungen, Beschlüsse oder Verhaltensweisen stehen und zusammen mit anderen zu einer kumulativen Auswirkung auf den Wettbewerb führen können. Denn es hätte keinen Sinn, Vereinbarungen, Beschlüsse oder Verhaltensweisen nach ihren Wirkungen zu beurteilen, wenn diese aus dem Markt, in dem sie auftreten, herausgelöst werden und getrennt von dem Bündel in die gleiche oder andere Richtungen gehender Wirkungen betrachtet werden müssten, dem sie angehören. Eine Vereinbarung darf also für die Entscheidung, ob sie unter das Verbot des Artikels 85 Absatz 1 fällt, nicht aus diesem Zusammenhang, das heißt aus den tatsächlichen oder rechtlichen Begleitumständen, die dazu führen, dass sie eine Verhinderung, Einschränkung oder Verfälschung des Wettbewerbs bewirkt, gelöst werden. Für die Prüfung, ob die Vereinbarung auf derartige Wirkungen gerichtet ist, kann es auf das Bestehen gleichartiger Verträge dann ankommen, wenn die Verträge in ihrer Gesamtheit geeignet sind, die Freiheit des Handels einzuschränken."*[1285]

Erneut wurde zu Bierlieferungsverträgen ein weiterer Schritt in der Rechtsprechung getätigt. Der EuGH sprach aus, dass Alleinbezugsverträge, selbst wenn sie kumulativ wettbewerbsbeschränkende Wirkungen entfalten, in den Anwendungsbereich einer GVO fallen können und somit freigestellt sind.[1286] Damit wurde die Bedeutung der GVOen hervorgehoben. Die Bündeltheorie des EuGH wurde in weiteren Urteilen bestätigt und nicht nur auf Alleinbezugsverträge, sondern auch bei selektiven Vertriebssystemen angewandt.[1287] Richtigerweise gilt die Bündeltheorie bei allen vertikalen Vertriebsverträgen. Lange Zeit offen blieb die Frage, ob neben der kumulativen Wirkung auch der Beitrag des einzelnen Vertrages zur Gesamtwirkung relevant ist.[1288]

1284 EuGH 11.12.1967, Rs 23/67 – Brasserie De Haecht/Wilkin ua – Slg 1967, 543.
1285 EuGH 11.12.1967, Rs 23/67 – Brasserie De Haecht/Wilkin ua – Slg 1967, 555 f.
1286 EuGH 1.2.1977, Rs 47/76 – De Norre/Brouwerij Concordia – Slg 1977, 94 Rn 25 ff.
1287 Siehe EuGH 11.12.1980, Rs 31/80 – L'Oréal/De Nieuwe AMCK – Slg 1980, 3792 Rn 19.
1288 Vgl nur *Jakob-Siebert/Jorna* in *von der Groeben/Thiesing/Ehlermann*, Kommentar zum EU-/EG-Vertrag II^5 (1999), 482 Rn 6.

5.2.3.1.1. Delemitis/Henninger Bräu

Diese Problematik hat der EuGH 1991 endgültig entschieden und dabei seine Rechtsprechung zur Bündeltheorie grundlegend konkretisiert.[1289] Wieder ging es im Vorlageverfahren um Bierlieferungsverträge. Dabei hat der EuGH seine Judikatur zu „Brasserie De Haecht" bestätigt, aber durch ein zwei Stufen Verfahren erweitert, indem er eine Kausalitätsprüfung des einzelnen Vertrages einführt. Zunächst ist zu prüfen, ob unter Berücksichtigung aller gleichartiger Verträge und aller rechtlicher und tatsächlicher Umstände eine Abschottungswirkung des Marktes besteht. Daher ist nicht nur das Bestehen eines Bündels gleichartiger Vereinbarungen relevant. Vielmehr ist auch zu berücksichtigen,

> *„ob ein neuer Mitbewerber wirkliche und konkrete Möglichkeiten besitzt, sich durch den Erwerb einer auf dem Markt bereits tätigen Brauerei zusammen mit ihrer Kette von Verkaufsstellen in das Vertragsnetz einzugliedern oder aber dieses durch die Eröffnung neuer Gaststätten zu umgehen... Zweitens ist zu berücksichtigen, unter welchen Bedingungen der Wettbewerb auf dem relevanten Markt stattfindet. Hierbei geht es nicht nur um die Zahl und die Größe der auf dem Markt tätigen Erzeuger, sondern auch um den Sättigungsgrad dieses Marktes und die Treue der Verbraucher zu bestehenden Marken..."*[1290]

Dadurch entsteht die Frage, ob nur der Zugang zu bestehenden Vertriebsmöglichkeiten relevant ist, durch den Aufkauf oder die Errichtung neuer Verkaufsstellen. Richtigerweise sind auch andere Vertriebsformate zu bedenken, wenn solche möglich sind. Jegliche Art des Marktzutritts muss daher berücksichtigt werden.[1291] Sobald die Gesamtheit dieser Umstände ergibt, dass ein abgeschotteter Markt vorliegt, ist zu prüfen, inwiefern die fraglichen Verträge zu dieser Wirkung beitragen.

> *„Diese Marktabschließungswirkung ist nach den gemeinschaftsrechtlichen Wettbewerbsvorschriften denjenigen Brauerein zuzurechnen, die dazu in erheblichem Maße beitragen. Die Bierlieferungsverträge von Brauereien, deren Beitrag zu der kumulativen Wirkung unerheblich ist, fallen deshalb nicht unter das Verbot des Artikels 85 Absatz 1."*[1292]

Dabei ist die Stellung der Vertragpartner auf dem Markt zu berücksichtigen. Der gesamte Marktanteil des bindenden Unternehmens, als auch die Anzahl der gebundenen Unternehmen im Verhältnis zur Gesamtzahl aller relevanten Verkaufsstellen ist entscheidend. Weiters ist die Vertragsdauer wesentlich. Ist die Dauer des einzelnen Vertrages gemessen an der durchschnittlichen Dauer

---

[1289] EuGH 28.2.1991, Rs C-234/89 – Delemitis/Henninger Bräu – Slg 1991, I-935 = CELEX/61989J0234.
[1290] EuGH 28.2.1991, Rs C-234/89 – Delemitis/Henninger Bräu – Slg 1991, I-935 = CELEX/61989J0234, Rn 21 f.
[1291] So *Woods/Filipponi* in *Faull/Nikpay*, The EC Law of Competition (1999), 468 Rn 7.107.
[1292] EuGH 28.2.1991, Rs C-234/89 – Delemitis/Henninger Bräu – Slg 1991, I-935 = CELEX/61989J0234, Rn 24.

unverhältnismäßig lang, so fällt der Vertrag unter das Kartellverbot. Der EuGH hat ausdrücklich festgestellt, dass auch kleine Lieferanten zur marktabschottenden Wirkung beitragen können, wenn sie überlange Bindungszeiten benützen.[1293] Es gilt daher die Regel, je stärker ein Marktteilnehmer ist, umso kürzer dürfen seine Bindungszeiten sein, will er nicht gegen Art 81 EGV verstoßen. Bzw je länger die Vertragsdauer, desto stärker ist ihre abschottende Wirkung.

5.2.3.1.2. Folgejudikatur

Das „Delemitis/Henninger Bräu" Urteil wurde durch spätere Judikate bestätigt.[1294] Interessant sind die deutschen „Eis-Creme Fälle". Bei den in diesen Fällen vorliegenden hochkonzentrierten Märkten hat sich das EuG verstärkt auf den Marktanteil des bindenden Unternehmers gestützt, um einen Beitrag zur Abschottungswirkung nachzuweisen.[1295] Weiters wurde ausgesprochen, dass *„bei einem Netz gleichartiger Vereinbarungen eines einzelnen Herstellers die Beurteilung der Auswirkungen dieses Netzes auf den Wettbewerb für die Gesamtheit der das Netz bildenden Einzelverträge gilt."*[1296] Stellt sich heraus, dass ein Vertriebsnetzwerk den Wettbewerb einschränkt, so gilt dies auch für alle seine einzelnen Bestandteile.[1297] Bei oligopolistischen Märkten, ist ein hoher Marktanteil daher bereits ausreichend um eine spürbare Beeinträchtigung des Wettbewerbs zu erreichen. Übermäßige Vertragsdauern erfüllen dann nahezu automatisch den Tatbestand des Art 81 Abs 1 EGV und erfassen das gesamte Netzwerk.

Zuletzt wurde die Delemitis Formel vom EuG näher konkretisiert. Dabei hat er eine zuvor ergangene Entscheidung der Kommission voll bestätigt. Die Vertriebsbindungen einer Brauerei haben dann keinen spürbaren Effekt auf die Abschottungswirkung in einem Markt, wenn der Marktanteil des bindenden Unternehmers 2% nicht übersteigt und die einzelnen Verträge keine übermäßig lange Laufzeit haben.[1298] In der Entscheidung wurde weiters die Marktdefinition von Delemitis aufrecht erhalten, dass alle Lokale, die Alkohol verkaufen, einen einheitlichen Markt bilden und somit nicht zwischen Restaurants oder Clubs zu unterscheiden ist.[1299] In einem jungen Urteil wurde die Delemitis Rechtsprechung

---

1293 EuGH 28.2.1991, Rs C-234/89 – Delemitis/Henninger Bräu – Slg 1991, I-935 = CELEX/61989J0234, Rn 26.

1294 Siehe *Woods/Filipponi* in *Faull/Nikpay*, The EC Law of Competition (1999), 467 ff.

1295 EuG 8.6.1995, Rs T-7/93 – Langnese – Slg 1995, II-1533 = CELEX/61993A007, Rn 112; EuG 8.6.1995, Rs T-9/93 – Schöller – Slg 1995, II-1611 = CELEX/61993A009, Rn 87.

1296 EuG 8.6.1995, Rs T-7/93 – Langnese – Slg 1995, II-1533 = CELEX/61993A007, Rn 129; EuG 8.6.1995, Rs T-9/93 – Schöller – Slg 1995, II-1611 = CELEX/61993A009, Rn 95.

1297 Europäische Kommission 16.6.1999, 1999/474/EG – Scottish and Newcastle – ABl L 186 vom 19.7.1999, 44 Rn 116.

1298 EuG 5.7.2001, Rs T-25/99 – Greene King – Slg 2001, II-1881, Rn 53 ff.

1299 Vgl Rn 29 ff des Urteils.

erneut bestätigt, ohne dass Einzelheiten geklärt wurden.[1300] Zusammenfassend erfüllen marktstarke bindende Unternehmen mit ihren Vertriebssystemen relativ leicht Art 81 EGV, marktschwache jedoch nur bei überlangen Bindungszeiten.

Wesentlich ist, dass nicht nur die Bindungen mit partnereigenen Verkaufsstellen relevant sind, so wie dies durch die GVOen möglich scheint. Denn diese stellen gesellschaftseigene Verkaufsstellen auch bei überlanger Vertragsdauer frei.[1301] Vielmehr sind nicht nur partnereigene, sondern auch verpachtete Unternehmen einzurechnen. Selbst Verkaufsstellen, die direkt von dem bindendenden Unternehmen betrieben werden und deren Bindung somit nicht dem EG-Kartellrecht unterliegt, können unter Umständen bei Beurteilung der Abschottungswirkung berücksichtigt werden.[1302]

5.2.3.1.3. Neste Markkinointi Oy/Yötuuli Ky

In diesem Vorlageverfahren wurde ein finnischer Tankstellenvertrag beurteilt.[1303] Am 7.10.1986 wurde der Vertrag auf zehn Jahre abgeschlossen, jedoch mit einer automatischen Verlängerungsklausel.[1304] Der Vertrag war mit einer einjährigen Kündigungsfrist kündbar. Am 23.6.1998 kündigte der Tankstellenhalter per 1.7.1998, somit ohne Einhaltung der Kündigungsfrist, und berief sich auf die kartellrechtliche Nichtigkeit des Tankstellenvertrages gemäß Art 81 Abs 1 EGV. Die vorgelegte Rechtsfrage bezog sich auf die Spaltbarkeit der Wirkungen von einzelnen Verträgen innerhalb eines Vertragsnetzes.[1305] Die Französische Regierung brachte im Verfahren vor, dass eine derartige Unterscheidung vielschichtig und nahezu undurchführbar sei. Die Kommission verwies auf die klar anderslautende Rechtsprechung der deutschen „Eis-Creme" Fälle und behauptete, dass die Unterscheidung willkürlich sei.[1306] Dennoch hat sich der EuGH für die Möglichkeit einer Aufspaltung des Vertragsnetzes entschieden.

[1300] EuGH 20.10.2001, Rs C-453/99 – Courage Ltd ua/Crehan – Slg 2001, I-6297, Rn 34. Primär ging es im Vorlageverfahren um Schadenersatzfragen. Ebenso findet sich ein Verweis auf Delemitis und die Anwendung der Bündeltheorie in EuGH 27.4.1994, Rs C-393/92 – Gemeente Almelo ua/NV Energiebedrijf Ijsselmij – Slg 1994, I-1519 Rn 37.

[1301] Siehe 5.2.2.2.

[1302] Europäische Kommission 24.2.1999, 1999/230/EG – Whitebread – ABl L 88 vom 31.3.1999, 48 Rn 134; Europäische Kommission 16.6.1999, 1999/474/EG – Scottish and Newcastle – ABl L 186 vom 19.7.1999, 45 Rn 121. Begründet damit, dass Brauereien nach den Bierlieferungsverordnungen nur eine begrenzte Anzahl von Schanklokalen besitzen dürfen. Dies hat seine Ursache in den englischen Sonderregelungen für den Verkauf von Alkohol. Ebenso EuG 5.7.2001, Rs T-25/99 – Greene King – Slg 2001, II-1881, Rn 82.

[1303] EuGH 7.12.2000, Rs C-214/99 – Neste Markkinointi Oy/Yötuuli Ky ua – CELEX/61999J0214 = WuW 2001, 79.

[1304] Sodass eine Freistellung nach der GVO 1984/83 nicht in Betracht kam. Siehe 5.2.2.2.

[1305] Eine solche wurde in den deutschen „Eis-Creme" Fällen ausdrücklich verneint, siehe oben.

[1306] EuGH 7.12.2000, Rs C-214/99 – Neste Markkinointi Oy/Yötuuli Ky ua – CELEX/61999J0214, Rn 23 f.

Dabei hat er die Delemitis Formel benutzt und die Erheblichkeit des einzelnen Vertrages verneint. Das finnische Gericht hatte bereits zuvor festgestellt, dass der Krafftstoffmarkt insgesamt abgeschottet ist.[1307] Im Verfahren hatte das Netz der Mineralölgesellschaft insgesamt 573 Tankstellen, davon waren 27 durch einen Vertrag wie der streitgegenständliche gebunden. Dies entspricht 5% des Netzwerkes oder 1,5% der 1.799 Tankstellen in Finnland. Dennoch entfielen auf diese Tankstellen 8% des von Neste verkauften Benzins und 10,48% des Dieselabsatzes. Dies entspricht 2,48% des Benzinabsatzes und 1,07% des Diesel- in ganz Finnland.[1308] Der EuGH hat festgestellt, dass jederzeit kündbare Verträge nur eine geringe Auswirkung auf den Wettbewerb haben, wenn sie nur einen unbedeutenden Anteil im gesamten Vertragsnetz ausmachen.

> *„In diesem Zusammenhang ist dem vorlegenden Gericht zuzugeben, dass zeitlich beschränkte Verträge, die für mehrere Jahre geschlossen worden sind, den Zugang zum Markt stärker beschränken können als Verträge, die jederzeit unter Einhaltung einer kurzen Frist gekündigt werden können.*
> *Bei Tankstellenverträgen verpflichtet sich der Lieferant im Allgemeinen zu erheblichen Investitionen, um die Verkaufsstelle dem Image der vertriebenen Marke anzupassen. Meistens erfordert daher ein Wechsel des Lieferanten aus technischen Gründen eine bestimmte Frist. Angesichts dieser Besonderheiten bietet eine Kündigungsfrist von einem Jahr einen angemessenen Schutz der wirtschaftlichen und rechtlichen Belange aller Vertragsparteien und setzt der durch den Vertrag hervorgerufenen Beschränkungen des Wettbewerbs auf dem Markt für den Vertrieb von Kraftstoffen enge Grenzen.*
> *Wenn daher, wie im Ausgangsverfahren, die Verträge, die jederzeit unter Einhaltung einer Frist von einem Jahr kündbar sind, nur einen sehr geringen Teil aller Alleinbezugsverträge ausmachen, die von ein und demselben Lieferanten geschlossen worden sind, so tragen sie nur unbedeutend zu der kumulativen Wirkung im Sinne des Urteils Delemitis bei und fallen daher nicht unter das Verbot des Artikels 85 Absatz 1 EG-Vertrag.“*[1309]

Zu betonen ist, dass der EuGH den Ausnahmecharakter dieser Aufteilung des Netzes ein und desselben Lieferanten selbst betont und das vorlegende Gericht bereits in seiner Frage ausführte, dass es der Ansicht sei, dass der Vertrag keine wettbewerbsbeschränkenden Wirkungen entfalte.[1310] Daher kommt der Spaltbarkeitsvariante keine umfassende Geltung für alle Sachverhalte der Bündeltheorie zu.

Richtig hat der EuGH ausgeführt, dass *„rein faktisch in einer bestimmten Tankstelle nur Kraftstoffe einer einzelnen Marke vertrieben werden.“*[1311] Daher ist bei Tankstellenverträgen nicht die Zulässigkeit der Ausschließlichkeitsbindung an

---

[1307] Diese Aussage trifft auf fast alle nationale Treibstoffmärkte zu.
[1308] Siehe Rn 29 des Urteils.
[1309] EuGH 7.12.2000, Rs C-214/99 – Neste Markkinointi Oy/Yötuuli Ky ua – CELEX/61999J0214, Rn 33 ff.
[1310] Rn 14 f und 37 des Urteils.
[1311] Siehe Rn 31.

sich, sondern nur ihre Dauer zu überprüfen.[1312] Dieser Aussage kann aber nur beim Verkauf von Treibstoffen zugestimmt werden, bei allen anderen Produkten besteht keine derartige Einschränkung. Nicht berücksichtigt hat der EuGH aber, dass Neste am finnischen Tankstellenmarkt als marktbeherrschend einzustufen ist.[1313] Im Oktober 1996 hat die finnische Wettbewerbsbehörde einen Missbrauch einer marktbeherrschenden Stellung festgestellt. Diese Entscheidung wurde vom finnischen Höchstgericht bestätigt und Neste zu einer hohen Geldstrafe verurteilt, da das Unternehmen eine Preisdiskriminierung angewandt hat.[1314] Daher ist fraglich, ob der EuGH bei einer leicht geänderten Fragestellung nicht anders entschieden hätte.

5.2.3.2. Folgerungen

Aufgrund der oligopolistischen Struktur der österreichischen Mineralölwirtschaft und den großen Schwierigkeiten und Kosten bei der Errichtung von neuen Tankstellen besteht kein Zweifel daran, dass die erste Stufe des Delemitis Tests erfüllt ist. Die Kommission sieht eine Abschottungswirkung in einem Markt, indem weniger als 40% durch Vereinbarungen gebunden sind, als unwahrscheinlich an.[1315] In Österreich sind jedoch 74% der bestehenden Tankstellen im Sinne der Judikatur vertraglich an große Mineralölgesellschaften gebunden.[1316] Daher besteht eine hohe marktabschottende Wirkung der Tankstellenverträge für den Eintritt von neuen Wettbewerbern.[1317] Dies schwächt den Wettbewerb insgesamt und macht es relativ einfach vertikale Preisbindungen durchzusetzen.[1318]

[1312] Technisch wäre es durchaus möglich markenfremdes Benzin in die Tanks zu füllen. Dabei würde aber dann der Eindruck entstehen es handle sich um Treibstoff der eigenen Marke, während tatsächlich die Konkurrenz getankt wird. Daher liegt regelmäßig ein Verstoß gegen nationales Wettbewerbsrecht vor. Vgl OGH 10.4.1973, 4 Ob 305/73 – Mobil-Tankstelle – ÖBl 1974, 12.

[1313] *Europäische Kommission,* Report on the competitive conditions of non-integrated independent companies in the motor fuel sector (2001), 56 Rn 264. Dies wäre auch bei Anwendung des Art 81 EGV im Zuge der Bündeltheorie von Relevanz.

[1314] *Europäische Kommission,* Report on the competitive conditions of non-integrated independent companies in the motor fuel sector (2001), 20 Rn 72.

[1315] Rn 149 Leitlinien.

[1316] *Puwein/Würger,* Der Kraftstoffmarkt in Österreich (1999), 38. Die großen Mineralölfirmen behaupten, sie hatten im Jahr 1997 einen Anteil am Tankstellennetz in der Höhe von 64,2%; *Fachverband der Erdölindustrie,* Fehlerbericht des Fachverbandes der Erdölindustrie Österreichs zur WIFO – Studie „Der Kraftstoffmarkt in Österreich" (1999), 6. In der Regel ist der gesamte Tankstellensektor mit gleichartigen Vertragsnetzen überzogen; *Emmerich* in *Immenga/Mestmäcker,* Kommentar zum EG-Wettbewerbsrecht I (1997), 240 Rn 173.

[1317] So bereits 1.2.1. und 4.2.2.

[1318] IdS *Martínez/Fuster,* Parlamentarische Anfrage an die Kommission E-2149/00 und Antwort von Kommissar Monti am 2.8.2000, ABl C 103 E vom 3.4.2001, 74.

Dies bedeutet aber nicht, dass jeder Tankstellenvertrag, der nicht durch die vGVO freigestellt ist, gegen Art 81 Abs 1 EGV verstößt. Vielmehr muss eine Prüfung im Einzelfall erfolgen. Bei kleinen Mineralölgesellschaften wird eine kartellrechtliche Nichtigkeit eher selten vorkommen.[1319] Nur wenn ein Vertrag eine exzessiv lange Bindungsdauer enthält, verstößt dieser gegen EG-Kartellrecht. Wo die Grenze im Einzelfall zu ziehen ist, scheint schwierig. Im „Greene King" Urteil hat das EuG die Bindungsdauer des kleinen Lieferanten mit der durchschnittlichen Bindungsdauer des Marktes, sprich der großen Unternehmen verglichen.[1320] Daher sind kleine Mineralölgesellschaften zumindest gerechtfertigt auch ohne einer Gruppenfreistellung eine Bindungsdauer von fünf Jahren aufrechtzuhalten. Im Regelfall werden aber auch Verträge mit einer längeren Bindungsdauer nicht gegen Art 81 Abs 1 EGV verstoßen.[1321]

Bei Majors ist es wahrscheinlicher, dass deren Vertragsnetzwerk gegen Art 81 Abs 1 EGV verstößt. Sind die Verträge nicht freigestellt, so können bereits Vereinbarungen, die einen Tankstellenhalter für länger als zwei Jahre binden, kartellrechtswidrig sein.[1322] Bindet eine große Mineralölgesellschaft seine Partner für länger als fünf Jahre, so liegt ohne Zweifel ein erheblicher Beitrag zur marktabschottenden Wirkung vor.[1323] Bei einem Major wird normalerweise das gesamte Vertragsnetzwerk der Nichtigkeit unterliegen.[1324] Nur wenn einige Verträge eine angemessene Kündigungsmöglichkeit vorsehen und diese Verträge nur einen unerheblichen Teil des gesamten Netzwerkes ausmachen, können sie vom Anwendungsbereich des Art 81 Abs 1 EGV ausgenommen sein.[1325]

Ist Art 81 Abs 1 EGV anwendbar, so muss nach der derzeitigen Rechtslage jeder einzelne Tankstellenvertrag bei der Europäischen Kommission in Brüssel notifiziert werden, um eine Einzelfreistellung gemäß Art 81 Abs 3 zu erlangen.[1326] Bis eine solche erfolgt, sind alle Vereinbarungen, Beschlüsse und abgestimmten Verhaltensweisen, die unter Art 81 Abs 1 fallen, verboten unabhängig davon, ob

---

[1319] Vgl EuG 5.7.2001, Rs T-25/99 – Greene King – Slg 2001, II-1881, Rn 53 ff.

[1320] EuG 5.7.2001, Rs T-25/99 – Greene King – Slg 2001, II-1881, Rn 77.

[1321] Eine absolute Obergrenze kann bei ca zehn Jahren gezogen werden. Jeder länger bindende Tankstellenvertrag trägt auch bei einer kleinen Mineralölgesellschaft zur Abschottungswirkung erheblich bei.

[1322] Vgl *Reinert,* Industrial Supply Contracts under EC Competition Law, ECLR 1996, 11; *Emmerich,* Langfristige Liefer- und Bezugsverträge im europäischen Kartellrecht, FS Koppensteiner (2001), 360.

[1323] Die Freistellungsgrenze wirkt in der Entscheidungspraxis bei großen bindenden Unternehmen absolut.

[1324] Siehe bereits 5.2.3.1.2. Dies ist Folge der deutschen „Eis-Creme" Fälle.

[1325] So der Tenor des „Neste Markkinointi Oy/Yötuuli Ky" Urteils.

[1326] Dieses Regime wird aber höchstwahrscheinlich geändert; statt aller *Möschel,* Systemwechsel im Europäischen Wettbewerbsrecht, FS Koppensteiner (2001), 473.

sie die Voraussetzungen einer Einzelfreistellung erfüllen.[1327] Die Kommission hat die Voraussetzungen für eine Freistellung nach Art 81 Abs 3 EGV bereits in den Leitlinien konkretisiert.[1328] Sie sieht diese für die Dauer des Abschreibungszeitraums bei vertragsspezifischen Investitionen des Lieferanten als gegeben. Daher wird laut der Kommission in Übereinstimmung mit der nationalen Rechtsprechung[1329] eine längere Bindungsdauer der Tankstellenverträge bei erheblichen Investitionen gerechtfertigt sein. Eine Rechtfertigung kann aber klarerweise immer nur bis zum Amortisationszeitpunkt bestehen sowie solange tatsächlich Vorteile für den Tankstellenhalter vorhanden sind.

Mit langfristigen Alleinbezugsvereinbarungen ist regelmäßig eine Verbesserung der Warenverteilung durch Steigerung der Effizienz verbunden.[1330] Wesentlich für die notwendige angemessene Weitergabe der Vorteile an die Konsumenten ist aber regelmäßig, dass Wettbewerbsdruck auf die Händler wirkt.[1331] Bei einer sehr hohen Konzentration des Marktes ist es unwahrscheinlich, dass Vorteile weitergegeben werden.[1332] Gerade in der Mineralölwirtschaft besteht eine solche, sodass eine Einzelfreistellung fraglich erscheint. Weiters ist zweifelhaft, ob die strengen Maßstäbe, die an die Unerlässlichkeit der Wettbewerbsbeschränkung und vor allem, dass es zu keiner Ausschaltung wesentlichen Wettbewerbs kommt, erfüllt sind.[1333] Die oligopolistische Struktur der Mineralölwirtschaft führt im Regelfall dazu, dass diese Voraussetzungen nicht gegeben sind.[1334] Daher kann selbst, falls Mineralölgesellschaften in Tankstellen erheblich investieren, fraglich sein, ob eine Freistellung möglich ist. Denn die Kommission geht in der vGVO und deren Leitlinien immer davon aus, dass zumindest ein normal starker Wettbewerb auf den relevanten Märkten herrscht.

Bemerkt werden muss noch, dass eine Freistellung eines langfristigen Tankstellenvertrages klarerweise nicht möglich ist, wenn Einfluss auf die Preisbildung ausgeübt wird.[1335] Weiters kommt eine Freistellung nicht in

---

1327 *Bunte* in *Langen/Bunte,* Kommentar zum deutschen und europäischen Kartellrecht I^9 (2001), 1879 Rn 146.

1328 Siehe Rn 155 Leitlinien.

1329 Siehe BGH 3.11.1999, VIII ZR 269/98, NJW 2000, 1113.

1330 Dies ist die gefestigte Ansicht der Kommission; vgl *Emmerich* in *Dauses,* Handbuch des EU-Wirtschaftsrechts II (Stand 2000), 71 Rn 194; *Bunte* in *Langen/Bunte,* Kommentar zum deutschen und europäischen Kartellrecht I^9 (2001), 1882 Rn 155.

1331 Vgl siebenter und achter Erwägungsgrund der GVO Nr 2790/1999.

1332 Statt aller *Bunte* in *Langen/Bunte,* Kommentar zum deutschen und europäischen Kartellrecht I^9 (2001), 1883 Rn 158.

1333 Siehe Art 81 Abs 3a und b EGV.

1334 Zu den Voraussetzungen siehe *Emmerich* in *Dauses,* Handbuch des EU-Wirtschaftsrechts II (Stand 2000), 72 ff; *Bunte* in *Langen/Bunte,* Kommentar zum deutschen und europäischen Kartellrecht I^9 (2001), 1884 ff.

1335 Siehe bereits 5.1.3.

Betracht, wenn die Vereinbarung zugleich gegen Art 82 EGV verstößt.[1336] Die Judikatur ist hier sehr streng. Ein Missbrauch einer marktbeherrschenden Stellung kann bereits vorliegen, wenn der Abnehmer verpflichtet wird, seinen ganzen Bedarf oder einen wesentlichen Teil desselben ausschließlich beim marktstarken Lieferanten zu decken. Dieser Missbrauch wird nicht dadurch beeinträchtigt, dass die Bezugsbindung auf Wunsch des Absatzmittlers zustandekommt.[1337] Nach Art 82 EGV ist nicht nur eine zu lange Bezugsdauer, sondern bereits der Abschluss einer Ausschließlichkeitsbindung an sich ein Verstoß gegen EG-Kartellrecht.

Verstößt ein Tankstellenvertrag aufgrund einer zu langen Bindungsdauer gegen Art 81 Abs 1 EGV und ist dieser nicht gemäß Abs 3 freigestellt, so ist die Nichtigkeit des Abs 2 relevant. Bei Bezugsverträgen wird regelmäßig eine Reduzierung der Dauer der Bindungsklausel im Sinne einer geltungserhaltenden Reduktion vertreten.[1338] Dem ist zuzustimmen, im Gegensatz zur Preisbindung ist nicht die Klausel an sich, sondern nur ihre übermäßige Dauer von der Nichtigkeit erfasst.

Nach Rechtsmeinung der Kommission und eines Pariser Berufungsgerichts muss es im Falle eines Lieferantenwechsels für den Tankstellenhalter möglich sein, Tankstellenanlageteile, die im Eigentum der alten Mineralölgesellschaft stehen und schwer wiederausgebaut werden können, finanziell abzulösen. Eine Pflicht zum Wiederausbau würde einen Wechsel übermäßig erschweren, daher die Marktabschottung fördern und somit gegen EG-Kartellrecht verstoßen.[1339] Dem ist zuzustimmen, ein Ausbau einiger Teile, zB des Kraftstofftanks, ist meistens höchst unwirtschaftlich, weshalb wenn ein solcher nur angeordnet wird, um den Tankstellenhalter zur Aufrechterhaltung des Vertrages zu bewegen, bereits ein Verstoß gegen nationales Zivilrecht vorliegen wird.[1340] Daraus kann aber klarerweise keine finanzielle Ablösepflicht des Tankstellenhalters geschlossen werden.

[1336] Statt aller *Emmerich* in *Dauses*, Handbuch des EU-Wirtschaftsrechts II (Stand 2000), 69 Rn 187.

[1337] EuGH 13.2.1979, Rs 85/76 – Hoffmann-La Roche – Slg 1979, 539 f. *Kirchhoff*, Die Beurteilung von Bezugsverträgen nach europäischem Kartellrecht, WuW 1995, 372 mwN.

[1338] *Eilmannsberger*, Die Bedeutung der Art 85 und 86 EG-V für das österreichische Zivilrecht, in *Koppensteiner*, Österreichisches und europäisches Wirtschaftsprivatrecht, Teil 6/1: Wettbewerbsrecht – Kartellrecht (1998), 100 ff. IdS auch OGH 22.2.2001, 6 Ob 322/00 – Tankstellenbelieferungs- und Vertriebsübereinkommen – WBl 2001, 445, RdW 2001, 399 = RIS-Justiz/ E60949.

[1339] Siehe dazu *Europäische Kommission*, XVIII. Bericht über die Wettbewerbspolitik 1988, 34 Rn 22; *Gleiss/Hirsch*, Kommentar zum EG-Kartellrecht I⁴ (1993), 592 Rn 1517; *Wiedemann*, Kommentar zu den Gruppenfreistellungsverordnungen des EWG-Kartellrechts II (1990), 185 Rn 7.

[1340] Vgl § 879 ABGB.

IV. TEIL: ÖSTERREICHISCHES KARTELLRECHT

Im IV. Teil dieser Arbeit werden grundsätzliche Probleme des Österreichischen Kartellrechts nicht umfassend erörtert. Vielmehr wird nur auf die spezifische Beurteilung von Tankstellenverträgen eingegangen. Fragen des KartG, die inhaltlich gleich im EG-Kartellrecht auftreten und bereits dort erschöpfend diskutiert worden sind, werden nicht mehr behandelt. Daher erfolgt in wesentlichen Teilen nur ein Verweis auf bisherige Abschnitte.

Denn zB die Marktdefinition erfolgt im Österreichischen Kartellrecht gleich wie im Europäischen. § 3 KartG stellt genauso wie das EG-Kartellrecht und zahlreiche andere nationale Systeme auf die Substituierbarkeit ab, wenn es *„von der Deckung desselben Bedarfs"* spricht.[1341] Daher muss nicht noch einmal erörtert werden, was der relevante Markt für Treibstoffe ist.[1342] Im folgenden werden nur mehr die Kernprobleme des Tankstellenvertrages im Österreichischen Kartellrecht behandelt. Daher konzentriert sich die Arbeit darauf, ob der Tankstellenhalter grundsätzlich ein kartellrechtlich relevanter Unternehmer ist, wie sein Vertrag im österreichischen System der vertikalen Vertriebsbindung[1343] zu bewerten ist und ob eine Preisbindung[1344] vorliegt.

Wie *Aicher* bereits 1973 forderte, wäre es Aufgabe des österreichischen Gesetzgebers gewesen, das KartG an das EG-Kartellrecht anzupassen.[1345] Dies ist weitgehend nicht erfolgt, dennoch dient das System des EGV vorzüglich dazu, Rückschlüsse für das österreichische Recht zu gewinnen. Denn Kartellverbote sind immer nach ihrer Funktion auszulegen, weshalb sich die Grundprobleme in gleicher Weise stellen. Die neuere Judikatur berücksichtigt dies und verwendet Meinungen zum EG-Kartellrecht direkt bei Auslegung des KartG.

1341 *Koppensteiner,* Österreichisches und europäisches Kartellrecht[3] (1997), 131 Rn 122; *Roninger/Punz,* Das österreichische Kartellrecht (1996), 8 ff; *Gugerbauer,* Kommentar zum Kartellgesetz[2] (1994), § 3 Rn 9 ff.

1342 Siehe 4.1.

1343 Abschnitt IIa. des KartG.

1344 § 13 KartG.

1345 *Aicher,* Das „gemeinsame Interesse" als Merkmal des Kartellbegriffs, ÖBl 1973, 79.

6. Unternehmen im Sinne des Österreichischen Kartellrechts

Sowohl § 10 Abs 1, als auch § 30a Abs 1 KartG verwenden den Begriff der *„wirtschaftlich selbständig bleibenden Unternehmern"*. Daher besteht ein Kernproblem darin zu analysieren, was unter Unternehmer[1346] bzw der wirtschaftlichen Selbständigkeit iSd KartG zu verstehen ist.[1347] Erfüllt der Tankstellenhalter diese Voraussetzungen unterliegt er dem KartG.

Die Judikatur hat den Unternehmensbegriff teilweise als *„organisierte Erwerbsgelegenheit"* definiert.[1348] Zwar ist zweifelsohne jede organisierte Erwerbsgelegenheit ein Unternehmen, doch reicht der Begriff weiter. *Barfuß/Wollmann/Tahedl* stellen allein auf die unternehmerische Handlungsweise ab und wollen den Unternehmer in funktioneller Betrachtungsweise als Umschreibung einer Tätigkeit verstehen.[1349] Auch *Koppensteiner* zielt auf die potentielle unternehmerische Tätigkeit ab und will den Begriff gleich dem EGV und GWB sehr weit auslegen.[1350] Ebenso sieht *Gugerbauer* den Unternehmerbegriff rein funktionell.[1351] *Wessely* beschreibt den Unternehmer durch seine Einflussnahme auf den Wettbewerb und gelangt so zum gleichen Begriff.[1352] Diesen Ausführungen der herrschenden Meinung ist vorbehaltlos zuzustimmen. Ein Unternehmer ist somit jeder, der eine wirtschaftliche Tätigkeit ausübt. Diese besteht darin, Güter oder Dienstleistungen auf einem Markt anzubieten. Auf die Rechtsform, die Art der Finanzierung, etc kann es gleich dem EG-Kartellrecht nicht ankommen, sodass im Kern der gleiche Begriff auch im KartG gilt.[1353] Diese europäische Definition hat das KOG bereits übernommen.[1354]

1346 Klarerweise benötigt ein Unternehmen ein juristisches Zurechnungssubjekt, den Rechtsträger der dahinter steht. Daher sollte auf den Unternehmer und nicht auf das Unternehmen abgestellt werden. Vgl *Koppensteiner*, Österreichisches und europäisches Kartellrecht^3 (1997), 92 Rn 19.

1347 Der Unternehmerbegriff des KartG deckt sich klarerweise nicht mit dem handels- oder steuerrechtlichen Begriff. Vgl nur *Wessely,* Das Recht der Fusionskontrolle und Medienfusionskontrolle (1995), 36. Dennoch können Rückschlüsse gezogen werden. Ist jemand bereits handelsrechtlich ein Unternehmer, so wird seine kartellrechtliche Unternehmereigenschaft in der Regel vorliegen.

1348 KOG 29.3.1974, Okt 11/74 – Tankstellenkauf – ÖBL 1974, 69 = SchöDi, 175. Dem Urteilstenor ist aber nicht zuzustimmen, insofern die Tankstelle bereits vor dem Kauf betrieben worden ist. Daher liegt nicht nur der Kauf von körperlichen Sachen vor.

1349 *Barfuß/Wollmann/Tahedl,* Österreichisches Kartellrecht (1996), 17.

1350 *Koppensteiner,* Österreichisches und europäisches Kartellrecht^3 (1997), 94 Rn 23.

1351 *Gugerbauer,* Kommentar zum Kartellgesetz^2 (1994), § 10 Rn 2.

1352 *Wessely,* Das Recht der Fusionskontrolle und Medienfusionskontrolle (1995), 35 ff.

1353 Siehe bereits 4.3.

1354 *„Diese Auslegung wird auch dem § 41 Abs 2 KartG 1988 (nF) vorbildlichen FKV zugrundeliegenden funktionalen Unternehmensbegriff gerecht, nach dem ein Unternehmen – als*

Hervorzuheben ist, dass das KartG nur einen einzigen Unternehmerbegriff kennt. Eine Differenzierung hinsichtlich der anzuwendenden Norm ist abzulehnen.[1355] Im Gegensatz zu Art 81 EGV ist jedoch im KartG die wirtschaftliche Selbständigkeit semantisch verankert. Die Bedeutung dieses Elements wird im folgenden näher untersucht. Nicht vergessen werden darf, dass ein Kartellgesetz ein Recht zum Schutz des Wettbewerbs ist und kein Vertrags- oder Verbandsrecht. Wie *Schmidt* ausführt, muss daher ein Denken in wettbewerblichen Kategorien frei von dem Ballast einer wörtlichen Formulierung und frei von bestimmten Vertragsformen erfolgen.[1356]

6.1. Wirtschaftliche Selbständigkeit

Worin besteht nun die wirtschaftliche Selbständigkeit eines Wirtschaftstreibenden iSd KartG? Das Kriterium dient unbestrittenerweise dazu, Kartelltatbestände von einem Zusammenschluss abzugrenzen.[1357] Grundlegend geht es daher um die Unterscheidung zwischen Kartell und Konzentration. Ein Kartell bewirkt eine Verhaltensbindung, ein Zusammenschluss hingegen eine Änderung der internen Unternehmensstruktur. § 10 kann daher nicht ohne § 41 KartG verstanden werden. Das gleiche gilt für § 30a KartG, der die gesondert geregelten vertikalen Vertriebsbindungen[1358] vom Zusammenschluss abgrenzen will. Wie *Koppensteiner* prägnant ausführt:

---

organisatorische Zusammenfassung persönlicher und sachlicher Mittel, mit denen auf Dauer ein bestimmter wirtschaftlicher Zweck verfolgt wird, - eine wirtschaftliche Einheit ist, der eine bestimmte unternehmerische Tätigkeit zugerechnet wird;" KOG 14.3.1995, Okt 10/94 – Mediendienstleistungs-GmbH – WBl 1995, 295.

[1355] Ebenso *Gugerbauer,* Kommentar zum Kartellgesetz² (1994), § 10 Rn 2; *Koppensteiner,* Österreichisches und europäisches Kartellrecht³ (1997), 254 Rn 16. Zum GWB *Bunte* in *Langen/Bunte,* Kommentar zum deutschen und europäischen Kartellrecht I⁹ (2001), 55 Rn 13; *Zimmer* in *Immenga/Mestmäcker,* GWB Kommentar zum Kartellgesetz³ (2001), § 1 Rn 147 ff. In der Fusionskontrolle können spezifische Abgrenzungsfragen auftreten, die Funktion der Zusammenschlusskontrolle bedarf somit eigener Grenzen. Dabei geht diese aber vom einheitlichen Unternehmensbegriff aus. Vgl *Mestmäcker/Veelken* in *Immenga/Mestmäcker,* GWB Kommentar zum Kartellgesetz³ (2001), § 36 Rn 4 ff.

[1356] *Schmidt,* Ausschließlichkeitsbindung, Kartellverbot und Immanenztheorie – Zum Verhältnis zwischen § 16 GWB und § 1 GWB, FS Sandrock (2000), 835 f.

[1357] So die herrschende Meinung. *Koppensteiner,* Österreichisches und europäisches Kartellrecht³ (1997), 95 Rn 27; *Barfuß/Wollmann/Tahedl,* Österreichisches Kartellrecht (1996), 43; *Liebscher/Heinrich/Petsche,* Vertriebsverträge² (2001), 37; *Roninger/Punz,* Das österreichische Kartellrecht (1996), 7; *Gugerbauer,* Kommentar zum Kartellgesetz² (1994), § 10 Rn 7.

[1358] Auch diese bewirken eine Verhaltensbindung und gehören daher zum Überbegriff des Kartells, auch wenn sie in Österreich ohne Vorliegen eines Kartelltatbestandes geregelt werden.

„Wo ein Zusammenschluss vorliegt, scheidet die Annahme eines Kartells aus; wo umgekehrt ein Zusammenschluss verneint werden muss, weil die Beteiligten ihre wirtschaftliche Selbständigkeit behalten, bleibt ein Kartell möglich.“[1359]

Unbestritten und vollkommen richtig ist daher, dass das Element der wirtschaftlichen Selbständigkeit der Abgrenzung zum Zusammenschluss dient.

6.1.1. Arbeitnehmerähnlichkeit als Anknüpfungspunkt?

Daneben wird noch eine andere Rechtsmeinung vertreten. Teilweise wird versucht den Begriff der *„wirtschaftlich selbständig bleibenden Unternehmern“* der §§ 10 und 30a KartG mit *„Personen, die ohne in einem Arbeitsverhältnis zu stehen, im Auftrag und für Rechnung bestimmter Personen Arbeit leisten und wegen wirtschaftlicher Unselbständigkeit als arbeitnehmerähnlich anzusehen sind“*, des § 51 Abs 3 Z 3 ASGG gleichzusetzen. Daher wird an dieser Stelle untersucht, ob dem zuzustimmen ist oder ob doch nur eine Abgrenzung zum Zusammenschlusstatbestand vorliegt.

6.1.1.1. Entwicklung der Rechtsmeinung

Begründet hat diese Meinung *Schönherr*. Im Jahr 1965 hat der OGH über die Arbeitnehmerähnlichkeit eines Tankstellenhalters, der auch als Transportunternehmer und Schottergrubenbesitzer tätig war, entschieden.[1360] Dabei hat der OGH die Arbeitnehmerähnlichkeit des Tankstellenhalters bejaht. In einer kurzen Glosse zur Entscheidung schreibt *Schönherr*, dass diese Entscheidung auch kartellrechtlich von Interesse sei, obwohl der OGH nichts über Kartellrecht ausgesagt hat.[1361] Dabei räumt der Autor selbst ein, dass die bisherige Rechtsprechung zum Kartellrecht anders entschieden habe und allein auf das Merkmal des Zusammenschlusses abstellt. Zusammenfassend wäre nach der Meinung von *Schönherr* jeder Vertriebsvertrag, der eine vertikale Integration bewirkt, vom Kartellrecht ausgenommen. *Straberger* bezieht sich stark auf die Verwertung der Ergebnisse der Arbeitnehmerähnlichkeit im Kartellrecht und behauptet, dass die Rechtsprechung diese Meinung berücksichtigt hat.[1362] Die von ihm angeführten Judikate betreffen aber nur die Arbeitnehmerähnlichkeit

---

[1359] *Koppensteiner*, Österreichisches und europäisches Kartellrecht³ (1997), 95 Rn 28.

[1360] OGH 16.11.1965, 4 Ob 118/65, ÖBl 1966, 95.

[1361] *„Wenn sich ein selbständiger Kaufmann in Bezug auf gewisse Waren, die er im eigenen Namen und für eigene Rechnung vertreibt, den Weisungen eines anderen Unternehmers unterwirft, verliert er insoweit seine wirtschaftliche Selbständigkeit. Daher sind auch die zwischen den beiden Unternehmen etwa begründeten vertraglichen Bindungen wettbewerbsbeschränkender Natur schon deshalb nicht als Kartellbindungen anzusehen.“* *Schönherr*, Glosse zu OGH 16.11.1965, 4 Ob 118/65, ÖBl 1966, 96.

[1362] *Straberger*, Kartellrechtliche Grenzen des Franchising, AnwBl 1988, 435; *Straberger*, Die Anzeige von vertikalen Vertriebsbindungen, MR 1993, 166.

selbst.[1363] *Liebscher/Heinrich/Petsche* greifen diese Meinung auf und behaupten, dass das Kriterium eine eigenständige Bedeutung erlangt hat und bei Vertriebsverträgen keine geringe Rolle spielt.[1364] Dabei führen die Autoren ein Judikat aus 1978 an.[1365] In dem zitieren Urteil wurde jedoch die wirtschaftliche Selbständigkeit der beteiligten Unternehmer von Vertriebsbindungsverträgen bejaht. Die Verträge wurden in das Kartellregister eingetragen. Diese Entscheidung der Erstinstanz wurde vom KOG bestätigt. Daher zeigt dieses Urteil keinesfalls, dass das Kriterium anders als wie ein reiner Abgrenzungstatbestand zum Zusammenschluss zu verstehen ist. Abschließend führen *Liebscher/ Heinrich/Petsche* aus, dass zu prüfen ist, ob der Vertriebsvertrag die unternehmerische Dispositionsfähigkeit wenigstens in Teilbereichen intakt lässt.[1366] Dabei folgen sie *Koppensteiner*, der diese Aussage ausführlich erläutert.[1367] *Gugerbauer* führt richtig aus, dass die wirtschaftliche Selbständigkeit als Differenzierungskriterium zum Zusammenschluss zu sehen ist. Zugleich zitiert er aber Judikate zur Arbeitnehmerähnlichkeit, ohne dies näher zu besprechen.[1368] Ein derartiger Aufbau findet sich auch bei *Reich-Rohrwig/Zehetner.*[1369]

6.1.1.2. Judikatur

Bevor die dargestellte Meinung näher analysiert wird, ist klarzustellen, dass, soweit ersichtlich, kein einziges österreichisches Judikat zum KartG diese Rechtsmeinung berücksichtigt hat.[1370] Vielmehr ist vorbildhaft das Gegenteil der Fall, das Merkmal der wirtschaftlichen Selbständigkeit wird nur als Abgrenzung zum Zusammenschluss betrachtet.[1371]

[1363] *„Ist das ein „wirtschaftlich selbständiger Unternehmer", der dem Kartellgesetz unterworfen sein soll? Ich glaube nicht, weil auch kein wirtschaftlicher- oder wettbewerbspolitischer Anlass vorliegt... Die ganz überwiegende Anzahl der Franchise-Nehmer sind sicher nicht in die Elefantenklasse einzureihen, und der Franchisevertrag wird nach meinem Verständnis dadurch kein Kartellvertrag, dass Preise wie bei Tankstellen empfohlen werden oder die Kalkulation vorgegeben wird oder die Preisliste des Hauptgeschäfts – völlig unverbindlich – zugesandt wird."* *Straberger*, Kartellrechtliche Grenzen des Franchising, AnwBl 1988, 435 ff.

[1364] *Liebscher/Heinrich/Petsche,* Vertriebsverträge² (2001), 37. Dieser Aussage folgend *Nepf,* Vertikale Vertriebsbindungen iSd §§ 30a ff KartG, Diss Univ Wien (1999), 94.

[1365] KOG 23.1.1978, Okt 5/77 – Vertriebsbindung – ÖBl 1978, 82.

[1366] *Liebscher/Heinrich/Petsche,* Vertriebsverträge² (2001), 38. Zustimmend *Schuhmacher,* Zulässigkeit und Durchsetzung selektiver Vertriebssysteme (2001), 138; *Nepf,* Vertikale Vertriebsbindungen iSd §§ 30a ff KartG, Diss Univ Wien (1999), 94.

[1367] *Koppensteiner,* Österreichisches und europäisches Kartellrecht³ (1997), 96 Rn 30.

[1368] *Gugerbauer,* Kommentar zum Kartellgesetz² (1994), § 10 Rn 7.

[1369] *Reich-Rohrwig/Zehetner,* Kartellrecht I (2000), 134 f.

[1370] Zu Urteilen zum Tankstellenhalter siehe 6.3.2.

[1371] Dabei ist die Berücksichtigung aller Umstände des Falles erforderlich. Maßgebend sind die Gesamtunternehmen der Vertragsschließenden. Nicht jede Beschränkung der wirtschaftlichen Verfügungsgewalt ist ein Verlust der wirtschaftlichen Selbständigkeit. Siehe OGH 16.10.1963, 7 Ob 204/63, ÖBl 1964, 34; KOG 2.6.1976, Okt 1/76 – Rationalisierungsvertrag – ÖBl 1976, 168;

„Da die Verträge eine Verhaltensbindung, nicht aber eine Änderung der internen Unternehmensstruktur herbeiführten, sei auch die nach § 10 KartG erforderliche Selbständigkeit der an der Vertriebsbindung beteiligten Unternehmen gegeben.“[1372]

Auch jüngere Urteile beziehen sich mit keinem einzigen Satz auf die Lehre der Arbeitnehmerähnlichkeit oder setzen zur Reduktion beim Tatbestandsmerkmal der wirtschaftlichen Selbständigkeit an.[1373] Diese Linie der Rechtsprechung ist völlig sachgerecht und entspricht den Notwendigkeiten des KartG. Der OGH hat ausgesprochen, dass auch beim Subordinationsfranchising der Franchisenehmer ein selbständiger Unternehmer bleibt, der im eigenen Namen und auf eigene Rechnung handelt.[1374] Im Verfahren ging es aber nicht um kartellrechtliche Probleme.

Zusammenfassend ist eindeutige und gesicherte österreichische Rechtsprechung, dass das kartellrechtliche Element der wirtschaftlichen Selbständigkeit nur der Abgrenzung zum Zusammenschluss dient und keinerlei Verbindung zur Arbeitnehmerähnlichkeit hat.

6.1.1.3. Kritik

Die Arbeitnehmerähnlichkeit kann nicht als Anknüpfungspunkt für das Kartellrecht dienen. Das Arbeitsrecht und das Kartellrecht haben diametral gegensätzliche Regelungsinhalte, sodass Ergebnisse eines Bereichs nicht ohne weiteres auf den anderen übertragen werden können. Der OGH hat mit seiner weiten Rechtsprechung zur Arbeitnehmerähnlichkeit zum Ziel Personen einen Mindeststandard an sozialem Schutz zu gewähren.[1375] Das Kartellrecht will hingegen den Wettbewerb und wesentlich die Handlungsfreiheit der Wirtschaftsteilnehmer aufrecht erhalten. Es ist daher offensichtlich, dass das Arbeitsrecht nur zur Abgrenzung zwischen Unternehmer und Arbeitnehmer dienen kann. Die Judikatur hat selbst ausgesprochen, dass die Arbeitnehmerähnlichkeit an der Unternehmereigenschaft nichts ändert.[1376] IdS sollte sie auch verstanden werden. Weiters würde die Verwendung von Ergebnissen der Arbeitnehmerähnlichkeit

---

KOG 23.1.1978, Okt 4/77 – Coca-Cola – ÖBl 1978, 78; KOG 23.1.1978, Okt 5/77 – Vertriebsbindung – ÖBl 1978, 82. In allen Urteilen wurde die wirtschaftliche Selbständigkeit der Vertragspartner bejaht.

1372 Grundlegend KOG 29.3.1993, Okt 2/93 – M-Vertriebsbindung – ÖBl 1993, 120. Diese Ausführungen des Erstgerichts wurden vom KOG bestätigt.

1373 Siehe zu vertikalen Vertriebsbindungen die Grundsatzentscheidung KOG 20.12.1999, 16 Ok 6/99 – USt-Rückvergütung – ÖBl 2000, 182.

1374 OGH 10.4.1991, 9 Ob A 8-9/91, RdW 1991, 323 = WBl 1991, 332.

1375 Siehe 2.2.3.1.

1376 Vgl nur OGH 28.9.1999, 4 Ob 223/99, ecolex 2000, 129. Einen „Zwischenstatus“ gibt es im Kartellrecht nicht. Daraus kann geschlossen werden, dass jeder arbeitnehmerähnliche Unternehmer grundsätzlich dem KartG unterliegt.

dazu führen, dass bei gleichen Tatbeständen die Anwendung des KartG je nach der Rechtsform variiert. Auf eine juristische Person wäre das KartG anwendbar, auf eine natürliche hingegen nicht.[1377] Mit dem KartG wäre dies nicht vereinbar. § 1 KartG ordnet ausdrücklich eine wirtschaftliche, sprich rein funktionelle Sichtweise an und führt aus, dass *„nicht die äußere Erscheinungsform des Sachverhaltes maßgebend"* ist.

Daher ist nach richtiger Auffassung die arbeitsrechtliche Problematik zur Beantwortung von kartellrechtlichen Fragestellungen nicht heranzuziehen.[1378] Dem ist auch die Judikatur gefolgt.[1379] Es gilt, wie *Koppensteiner* vollkommen richtig begründet hat, dass entscheidend ist, ob ein Vertrag die unternehmerische Dispositionsfähigkeit über das eigene Unternehmen wenigstens in Teilbereichen intakt lässt. Kann der Vertragspartner daher zB über Kapitalbeschaffung, Investitionen, personalpolitische Entscheidungen, etc wenigstens teilweise entscheiden, so bleibt er ein wirtschaftlich selbständiger Unternehmer. Selbst die verbleibende Autonomie, über die Aufnahme oder Beendigung einer unternehmerischen Tätigkeit zu entscheiden, ist ausreichend.

Folglich unterliegen Vertriebsverträge immer den §§ 10 und 30a KartG, außer sie führen zu einem Zusammenschluss.[1380] Denn im Gegensatz zur Ausübung eines beherrschenden Einflusses, der durch einen Zusammenschluss begründet wird, bindet sich der Absatzmittler an einen Vertragspartner nur auf Zeit. Dabei bleibt er jedoch ein eigener Unternehmer, der einen Vertriebsvertrag nach eigenem Willen auflösen oder fortführen kann.[1381] Insofern verbleibt ihm eine wesentliche unternehmerische Entscheidungsdisposition und Teilautonomie, die bei einem beherrschenden Einfluss ausgeschlossen wird.[1382] Daher sind Vertragshändler, Handelsvertreter, Franchisenehmer, etc grundsätzlich immer vom KartG erfasst, ebenso wie sie im Hinblick auf Art 81 EGV geprüft werden müssen.[1383]

[1377] Siehe bereits 2.2.3.3.

[1378] Zustimmend *Koppensteiner*, Österreichisches und europäisches Kartellrecht³ (1997), 96 insbesondere Fn 73.

[1379] Siehe generell 6.1.1.2. und zum Tankstellenhalter 6.3.2.

[1380] So *Koppensteiner*, Österreichisches und europäisches Kartellrecht³ (1997), 97 Rn 30.

[1381] AA *Wessely*, Das Recht der Fusionskontrolle und Medienfusionskontrolle (1995), 80. Diese sieht den Beherrschungsbegriff zu weit und will ihn schon bei langfristigen Liefer-, Lizenz-, Kredit- oder Franchiseverträgen bejahen. Nach ihrer Ansicht würden alle derartigen Verträge einen Zusammenschluss begründen. Diese Meinung ist aber zumindest mit dem System des KartG vereinbar, als sie im Gegensatz zur Lehre zur kartellrechtlichen Verwertbarkeit der Arbeitnehmerähnlichkeit von einer kartellrechtlichen Überprüfung derartiger Verträge ausgeht.

[1382] Zutreffend *Freund*, Handelsvertreterverträge und EG-Kartellrecht, EuZW 1992, 409.

[1383] So zu Tankstellenverträgen *Koeble*, Die kartellrechtliche Beurteilung von Preis- und Ausschließlichkeitsbindungen in Handelsvertreter- und Vertragshändlerverträgen am Beispiel der Tankstellenverträge (1973), 68. Denn die wirtschaftliche Abhängigkeit ändert nichts am kartellrechtlichen Unternehmerbegriff.

Zur gesamten Diskussion kann auf das EG-Kartellrecht verwiesen werden, siehe vor allem 4.3.1.2. Denn die Eingliederungstheorie führt im Grunde zu nichts anderem als die kartellrechtliche Meinung zur Arbeitnehmerähnlichkeit, zu einer Reduktion der Kartelltatbestände um wirtschaftlich abhängige Einfirmenvertreter.[1384] Im Resultat ziehen beide eine Schneise in die Kartellrechtssysteme, indem sie versuchen mittels des Unternehmensbegriffs eine eigene Gruppe zu schaffen, die kartellrechtlich nicht überprüfbar wäre. Denn die wirtschaftlich abhängigen Absatzmittler würden ohne Prüfung einer Wettbewerbsbeschränkung von vornherein weder einen Kartell-, noch einen Zusammenschlusstatbestand erfüllen. Dies ist strikt abzulehnen.

Im Österreichischen Kartellrecht ist ein Abstellen auf die Arbeitnehmerähnlichkeit bereits aus anderen Gründen nicht vertretbar. Durch § 34 Abs 2 beinhaltet das KartG einen eigenständigen Tatbestand für Fälle vertikaler Abhängigkeit.[1385] Dieser reicht nach richtiger Meinung über die Fälle des § 34 Abs 1 hinaus und hat einen unabhängigen Anwendungsbereich.[1386] Daher liegt ein Tatbestand vor, der wie maßgeschneidert für Fälle der wirtschaftlichen Abhängigkeit des Einfirmenabsatzmittlers ist. Bereits deshalb ist normiert, dass auch wirtschaftlich abhängige Unternehmer dem KartG unterliegen. Andernfalls wäre § 34 Abs 2 KartG ohne jeglichen Anwendungsbereich und Sinn.

6.1.1.4. *Vergleich zu Wettbewerbsbeschränkungen im Konzern*

Eine ähnliche Problematik bietet sich bei konzerninternen Absprachen. Bereits 1957 hat *Rittner* zum GWB behauptet, dass bei einem Konzern kartellrechtlich zumindest zwei relevante Unternehmen existieren.[1387] Der Streit zieht sich bis in die heutigen Tage. Richtigerweise liegen bei Konzernen selbständige Unternehmen vor, sodass durch dieses Element nicht begründet werden kann, warum bei konzerninternen Absprachen kein Kartelltatbestand vorliegt. In Deutschland ergibt sich dies bereits aus § 20 GWB, der sowohl eine vertikale, als auch eine

---

[1384] IdS wurde die Eingliederungstheorie in der Entscheidung Europäische Kommission 23.11.1972, 72/403/EWG – Pittsburgh Corning Europe – ABl L 272 vom 5.12.1972, 35 = CELEX/31972D0403, verstanden. Siehe *Völcker*, Handelsvertretervertrieb und EG-Kartellrecht (1994), 179. Der OGH setzt in seiner Rechtsprechung teilweise die wirtschaftliche Abhängigkeit mit der von der Arbeitnehmerähnlichkeit geforderten Unselbständigkeit gleich; Siehe OGH 28.9.1999, 4 Ob 223/99 in ecolex 2000, 129; OGH 10.1.1984, 4 Ob 191/82, Arb 10.310.

[1385] Ähnlich dem § 20 Abs 2 Satz 1 GWB. Vgl *Schultz* in *Langen/Bunte*, Kommentar zum deutschen und europäischen Kartellrecht I[9] (2001), 600 Rn 47 ff.

[1386] *Schuhmacher*, Zulässigkeit und Durchsetzung selektiver Vertriebssysteme (2001), 146 ff; ebenso *Tahedl*, Der Missbrauch marktbeherrschender Stellung im österreichischen Kartellrecht (1993), 117. Vgl OGH 5.5.1998, 4 Ob 44/98 – Versicherungsmakler – ÖBl 1999, 16; *Reich-Rohrwig/Zehetner*, Kartellrecht I (2000), 225 Rn E.17.

[1387] *Rittner*, Die Ausschließlichkeitsbindung nach dem Gesetz gegen Wettbewerbsbeschränkungen, DB 1957, 1094.

horizontale relative Marktmacht kennt und somit auf Abhängigkeitsverhältnisse, die ja die wirtschaftliche Selbständigkeit beeinträchtigen würden, abzielt. Konzerninterne Absprachen sind deshalb kein Kartell, da keine beschränkbare Handlungsfreiheit der Beteiligten vorliegt. Aufgrund der gesellschaftsrechtlichen Verflechtung, die beim Zusammenschluss der kartellrechtlichen Prüfung unterliegt, besteht die Möglichkeit der Konzernspitze, das Verhalten ihrer Tochterfirma zu bestimmen. Daher liegt auch kein Wettbewerb zwischen den verbundenen Unternehmen vor. Dies ist der vollkommen richtige und überzeugende Ansatz der sich zum GWB durchgesetzt hat.[1388] Bei der wirtschaftlichen Abhängigkeit kann schon deshalb nicht angesetzt werden, da nach herrschender Meinung im „faktischen" Konzern wettbewerbsbeschränkende Abmachungen verboten sein können.[1389]

Im EG-Kartellrecht gilt dies bereits aus der zwingenden Vorzeichnung eines rein funktionalen Begriffs. Grund für den Sonderstatus des Konzerns ist, dass die Tochtergesellschaft keinen beschränkbaren Entscheidungsfreiraum hat. Auf die wirtschaftliche Selbständigkeit kommt es dabei aber nicht an, auch innerhalb eines Konzerns liegen zwei kartellrechtlich relevante Unternehmen vor.[1390]

Koppensteiner hat die Problematik erkannt, auch dass das EG-Kartellrecht beim Element der Wettbewerbsbeschränkung ansetzt.[1391] Dennoch will er entgegen dem Art 81 EGV beim Element der wirtschaftlichen Selbständigkeit den Tatbestand des § 10 KartG reduzieren. Ebenso sehen *Barfuß/Wollmann/Tahedl* die Rechtslage.[1392] *Koppensteiner* führt zur Begründung seiner These eine Entscheidung der Kartelloberkommission aus dem Jahr 1957 an.[1393] Der Autor betont richtigerweise, dass die hier untersuchte Frage für die Entscheidung nicht relevant war und deshalb nicht behandelt wurde.[1394] Daher können aus dieser

---

[1388] *Bunte* in *Langen/Bunte,* Kommentar zum deutschen und europäischen Kartellrecht I[9] (2001), 123 Rn 146 und 164 Rn 254; *Zimmer* in *Immenga/Mestmäcker,* GWB Kommentar zum Kartellgesetz[3] (2001), § 1 Rn 147 ff.

[1389] *Emmerich,* Kartellrecht[8] (1999), 57.

[1390] Deutlich *Bunte* in *Langen/Bunte,* Kommentar zum deutschen und europäischen Kartellrecht I[9] (2001), 1872 Rn 139; *Schröter* in *von der Groeben/Thiesing/Ehlermann,* Kommentar zum EU-/EG-Vertrag II[5] (1999), 189 Rn 96 f; *Emmerich* in *Dauses,* Handbuch des EU-Wirtschaftsrechts II (Stand 2000), 28 Rn 67 ff; *Gleiss/Hirsch,* Kommentar zum EG-Kartellrecht I[4] (1993), 102 Rn 190 ff. Dieser Ansatz entspricht auch der permanenten Entscheidungspraxis. Der EuGH verwendet in diesem Zusammenhang den Begriff der „wirtschaftlichen Einheit".

[1391] *Koppensteiner,* Österreichisches und europäisches Kartellrecht[3] (1997), 98 Rn 34.

[1392] *Barfuß/Wollmann/Tahedl,* Österreichisches Kartellrecht (1996), 34 f.

[1393] Kartelloberkommission 25.6.1957, Okt 5/56, *Schönherr/Dittrich,* Das Kartellgesetz[2] (1958), 263.

[1394] *Koppensteiner,* Österreichisches und europäisches Kartellrecht[3] (1997), 97 Rn 32. Vielmehr wurde nur grundsätzlich ausgesprochen, dass die wirtschaftliche Unselbständigkeit nur die Kartellfähigkeit im Verhältnis zum Kartellanten betrifft, aber nicht gegenüber Dritten. Dies

Entscheidung nur bedingt Schlüsse gezogen werden. *Wilhelm* hat die Frage eingehender untersucht und ebenfalls die gleiche Entscheidung zitiert.[1395] Auch er beurteilt den Konzern als eine wirtschaftliche Einheit von rechtlich selbständigen Unternehmen. Dennoch sieht er die mangelnde Kartellfähigkeit in Folge der wirtschaftlichen Selbständigkeit und unterstreicht somit dieses Element.

Die herrschende österreichischen Meinung sollte nicht so verstanden werden, dass das Kriterium der wirtschaftlichen Selbständigkeit mit einer Abhängigkeit gleichzusetzen ist und diese somit die Kartellfähigkeit beschränkt. Versteht man das Element als Gegenstück zur dauernden Beherrschung eines anderen, so löst sich der vermeintliche Widerspruch zum Europäischen und Deutschen Kartellrecht. Denn Wettbewerb ist auch im Falle einer Abhängigkeit möglich, nicht aber bei einer Beherrschung eines Unternehmens. Denn diese führt zu einer Aufgabe des wirtschaftlichen Entscheidungsfreiraums.

Auch § 41 Abs 2 Z 1 KartG zeigt, dass der Begriff so zu verstehen ist. Die Rechtsprechung zum konzentrativen Gemeinschaftsunternehmen folgt dem hier vertretenen Ansatz und sieht eine wirtschaftliche selbständige Einheit nicht gegeben, wenn Genehmigungserfordernisse in Geschäftsführungsfragen vorliegen.[1396] Es kommt daher darauf an, ob eine Handlungsfreiheit vorliegt, andernfalls liegt ein kooperatives Gemeinschaftsunternehmen, sprich ein Kartell vor.[1397]

Die in Lehre und Judikatur längst begonnene Verwertung von Argumenten zum Europäischen Kartellrecht im Österreichischen sollte fortgesetzt werden. Die Untersuchung zeigt, dass das Element der wirtschaftlichen Selbständigkeit rein der Unterscheidung zum Zusammenschluss dient.[1398] Daher ist eine konzerninterne Absprache deshalb kein Kartell, da keine beschränkbare Entscheidungsfreiheit vorliegt.

---

entspricht auch der heutigen Lehre. Eine Unternehmen kann aufgrund der mangelnden Entscheidungsfreiheit innerhalb des Konzerns nicht kartellfähig sein, sehr wohl aber nach außen. In der zitierten Entscheidung wurde die Preisbindung der zweiten Hand als zulässig angesehen. Dies entspricht nicht mehr den heutigen Rechtsmeinungen.

[1395] *Wilhelm,* Die Rechtsstellung der Kartelle und die Behandlung ähnlicher Wettbewerbsbeschränkungen in der modernen österreichischen Rechtsentwicklung (1966), 71.

[1396] KOG 15.12.1998, 16 Ok 15/98, RIS-Justiz/E52353.

[1397] Zum Problem ausführlich *Wessely,* Das Recht der Fusionskontrolle und Medienfusionskontrolle (1995), 88 ff. Diese beurteilt die selbständige wirtschaftliche Einheit für Zwecke des Gemeinschaftsunternehmens aber anders und stellt darauf ab, dass keine Koordinierung des Wettbewerbsverhaltens der Mütter des Gemeinschaftsunternehmens vorliegt.

[1398] Ebenso *Zimmer* in *Immenga/Mestmäcker,* GWB Kommentar zum Kartellgesetz[3] (2001), § 1 Rn 19.

6.1.2. Folgerungen

Ein Unternehmer iSd KartG ist jedes Rechtsubjekt, das eine wirtschaftliche Tätigkeit ausübt. Diese vom Kartellrecht geforderte funktionale Sichtweise entspricht dem Begriff des Art 81 EGV.

Die Ergebnisse der Arbeitnehmerähnlichkeit können im Kartellrecht nicht verwendet werden.[1399] Das Kriterium der wirtschaftlichen Selbständigkeit dient einzig und allein dazu, die Kartelltatbestände bzw vertikale Vertriebsverträge vom Zusammenschlusstatbestand abzugrenzen. Darüber hinaus hat es jedoch keinerlei eigenständige Bedeutung. Dies entspricht der herrschenden Lehre und ist eindeutige Rechtsprechung.

6.2. Handelsvertreter

In Österreich findet sich keine eigenständige Lehre zur kartellrechtlichen Stellung des Handlesvertreters, meistens wird nur auf die gängigen Rechtsmeinungen verwiesen. Die Rechtsprechung hat interessanterweise in einem Urteil erwähnt, dass die Stellung des Handelsvertreters im Österreichischen Kartellrecht gleich der im EG-Kartellrecht sei.[1400] Dies ist richtig, da sich die Kernprobleme in gleicher Weise stellen. Daher kann zur genauen Erforschung auf alle bereits gemachten Ausführungen zum Handelsvertreter verwiesen werden.[1401]

6.2.1. Lehre

In der österreichischen Literatur wird der Handelsvertreter im KartG nicht eingehend behandelt.[1402] *Koppensteiner* verweist nur auf die gängigen Rechtsmeinungen, die bereits ausgeführt wurden.[1403] Das Wettbewerbsverbot will er mit der Immanenztheorie rechtfertigen.[1404] *Liebscher/Heinrich/Petsche* wollen

---

1399 Daher wäre es wünschenswert, wenn einige Autoren Judikate zur Arbeitnehmerähnlichkeit aus Kartellrechtsbüchern entfernen würden. Denn für nicht profunde Kenner des Kartellrechts entsteht der Eindruck als habe die Rechtsprechung jemals die Arbeitnehmerähnlichkeit zur Einschränkung des Unternehmensbegriffs verwendet.

1400 OGH 17.12.1997, 9 Ob 2065/96, ecolex 1998, 489 = RdW 1998, 269.

1401 Siehe 4.3.1.

1402 Zahlreiche Autoren erwähnen in ihren Büchern die Problematik nicht. ZB *Barfuß/Wollmann/Tahedl*, Österreichisches Kartellrecht (1996). Selbst Werke zum Handelsvertreter verzichten teilweise darauf das Kartellrecht zu behandeln. Vgl *Nocker*, Der Handelsvertretervertrag (2000), Vorwort.

1403 *Koppensteiner*, Österreichisches und europäisches Kartellrecht[3] (1997), 114 Rn 77, 115 Rn 83 und 182 Rn 13a.

1404 Leider verneint er mit Hilfe der zum Handelsvertreter bereits weitgehend überholten Immanenztheorie die Anwendung der §§ 30a ff auf Handelsvertreter. Dabei geht er jedoch anscheinend davon aus, dass der Abschnitt über vertikale Vertriebsbindungen eine

anscheinend bereits beim Unternehmensbegriff die Risikoverteilung prüfen.[1405] Dem ist aus bereits eingehend erörterten Gründen nicht zuzustimmen.[1406] *Gugerbauer* führt aus, dass auch die Tätigkeit von Handelsvertretern eine Leistung iSd § 3 KartG ist.[1407] Dabei hat *Gugerbauer* richtig erkannt, dass der Handelsvertreter auf dem Vermittlungsmarkt eine selbständige wirtschaftliche Tätigkeit erbringt. *Nepf* führt bei Prüfung der wirtschaftlichen Selbständigkeit richtig aus, dass der Handelsvertreter primär selbständig verbleibt und deshalb Unternehmer ist. Weiters nimmt die Autorin folgerichtig eine Differenzierung hinsichtlich des Vermittlungs- und Gütermarktes vor, so wie dies der herrschenden Lehre zum EG-Kartellrecht entspricht.[1408]

6.2.2. Judikatur

Auch die Judikatur hat, soweit ersichtlich, keine Leitentscheidungen zu Handelsvertretern gefällt. Das KOG hat in einer jungen Entscheidung den Absatzmittlerbegriff *Ebenroth* folgend definiert und dabei die Interessenwahrungspflicht als zentrales Kriterium des Absatzmittlers betont. Im Zuge dieser Entscheidung wurde auch die betriebswirtschaftliche Betrachtungsweise des Handlesvertreters erörtert.[1409] Konkret zur kartellrechtlichen Stellung des Handelsvertreters hat sich das Gericht aber nicht geäußert. In einem Urteil aus 1997 wird der OGH deutlicher:

> *„Richtig ist, dass das EG-Kartellrecht und auch das österreichische Kartellrecht Eigenhändler und Handelsvertreter kartellrechtlich unterschiedlich behandeln, weil der Handelsvertreter selbständige Hilfsfunktionen in wirtschaftlicher Einheit mit dem Unternehmer ausübt, in dessen Unternehmen er eingegliedert war und daher nicht als "selbständig bleibender Unternehmer" mit seinem Geschäftsherrn Kartellvereinbarungen schließt... Diese Privilegierung gilt aber nicht für Handelsvertreter, deren Rechtsstellung sich funktionsmäßig und wirtschaftlich der eines Eigenhändlers nähert (Koppensteiner aaO 340). Die für das Kartellrecht maßgebenden Unterscheidungskriterien besagen aber nicht, dass nicht auch ein Eigenhändler in starker und wirtschaftlicher Abhängigkeit vom Lieferanten stehen kann.“*[1410]

Wettbewerbsbeschränkung fordert. Dies ist aber nach seiner eigenen Meinung gerade nicht der Fall. Vgl *Koppensteiner*, Österreichisches und europäisches Kartellrecht³ (1997), 176 Rn 1.

1405 *Liebscher/Heinrich/Petsche*, Vertriebsverträge² (2001), 38 und 45.

1406 Vgl nur 4.3.1.3.2.

1407 *Gugerbauer*, Kommentar zum Kartellgesetz² (1994), § 3 Rn 7.

1408 *Nepf*, Vertikale Vertriebsbindungen iSd §§ 30a ff KartG, Diss Univ Wien (1999), 94.

1409 KOG 20.12.1999, 16 Ok 6/99 – USt-Rückvergütung – ÖBl 2000, 182.

1410 OGH 17.12.1997, 9 Ob 2065/96, ecolex 1998, 489 = RdW 1998, 269. Dieses Judikat zitieren auch *Reich-Rohrwig/Zehetner*, Kartellrecht I (2000), 135 Rn E.20d. Diese besprechen es jedoch nicht näher.

Der Fall selbst beschäftigt sich aber überhaupt nicht mit der kartellrechtlichen Stellung des Handelsvertreters und hat nichts dazu ausgesprochen. Im Urteilsspruch geht es einzig um die Frage, ob § 25 HVG auf Vertragshändler analog angewendet werden kann. Schon deshalb kann aus dem Judikat nichts Wesentliches abgeleitet werden. Inhaltlich ist der Verwendung der Eingliederungstheorie nicht zuzustimmen. Diese ist längst überholt, eine Einschränkung der Subjekteigenschaft des Handelsvertreters beim Unternehmensbegriff wird von der herrschenden Meinung klar abgelehnt.[1411] Im Jahr 1997 hat der EuGH seine Position bereits weitgehend entschärft gehabt und ist zur grundsätzlich immer vorhandenen Unternehmereigenschaft des Handelsvertreters zurückgekehrt.[1412] Die Europäische Kommission hat nun ausdrücklich ausgesprochen, dass die „Eingliederung" kein geeignetes Abgrenzungsmerkmal ist, da alle Absatzmittler unabhängig von ihrer Rechtsform eingegliedert sein können.[1413]

Für das Österreichische Kartellrecht kann eine „Eingliederung" noch viel weniger als im EG-Kartellrecht gelten. Unzweifelhaft bewirkt diese Theorie eine kartellrechtliche Reduktion um wirtschaftlich abhängige Einfirmenvertreter.[1414] Mit § 34 Abs 2 verfügt das KartG aber über einen eigenständigen Tatbestand für Fälle vertikaler Abhängigkeit.[1415] Daher müssen derartige Fälle den Unternehmensbegriff des KartG erfüllen. Im dritten Satz des Zitates gibt sich der OGH sozusagen auf diese Frage selbst eine Antwort, indem er die Eingliederungstheorie mit wirtschaftlicher Abhängigkeit gleichsetzt.

Die Sonderproblematik des Tankstellenhalters als Handelsvertreter behandelt die Judikatur in einem jungen Fall.[1416] Dabei wird jedoch nur EG-Kartellrecht angewendet, sodass das Urteil auch im III. Teil der Arbeit behandelt wird.[1417]

1411 Ausführlich 4.3.1.2.

1412 Siehe 4.3.1.1.4.

1413 Europäische Kommission 10.10.2001, COMP/F-2/36.264 – DaimlerChrysler – bisher unveröffentlicht, Rn 134.

1414 Vgl bereits 6.1.1.3.

1415 *Schuhmacher,* Zulässigkeit und Durchsetzung selektiver Vertriebssysteme (2001), 146 ff.

1416 OGH 22.2.2001, 6 Ob 322/00 – Tankstellenbelieferungs- und Vertriebsübereinkommen – WBl 2001, 445, RdW 2001, 399 = RIS-Justiz/ E60949.

1417 Siehe 4.3.2.2.4.

6.2.3. Stellungnahme

Im Österreichischen Kartellrecht ist wie auch im Europäischen grundsätzlich zwischen den zwei relevanten Märkten des Handelsvertreters zu unterscheiden. Auf dem Vermittlungsmarkt für Handelsvertreterdienstleistungen nimmt der Handelsvertreter immer eine unabhängige Stellung ein und wird wirtschaftlich selbständig tätig.[1418] Daher ist er immer Unternehmer iSd KartG und genauso wie zB ein Eigenhändler zu behandeln. Dies folgt bereits zwingend daraus, dass der Handelsvertreter ein Grundhandelsgewerbe betreibt und damit unabhängig vom Geschäftsumfang Kaufmann gemäß § 1 Abs 2 Z 7 HGB ist.[1419] Eine Immanenztheorie kann keinerlei kartellrechtliche Besonderheiten des Handelsvertreters rechtfertigen, da seine Interessenwahrungspflicht nicht anders als die eines typischen Absatzmittlers beurteilt werden kann.[1420] Vielmehr sind im Einzelfall bestimmte Beschränkungen seiner Handlungsfreiheit aufgrund einer umfassenden Interessenabwägung gerechtfertigt.[1421]

Nur hinsichtlich des Gütermarktes hat der Handelsvertreter oder Kommissionsagent eine Sonderstellung. Wenn er kein einziges Risiko des vermittelten Geschäfts übernimmt, ist eine Inhaltsbindung unbeschränkt zulässig. Der Geschäftsherr darf dann kartellrechtlich unbedenklich Preise und Konditionen des Gütermarktes vorschreiben. Dies ist Folge der zivilrechtlichen Besonderheit des Handelsvertreters. Solange er kein Risiko des Gütermarktes übernimmt, wird er auf diesem auch nicht tätig, sodass keine beschränkbare Handlungsfreiheit des Handelsvertreter vorliegt. Mit einer Eingliederung oder wirtschaftlichen Selbständigkeit hat dies aber keinerlei Verbindung.[1422]

1418 Zustimmend *Gugerbauer*, Kommentar zum Kartellgesetz^2 (1994), § 3 Rn 7; *Nepf*, Vertikale Vertriebsbindungen iSd §§ 30a ff KartG, Diss Univ Wien (1999), 94.

1419 *Nocker*, Der Handelsvertretervertrag (2000), 3 Rn 11.

1420 Eingehend 4.3.1.3.2. Grundlegend *Ebenroth*, Absatzmittlungsverträge im Spannungsverhältnis von Kartell- und Zivilrecht (1980), 82 f. Dessen Lehre zum Absatzmittler ist die Judikatur bereits gefolgt; KOG 20.12.1999, 16 Ok 6/99 – USt-Rückvergütung – ÖBl 2000, 182.

1421 So wie dies auch bei einem Vertragshändler oder Franchisenehmer der Fall sein kann.

1422 Ausführlich 4.3.1. und 5.1.2. Die Arbeiten von *Ebenroth* und *Völcker* haben dies eindrucksvoll bewiesen. Deren Meinungen sind weitgehend im Europäischen und Deutschen Kartellrecht übernommen worden. *Emmerich* in *Immenga/Mestmäcker*, Kommentar zum EG-Wettbewerbsrecht I (1997), 190 ff bietet einen guten Überblick über die Rechtslage und Probleme des Handelsvertreters.

6.3. Tankstellenhalter

Die Aufmerksamkeit kommt nun wieder dem primären Thema dieser Arbeit zu, dem Tankstellenhalter und seiner kartellrechtlichen Beurteilung. Dieser wurde im Österreichischen Kartellrecht bisher vor allem im Hinblick auf seine Unternehmerstellung untersucht. Überträgt man die bisherigen Ergebnisse, so scheint seine Subjekteigenschaft hinsichtlich der §§ 10 und 30a KartG eindeutig.

6.3.1. Lehre

Dies erkennt die österreichische Lehre. *Runggaldier* bejaht die kartellrechtliche Unternehmereigenschaft des Tankstellenhalters gegenüber der Mineralölgesellschaft. Nach Abwägung der damaligen Meinungen zum Handelsvertreter, sieht er den Tankstellenhalter auch dann als wirtschaftlich selbständigen Unternehmer iSd KartG, wenn dieser im fremden Namen und auf fremde Rechnung auftritt.[1423] Dabei bemerkt der Autor treffend, dass Agentur- und Eigenhändlerverträge im Tankstellensektor vollkommen gleich ausgestaltet sind und daher eine Sonderstellung der Tankstellenagentur eine zu einfache Umgehung des Kartellverbotes wäre.[1424]

Koppensteiner kommt zum gleichen Ergebnis, indem er darauf abstellt, ob ein Vertriebsvertrag die unternehmerische Dispositionsfähigkeit wenigstens in Teilbereichen intakt lässt. Beim Tankstellenhalter bejaht er dessen Autonomie ausdrücklich unabhängig davon, ob ein Agentur- oder ein Eigenhändlervertrag vorliegt.[1425] Nach *Gugerbauer* ist der Tankstellenvertrag eine typische vertikale

---

[1423] *„Geht man von der Begriffsbestimmung des § 1 Abs 1 Z 1KartG aus, so erfüllen die Klauseln über die Ausschließlichkeitsbindungen in den vorgelegten Tankstellenverträgen, wenn man vorerst vom „gemeinsamen Interesse" absieht, die dort genannten Voraussetzungen, da es sich zweifellos um Vertragsabsprachen zwischen wirtschaftlich selbständigen Unternehmen handelt, durch die eine Regelung oder Beschränkung des Wettbewerbs bewirkt wird oder bewirken soll...*
Ist also klargestellt, dass es bei der Prüfung, ob ein Vertrag zwischen „wirtschaftlich selbständig bleibenden Unternehmern" iSd § 1 Abs 1 Z 1 KartG vorliegt, auf den Agenturcharakter des Vertrages nicht ankommt, dh ein Kartell auch dann vorliegen kann, wenn der Tankstelleninhaber im Namen und für Rechnung des Mineralölunternehmens verkauft, so bleibt freilich noch unklar, ob bei den fraglichen Klauseln auch die in § 1 Abs 1 Z 1 KartG genannte Voraussetzung des gemeinsamen Interesses gegeben ist." Runggaldier, Der Tankstelleninhaber, unveröffentlichtes Gutachten (1986), 78 f.

[1424] *Runggaldier* untersucht die einzelnen Kartellrechtsprobleme aber nicht genauer. Er scheint generell davon auszugehen, dass keine Preisbindung erfolgt bzw prüft nicht die Risikoverteilung bei Agenturverträgen. Ausschließlichkeitsbindungen und Wettbewerbsverbote beurteilt er als zulässig. Zugleich ist er mit diesem Ergebnis rechtspolitisch unzufrieden und sieht im bestehenden System nahezu unüberwindliche Marktzutrittsschranken für den Markteintritt von neuen Wettbewerbern.

[1425] *Koppensteiner,* Österreichisches und europäisches Kartellrecht^3 (1997), 96 Rn 30 und 261 Rn 35.

Vertriebsbindung.[1426] Daher bejaht er die Unternehmereigenschaft des Tankstellenhalters. Selbst Anhänger der Verwertbarkeit der Arbeitnehmerähnlichkeit erkennen die kartellrechtliche Unternehmereigenschaft des Tankstellenhalters. So folgen *Reich-Rohrwig/Zehetner* einem Urteil des KOG[1427] und führen aus, dass ein beherrschender Einfluss des Lieferanten nicht gegeben ist, da der Tankstellenhalter weiterhin die Möglichkeit der Ausübung echter Unternehmensfunktion hat. Dass die Judikatur beim Tankstellenhalter nahezu grundsätzlich eine Arbeitnehmerähnlichkeit in Folge der wirtschaftlichen Abhängigkeit bejaht, steht in keinem Zusammenhang damit, ob ein Zusammenschluss iSd § 41 KartG gegeben ist.[1428] Somit unterliegt der Tankstellenhalter uneingeschränkt den §§ 10 und 30a KartG. Ebenso behaupten *Liebscher/Heinrich/Petsche,* dass es beim Tankstellenhalter gleichgültig ist, ob dieser von der Rechtsprechung als arbeitnehmerähnlich angesehen wird, denn die Gerichte nehmen diese beim Tankstellenhalter zu leicht an. Für den Bereich des Kartellrechts sei diese Judikatur abzulehnen, hier entscheide die Teilautonomie.[1429]

6.3.2. Judikatur

Ursache für diese Einheitlichkeit der Lehre sind mehrere ältere Urteile des KOG. In denen bringt das Gericht unmissverständlich zum Ausdruck, dass der Tankstellenhalter ein kartellrechtlich relevanter Unternehmer sei. Vollkommen richtig hat das KOG bereits 1973 entschieden und diese Rechtsprechung später erneut wiederholt.

> *„Ohne Belang ist es, dass die Anmelderin vor dem 24.4.1972 Treibstoffe über die gegenständliche Tankstelle aufgrund eines Agenturvertrages verkauft hat. Durch den Agenturvertrag wird nämlich zwischen dem Tankstelleninhaber und der Treibstofffirma das Rechtsverhältnis eines Handelsvertreters oder ein diesem ähnliches Rechtsgeschäft begründet..., welches nicht als Zusammenschluss iSd § 49 Z 3 KartG beurteilt werden kann."*[1430]

> *„Dem steht nicht entgegen, dass nach der Judikatur des OGH bei wirtschaftlicher Abhängigkeit des Tankstellenunternehmens von der Anmelderin für Rechtsstreitigkeiten zwischen den Vertragsteilen die Zuständigkeit des ArbG angenommen wird; denn die Frage der Zuständigkeit des angerufenen Gerichts bei solchen Streitigkeiten steht in keinem Zusammenhang damit, ob ein Zusammenschluss iSd § 49 KartG gegeben ist."*[1431]

[1426] *Gugerbauer,* Kommentar zum Kartellgesetz[2] (1994), § 30a Rn 3.
[1427] KOG 27.5.1974, Okt 21/74 – Tankstellenbetrieb – ÖBl 1974, 91 = SchöDi, 186. Diese Entscheidung begründet zugleich die Meinung *Koppensteiners.*
[1428] *Reich-Rohrwig/Zehetner,* Kartellrecht I (2000), 272 f Rn E.14.
[1429] *Liebscher/Heinrich/Petsche,* Vertriebsverträge[2] (2001), 45.
[1430] KOG 30.11.1973, Okt 22/73 – Tankstellenverpachtung – ÖBl 1974, 20.
[1431] KOG 27.5.1974, Okt 21/74 – Tankstellenbetrieb – ÖBl 1974, 92 = SchöDi, 189.

Daher liegt kein beherrschender Einfluss der Mineralölgesellschaft auf den Tankstellenhalter vor. Dieser bleibt gleichgültig, ob als Agent oder Eigenhändler wirtschaftlich selbständig und unterliegt grundsätzlich den Kartelltatbeständen des KartG. Ausdrücklich ist die Arbeitnehmerähnlichkeit für das Kartellrecht irrelevant. Hier wird die wirtschaftliche Selbständigkeit als reine Abgrenzung zum Zusammenschluss betrachtet, so wie dies in dieser Arbeit dargestellt wurde. Zwei weitere Urteile bestätigen diese Rechtsmeinung.

1974 hat das KOG ausgesprochen, dass ein Pachtvertrag bezüglich einer Tankstelle ein „Betriebsüberlassungsvertrag" sei. Daher sei dieser ins Kartellregister einzutragen, obwohl kein Zusammenschluss vorliegt.[1432] Ein Jahr später wurde diese Doktrin der wirtschaftlichen Selbständigkeit des Tankstellenhalters nochmals bestätigt, diesmal bei einem Eigenhändlervertrag bezüglich einer partnereigenen Tankstelle.[1433]

6.3.3. Stellungnahme

Selten besteht eine derartige Übereinstimmung von Lehre und Rechtsprechung. Sie ist zu begrüßen, da sie zum richtigen Ergebnis kommt. Eigenartig ist sie insofern, als die Meinung zur kartellrechtlichen Verwertung der Ergebnisse zur Arbeitnehmerähnlichkeit von *Schönherr* bei einem Fall zum Tankstellenhalter begründet wurde. Diese Ansicht taucht in einigen Werken noch immer auf, obwohl sie die Judikatur ausdrücklich verworfen hat.[1434] Die Autoren wollen ihre eigenen Argumente daher beim Tankstellenhalter nicht gelten lassen, ansonsten aber schon. Dabei sind sich einige anscheinend nicht ganz bewusst, wie diese Ansicht überhaupt entstanden ist. Im Ergebnis ist dies gleichgültig.

6.4. Schlussfolgerungen

Wesentlich ist, dass der Tankstellenhalter immer ein Unternehmer iSd KartG ist, gleich bei welcher Risikoverteilung oder einer wie auch immer gearteten Tätigkeit. Ein Alleinbezugsvertrag gewährt eben nicht den beherrschenden Einfluss einer Mineralölgesellschaft. Ein Handelsvertreter erfüllt wie jeder andere

---

[1432] KOG 30.9.1974, Okt 37/74 – Tankstellenverpachtung II – SchöDi, 212.

[1433] KOG 6.6.1975, Okt 47/74 – Tankstellen-Belieferungsvertrag – SchöDi, 246. Nicht zuzustimmen ist dem Gericht, wenn es ausführt: *„Das trifft unter den in der Mineralölbranche gegebenen Voraussetzungen zu, wo bei den Hauptprodukten (Vergasertreibstoffe, Heiz- und Schmieröl) der überwiegende Teil aller Anbieter zu einheitlichen Preisen verkauft und der Konsument seine Kaufentscheidung bekanntermaßen nach der gewohnten Marke und gemäß dem gebotenen persönlichen Service trifft."* Wie bereits mehrmals behauptet ist der Preis das zentrale Wettbewerbselement beim Verkauf von Treibstoffen; siehe 1.3.

[1434] Siehe 6.1.1.1.

Absatzmittler den Begriff eines wirtschaftlich selbständigen Unternehmers. Daher muss dies zwingend auch für den Tankstellenhalter gelten. Dieser wird in der überwiegenden österreichischen Lehre und Rechtsprechung aber gar nicht als Handelsvertreter gesehen, sondern nimmt eine Rechtstellung sui generis ein. Denn der Tankstellenvertrag ist nach herrschender Meinung ein gemischter Vertrag.[1435] Diese zivilrechtliche Einordnung hat für das Kartellrecht aber keine große Relevanz, da jeder Interessenwahrungsvertrag nach den gleichen Grundsätzen zu beurteilen ist. Hinsichtlich der Zulässigkeit einer Preisbindung kommt es einzig und allein auf die Risikoverteilung an. Andere Einschränkungen der Handlungsfreiheit müssen im Einzelfall abwägend beurteilt werden, ohne dass dabei auf Generaltheorien der absoluten Zulässigkeit von Wettbewerbsbeschränkungen zurückgegriffen wird.

Es zeigt sich deutlich, dass die Kernfragen im Österreichischen wie im Europäischen Kartellrecht gleich sind und die zwei Rechtssysteme trotz unterschiedlichem Aufbau zum gleichen Ergebnis kommen.

7. Vertikale Vertriebsbindungen

30a KartG definiert vertikale Vertriebsbindungen als *„Verträge zwischen einem Unternehmer (bindender Unternehmer) mit einem oder mehreren wirtschaftlich selbständig bleibenden Unternehmern (gebundene Unternehmer), die durch den Bezug oder Vertrieb von Waren oder bei der Inanspruchnahme oder der Erbringung von Leistungen beschränkt werden.“*[1436] Diese Bestimmung wird allgemein weit interpretiert, da der Gesetzgeber ausdrücklich normiert hat, dass Preisbindungen nicht als vertikale Vertriebsbindungen gelten. Daher sind vertikale Vertriebsbindungen im österreichischen System ähnlich wie im GWB und im Gegensatz zum EGV von den Kartelltatbeständen ausgenommen.[1437] § 30a KartG geht daher als Spezialnorm dem allgemeinen Tatbestand der §§ 9 ff vor und schließt diese aus. Rechtspolitisch ist die eigenständige Regelung der vertikalen Vertriebsbindung verfehlt, neuere Kartellgesetze orientieren sich weitgehend am System des EGV.[1438]

1435 Ausführlich 2.3.4.

1436 Die Regelung geht weitgehend auf einen Vorschlag von *Hanreich* zurück. Grosse Teile der Praxis waren mit der ersten Ordnung des KartG 1988 unzufrieden. Siehe *Hanreich*, Vorschlag für eine Neuregelung der Vorschriften über vertikale Vertriebsbindungen, RdW 1991, 72.

1437 Siehe § 5 Abs 4 KartG.

1438 ZB das Belgische Kartellrecht. Zur Kritik siehe *Koppensteiner*, Österreichisches und europäisches Kartellrecht[3] (1997), 176 Rn 2.

7.1. System der §§ 30a ff

Zur allgemeinen Frage, was nun unter einer vertikalen Vertriebsbindung zu verstehen ist, sei nur auf die gängige Literatur verwiesen.[1439] Der OGH hat in einer Entscheidung seine Meinung präzisiert und einen alten Streit gelöst. Demnach kann jede Beschränkung der Handlungsfreiheit zwischen Lieferanten und Abnehmer eine vertikale Vertriebsbindung sein. Ausgenommen sind Preisbindungen.[1440] Jede andere Art von vertikalen Bindungen, die das Nachfrage- oder Angebotsverhalten der beteiligten Unternehmer berührt, fällt unter § 30a Abs 1 KartG.[1441] Kürzlich hat das KOG seine weite Ansicht bestätigt und ausgesprochen, dass seine Sichtweise im Einklang mit dem Begriffsverständnis der Europäischen Kommission von vertikalen Bindungen steht.[1442] Daher kann die neue vGVO dazu beitragen, festzustellen, was vertikale Vertriebsbindungen iSd § 30a KartG sind.

Wesentlich anders ist hingegen, dass § 30a KartG im Gegensatz zu Art 81 EGV keine Wettbewerbsbeschränkung verlangt.[1443] Folglich gibt es auch keine Bagatellgrenze für dessen Anwendung, ebenso muss kein gemeinsames Interesse vorliegen.[1444] Darin liegt ein grundlegender Unterschied zu den Kartelltatbeständen. Da jeder Absatzmittlervertrag unzweifelhaft eine vertikale Vertriebsbindung enthält, wäre jeder einzelne entsprechende Vertrag vor dessen Durchführung beim Kartellgericht vom bindenden Unternehmer anzuzeigen.[1445] Geschieht dies nicht, können gemäß § 142 Z 2b KartG Geldbußen verhängt werden.

[1439] *Koppensteiner,* Österreichisches und europäisches Kartellrecht[3] (1997), 175 ff; *Schuhmacher,* Zulässigkeit und Durchsetzung selektiver Vertriebssysteme (2001), 132 ff; *Gugerbauer,* Kommentar zum Kartellgesetz[2] (1994), § 30a; *Barfuß/Wollmann/Tahedl,* Österreichisches Kartellrecht (1996), 70 ff; *Liebscher/Heinrich/Petsche,* Vertriebsverträge[2] (2001), 42 ff; *Roninger/Punz,* Das österreichische Kartellrecht (1996), 18 ff; *Nepf,* Vertikale Vertriebsbindungen iSd §§ 30a ff KartG, Diss Univ Wien (1999), 83 ff; *Kecht,* Kartellrecht Österreich und EU – Eine Einführung (1995), 27 ff.

[1440] Zu Abgrenzungsfragen siehe näher 8.

[1441] KOG 20.12.1999, 16 Ok 6/99 – USt-Rückvergütung – ÖBl 2000, 182.

[1442] KOG 5.9.2001, 16 Ok 4/01 – Sand und Schotterwerke – RIS-Justiz/E62756. Zuvor hatten dies bereits *Reich-Rohrwig/Zehetner* behauptet. Siehe *Reich-Rohrwig/Zehetner,* Kartellrecht I (2000), 198 Rn E.1 Anmerkung. Ebenfalls bestätigend KOG 5.9.2001, 16 Ok 5/01 – Parfümerie – WBl 2001, 542 = RIS-Justiz/E62757.

[1443] *Hanreich,* Vorschlag für eine Neuregelung der Vorschriften über vertikale Vertriebsbindungen, RdW 1991, 74; *Koppensteiner,* Österreichisches und europäisches Kartellrecht[3] (1997), 176 Rn 1; *Nepf,* Vertikale Vertriebsbindungen iSd §§ 30a ff KartG, Diss Univ Wien (1999), 90 ff.

[1444] *Barfuß/Wollmann/Tahedl,* Österreichisches Kartellrecht (1996), 72.

[1445] § 30b KartG normiert daher eine sehr umfassende Anzeigepflicht. Jeder Vertriebsvertrag ist unabhängig von seinen Auswirkungen anzuzeigen. Ob eine Wettbewerbsbeschränkung eintritt, ist irrelevant und nur vom Kartellgericht zu beurteilen. Vgl *Gugerbauer,* Kommentar zum

Der OGH hat sich entgegen der Rechtsmeinung von *Koppensteiner*[1446] bereits für die zivilrechtliche Wirksamkeit nicht angezeigter Vertriebsbindungen entschlossen,[1447] eine vertikale Vertriebsbindung ist daher in der Praxis auch ohne deren Anzeige zivilrechtlich wirksam.[1448]

§ 30a Abs 2 normiert ausdrücklich, dass Preisbindungen keine vertikalen Vertriebsbindungen sind. Der OGH hat ausgesprochen, *„Preisbindungen können niemals unter die Bestimmungen über vertikale Vertriebsbindungen fallen“*.[1449] Daher werden Preisbindungen auch im Zuge dieser Arbeit in einem eigenen Abschnitt behandelt. Der Frage, ob nun auch andere Inhaltsbindungen nach den §§ 9 ff behandelt werden sollen, kommt hier keine Bedeutung zu.[1450] Denn bei Tankstellenverträgen existieren de fakto keine anderen Inhaltsbindungen als Preisbindungen.[1451] Dies zeigt wie wenig der Tankstellenvertrag mit einem „echten“ Vermittlervertrag gemeinsam hat.

Gemäß § 30e Abs 1 KartG kann der Bundesminister für Justiz Freistellungsverordnungen erlassen.[1452] Damit wurde in das österreichische Kartellrecht eine Norm eingefügt, die es ermöglicht mit europäischen GVOen vergleichbare österreichische VOen zu verabschieden. Im Gegensatz zum EG-Kartellrecht sind aber auch vertikale Vertriebsbindungen, welche die Voraussetzungen einer solchen VO erfüllen, beim Kartellgericht anzuzeigen.[1453]

Kartellgesetz[2] (1994), § 30b Rn 1; *Liebmann*, Vertriebsverträge in der EU (1998), 99. Bestätigt durch OGH 15.12.1998, 1 Ob 289/98 – Kieslieferungsvertrag – RIS-Justiz/E52426.

[1446] *Koppensteiner*, Österreichisches und europäisches Kartellrecht[3] (1997), 185 Rn 25.

[1447] OGH 15.12.1998, 1 Ob 289/98 – Kieslieferungsvertrag – ecolex 1999, 164 = RIS-Justiz/E52426.

[1448] Dies führt klarerweise zu einer Abschwächung des Systems, das alle vertikalen Vertriebsbindungen erfassen will.

[1449] KOG 5.9.2001, 16 Ok 5/01 – Parfümerie – WBl 2001, 542 = RIS-Justiz/E62757.

[1450] *Koppensteiner* ist zuzustimmen, dass alle Inhaltsbindungen nicht den §§ 30a ff unterliegen. *Koppensteiner*, Österreichisches und europäisches Kartellrecht[3] (1997), 177 f Rn 5. Die Frage ist noch nicht ausjudiziert. In den bisherigen Urteilen über vertikale Vertriebsbindungen ist das Problem nicht ausdrücklich behandelt worden. Siehe dazu auch 8.

[1451] Es werden nur die gesetzlich vorgezeichneten Haftungsfragen zwischen Tankstellenhalter und Mineralölgesellschaft geregelt. Aufgrund des alltäglichen Bargeschäfts wird gar kein Vertrag unterzeichnet, der das Rechtsverhältnis zwischen dem Kunden und der Mineralölgesellschaft regelt. Dem Kunden ist oft gar nicht bewusst, mit wem er sein Geschäft abschließt. Zahlungs- und Lieferkonditionen sowie allgemeine Geschäftsbedingungen zwischen dem Letztverbraucher und seinem Vertragspartner sind daher ohne besondere Relevanz für das Tankstellengeschäft.

[1452] Siehe 7.2.2.

[1453] *Liebscher/Heinrich/Petsche*, Vertriebsverträge[2] (2001), 43; *Gugerbauer*, Kommentar zum Kartellgesetz[2] (1994), § 30e. Ebenso wenn sie die Voraussetzungen einer GVO erfüllen. *Liebmann*, Vertriebsverträge in der EU (1998), 99.

7.2. Tankstellenvertrag als vertikale Vertriebsbindung

Der Tankstellenvertrag ist ohne Zweifel unter § 30a KartG zu subsumieren. Bei Schaffung der Sonderregelung wollte man gezielt typische Vertriebsverträge wie einen Alleinbezugsvertrag abdecken. *Gugerbauer* erwähnt ausdrücklich, dass der Tankstellenvertrag eine vertikale Vertriebsbindung ist.[1454]

Daher ist der Tankstellenvertrag eine vertikale Vertriebsbindung und nach dem System der §§ 30a ff zu beurteilen. Enthält er jedoch eine Preisbindung, was regelmäßig der Fall ist, so muss diese nach §§ 10 iVm 13 KartG behandelt werden.[1455]

7.2.1. Untersagung

Ob ein Prüfungsverfahren eingeleitet wird, unterliegt weiterhin dem Kartellgericht, das auf Antrag der beteiligten Parteien entscheidet.[1456] Die „neuen" Amtsparteien sind die Bundeswettbewerbsbehörde und der Bundeskartellanwalt. Hinzu kommen noch die sozialpartnerschaftlichen Parteien, die zwar nun nicht mehr Amtsparteien sind, aber weiterhin Anträge stellen können.[1457] Darüber hinaus können aber auch Unternehmer oder Unternehmervereinigungen, deren Interessen berührt werden, eine Untersagung beantragen.[1458]

Folglich ist der Kreis der antragsberechtigten Personen sehr weit. Erst wenn ein derartiger Antrag gestellt wurde oder von Amts wegen ein Verfahren eingeleitet wird, wird die vertikale Vertriebsbindung inhaltlich überprüft. Zuvor steht ihrer zivilrechtlichen Wirksamkeit keine kartellrechtliche Schranke des österreichischen Rechts entgegen.[1459]

[1454] *Gugerbauer*, Kommentar zum Kartellgesetz^2 (1994), § 30a Rn 3.

[1455] Siehe 8.

[1456] Die amtswegige Einleitung durch § 44a KartG wurde im Zuge der Kartellgesetznovelle 2002 aufgehoben.

[1457] Gemäß § 49 KartG sind die Wirtschaftskammer Österreich, die Bundeskammer für Arbeiter und Angestellte und die Präsidentenkonferenz der Landwirtschaftskammern Österreichs berechtigt, in allen kartellrechtlichen Verfahren Stellungnahmen abzugeben. Vgl auch *Görg/Brandstätter*, Kartellrecht 2002 – Kartellgesetznovelle und Wettbewerbsgesetz, RdW 2001, 452.

[1458] Vgl § 30c Abs 2 Z 2 und 3 KartG.

[1459] KOG 14.3.1995, Okt 1/95 – Übersetzungsauftrag – ÖBl 1995, 232. Falls eine vertikale Vertriebsbindung jedoch untersagt wird, ist sie ab diesem Zeitpunkt unwirksam. Siehe § 30d Abs 2 KartG.

7.2.1.1. Gesetzliches Verbot oder Sittenwidrigkeit

Bei Vorliegen eines gesetzlichen Verbots ist die angezeigte Vertriebsbindung auf Antrag zu untersagen. Nach *Gugerbauer* ist es dabei nicht erforderlich, dass es sich um ein Verbot mit Nichtigkeitssanktion handelt.[1460] Ein „einfaches" gesetzliches Verbot kann demnach bereits Grund für die Untersagung sein.

Wesentlich ist, dass Verträge, die gegen EG-Kartellrecht verstoßen, mit Sicherheit gesetzwidrig sind.[1461] Die zivilrechtliche Nichtigkeit würde sich bereits weitgehend durch Art 81 Abs 2 EGV ergeben. Für die Praxis wichtig ist aber, dass das Kartellgericht durch diese Klausel im Genehmigungsverfahren ausdrücklich verpflichtet ist, die Übereinstimmung mit EG-Kartellrecht zu prüfen. Da ein Verstoß gegen EG-Kartellrecht relativ leicht vorliegen kann, ist dies von essentieller Bedeutung. Ein Tankstellenvertrag mit einer Ausschließlichkeitsbindung muss nur nicht die Voraussetzungen der Befristung erfüllen und die Bindung für einen bestimmten Zeitraum vorgeben, um gegen Art 81 EGV zu verstoßen, bei einer Preisbindung liegt regelmäßig eine Zuwiderhandlung vor.[1462]

Die Frage, wann ein Tankstellenvertrag gegen die guten Sitten verstößt, wird hier nicht näher behandelt.[1463] Da Tankstellenverträge regelmäßig mit Hilfe von Vertragsformblättern abgeschlossen werden,[1464] ist § 879 Abs 3 von Relevanz. Es kann bereits eine übermäßige Bindungsdauer ohne Gegenleistung gegen § 879 ABGB verstoßen. Denn die Ausgestaltung kann die wirtschaftliche Handlungsfreiheit des Vertragspartners übermäßig beeinträchtigen.[1465] Zuletzt hat der OGH dies bei einem Tankstellenvertrag mit einer Bindungsdauer von über zehn Jahren angenommen.[1466] Für die Praxis wichtig ist wiederum, dass das Kartellgericht die Sittenwidrigkeit eines Vertrages und somit auch die Austauschgerechtigkeit überprüfen muss.

1460 *Gugerbauer*, Kommentar zum Kartellgesetz² (1994), § 30c Rn 2.

1461 *Koppensteiner*, Österreichisches und europäisches Kartellrecht³ (1997), 183 Rn 16; *Schuhmacher*, Zulässigkeit und Durchsetzung selektiver Vertriebssysteme (2001), 142; *Reich-Rohrwig/Zehetner*, Kartellrecht I (2000), 205 Rn E.2. Anmerkung; *Barfuß/Wollmann/Tahedl*, Österreichisches Kartellrecht (1996), 73 mit Verweis auf 60; *Liebmann*, Vertriebsverträge in der EU (1998), 102.

1462 Siehe 5.2.3.2. und 5.1.3.

1463 Weiterführend *Krejci* in *Rummel*, Kommentar zum Allgemeinen bürgerlichen Gesetzbuch I³ (2000), § 879; *Reich-Rohrwig/Zehetner*, Kartellrecht I (2000), 205; *Gugerbauer*, Kommentar zum Kartellgesetz² (1994), § 30c Rn 3 ff.

1464 Siehe 2.1.

1465 Die Rechtsprechung hat regelmäßig bei Bierbezugsverträgen von über 15 Jahren deren Sittenwidrigkeit angenommen. Vgl nur OGH 21.9.1993, 4 Ob 98/93, RIS-Justiz/E34934.

1466 OGH 22.2.2001, 6 Ob 322/00 – Tankstellenbelieferungs- und Vertriebsübereinkommen – WBl 2001, 445, RdW 2001, 399 = RIS-Justiz/ E60949.

Gugerbauer behauptet, dass zur Feststellung der Sittenwidrigkeit aushilfsweise die GVOen herangezogen werden können.[1467] Die Rechtsprechung hat jedoch ausgesprochen, dass GVOen keine zwingenden Vorschriften aufstellen, die den Inhalt von Vertragsbestimmungen unmittelbar berühren oder die Vertragsparteien zur Anpassung des Vertragsinhaltes verpflichten.[1468] Der Judikatur ist zwar theoretisch zuzustimmen, jedoch haben GVOen iVm Art 81 EGV durch die Entscheidungspraxis der Behörden eine Bedeutung und Wirkung die Gesetzen gleichkommt.[1469] Sie geben einen Rechtsrahmen vor, der die Wirtschaft entscheidend prägt, selbst der österreichische Gesetzgeber hat die Wertungen der vGVO in das KartG übernommen.[1470] Daher können sie sehr wohl zur Auslegung herangezogen werden.

7.2.1.2. Ausschließlichkeitsbindungen

§ 30c Abs 1 Z 2 bestimmt, dass das Kartellgericht vertikale Vertriebsbindungen auf Antrag zu untersagen hat, wenn sie volkswirtschaftlich nicht gerechtfertigt sind.[1471] Durch die vertikale Vertriebsbindung *„darf die wirtschaftliche Entscheidungsfreiheit der gebundenen Unternehmer nicht unbillig beschränkt und der Marktzutritt nicht unbillig erschwert werden."* Das KartG verfügt daher über eine Klausel, die wie geschaffen für die Überprüfung von Ausschließlichkeitsbindungen scheint.

Kürzlich hat das KOG ausgesprochen, dass die Immanenztheorie auf die Bestimmungen über vertikale Vertriebsbindungen anwendbar ist.[1472] *Koppensteiner* hat dies vorgeschlagen,[1473] dabei aber anscheinend nicht berücksichtigt, dass vertikale Vertriebsbindungen unabhängig von einer Wettbewerbsbeschränkung immer anzuzeigen sind.[1474] Denn die Immanenztheorie macht nur Sinn, wenn eine Wettbewerbsbeschränkung vorliegt. Die Theorie ist generell mit großer Vorsicht zu genießen und kann keine entscheidende Auslegungshilfe

---

[1467] *Gugerbauer*, Kommentar zum Kartellgesetz² (1994), § 30c Rn 5.

[1468] OGH 20.10.1998, 4 Ob 269/98 – Kfz-Vertragshändler – ÖBl 1999, 132; OGH 17.12.1997, 9 Ob 2065/96, ecolex 1998, 489 = RdW 1998, 269.

[1469] *Bechtold*, EG-Gruppenfreistellungsverordnungen, EWS 2001, 49 ff.

[1470] Siehe 7.2.2.

[1471] Zu den Generalklauseln des § 30c Abs 1 Z 2 Satz 1, 2 und 3 siehe *Koppensteiner*, Österreichisches und europäisches Kartellrecht³ (1997), 184 Rn 19; *Liebmann*, Vertriebsverträge in der EU (1998), 102; *Gugerbauer*, Kommentar zum Kartellgesetz² (1994), § 30c Rn 7 ff. Die Allgemeinheit der Formulierung vermisst jeglichen Maßstab. Die Bestimmung über die internationalen Verträge ist obsolet geworden.

[1472] KOG 5.9.2001, 16 Ok 4/01 – Sand und Schotterwerke – RIS-Justiz/E62756.

[1473] *Koppensteiner*, Österreichisches und europäisches Kartellrecht³ (1997), 181 Rn 11.

[1474] Siehe Fn 1404, 1445 und 1453. Daher gegen die Anwendung der Immanenztheorie *Nepf*, Vertikale Vertriebsbindungen iSd §§ 30a ff KartG, Diss Univ Wien (1999), 90 ff.

sein.[1475] Dem KOG ist insofern zuzustimmen als es *Zimmer* zitiert. Dieser schreibt, dass jegliche pauschalierte Bewertung verboten ist und es nur im Einzelfall darauf ankommen kann, ob eine wettbewerbsbeschränkende Nebenbestimmung eine wettbewerbsfördernde Wirkung im Rahmen der Gesamtvereinbarung hat.[1476] So verstanden werden aber nur die Wettbewerbswirkungen eines Vertrages abgewogen, mit einem Interpretationsrückgriff auf Zivilrecht hat dies nichts zu tun.[1477]

Da das KartG ausdrücklich auf den Marktzugang abstellt, muss die Bündeltheorie auch hier Anwendung finden.[1478] Denn nur mit ihrer Hilfe ist feststellbar, ob ein einzelner Alleinbezugsvertrag gegen Kartellrecht verstößt, indem er den Zutritt für neue Anbieter unzulässig erschwert. Der OGH wendet die Theorie regelmäßig bei Beurteilung nach EG-Kartellrecht an,[1479] zum KartG fehlt aber eine derartige Entscheidungspraxis. Die Bündeltheorie sollte iSd Delemitis-Formel auch bei Prüfung des Österreichischen Kartellrechts verwendet werden, so wie dies gesetzlich vorgezeichnet ist.

7.2.1.2.1. Umfang

Gleich wie im Europäischen stellt sich auch im Österreichischen Kartellrecht die Frage, wie weit die Bezugsbindung des Tankstellenhalters reichen darf. *Gugerbauer* führt Koppelungsbindungen bei Tankstellenverträgen nur als typische Fälle des Anwendungsbereichs von § 30a KartG an, ohne sich über deren Zulässigkeit zu äußern.[1480] Ähnlich findet sich dies bei *Koppensteiner,* der richtig ausführt, dass Koppelungsbindungen erfasst sind, aber keine Beurteilungsmaßstäbe bietet.[1481] Es findet sich auch keine Entscheidungspraxis über die Zulässigkeit von Koppelungsbindungen in der Mineralölwirtschaft. Daher ist voll und ganz auf die europäische und deutsche Diskussion zurückzugreifen.[1482] Durch die vGVO ist zwar die Koppelungsbindung für Unternehmen die weniger als 30% Marktanteil haben freigestellt,[1483] dennoch ist eine Koppelungsbindung in der

---

[1475] Ausführlich 4.3.1.3.2.

[1476] *Zimmer* in *Immenga/Mestmäcker,* Gesetz gegen Wettbewerbsbeschränkungen^3 (2001), § 1 Rn 274.

[1477] So verstanden ist die Immanenztheorie daher nichts anderes als eine wettbewerbsbezogene „rule of reason", so wie sie zB *Eilmannsberger* vorschlägt. *Eilmannsberger,* Reform des Vollzugs von Art 81 EG-V und Rule of Reason, FS Koppensteiner (2001), 317 ff.

[1478] Zur Marktabschottungswirkung und zur Bündeltheorie siehe 5.2.1. und 5.2.3.

[1479] In der Mineralölwirtschaft zuletzt OGH 25.10.1996, 1 Ob 2362/96 – Autoschmiermittel – ÖBl 1997, 180 = SZ 69/238.

[1480] *Gugerbauer,* Kommentar zum Kartellgesetz^2 (1994), § 30a Rn 8.

[1481] *Koppensteiner,* Österreichisches und europäisches Kartellrecht^3 (1997), 180 Rn 10.

[1482] Siehe daher 5.2.2.1. zur ausführlicheren Darstellung.

[1483] Diese Freistellung ist durch § 1 Z 1 der VO des Bundesministers für Justiz über vertikale Vertriebsbindungen auch für das österreichische Recht relevant. Siehe 7.2.2.

Regel verboten. Denn ein Verstoß gegen § 35 Abs 1 Z 4 KartG kann durch die Lehre der kollektiven Marktbeherrschung auch bei geringeren Marktanteilen vorliegen.[1484] Doch auch ohne einer kollektiven Marktbeherrschung ergibt sich in Österreich bereits zwingend aus § 34 Abs 2 KartG die gleiche Pflicht der Lieferanten. Weiters ist eine Koppelungsbindung nach herrschender Meinung eine Verletzung der zivilrechtliche Fürsorgepflicht der Mineralölgesellschaft.[1485]

7.2.1.2.2. Dauer

Ebenso kann hinsichtlich der zulässigen Bindungsdauer voll und ganz auf Europäisches Kartellrecht verwiesen werden. Nach dem KartG ist eine Ausschließlichkeitsbindung in der Dauer von 5 Jahren zulässig, dazu müssen jedoch die Voraussetzungen der vGVO erfüllt werden. Deshalb darf keine stillschweigende Vertragsverlängerung oder ein Vertrag unbestimmter Dauer vorliegen.[1486] Dies ist aber regelmäßig der Fall, sodass die meisten Tankstellenverträge nicht von der vGVO und somit auch nicht von der gleichen Freistellung im Österreichischen Kartellrecht profitieren.

Bei Beurteilung der Frage darf niemals die Situation des Marktes außer acht gelassen werden. In der Mineralölwirtschaft ist die Abschottungswirkung extrem hoch. Dies muss berücksichtigt werden, weshalb nur relativ geringe Bindungsdauern zulässig sind. Treffend hat das LG Hamburg die Situation beim Vertrieb über Tankstellen auf den Punkt gebracht.

> *„Immer weniger Tankstellen setzen immer mehr ab. Der Marktzugang ist mit erheblichen Hindernissen verbunden. Mit einer Vielzahl von Verträgen, wie dem vorliegenden, ergibt sich ein nahezu vollständiger Abschluss des Marktes, der nur in einzelnen Fällen bei optimaler geographischer Lage die Etablierung Dritter zulässt. Generell macht die Sättigung des Marktes dies nicht möglich."*[1487]

Daher gilt im Kern das bisher Ausgeführte.[1488] Kleinere Mineralölgesellschaften dürfen Tankstellenhalter zumindest für die durchschnittlich übliche Dauer binden, da ihre Vertragssysteme nur eine geringe negative Abschottungswirkung zur

---

1484 In Österreich könnte eine solche vorliegen. Siehe *Europäische Kommission,* Report on the competitive conditions of non-integrated independent companies in the motor fuel sector (2001), 58 Rn 269 und 275.

1485 Siehe Fn 1261 f.

1486 Statt aller *Roninger,* Das neue Vertriebskartellrecht (2000), 83 Rn 3.

1487 LG Hamburg 13.11.1998, 416 O 79/98 – Tankstellenverwalter – unveröffentlichtes Urteil, Verweis in *Europäische Kommission,* XXIX. Bericht über die Wettbewerbspolitik 1999 (2000), 396.

1488 Siehe 5.2.3.2. Die bisherigen Überlegungen gelten auch im Österreichischen Kartellrecht, weil die zulässige Bindungsdauer nicht auf gesetzlichen Tatbeständen, sondern rein auf Argumenten des Marktzutritts beruht. Je höher die Konzentration des Marktes und je schwieriger der Marktzutritt, desto kürzer ist die erlaubte Bindungsdauer.

Folge haben. Diese dürfen daher in der Regel eine Bindung zwischen 5 und 10 Jahren vereinbaren. Ab 10 Jahren ist ihre Bindungsdauer mit Sicherheit übermäßig lang. Bei großen Mineralölgesellschaften können aber bereits kürzere Bindungsdauern als 5 Jahre kartellrechtswidrig sein. Ab zwei Jahren kann bereits im Einzelfall ein Verstoß vorliegen.

Eine längere Bindungsdauer ist nur bei erheblichen Investitionen der Mineralölgesellschaft im Einzelfall gerechtfertigt. Der übliche Baukostenzuschuss oder eine Kreditierung wird dazu aber nicht ausreichen. Es muss sich wirklich um einen bedeutenden Anteil handeln. Dann ist für die betriebswirtschaftlich normale Amortisationszeit eine längere Bindungsdauer gerechtfertigt.[1489] Bei gesellschaftseigenen Tankstellen stellt sich das Problem nicht, da die Tankstelle immer an die Mineralölgesellschaft gebunden bleibt und somit gar keine Marktzutrittsmöglichkeit vorliegt. Hier kann eine Ausschließlichkeitsbindung für die gesamte Vertragslaufzeit vereinbart werden.

7.2.2. Freistellung

Der Bundesminister für Justiz kann gemäß § 30e KartG per VO feststellen, dass für bestimmte Arten von vertikalen Vertriebsbindungen kein Untersagungsgrund nach § 30c KartG vorliegt. Von dieser gesetzlichen Ermächtigung hat er Gebrauch gemacht und die VO „Freistellung von vertikalen Vertriebsbindungen" erlassen.[1490]

Inhaltlich stellt die VO einen reinen Verweis auf die vGVO dar. Sind deren Voraussetzungen erfüllt, so liegt kein Untersagungsgrund nach Österreichischem Kartellrecht vor. § 1 Abs 1 der VO betont, was ohnehin klar ist. Die VO ist nur auf Sachverhalte anwendbar, für die Art 81 EGV nicht heranzuziehen ist. Denn andernfalls würde die vGVO sowieso gelten und nationale Gerichte oder Behörden dürften aufgrund der klaren Vorrangstellung des EG-Kartellrechts inhaltlich keine abweichende Entscheidung fällen.[1491] Nach § 2 der VO gilt diese Freistellung jedoch nicht, wenn die Voraussetzungen der Art 6 oder 7 vGVO erfüllt sind.[1492] Daher liegt keine österreichische Freistellung vor, wenn die vertikale Vertriebsbindung Wirkungen entfaltet, die mit Art 81 Abs 3 EGV

1489 Ob im Einzelfall aber tatsächlich die Kosten wieder eingebracht wurden, ist ohne Belang.

1490 BGBl II 177/2000.

1491 Statt aller *Bunte* in *Langen/Bunte,* Kommentar zum deutschen und europäischen Kartellrecht I^9 (2001), 1738 ff, insbesondere 1741 Rn 79. Das Problem wird in Zukunft vermutlich damit gelöst, dass nationales Kartellrecht generell unanwendbar ist, sobald EG-Kartellrecht eingreift. Siehe Art 3 des Weißbuchs, *Europäische Kommission,* Vorschlag für eine Verordnung des Rates zur Durchführung der in den Art 81 und 82 EG-Vertrag niedergelegten Wettbewerbsregeln, KOM (2000) 582, 16.

1492 Vgl nur *Roninger,* Das neue Vertriebskartellrecht (2000), 85 ff.

unvereinbar sind. Art 6 führt ausdrücklich an, dass er insbesondere anwendbar ist, *„wenn der Zugang zu dem betroffenen Markt oder der Wettbewerb auf diesem Markt durch die kumulativen Wirkungen nebeneinander bestehender Netze gleichartiger vertikaler Beschränkungen, die von miteinander im Wettbewerb stehenden Lieferanten oder Käufern angewandt werden, in erheblichem Maße beschränkt wird."* Aufgrund der Probleme des österreichischen Mineralölmarktes ist es daher sehr fraglich, ob die Freistellung der österreichischen VO für die hier untersuchte Fragestellung überhaupt gilt.

§ 4 der VO stellt ausdrücklich fest, dass die Frage, ob eine vertikale Vertriebsbindung, für die die vGVO nicht gilt, nach § 30c KartG zu untersagen ist, nicht berührt wird. Diese Aussage ist aber von rein theoretischem Interesse. De fakto hat der österreichische Gesetzgeber durch die VO zu § 30e KartG die Wertungen des Europäischen Kartellrechts direkt in das österreichische Recht übernommen. Die vGVO ist ohne das System und die Rechtsprechung zu Art 81 Abs 1 EGV nicht verständlich. Selbst die Leitlinien zur vGVO sind für den österreichischen Rechtsanwender heranzuziehen, will er wissen welche Vereinbarungen unter die Tatbestände des österreichischen KartG fallen.

Im Endeffekt kann daher das EG-Kartellrecht auch zur Bewertung nach § 30c KartG dienen.[1493] Dies gilt insbesonders, als diese Bestimmung selbst keinen greifbaren Beurteilungsmaßstab bietet und keine ausreichende Entscheidungspraxis in Österreich vorhanden ist.

8. Preisbindungen

Sollte die rechtliche Prüfung eines Sachverhaltes ergeben, dass eine Preisbindung vorliegt, ist diese nach den §§ 9 ff KartG zu behandeln. Daher sind vertikale Preisbindungen an den Kartelltatbeständen zu prüfen. Doch weshalb trifft der österreichische Gesetzgeber hier eine Unterscheidung? Die Judikatur behauptet in einer grundlegenden Entscheidung *Barfuß/Wollmann/Tahedl*[1494] folgend, dass vertikale Preisbindungen ohnehin keine vertikalen Vertriebsbindungen sind und von einer engen Interpretation des § 30a Abs 1 nicht erfasst wären.[1495] Daraus zieht das KOG den Schluss, dass alle anderen vertikalen Bindungen von § 30a Abs 1 erfasst sind. Weshalb die Vorschrift diese Differenzierung vornimmt, findet sich nirgendwo begründet.

[1493] Denn die Kernfragen stellen sich in gleicher Weise, siehe oben. Ebenso *Schuhmacher,* Zulässigkeit und Durchsetzung selektiver Vertriebssysteme (2001), 144.
[1494] *Barfuß/Wollmann/Tahedl,* Österreichisches Kartellrecht (1996), 71.
[1495] KOG 20.12.1999, 16 Ok 6/99 – USt-Rückvergütung – ÖBl 2000, 182 = RIS-Justiz/E56320.

Darin liegt aber die Kernfrage, da immer nach dem Sinn und Zweck einer Vorschrift zu forschen ist und nicht an ihrem buchstäblichen Wortlaut festgehalten werden soll. Zwei Argumente sind denkbar. Erstens, weil eine Preisbindung eine Inhaltsbindung ist. Ob die Entscheidungsfreiheit über die Gestaltung von Drittverträgen eingeschränkt werden darf oder überhaupt eine solche vorliegt, wäre demnach mit Hilfe der Kartelltatbestände zu untersuchen.[1496] *Koppensteiner* ist dabei entgegen der herrschenden Meinung zuzustimmen, denn eine funktional zweckfremde Differenzierung hinsichtlich der Art einer Inhaltsbindung erscheint bei Interpretation eines KartG nicht angemessen.[1497] Wenn schon das KartG Preisbindungen vom Anwendungsbereich des § 30a Abs 1 KartG ausnimmt, weil es für diese einen strengeren Maßstab und somit eine mögliche Nichtigkeit ex tunc vorsieht, so muss dies für alle Inhaltsbindungen gelten.[1498] Die gesetzliche Ausnahme von Preisbindungen ändert aber nichts daran, dass es sich begrifflich ohne Zweifel um eine vertikale Vertriebsbindung handelt, nur soll diese Klausel eben einem strengeren Maßstab als einer Missbrauchsaufsicht unterliegen.

Zweitens, weil vertikale Preisbindungen unzweifelhaft wie horizontale Absprachen wirken.[1499] Somit ist die schwierige Frage eröffnet, ob bei Betrachtung von Vertriebssystemen mit Hilfe der Bündeltheorie feststellbar ist, dass horizontale Wirkungen eintreten und diese daher nach §§ 9 ff zu behandeln sind. Das grundsätzlich das Gegenteil zu gelten hat, hindert diese Theorie nicht, denn es kommt eben auf horizontale Wirkungen des Einzelfalles an.[1500] Die Problematik kann hier nicht abschließend dargestellt werden, sie ist für die Untersuchung der Arbeit auch nicht erheblich.[1501] Hier wird die Doppelanwendung bejaht, denn diesen Sinn gibt § 13 Abs 2 KartG unzweifelhaft wieder. Preisbindungen sind natürlich vertikale Vertriebsbindungen, doch wirken sie zugleich horizontal. Immer dann, wenn wettbewerbsrechtlich bedrohliche horizontale Wirkungen auftreten, muss eine Doppelkontrolle über die strengeren

---

[1496] So *Koppensteiner*, Österreichisches und europäisches Kartellrecht³ (1997), 177 Rn 5.

[1497] Vgl nur § 1 KartG.

[1498] So wie dies sachgerecht § 14 GWB vorsieht. Wie Inhaltsbindungen zu beurteilen oder ob diese einschränkend auszulegen sind, ist wiederum eine andere Frage.

[1499] Siehe bereits ausführlich 1.5. Zu Preisbindungen in der Mineralölwirtschaft ausdrücklich *Europäische Kommission,* Commissioner Monti and Directors-Gerneral of national competition authorities discuss competition policy in the motor fuel sector, Pressemitteilung vom 30.11.2000, IP/00/1391.

[1500] Daher ist die Rechtsprechung des KOG, wonach sich grundsätzlich die zwei Tatbestände ausschließen, kein Beweis des Gegenteils. Siehe KOG 5.9.1994, Okt 7/94 – Toyota – ÖBl 1994, 173.

[1501] *Nepf* erkennt das Problem und bejaht die Anwendung der §§ 9 ff sobald horizontale Wirkungen eintreten, verneint aber die Anwendung der §§ 30a ff und schließt sich somit der Exklusivitätsmeinung an. *Nepf,* Vertikale Vertriebsbindungen iSd §§ 30a ff KartG, Diss Univ Wien (1999), 124 ff.

Kartelltatbestände möglich sein.[1502] § 5 Abs 4 KartG bewirkt nicht zwingend das Gegenteil. Denn die Ausnahme von vertikalen Vertriebsbindungen setzt zugleich voraus, dass nur Wirkungen auftreten, wie sie bei vertikalen Vertriebsbindungen in einem normalen Rahmen gerechtfertigt sind.[1503] Nur so verstanden stimmt die Aussage der Judikatur, dass Preisbindungen ohnehin keine vertikalen Vertriebsbindungen sind, denn sie wirken bei einer Beeinträchtigung des inter-brand Wettbewerbs wie horizontale Absprachen.

8.1. Definition

Die Frage, was der Begriff der Preisbindung erfasst, ist aus §§ 13 iVm § 30a Abs 2 KartG zu gewinnen. Die Abgrenzung zwischen Kartell und vertikaler Vertriebsbindung vollzieht sich grundsätzlich anhand der Sonderregelung für vertikale Vertriebsbindungen. Alle Tatbestände, die § 30a Abs 1 erfüllen, sind normalerweise von den Kartelltatbeständen nicht betroffen.[1504] § 30a Abs 2 KartG enthält aber einen Rückverweis für Preisbindungen und bezieht sich daher direkt auf § 13 KartG. Demnach sind Preisbindungen *„Kartelle (§§ 10 bis 12), die einen oder mehrere Angehörige einer, mehrerer oder aller nachfolgenden Wirtschaftsstufen an gleiche Preise für Waren oder Leistungen binden."* Deshalb ist bereits die Bindung eines einzigen Absatzmittlers eine Preisbindung.

Folgt man der herrschenden Meinung, so müssen Preisbindungen sehr weit definiert werden. Demnach ist *Koppensteiner* folgend jegliche Absprache, die den Preis in irgendeiner Form betrifft eine Preisbindung.[1505] Die Festlegung eines Preisrahmens, von Handelsspannen, Höchstpreisen, etc ist daher ebenso wie

---

[1502] Zur argumentativen Durchdringung des Problems sei verwiesen auf *Schmidt,* Ausschließlichkeitsbindung, Kartellverbot und Immanenztheorie – Zum Verhältnis zwischen § 16 GWB und § 1 GWB, FS Sandrock (2000), 833 ff. Dieser bejaht die Doppelkontrolle und führt aus, dass jeder Fall einzeln zu prüfen sei. Normalerweise verhindere die Immanenztheorie, dass die horizontalen Wirkungen von Austauschverträgen den Kartelltatbestand erfüllen.

[1503] Die Einführung der §§ 30a hatte den Sinn das rechtliche Regime für vertikale Vertriebsbindungen, die in der Regel wettbewerbsneutral und somit eine harmlose Fallgruppe sind, zu vereinfachen. Daher soll dieses Regime aber nur dann exklusiv gelten, wenn nicht schwerwiegende horizontale Wirkungen eintreten. Vgl *Koppensteiner,* Schwerpunkte der Kartellgesetznovelle 1993, WBl 1993, 342.

[1504] So die herrschende Lehre *Koppensteiner,* Österreichisches und europäisches Kartellrecht^3 (1997), 177; *Gugerbauer,* Kommentar zum Kartellgesetz^2 (1994), § 30a Rn 1 f; *Barfuß/Wollmann/Tahedl,* Österreichisches Kartellrecht (1996), 71.

[1505] *Koppensteiner,* Österreichisches und europäisches Kartellrecht^3 (1997), 178 Rn 5; *Koppensteiner,* Schwerpunkte der Kartellgesetznovelle 1993, WBl 1993, 345. Zustimmend *Gugerbauer,* Kommentar zum Kartellgesetz^2 (1994), § 13 Rn 3; *Schuhmacher,* Zulässigkeit und Durchsetzung selektiver Vertriebssysteme (2001), 137 f; *Nepf,* Vertikale Vertriebsbindungen iSd §§ 30a ff KartG, Diss Univ Wien (1999), 110.

unverbindliche Preisempfehlungen erfasst.[1506] Das KOG hat diese Ansicht bestätigt und ausgeführt, dass Preisbindungen in Vertriebsverträgen in jeglicher Form des Kartellverbots auftreten können, daher auch in § 12 KartG als Empfehlungskartelle.[1507] Tatsächlich werden unverbindliche Preisempfehlungen meistens befolgt und oft durchgesetzt, weshalb sie genauso schädlich wie andere Formen sind.[1508]

Dem ist voll zuzustimmen. Das KartG schützt demnach ebenso wie das EG-Kartellrecht jegliche Einflussnahme auf die Preisbildungsfreiheit des Unternehmers.

Fraglich ist, wie weit der Verweis des § 30a Abs 2 reicht. Wird der gesamte Vertrag oder nur die einzelne Klausel zur Beurteilung nach §§ 9 ff verwiesen. Die Rechtsprechung nimmt anscheinend an, es handle sich nur um die einzelne Preisbindungsklausel.[1509] Dem ist grundsätzlich zuzustimmen. Die Frage muss aber im Lichte einer möglichen Nichtigkeit gesehen werden.[1510] Daher taucht die gleiche Problematik auf, die sich bereits im EG-Kartellrecht gestellt hat. Ist die Preisbindungsklausel eine verzichtbare Nebenabrede oder ist sie Kern des Vertrages, weshalb sie nicht abtrennbar ist.[1511] Da der Preis das zentrale Wettbewerbselement beim Verkauf von Treibstoffen ist,[1512] wird hier die Meinung vertreten, dass eine Abtrennbarkeit nicht möglich ist.[1513] Deshalb gilt der Verweis des § 30a Abs 2 KartG für den gesamten Tankstellenvertrag.

1506 Im Endeffekt gelangt man aber bei einer weiten Ansicht von Preisbindungen wieder zur Erkenntnis, dass alle Inhaltsbindungen an den Kartelltatbeständen geprüft werden müssen. Denn alle Inhaltsbindungen wirken sich in irgendeiner Weise direkt auf den Preis aus und sind somit von einem weiten Preisbindungsbegriff umfasst.

1507 KOG 5.9.2001, 16 Ok 5/01 – Parfümerie – WBl 2001, 542 = RIS-Justiz/E62757.

1508 Vgl *Koppensteiner,* Österreichisches und europäisches Kartellrecht³ (1997), 116 Rn 86.

1509 KOG 5.9.2001, 16 Ok 5/01 – Parfümerie – WBl 2001, 542 = RIS-Justiz/E62757. *„Auch wenn schon der Legaldefinition des § 30a KartG wesensimmanent ist, dass es jedenfalls zu Beschränkungen der sonst ungebundenen Verhaltensweisen der selbständig bleibenden Vertragspartner kommt, sind **solche Beschränkungen**, die sich auf Preisbindungen beziehen, nach den Bestimmungen der §§ 9 ff KartG über Kartelle zu beurteilen und ist daher zur Druckausübung zur Durchsetzung derartiger an sich als unverbindlich bezeichneter Preisbindungen der Maßstab des § 12 KartG anzuwenden."* (Hervorhebungen durch den Verfasser).

1510 Vgl § 22 KartG.

1511 Siehe 5.1.3.

1512 EuGH 29.1.1985, Rs 231/83 – Cullet - Slg 1985, 315 Rn 28.

1513 Vgl *Eilmannsberger,* Die Bedeutung der Art 85 und 86 EG-V für das österreichische Zivilrecht, in *Koppensteiner,* Österreichisches und europäisches Wirtschaftsprivatrecht, Teil 6/1: Wettbewerbsrecht – Kartellrecht (1998), 98 f.

8.2. *Vereinbarungskartell*

§ 10 Abs 1 KartG lautet: *„Vereinbarungskartelle sind Vereinbarungen zwischen wirtschaftlich selbständig bleibenden Unternehmern oder zwischen Verbänden von Unternehmen, wenn durch sie im gemeinsamen Interesse eine Beschränkung des Wettbewerbs, insbesondere bei der Erzeugung, dem Absatz, der Nachfrage oder den Preisen, bewirkt werden soll (Absichtskartelle) oder, ohne dass dies beabsichtigt ist, tatsächlich bewirkt wird (Wirkungskartelle).“* Die im KartG kompliziert vorgenommene Differenzierung in Vereinbarungs- und Verhaltenskartelle sowie nachfolgend in Absichts- und Wirkungskartelle wurde bereits oft kritisiert.[1514] Sie erschwert das Verständnis und belastet es unnötig mit zahlreichen Verbaldefinitionen, die es zu durchdringen gilt. Der Gesetzgeber hat es bisher trotz zahlreicher Novellen des KartG versäumt, einen einheitlichen Kartelltatbestand zu schaffen. Vertikale Vertriebsbindungen könnten dabei weiterhin einem eigenen Regime unterstehen.

Da der Tankstellenvertrag klarerweise ein Vertrag iSd § 10 Abs 2 KartG ist,[1515] werden nunmehr die restlichen Tatbestandselemente näher untersucht. Erfolgt keine ausdrückliche Preisbindung im Vertrag, sondern durch zusätzliche Abmachungen, zB zwischen Außendienstmitarbeitern und Tankstellenhaltern, so wären auch diese Vereinbarungen von § 10 Abs 1 KartG erfasst.

8.2.1. Gemeinsames Interesse

Die Diskussion zum gemeinsamen Interesse hat an Schärfe verloren. Dies ist eine überaus erfreuliche Entwicklung in Lehre und Rechtsprechung. *Aicher* hat zum Kartelltatbestand des § 1 KartG[1516] nachgewiesen, dass vertikale Preisbindungen bei einer engen Auslegung des gemeinsamen Interesses nicht erfasst wären. Daraus hat der Autor folgerichtig den Schluss gezogen, dass ein weites Verständnis notwendig sei und somit das gemeinsame Interesse keinerlei Abgrenzungsfunktion erfüllt.[1517] Ältere Urteile sind auf Probleme, die sich ergeben, nicht eingegangen oder haben falsche Ansätze gewählt.[1518] Nunmehr wird das gemeinsame Interesse *Koppensteiner* folgend als unerheblich betrachtet.

[1514] Vgl nur *Koppensteiner,* Schwerpunkte der Kartellgesetznovelle 1993, WBl 1993, 341; *Schmidt,* Von der Kartellformenlehre zum Kartellverbot, WBl 1990, 121 ff.

[1515] Vgl nur *Gugerbauer,* Kommentar zum Kartellgesetz^2 (1994), § 10 Rn 21.

[1516] BGBl 460/1972.

[1517] *Aicher,* Das „gemeinsame Interesse“ als Merkmal des Kartellbegriffs, ÖBl 1973, 73 ff.

[1518] Kartelloberkommission 1.9.1952, Okt 9/52, *Schönherr/Dittrich,* Das Kartellgesetz^2 (1958), 199. Hier wurde ein vertikales Benzinpreiskartell, das Preisvereinbarungen zum Gegenstand hatte, als außerhalb des Kartelltatbestandes gesehen. Bis Ende 1972 wurde ein Kartell mit Hilfe des „Zusammenschlusses“ definiert, dieser Ausdruck wurde durch „gemeinsames Interesse“ ersetzt.

Jeglicher auch einfachen vertikalen Vertriebsbindung liegt daher ein gemeinsames Interesse zugrunde.[1519] Dies wurde durch die Judikatur klar bestätigt.[1520] Daher sollte der Gesetzgeber das überflüssige Merkmal des gemeinsamen Interesses aus dem KartG streichen, so wie dies in Deutschland im Zuge der 6. GWB-Novelle geschehen ist,[1521] und im Zuge dessen einen einheitlichen Kartelltatbestand einführen.

8.2.2. Beschränkung des Wettbewerbs

Eine Beschränkung des Wettbewerbs liegt bereits dann vor, wenn eine Vereinbarung zwischen Unternehmen dazu führt, dass die Beteiligten marktrelevante Verhaltensmöglichkeiten nicht mehr wahrnehmen können, die sie ohne die Absprache hätten.[1522] Mit jeder Preisbindung ist immanent eine Beschränkung des Wettbewerbs verbunden.[1523] Es handelt sich genauso wie im EG-Kartellrecht um eine per-se Beschränkung, deren negative Folgen nicht durch wettbewerbsfördernde Wirkungen im Einzelfall gerechtfertigt werden können.[1524] Da das KartG im Genehmigungsverfahren ausdrücklich die Abwägung von volkswirtschaftlichen Vor- und Nachteilen vorsieht, ist eine solche Vorbeurteilung aber gar nicht notwendig und für die Tatbestandsmäßigkeit irrelevant.[1525]

8.2.3. Risikoverteilung als Anknüpfungspunkt

Eine Wettbewerbsbeschränkung ist die Festsetzung des Treibstoffabgabepreises an Tankstellen jedoch nur dann, wenn dem Tankstellenhalter eine beschränkbare Handlungsfreiheit zukommt. Folgerichtig führt *Koppensteiner* aus, dass die Preisbindung des Handelsvertreters dann nicht unter § 13 KartG fällt, wenn die Risiko- und Lastenverteilung einem Handelsvertreterverhältnis entspricht.[1526] Relevant ist aber keine wie auch immer gelagerte Eingliederung, sondern rein die Frage auf welchem Markt der Handelsvertreter tätig wird. Die Fragestellung ist im

---

1519 *Koppensteiner*, Österreichisches und europäisches Kartellrecht³ (1997), 123 Rn 101.

1520 *„Das „gemeinsame Interesse" müsse nicht gerade auf die Beschränkung des Wettbewerbs gerichtet sein; es genüge das gemeinsame Interesse der am System Beteiligten an der Stärkung der Position der M-Produkte auf dem Fahrzeugmarkt."* Diese Ausführungen des Erstgerichts wurden bestätigt. KOG 29.3.1993, Okt 2/93 – M-Vertriebsbindung – ÖBl 1993, 120. Vgl auch *Reich-Rohrwig/Zehetner*, Kartellrecht I (2000), 133 Rn E.18d mwN.

1521 Vgl *Bunte* in *Langen/Bunte*, Kommentar zum deutschen und europäischen Kartellrecht I⁹ (2001), 52 Rn 5.

1522 Grundlegend *Koppensteiner*, Österreichisches und europäisches Kartellrecht³ (1997), 100 Rn 42. KOG 29.3.1993, Okt 2/93 – M-Vertriebsbindung – ÖBl 1993, 118.

1523 Vgl *Reich-Rohrwig/Zehetner*, Kartellrecht I (2000), 125 Rn E.3.

1524 Ausführlich 5.1.1. und 5.1.3.

1525 *Barfuß/Wollmann/Tahedl*, Österreichisches Kartellrecht (1996), 28. Es zeigt sich die gleiche Problematik wie im EG-Kartellrecht zur „rule of reason". Siehe 4.3.1.2.

1526 *Koppensteiner*, Österreichisches und europäisches Kartellrecht³ (1997), 114 Rn 77.

KartG exakt die gleiche wie im EG-Kartellrecht. Daher kann zur Begründung der folgenden Aussage voll und ganz auf die bisherigen Ausführungen verwiesen werden.[1527] Die Risikoverteilung ist der Prüfstein zum Korrelat zwischen den übernommenen und den bestimmbaren Funktionen und Risiken des Warenhandels. Sobald der Handelsvertreter ein Risiko des vermittelten Geschäfts übernimmt, beteiligt er sich am Gütermarkt und wird daher in seiner Handlungsfreiheit kartellrechtlich geschützt.

Die typische Risikoverteilung eines Tankstellenvertrages ist der eines Vertragshändlers angenähert.[1528] Daher bleibt kein Raum für eine Preisbindung des Treibstoffabgabepreises.[1529] Erfolgt eine solche, was häufig der Fall ist, so liegt ein Verstoß vor. Daher wird nicht nur Art 81 Abs 1 EGV, sondern auch §§ 10 Abs 1 iVm 13 KartG verletzt. Deshalb wird nach österreichischem Recht der Kartelltatbestand erfüllt.

8.2.4. Absichtskartell

Für das KartG wesentlich ist die Unterscheidung in Absichts- und Wirkungskartelle. Denn nur Absichtskartelle sind bereits vor Feststellung des Kartellgerichts verboten und somit unwirksam.[1530] Ob ein Absichts- oder Wirkungskartell vorliegt, ist aus dem Vertrag oder der Absprache selbst zu erschließen. Weiters hilft die Interessenlage der Parteien und die wirtschaftliche Ausgangsituation der Interpretation. *Koppensteiner* und der herrschenden Meinung folgend muss, wann immer ein Vertrag eine Verpflichtung zur Beschränkung des Wettbewerbs enthält, geschlossen werden, dass er diese auch bezweckt.[1531] Dabei kommt es gleich dem EG-Kartellrecht nicht auf Vorsatzelemente, sondern darauf an, wie eine Vereinbarung von einem außenstehenden Dritten verstanden werden muss.

Eine Preisbindung ist die offensichtlichste Form einer Wettbewerbsbeschränkung und bezweckt diese ohne jeglichen Zweifel. Die Festlegung von Preisen wird in § 10 Abs 1 KartG ausdrücklich als unzulässiges Beispiel angeführt. Preisbindungen sind richtigerweise per-se ein Verstoß gegen den Schutz der Wettbewerbs-

---

[1527] Siehe 5.1.2.

[1528] Eingehend 3.3. und 3.4.

[1529] Dies ist auch die Rechtsmeinung der obersten Wettbewerbsbehörde Europas. Siehe *Europäische Kommission,* Commissioner Monti and Directors-Gemeral of national competition authorities discuss competition policy in the motor fuel sector, Pressemitteilung vom 30.11.2000, IP/00/1391.

[1530] Vgl §§ 18 Abs 1 Z 1 iVm 22 KartG.

[1531] *Koppensteiner,* Österreichisches und europäisches Kartellrecht[3] (1997), 124 Rn 105; *Gugerbauer,* Kommentar zum Kartellgesetz[2] (1994), § 10 Rn 19; *Barfuß/Wollmann/Tahedl,* Österreichisches Kartellrecht (1996), 38 f.

freiheit,[1532] selbst wenn sie im KartG rein theoretisch rechtfertigbar sind.[1533] Da die Festlegung von Preisen oder Preisbestandteilen die schwerste Form einer Wettbewerbsbeschränkung ist, die jedem Beteiligten bewusst sein muss, handelt es sich bei Preisbindungen immer um Absichtskartelle.

8.3. Bagatellkartell, Freistellung und Genehmigung

Die Privilegierung des § 16 KartG ist auch auf Vertriebsbindungen anwendbar. Dabei richtet sich der Marktanteil nach der Quote aller Teilnehmer am relevanten Markt.[1534] Da die großen Mineralölgesellschaften aber am gesamten inländischen Markt einen Anteil von über 5% oder wohl zumindest auf einem örtlichen Teilmarkt mehr als 25% inne haben, ist die Frage hier nicht von besonderem Interesse. § 17 KartG eröffnet wiederum eine Freistellungsmöglichkeit durch eine VO des Bundesministers für Justiz. Eine solche ist bereits am 20.4.1989 erlassen worden und noch immer in Kraft.[1535] Die dort freigestellten Tatbestände sind hier nicht relevant, sie versuchen sich primär an der funktionellen Notwendigkeit einiger Wettbewerbsbeschränkungen zu orientieren und sind insofern einer Immanenztheorie nachgebaut.[1536] Eine Genehmigung ist nahezu denkunmöglich. Dies sollte bereits aus den eingehenden Stellungnahmen der Europäischen Kommission folgen. Gemäß § 23 Z 3 KartG ist *„auf die Interessen der Letztverbraucher besonders Bedacht zu nehmen."* Eine volkswirtschaftliche Rechtfertigung ist jedenfalls dann nicht gegeben, wenn die einzelnen Handelsspannen die branchenüblichen überschreiten.[1537] Weiters darf nicht die Prüfung der Gesetz- und Sittenwidrigkeit vergessen werden. Dadurch, dass Preisbindungen in Vertriebssystemen fast immer gegen EG-Kartellrecht verstoßen,[1538] bleibt kein Raum für eine Genehmigung durch das Kartellgericht.[1539] Denn haben die Beteiligten einen Marktanteil von über 5%, sodass nach dem KartG kein Bagatellkartell vorliegt, so ist bei einer Preisbindung immer Art 81 EGV anwendbar.[1540]

[1532] Vgl nur *Eilmannsberger,* Reform des Vollzugs von Art 81 EG-V und Rule of Reason, FS Koppensteiner (2001), 340.
[1533] Siehe § 23 KartG.
[1534] *Koppensteiner,* Österreichisches und europäisches Kartellrecht³ (1997), 128 Rn 113 f; *Liebscher/Heinrich/Petsche,* Vertriebsverträge² (2001), 40 f; *Gugerbauer,* Kommentar zum Kartellgesetz² (1994), § 16 Rn 1.
[1535] BGBl 185/1989.
[1536] Vgl *Gugerbauer,* Kommentar zum Kartellgesetz² (1994), § 17 Rn 1.
[1537] Vgl *Koppensteiner,* Österreichisches und europäisches Kartellrecht³ (1997), 157 Rn 63.
[1538] Siehe 5.1.
[1539] Vgl *Reich-Rohrwig/Zehetner,* Kartellrecht I (2000), 177; *Koppensteiner,* Österreichisches und europäisches Kartellrecht³ (1997), 154 Rn 55.
[1540] Siehe nur EuGH 1.2.1978, Rs 19/77 – Miller International Schallplatten GmbH – Slg 1978, 149 Rn 9; EuGH 3.7.1985, Rs 234/83 – Binon – Slg 1985, 2046 Rn 44. Eine Zusammenfassung

8.4. Folgerungen

Im Zuge der Untersuchung hat sich gezeigt, dass Preisbindungen in typischen Tankstellenverträgen nicht nur nach Art 81 EGV, sondern auch nach dem KartG absolut unzulässig und nicht genehmigungsfähig sind. Die Durchführung[1541] dieser Kartelle ist gemäß § 18 Abs 1 Z 1 KartG verboten, da es sich um Vereinbarungs- in der Form von Absichtskartellen handelt, welche die Bagatellgrenze überschreiten.

Von diesem Verbot sind alle Preisklauseln erfasst. Klarerweise ist die Festlegung von Fest- oder Mindestpreisen ein Verstoß. Empfehlungen sind, sobald wirtschaftlicher oder gesellschaftlicher Druck ausgeübt wird oder werden soll, verboten.[1542] Das KOG hat ausgesprochen, dass Höchstpreisregelungen, wenn sie dazu dienen, weitere Interessenten von der Teilnahme an einem Markt abzuhalten, dh wenn die bisherigen Teilnehmer ihr „geschlossenes System" durch betriebswirtschaftlich für „Neulinge" zu niedrige Höchstpreise aufrecht zu erhalten versuchen,[1543] verboten sind. Daher können selbst derartige Klauseln in Tankstellenverträgen vom Preisbindungsverbot erfasst sein.[1544]

Bis zur Genehmigung ist eine Kartellvereinbarung nach herrschender Lehre gemäß § 22 KartG schwebend unwirksam, die Bindung der Kartellmitglieder ist restriktiv zu bewerten.[1545] Diese Meinung ist mit Vorsicht zu betrachten. Denn besteht bereits von Anfang an ein Hindernis, dass eine Genehmigung unmöglich macht, so ist von einer Nichtigkeit und nicht von einem Schwebezustand auszugehen. Die Nichtigkeit folgt aus Art 81 Abs 2 EGV und wirkt sich über den Umweg der unmöglichen Genehmigung direkt auf § 22 KartG aus. Daher besteht auch nach österreichischem Recht bei Vereinbarungen, die zugleich gegen Europäisches und Österreichisches Kartellrecht verstoßen, eine Nichtigkeit ex tunc.[1546]

---

der Fälle findet sich bei *Woods/Filipponi* in *Faull/Nikpay,* The EC Law of Competition (1999), 449 ff.

1541 *Reich-Rohrwig/Zehetner,* Kartellrecht I (2000), 165 Rn B.

1542 Zuletzt KOG 5.9.2001, 16 Ok 5/01 – Parfümerie – WBl 2001, 542 = RIS-Justiz/E62757. Zur tatsächlichen Lage siehe bereits Fn 116 sowie 1.4.

1543 KOG 9.12.1996, 16 Ok 5/96 – Entsorgungssystem für Kühlgeräte – RIS-Justiz/E44588.

1544 Siehe 5.1.3.

1545 *Koppensteiner,* Österreichisches und europäisches Kartellrecht[3] (1997), 143 Rn 21; *Gugerbauer,* Kommentar zum Kartellgesetz[2] (1994), § 22 Rn 1.

1546 Der Normzweck macht es unmöglich von einer Nichtigkeit ex nunc auszugehen, obwohl es sich um ein Dauerschuldverhältnis handelt.

Dabei handelt es sich um eine absolute Nichtigkeit.[1547] Ob diese nur die Preisbindungsklausel[1548] oder den gesamten Vertrag erfasst, ist aus dem Zweck der Verbotsnorm zu gewinnen.[1549] Falls es sich um eine Nebenabrede handelt, ist grundsätzlich von der Teilnichtigkeit auszugehen. Im Zuge dieser Arbeit wird die Meinung vertreten, dass die Preisbindungsklausel essentiell für den Vertrieb von Treibstoffen ist, ohne die der gesamte Vertrag nur noch vermindert Sinn ergibt, deshalb ist von einer Gesamtnichtigkeit auszugehen.[1550]

Zu den komplizierten Fragen des Schadenersatzes sei nur auf die gängige Literatur verwiesen.[1551] Es ist aber unzweifelhaft, dass das KartG im vorliegenden Falle den Schutz von Einzelinteressen bezweckt. Daher könnten sowohl Tankstellenhalter, als auch die Endabnehmer auf Schadenersatz klagen. Die Feststellung, ob tatsächlich ein Schaden eingetreten ist, wird aber Probleme verursachen.[1552] Wiederum kann das UWG eine Anspruchsgrundlage bieten.[1553]

[1547] *Krejci* in *Rummel*, Kommentar zum Allgemeinen bürgerlichen Gesetzbuch I³ (2000), § 879 Rn 135 und 175; *Barfuß/Wollmann/Tahedl*, Österreichisches Kartellrecht (1996), 46.
[1548] IdS *Barfuß/Wollmann/Tahedl*, Österreichisches Kartellrecht (1996), 46.
[1549] *Krejci* in *Rummel*, Kommentar zum Allgemeinen bürgerlichen Gesetzbuch I³ (2000), § 879 Rn 250; *Gugerbauer*, Kommentar zum Kartellgesetz² (1994), § 22 Rn 3.
[1550] Siehe bereits 5.1.3. und 8.4.
[1551] *Koppensteiner*, Österreichisches und europäisches Kartellrecht³ (1997), 168 ff; *Gugerbauer*, Kommentar zum Kartellgesetz² (1994), § 22 Rn 6.
[1552] Ein solcher Beweis wäre aber mit betriebs- und volkswirtschaftlichen Gutachten, die die Entwicklung des Nettopreises analysieren, möglich. Vgl *Puwein/Würger*, Der Kraftstoffmarkt in Österreich (1999), 13 ff. Unter Bestimmung eines realistischen Differenzbetrages zur Marktsituation ohne vertikale Preisbindungen, könnte ein Schadensbetrag berechnet werden.
[1553] *Barfuß/Wollmann/Tahedl*, Österreichisches Kartellrecht (1996), 47.

V. TEIL: ZUSAMMENFASSUNG DER ERGEBNISSE

Die Mineralölwirtschaft ist in Österreich so wie in fast allen Staaten Europas oligopolistisch geprägt. Nur in Frankreich und England ist es durch den Eintritt von Supermarktketten in den Verkauf von Treibstoffen zu einer Belebung des Wettbewerbs gekommen. In Österreich dominieren OMV, BP/E.ON (Aral), ExxonMobil und Shell den Markt, zu den Majors wird ferner noch Eni (Agip) gerechnet. Drei Viertel aller Tankstellen sind an diese Mineralölfirmen vertraglich gebunden. Durch die geringe Anzahl an Anbietern und Besonderheiten der Mineralölwirtschaft (Homogenität des Produkts für den Kunden, Transparenz der Preise, etc) tritt eine deutliche Abschwächung des Wettbewerbs ein, welche die Betrachtung auf die vertikalen Vertriebsbindungen dieser Branche lenkt. Die finanziell schlechte Lage und wirtschaftliche Abhängigkeit der Tankstellenhalter macht es für die Mineralölgesellschaften relativ einfach, Preisbindungen zu verwenden und langfristige Verträge abzuschließen. Mehrere Studien sind zu dem Ergebnis gekommen, dass ein Preiswettbewerb in Österreich nicht im erforderlichem Maße stattfindet. Auch die Europäische Kommission schenkt den Zusammenhängen hohe Aufmerksamkeit, will aber, dass die nationalen Wettbewerbsbehörden handeln. Denn Treibstoffkartelle bilden sich primär auf nationaler Ebene.

Tankstellenhalter sind keine Arbeitnehmer der Mineralölgesellschaften, da sie nicht in persönlicher Abhängigkeit tätig werden. Ihnen kommt aufgrund von organisatorischen Merkmalen nur selten eine arbeitnehmerähnliche Stellung zu, welche die Unternehmereigenschaft grundsätzlich nicht beeinträchtigt. Der OGH bejaht aber in ständiger Rechtsprechung die Arbeitnehmerähnlichkeit des Tankstellenhalters. Dies führt dazu, dass ein jeder Tankstellenvertrag nach spätestens 5 Jahren gemäß § 1158 Abs 3 ABGB kündbar ist. Der Tankstellenvertrag ist keinem Vertriebsvertrag eindeutig zuordenbar. Seine Standortgebundenheit, sein geringerer Einfluss auf die Kaufentscheidung und die Risikoverteilung unterscheiden ihn vom typischen Handelsvertreter. Für einen Franchisevertrag fehlt die kennzeichnende vertikale Tiefe und vor allem, dass der Tankstellenhalter vom Markennamen der Mineralölgesellschaft nicht besonders profitiert. Ein Vertragshändlervertrag liegt nur dann vor, wenn der Tankstellenhalter im eigenen Namen Waren verkauft. Dies liegt bei den meisten Verträgen im Mineralölbereich nicht vor, weshalb der Tankstellenvertrag als Vertrag eigener Art einzustufen ist. Der Vertrieb von Mineralölprodukten und Waren im Shopbereich erfolgt durch eine Mischform zwischen einem Handelsvertreter und einem Vertragshändler. Dabei erzielt der Tankstellenhalter ungefähr 70% seines Einkommens im Eigenhändlerbereich. Es liegt nach der überwiegenden Meinung der österreichischen Rechtsprechung ein Vertrag „sui generis“ vor. Der

Tankstellenhalter handelt bei seiner Vertriebstätigkeit im Interesse der Mineralölgesellschaft, die nach Beendigung des Vertragsverhältnisses den Kundenstamm des Tankstellenhalters weiter benützen kann, sodass diesem ein Ausgleichsanspruch zusteht.

Von der zivilrechtlichen Einordnung ist die kartellrechtliche Bewertung zu trennen, welche somit unabhängig erfolgt und sich allein an wirtschaftlichen Gesichtspunkten orientiert.

Ein Handelsvertreter ist immer ein kartellrechtlich relevanter Unternehmer, die sogenannte „Eingliederungstheorie" des EuGH wurde in neuen Entscheidungen überholt und wird auch in der vGVO nicht mehr verwendet. Davon ist die Frage der Wettbewerbsbeschränkung zu unterscheiden. Nur hinsichtlich des vermittelten Geschäfts ist der Handelsvertreter kartellrechtlich irrelevant. Solange er keine Risiken des vermittelten Ausführungsgeschäfts übernimmt, wird er am Gütermarkt gar nicht in eigener Sache tätig, sondern handelt als reines Hilfsorgan des Geschäftsherrn. Daher hat er in diesem Bereich keine Entscheidungsfreiheit, die eingeschränkt werden könnte. Folglich kann bei einem „echten" Vermittler keine Wettbewerbsbeschränkung eintreten. Die allein ausschlaggebende Risikoverteilung bestimmt, ob eine solche Vermittlersituation gegeben ist. Mit der kartellrechtlichen Unternehmerstellung hat dies jedoch keine Verbindung, weshalb der Handelsvertreter auf dem Markt für Handelsvertreterdienstleistungen wie jeder andere Absatzmittler zu behandeln ist. Einschränkungen seiner Handlungsfreiheit sind in diesem Bereich grundsätzlich unzulässig. Deshalb sind Wettbewerbsverbote hinsichtlich ihrer sachlichen Notwendigkeit zu überprüfen.

In Österreich existiert die Meinung, dass arbeitnehmerähnliche Unternehmer nicht dem KartG unterfallen und somit keine „wirtschaftlich selbständigen" Unternehmer sind. Die „Selbständigkeit" dient aber in diesem Zusammenhang nur zur Abgrenzung vom Fusionstatbestand. Österreichische Meinungen und Judikate zum KartG sehen den Tankstellenhalter immer als relevanten Unternehmer iSd KartG.

Kartellrechtlich sind Tankstellenverträge keine Handelsvertreterverhältnisse. Der Tankstellenhalter trägt Risiken, die mit dem Warenumsatz von Treibstoffen verbunden sind, weshalb er im wirtschaftlichen Sinne die Funktion eines Vertragshändlers einnimmt. Berücksichtigt man die Besonderheiten beim Verkauf von Treibstoffen liegt die gleiche Risikoverteilung wie bei einem Vertragshändlervertrag vor. Daher ist eine vertikale Preisbindung kartellrechtlich verboten und stellt einen schweren Verstoß gegen Art 81 EGV und §§ 10 iVm 13 KartG dar.

Ausschließlichkeitsbindungen sind nach den normalen Grundsätzen zu beurteilen und hinsichtlich ihrer sachlichen Rechtfertigung zu überprüfen. Durch die vGVO sind sie für die Dauer von fünf Jahren freigestellt, wenn die Mineralölgesellschaft einen Marktanteil von weniger als 30% inne hat. Koppelungsbindungen können kartellrechtlich unzulässig sein, da den Mineralölgesellschaften eine kollektive marktbeherrschende Stellung zukommen kann. Sie sind aber bereits aus zivilrechtlichen Gründen verboten.

Die Mineralölgesellschaften müssen sich entscheiden, was sie wollen. Der Wunsch nach einer Festlegung der Abgabepreise ist mit der tatsächlichen Vertragsgestaltung nicht vereinbar. Entweder die Mineralölgesellschaften investieren in den Tankstellenbereich, sodass ihnen die Preishoheit wieder zukommt, und übernehmen somit Risiken, die auf den Tankstellenhalter abgewälzt wurden, oder sie distanzieren sich von der Verwendung von Preisbindungen.

Thomas Hieber

Lizenzverträge über technische Schutzrechte, Marken und Urheberrechte nach der 6. GWB-Novelle

Die kartellrechtliche Beurteilung von Lizenznehmerbeschränkungen in Verträgen über Nutzungsrechte an technischen Schutzrechten, Marken und Urheberrechten nach § 17 GWB

Frankfurt/M., Berlin, Bern, Bruxelles, New York, Oxford, Wien, 2002. 259 S.
Europäische Hochschulschriften: Reihe 2, Rechtswissenschaft. Bd. 3421
ISBN 3-631-39423-3 · br. € 40.40*

Die gewerblichen Schutzrechte und das Urheberrecht sind von immer größerer wirtschaftlicher Bedeutung. In der Folge hat auch die wirtschaftliche Bedeutung von Lizenzverträgen über Schutzrechte zugenommen. Durch die 6. GWB-Novelle wurden die kartellrechtlichen Vorschriften für Verträge über gewerbliche Schutzrechte in §§ 17 und 18 GWB neu gefaßt und an die europäische Gruppenfreistellungsverordnung für Technologietransfer-Vereinbarungen angeglichen. Die Arbeit untersucht die kartellrechtliche Zuverlässigkeit von Lizenznehmerbeschränkungen in Verträgen über gewerbliche Schutzrechte auf der Grundlage von § 17 GWB sowie die Möglichkeiten einer entsprechenden Anwendung der Vorschrift auf Verträge über Nutzungsrechte an Marken und Urheberrechten und überprüft das gefundene Ergebnis am europäischen Kartellrecht.

Aus dem Inhalt: Lizenzverträge über technische Schutzrechte, Marken und Urheberrechte als Gegenstand des Kartellrechts · Die Regelungen des europäischen Kartellrechts als Grundlage für die Neufassung der §§ 17, 18 GWB · Die Behandlung von Lizenznehmerbeschränkungen in Lizenzverträgen über Marken und Urheberrechte nach dem GWB · Die entsprechenden Anwendungen von § 17 GWB auf Lizenzverträge über Marken und Urheberrechte und das europäische Kartellrecht

Frankfurt/M · Berlin · Bern · Bruxelles · New York · Oxford · Wien
Auslieferung: Verlag Peter Lang AG
Jupiterstr. 15, CH-3000 Bern 15
Telefax (004131) 9402131

*inklusive der in Deutschland gültigen Mehrwertsteuer
Preisänderungen vorbehalten

Homepage http://www.peterlang.de

FSC
www.fsc.org
MIX
Papier | Fördert
gute Waldnutzung
FSC® C083411

Kolibri 360 GmbH
Ferdinand-Jühlke-Straße 7
99095 Erfurt, Deutschland
produktsicherheit@kolibri360.de

Druck:
CPI Druckdienstleistungen GmbH
im Auftrag der
Kolibri 360 GmbH
Ferdinand-Jühlke-Str. 7
99095 Erfurt